EXPERIENCING MIS

管理信息系统

（第7版）（SEVENTH EDITION）

Management Science and Engineering Classics
管理科学与工程经典译丛

戴维·克伦克（David M. Kroenke）
兰德尔·博伊尔（Randall J. Boyle） 著
冯玉强 等 译

中国人民大学出版社
·北 京·

图书在版编目（CIP）数据

管理信息系统：第 7 版 / 戴维 · 克伦克等著；冯玉强等译 . —北京：中国人民大学出版社，2019.2
ISBN 978-7-300-26647-3

Ⅰ. ①管… Ⅱ. ①戴… ②冯… Ⅲ. ①管理信息系统 Ⅳ. ① C931.6

中国版本图书馆 CIP 数据核字（2019）第 008784 号

管理科学与工程经典译丛
管理信息系统（第 7 版）
戴维 · 克伦克
兰德尔 · 博伊尔 著
冯玉强 等 译
Guanli Xinxi Xitong

出版发行	中国人民大学出版社		
社　址	北京中关村大街 31 号	**邮政编码**	100080
电　话	010－62511242（总编室）		010－62511770（质管部）
	010－82501766（邮购部）		010－62514148（门市部）
	010－62515195（发行公司）		010－62515275（盗版举报）
网　址	http://www.crup.com.cn		
	http://www.ttrnet.com（人大教研网）		
经　销	新华书店		
印　刷	涿州市星河印刷有限公司		
规　格	185mm×260mm　16 开本	**版　次**	2019 年 2 月第 1 版
印　张	21.5 插页 1	**印　次**	2019 年 2 月第 1 次印刷
字　数	516 000	**定　价**	59.00 元

译者序 Experiencing MIS

随着信息技术及其应用的高速发展，信息系统已经融入我们工作、生活、学习的方方面面。管理信息系统是以信息系统为核心应用于组织的信息系统。目前几乎所有组织都需要信息系统的支持，来帮助企业运营以实现其战略目标。理解信息系统、管理信息系统的概念，特别是它们在业务流程、组织运营、管理控制和决策以及获取竞争优势等方面的创新应用，无论对于经济管理学院（含商学院）各专业的学生还是对于职业人士，都具有重要的现实意义。

克伦克与博伊尔教授所撰写的《管理信息系统》（第 7 版），在开篇专门强调了信息与通信技术的飞速发展带来的商业模式变革。所有行业都要建立在信息系统的基础上，将之融入相应的业务，推动变革创新，因此管理信息系统成为商学院最基本、最重要的课程。无论你从事什么行业，管理信息系统在你的工作中都会扮演重要的角色。学习和掌握管理信息系统的知识体系能够帮助你更好地完成日常工作，做出正确的管理决策，提升创新能力和进行创新发展。

本书在内容组织方面具有很强的整体性、系统性和逻辑性。首先给出了信息化时代信息系统和管理信息系统的概念的精辟诠释，然后在管理信息系统的概念框架下组织各章节内容，基于信息系统和管理信息系统的内涵逻辑展开陈述。

第 7 版共四个部分，每个部分又由三章构成。相比上一版，本版的每个部分都有很大发展或者很多新意。特别是引入了新兴技术的支持，如云技术（云服务）、物联网、大数据、移动社交应用，介绍了基于新兴技术所带来的组织变革和商业模式创新应用，以及最新的典型案例。

第 7 版具有以下特点：(1) 内容具有一定的通识性，强调了管理信息系统在现代社会，特别是在商业中的重要性。读者并不局限于管理信息系统专业的学生，而是面向商学院所有专业的学生，可以作为商学院的基础课来讲授。(2) 理论与管理实践紧密结合，每章都以现实中生动的案例引出内容，全书的内容有很强的整体性和内在的逻辑关系。(3) 内容新颖，各章节的内容设计紧密结合信息技术的发展。内容的组织采取模块化设计，学生可根据兴趣有选择、分重点地学习。

本书四个部分的主要内容如下：

第 1 部分介绍管理信息系统的概念及其基本构成、业务流程和信息系统的关系等，通过波特五力模型和价值链模型分析了信息系统如何帮助企业获取竞争优势。

第 2 部分从五个构成要素入手介绍信息系统技术知识，主要包括硬件、软件、数据库和数据通信的概念、技术及其应用，介绍了云技术这一新兴技术的基本概念及其在组织中的应用。

第 3 部分从管理信息系统的使用视角出发，主要介绍信息系统的应用。基于组织的运营战略，讨论如何应用信息系统来帮助企业获得竞争优势。重点讨论业务流程管理、组织内部的信息系统、跨企业信息系统、社交媒体信息系统、商务智能系统的概念及其在组织中的应用。

第4部分围绕信息系统的建设和管理介绍相关知识，使读者系统学习和了解管理信息系统的开发、实施、信息系统资源管理和安全问题等内容，结合实例分析不同类型的企业。

由于篇幅所限，《管理信息系统》（第7版）原书中的章节拓展部分未包括进来，有兴趣的读者可登录中国人民大学出版社网站（www.crup.com.cn）阅读该部分原文。

本书主要面向管理学院和商学院所有专业的高年级本科生、硕士研究生、博士研究生，以及职场上从事或涉及相关管理工作的专业人士，可作为有关专业的教材或者自学参考用书。

本书由冯玉强组织翻译并负责主要的统稿工作。参与翻译的教师主要有冯玉强、邵真、刘鲁宁、贾春梅、刘永前、王长林、芦鹏宇、祁巍等；参与翻译的博士和硕士研究生有王小磊、陈嵩博、鞠京芮、张林、杨天鸣、肖青博、张小龙、尹昊、刘莹、傅强、邓来巧、王亚明、任伟荣、陈国等。

本书在翻译过程中力求忠于原著，但由于水平与时间所限存在疏漏之处，恳请读者批评指正。

冯玉强

前　言 Experiencing MIS

在第 1 章，我们强调管理信息系统是商业课程中最重要的课程。这是一个大胆的声明，我们每年都会深究是否依旧如此。对当代商业和政府来说，我们持续质疑是否存在比信息系统影响更大的学科。许多组织每年都会引入新的技术，通过创新应用程序来提高生产力，帮助自己实现战略目标。

过去几年，我们见证了电子商务巨头阿里巴巴创造了史上最大的 IPO（250 亿美元）。亚马逊透露，它通过使用一支由 Kiva 机器人组成的队伍将其物流中心的生产力提高了 50%。我们目睹了针对个人、家庭和汽车自动化服务的热潮将大量物联网智能设备推向市场。每个行业似乎都在追逐智能化。技术正从根本上改变组织的运作方式，它使得组织需要更多的生产力、创新性和适应性。

几年前我们知道的创新理念如今有巨大的飞跃和突破。MakerBot 通过引入新的复合纤维，在 3D 打印领域取得了巨大的进步。3D 打印机所用材料不再局限于塑料，还包括木材、金属和石头等。当梅赛德斯－奔驰新型无人驾驶 F015 型汽车首次亮相时，轿车风格的门、全触屏界面和前台座位设备使之成为 2015 年全球消费电子和消费者技术贸易展（CES）的最大亮点。谷歌宣布，2015 年夏季在加利福尼亚州山景城部署 25 辆此款无人驾驶汽车。

大规模数据泄露再次成为社会关注的重大问题。eBay、家得宝、摩根大通和 Anthem 都有大量数据丢失。索尼影业泄露了超过 100TB 公司机密数据，苹果公司被黑客窃取了数百张清晰的名人照片。而这些仅是受影响的部分组织。

此外，为了应对一系列新兴技术，如云服务、移动设备、像 zulily 团购网站的基于信息系统的创新商业模式，以及组织应用社交媒体的变化等，我们需要持续改进。

用户复杂性和用户需求推动着组织融入快速变化的未来，所以组织需要持续调整商业计划。为了适应这样的组织环境，大学毕业生需要知道如何应用新兴技术才能更好地实现组织的战略。那么，了解管理信息系统知识就显得至关重要。"瞬间的满足存在的最大问题是这个瞬间还是不够快。"卡里·费什尔（Carrie Fisher）的这句话向我们敲响警钟，那就是计划永远赶不上变化。

出版第 7 版的原因

第 7 版相对于上一版有许多变化。其中，第 1 章为了强调管理信息系统作为商业课程中最重要的课程，对其论据做了非常大的修改。第 1 章着重讨论了数字革命和技术发展的高速变化，分析了处理能力（摩尔定律）、连通性（梅特卡夫定律）、网络速度（尼尔森定律）和存储容量（克莱德定律）的提高是如何改变数字设备的；然后列举了新技术是如何创造全新的商业类型，并促使现有企业改变其运营方式的实例。

第1章还包括美国劳工统计局发布的截至2022年的薪资预测数据。这些薪金预测数据覆盖了典型信息系统方向的职位、一般商业职位和管理层职位的薪酬范围。

第1～6章首先对Falcon Security公司进行探讨。这是一家使用无人机为客户提供监控和检查服务的私营企业。

第7～12章介绍PRIDE Systems公司——一家基于云端的虚拟运动竞赛和医疗保健初创企业。除了丰富的章节内容之外，两种案例场景都为学生提供了大量机会来实践第1章提及的三种关键技能："估算、评价以及将新兴技术应用于商业"。

本版继续关注道德方面的内容。每个"道德指南"要求学生将康德的绝对命令、边沁与密尔的功利主义应用于指南中描述的业务情况。我们希望你通过这些练习有更加丰富和深入的道德思考。绝对命令在第1章的"道德指南"中介绍，功利主义在第2章的"道德指南"中介绍。

我们对每一章都做了修改，包括增加案例8个、道德指南4个，以及更新章节案例。新增了其他数据，如第8章中移动广告支出的数据，以使内容更易于理解。各章试图通过大量更新保证数据的时效性。我们检查每个事实、数据和行业参考资料是否过时，并根据需要及时更换，以跟进管理信息系统的快速变化，并保持内容最新。

本书的结构

相比多年前，如今的教学需要付出非同寻常的努力。学生们有更多的关注点和需求，他们的注意力既快速集中又快速分散，以至于有人把他们的注意力持续时间与拉布拉多幼犬比较。对此我们只能感叹，却无法改变。我们可以做的是发现学生的关注点并创造性地推动他们参与。

我们出于这样的目的设计了本书。本书的每一个特点都旨在让学生更容易与书里的内容互动。我们不希望阅读过本书的学生毫无所获，力图让本书更具趣味性，能与学生产生共鸣。这本书不是百科全书，它试图向我们传递重要的话题。它通过给学生提供积极参与话题的机会，突出亮点来帮助学生更好地管理学习时间，并且通过精心设计外观来吸引学生阅读和学习。

主动参与

为体验管理信息系统，本版提供了更多的实践练习机会。每章包括一个介绍案例的专栏，通过提供练习和问题，让学生体会每章的内容与学习实践的相关性。与上一版一样，每章包含两个指南，描述了可用于小型课堂练习的具有实际意义的章节内容。

促进学生学习

现在的学生成长在一个充斥着持续的信息刺激和频道变换的环境中，对于许多学生来说，关注单一的主题超过几分钟几乎是不可能的。尽管我们怀有希冀，但注意力跨度短是学生和我们所面对的现实。最近的研究似乎证实了学生的观点，即除了考试以外，学生完全可以在课堂上一心多用。[1]

本书旨在适应当今学生的学习风格。首先，各章内容通过围绕问题来组织，从而帮助学生管理好时间。每章以问题列表开头，并以这些问题作为各节标题，章末设“本章回顾”，要求学生在学习后回答每个问题。学生通过学习应达到能够回答问题的程度；这可能要花 5 分钟或 5 小时，他们的最终任务就是回答这些问题。马里拉·斯维尼茨基（Marilla Svinicki）的研究发现，这种方法能极大地帮助学生管理学习时间。[2]

教师还可以用这些问题来组织授课内容。

首先，你可以走到学生中让他回答问题。通过让学生“解决这些问题”来开展课堂教学。

其次，让学生真正参与进来，深入思考这些问题和本书内容，从而学到更多东西。介绍每一章的作用是提高学生的学习热情，让他们关注章节整体内容。

最后，82% 的商学院学生喜欢视觉和听觉方式的学习。[3] 为了吸引学生阅读，书中插入了图片。在每一个例子中，图片的作用不是简单的视觉冲击，它们与讨论的主题密切相关。

吸引学生的特点

撰写本书的目的是向读者展示管理信息系统在商业中的重要性。本书以亲切、易用、乐观和直面读者的风格陈述内容，强调管理信息系统对 21 世纪所有商务人士的重要性。

模块化设计使本书易于理解和接受。本书包括 12 章。

模块化特点将在后面部分更详细地讨论。

强调协作

与上一版一样，本书强调协作。协作是 21 世纪专业人士的关键技能之一，如第 1 章所述。我们认为，不仅要让学生合作，还要告诉他们如何去合作。前两章分别介绍了协作技术和协作信息系统。本书每章末尾还有协作练习。

开放式场景

每个部分和每章都以场景开始，旨在调动学生的学习热情。我们希望学生身临其境，并意识到这种情况或类似的情况可能发生在他们身上。每个场景都设置了章节的内容，还提供了一个例子。这些场景有助于激发学生的学习动机，提高其学习迁移的能力。

此外，两个介绍性案例都涉及新技术应用于现有企业。我们的目标是为学生提供机会，让他们了解企业如何受到新技术的影响，以及他们需要如何适应，在这个过程中，为你提供了多种与学生探讨如何适应的方法。

在开发这些场景时，我们致力于创造丰富的商业场景，以便真实地进行信息系统的讨论，同时让业务知识和业务经验不足的学生更容易理解。我们也试图创造有趣的教学场景。本书将介绍 Falcon Security 公司和 PRIDE Systems 公司的案例。

Falcon Security

第 1 部分和第 2 部分的各章都介绍了 Falcon Security 的主要参与者的对话内容，Falcon

Security是一家使用无人机为客户提供监控和检查服务的私营企业。我们希望围绕一个有趣的商业模式拓展案例，让学生可以从中获得更多知识。无人机在新闻界受到关注，但学生可能不知道如何在商业中使用。相比几年前，无人机越来越便宜，更容易飞行，并有更多的功能。学生很可能在职业生涯期间见证无人机的快速发展。

Falcon Security正在考虑通过3D打印技术生产自己的无人机来增强竞争优势。购买无人机队过于昂贵，并且它们很快就会过时。然而，如果公司这样做，将改变其基本的商业模式，或至少在原有商业模式中添加新的内容。无人机的生产需要Falcon Security雇用新员工，开发新的业务流程，并且可能开发一个新信息系统来支持无人机的定制。所有这一切都为第3章内容的展开做好了铺垫，同时强调了信息系统需要通过各种手段来支持不断发展的业务战略的重要性。

最终，Falcon Security公司确定，它不想成为无人机制造商。它可以打印一些无人机部件，但不足以使其具有成本效益。它仍然需要购买很多昂贵的组件来组装适航的无人机，有时甚至不确定组装的一致性。Falcon Security最终决定专注于提供综合的安全服务的核心实力。

研究Falcon Security公司，学生可能不赞成花太多的时间来确定最终能否形成商业意识。但这至少能获取足够丰富的信息。该个例子使用了流程以及商务智能应用的知识，以避免严重的错误和资金的大量浪费。Falcon Security公司没有选择直接设立一家工厂、通过3D打印定制无人机队来验证决策正确与否。它可以先制造一个原型，分析成本和收益，通过这样的方法来避免犯错误。解决问题的最好办法就是不要出现这个问题！

PRIDE Systems

表现记录、集成、传递和评估（PRIDE）系统最早在本书第4版提出。在该版本中，使用移动设备、数据收集运动设备以及由医疗保健提供者、心脏手术患者、健身俱乐部、医疗保险公司和雇主之间共享形成的云集成数据成为初创企业的机会。

PRIDE是一个为健身俱乐部的所有者开发的真实世界原型，旨在将俱乐部成员的锻炼数据与他们在家里的锻炼数据以及他们的雇主、保险公司和医疗保健专业人员联系起来。PRIDE是用C#编写的，代码依靠Azure云数据库运行。PRIDE系统使用的是作为Visual Studio一部分的Windows Phone模拟器。PRIDE将在演示可行性并且在俱乐部所有者获得融资后被移植到iOS和安卓设备。遗憾的是，在原型达到这一点之前，项目的赞助者失去了兴趣。

正如PRIDE案例所反映的，开发者意识到这是不可能成功的，就像泽夫在第7章中说的，“医生无暇运动”。弗洛里斯作为心脏外科医生工作太忙，以至于他的创业无法成功。因此，他把软件卖给了一个成功的商人，这个商人更换了员工和策略，重新定位了这款软件。所有这一切都将在第7章的开头描述。

道德指南中绝对命令原则和功利主义的运用

自本书第1版引入道德指南以来，我们认为学生对伦理学的态度发生了转变。大部分学生似乎对道德问题更加愤世嫉俗和冷漠。

因此，在第5版中，我们开始介绍康德的绝对命令原则和边沁与密尔的功利主义，要求道德标准还不成熟的学生接受这些观点，而不是仅仅坚持自己的观点以及自己认同的其他观点。通过这样做，学生被要求“尝试”这些标准，我们希望在这个过程中，他们对道德原则有更深刻的思考，而不带有个人偏见。

第 1 章中的道德指南介绍了绝对命令原则，第 2 章中的道德指南介绍了功利主义。如果你选择使用这些观点，需要这两个指南。

模块化设计

不是每一堂管理信息系统课都是一样的，即使大多数管理信息系统教授的基本教学内容都一样，也会因为每个教授有自己的兴趣、专长和重点而有所不同。此外，课程的不同不仅受学生和教授的兴趣的影响，而且与当地的就业环境、所教年级、学生的背景和受教育程度等有关。

为了支持这种专业化，本书由 12 章组成，每一章都描述了本章主题的最低要求。例如，第 9 章讨论商务智能的基本思想和目的。

指南

本书包含“指南”，它提供了每一章的核心材料。这些特征旨在促使学生抓住核心材料的一些有趣的方面，考虑这些知识与他们的相关性以及他们作为商务人士的未来需求，并且以小组或班的形式讨论相关内容。

书中的每一章都包含两个指南——一个强调伦理道德，另一个强调主题。道德指南将使学生了解与道德、信息系统和一般业务相关的基本原则。其他指南介绍了各种想法：一些来自认知科学，可以帮助学生成为更好的问题解决者；一些是在商业环境中普遍表达的相反的观点；还有一些是我们的个人看法。所有的指南鼓励学生站在现在或者未来的商务人士的立场，思考一些想法及其应用。指南可以帮助学生将所学的管理信息系统知识运用到其他课程，最终运用到各个职业领域。

Excel 和 Access 的集成

大多数管理信息系统课程都包括 Microsoft Office 的应用等内容。通常，教师采用主要的管理信息系统教材，同时选择一本有关 Office 指南的书。这对学生来说，除了要承担较多开支，还需要在理论知识学习和实用内容学习之间不断转换思维。

为了解决此问题，本书会涉及 Excel 和 Access 的协同使用。

在没有任何书籍的帮助下，大多数学生也能够学习（或复习）基本的 Excel 和 Access 技能。需要深入学习的学生可以在众多优秀的教材中找到一本。

本书内容是如何组织的

本书共四部分。

第 1 部分“为什么要使用管理信息系统”介绍管理信息系统，解释它对于商学院学生的重要性。本部分的三章涉及基本的管理信息系统定义和五个组成部分的框架，展示信息和信息系统如何与业务流程相关，并解释信息系统在支持组织战略和竞争优势方面的作用。

第 2 部分“信息技术”讨论了基本的信息技术概念。本部分的三章讨论硬件和软件、数据库处理及数据通信。

第 3 部分“使用信息系统获得竞争优势”的三章介绍了组织和系统、社交媒体和商务智能系统。

第 4 部分“管理信息系统”总结三章的内容，涉及信息系统安全、信息系统管理，包括外包和系统开发。值得注意的是，由于安全的重要性逐渐受到重视，该内容在本部分加以介绍。

本书模块化组织的目标是允许你选择最适合自己需求的主题。

教师资源

在教师资源中心 (www.pearsonhighered.com/irc)，教师可以轻松地注册来获得与本书相关的各种可下载的资源。如果需要帮助，我们的技术支持团队可提供本书附带的媒体材料。访问 http://247.pearsoned.com，了解常见问题的解答和用户支持免费电话。

适用于本书的补充资源如下：

- Test Bank；
- TestGen® 电脑化测试库；
- PowerPoint 演示文稿。

目　录 Experiencing MIS

第 3 部分 **使用信息系统获得竞争优势**

第 4 部分 **管理信息系统**

第 1 部分

为什么要使用管理信息系统

Why MIS

Falcon Security 是一家成立 5 年的私营企业，它使用无人机为客户提供监控服务。它的客户是大型工业企业，这些企业希望降低员工人身安全成本或者需要对工业场地进行周期性监控。Falcon Security 已经与得克萨斯州几家大型炼油厂签订合同，对它们的大型企业设备实时监控。它也会为一些重要的基础设施组件（如火炬）做临时的安全检查，因为这些检查的人工操作难度大并且很危险。

Falcon Security 的创始人兼首席执行官（CEO）是马特奥·托马斯（Mateo Thomas）。在职业生涯的早期，他是美国陆军的一名少校，在中东的部队负责人身安全。退役后，马特奥到得克萨斯州的一个大型工业制造公司担任安全主管。在与业务部经理加入安全政策指导委员会时，他认识了年轻的、有抱负的乔尼·坎贝尔（Joni Campbell）。他告诉乔尼，公司在人身安全上投入太多。他认为公司应该以较低成本购买一些无人机来代替保安的部分工作。以他在部队的经验来看，他知道如何以较少的时间和精力来成功地使用无人机提高安全水平。问题是他对无人机的实际操作不太了解，乔尼也不懂。

一周后，在一个朋友的婚礼上，乔尼看到了一个婚礼视频，视频中有一些新娘和新郎在沙滩、车上和公园里的精彩空中镜头。出于好奇，乔尼认识了摄影师卡密拉·福雷（Camillia Forset）即卡姆，并问她如何制作这些令人惊叹的视频。这些照片是卡姆在夏天用业余时间拍摄的，她的正式工作是无人机制造商的区域销售代表，但是她并不喜欢这份工作。她用无人机做试验来拍摄一些照片，结果是惊人的。每个看到无人机拍摄的镜头的人都想拥有它。她是唯一可以制作无人机视频的摄影师，其业务快速发展。但是婚礼通常有季节性，因此她仍需要一份正式的工作来养活自己。乔尼知道自己已找到需要的无人机专家，便问卡姆是否愿意和她及马特奥在这个周六一起吃个午饭。

在听卡姆讲述商业无人机可以做的所有事之后，马特奥和乔尼意识到将无人机用到企业安全领域比他们之前预想的更有可能。马特奥和乔尼创建了 Falcon Security 公司，并聘用了卡姆。5 年后，公司已有 15 家大型工业客户，为客户提供每日的安全监控，同时还与其他工业客户合作，承包它们的航空安全监控。公司也与一些有一次性航空地面调查、电视录像制作（比如商业广告、房地产等）和农业监测需求的客户合作。

Falcon Security 每年的收入大约是 1 400 万美元，其中大部分来自为大型企业客户提供安全服务。马特奥想将公司的业务范围扩展到全美。他知道在得克萨斯州之外还有很多企业客户需要相关的服务，如果可能，甚至可以与联邦政府签订利润丰厚的合约。而乔尼担心 Falcon Security 还没有做好充分的准备，因为公司一直在艰难中前行：购买无人机队（飞机和直升机）的成本很高，有时会令人沮丧；公司还要培训员工来操作这些无人机，而且无人机的损坏率很高，同时总有新模型问世；另外，最近推出的高价系统开发项目可以自动收集、存储和分析无人机收集的数据。

马特奥发现 3D 打印是一个节约无人机成本的办法。卡姆的团队可以使用 3D 打印机快速创建一个新型无源充电平台的原型。如今公司的无人机可以在无人干涉的情况下自行着陆、充电和再次起飞。这样既节约了无人机的管理时间，也提高了无人机的有效使用范围。通过每 10 ～ 15 英里设置一个充电站，自动无人机队已经实现了远距离部署。

马特奥希望公司可以生产自己的无人机，但他还不确定是否要这样做。如果自己制造无人机，他得知道：需要聘用和培训多少新员工？支撑制造流程需要购置的额外设备和信息系统要花费多少？这些新的无人机能否与已有的数据收集和处理系统兼容？马特奥让乔尼和卡姆来思考制造无人机对公司来说是不是一个正确之举。

第 1 章

管理信息系统的重要性

The Importance of MIS

“解雇？你要解雇我？”

“解雇是一个残酷的词语，但是……Falcon Security 公司今后不再需要你的服务了。”

“但是，乔尼，我不明白，我真的不明白，我努力工作，你交代的所有事我都完成了。”

“詹妮弗（Jennifer），就是因为这样啊，你过去做的每件事都是我让你去做的。”

“我投入了这么多时间，你怎么可以解雇我呢？”

“你的工作已经可以用 3D 打印来完成了，还节约成本。”

“对，我以前是做这个。”

“不，你不是。你只是在按照我的想法做事，但是我们不需要跟随我的计划的人，我们需要的人应该能够指出我们接下来需要做什么，制定她自己的计划，并让我和其他人了解她的计划。”

“你希望我如何做到呢？我只在这里工作了 6 个月。”

“这是团队工作。准确地说，你只是在学习我们的业务，但是我确信所有的高级员工你都可以接触到……”

“我不想打扰他们。”

“好吧，你成功了。当我问卡姆她是如何看待你的工作的，她反问我‘谁是詹妮弗’。”

“她不是在机库工作吗？”

“是的，她是运营经理……跟她讨论似乎有价值吧。”

“我会这么做的。”

“詹妮弗，你看到刚刚发生什么了吗？我告诉你一个想法，你说你要去这么做。这不是我所要的，我需要你自己找到解决办法。”

“我工作真的很努力，付出了很多精力，写完了所有报告。”

“有人看这些报告吗？”

“我跟你说过一些报告吧。我一直在等待，直到我对这些报告满意为止。”

“是的，这就是我们在这里做事的方式。我们产生想法，然后跟其他人一一讨论。没有人是足够聪明的。当我们讨论和修订计划后，它们才会更加完善……我想我告诉过你。”

“你可能告诉过我，我只是还没有适应。”

“好吧，这也是一个关键问题。”

“我知道我可以做好这份工作。”

“詹妮弗，你已经在这里工作 6 个月了，你对业务有了一定的认识。几周前，我问你对 3D 打印的无人机或者无人机零件的识别流程的第一想法，你还记得你是怎么回答的吗？”

“是的，我不确定怎么识别。我只是不想说出可能无效的事情。”

“但是你怎么去证实它是有效的呢？”

“我不想浪费钱……”

“不，你浪费了。所以当你没能深入认识这个任务时，我向你提供了帮助，让你发给我一份现有无人机需要打印的零件列表，一份定期更换维修零件的列表，未来我们可能购买的无人机的规格说明，以及对现有 3D 打印无人机如何生产的描述。不用详述，只需要一个概要。”

“是的，我把那些零件列表和规格说明都发给你了。”

“詹妮弗，你发的这些是没有意义的。你的列表中包含的零件是不能 3D 打印的，你提供的未来潜在无人机列表中包含的模型甚至不能携带照相机。”

“我知道哪些零件是可以 3D 打印的，我只是不确定应该包含哪些。但是我会再试试的。”

“好吧，我欣赏你的这种态度，但我们只是一个小公司，在很多方面才起步。每个人都要承担超出自己能力的更多任务。如果我们是一家比较大型的公司，我会为你找个职位，看一下你能否工作得更久。但是我们现在做不到。”

“我会得到怎样的推荐信？”

“我会告诉所有人你是一个可靠的人，每周工作 40 ～ 45 小时，而且诚实正直。”

“这些都很重要。”

“是，它们确实很重要。但是在今天，这些已远远不够了。”

研究问题

Q1－1 为什么 MIS 导论是商学院最重要的课程？

Q1－2 MIS 将如何影响我？

Q1－3 为什么与 MIS 相关的工作需求很大？

Q1－4 什么是 MIS？

Q1－5 你在信息系统安全中起什么作用？

Q1－1 为什么 MIS 导论是商学院最重要的课程？

MIS 导论是商学院最重要的课程，但事实并非一直如此。几十年前，主修计算机是一件乏味的事情。但是如今发生了重大改变，最热门的工作就在技术公司中。人们以在技术创新公司工作而感到自豪。苹果是世界上最大的公司之一，市值达 7 400 亿美元。史上最大的 IPO（250 亿美元）来自 2014 年的电子商务巨头——阿里巴巴（阿里巴巴控股集团公司）。

为什么信息技术从辅助的公司支持职能转变成公司盈利的主要助力？为什么技术工作有最高的报酬？为什么在技术公司工作被认为超级酷？

这些问题的答案与技术彻底地改变了商业有关。

数字革命

你应该听过这样的话：我们生活在**信息时代**（information age），或者说信息生产、分布和控制是经济的主要驱动力的时代。信息时代始于 20 世纪 70 年代的**数字革命**（digital revolution），机器和模拟设备向数字设备转变。这一转变意味着公司、个人和整个社会的重大改变。

问题是人们未能真正理解这个转变会如何以及为什么会影响他们。就像今天的人们，总是基于过去来规划未来的项目。他们了解工厂、官僚、规模生产和经营效率，但是这些知识储备不能帮助他们应对将要发生的转变。

数字革命并不意味着使用新的“数字”设备来替代旧的机器或者模拟设备，而是把这些新的数字设备与旧的设备连接起来，实现数据共享。处理器速度的提升会使它们运行得更快。这是史无前例的。1972 年，计算机科学家戈登·贝尔（Gordon Bell）意识到数字设备的演变和广泛使用将会改变世界。他提出了**贝尔定律**（Bell's Law）——“大约每 10 年会产生一个新的计算机类型，形成一个新的行业。”[1]也就是说，数字设备将会快速演进，使每 10 年就产生新的平台、程序设计环境、行业、网络和信息系统。

就像贝尔预测的那样，改变不断发生。自 1970 年开始，大约每 10 年就有全新类型的数字设备问世。这些设备创造了全新的行业、公司和平台。20 世纪 80 年代，我们看到个人计算机和小型本地网络的崛起。20 世纪 90 年代，我们看到互联网的崛起和移动电话的普及。21 世纪初，我们看到了所有“事物”网络化的趋势。社交网络和云服务开始创造一系列公司。

数字技术的发展从根本上改变了商业，成为企业盈利的主要驱动力。至少在未来的几十年里可能会一直如此。理解企业如何受到这种数字化演变的影响，关键是理解推动这些新数字设备发展的力量。

进化能力

为了理解推动数字设备进化的根本动力，让我们想象一下自己的身体正以电子设备进化的速度进化。假设你今天每小时跑 8 英里，这是平均水平。现在假想你的身体正快速地改变，你的速度每 18 个月提高一倍。在下一个 18 个月里，你每小时跑 16 英里；在下下个 18 个月里，你每小时跑 32 英里；接着是 64 英里、128 英里、256 英里和 512 英里。经过 10 年半的增长，你的跑步速度将会达到每小时 1 024 英里。这将如何改变你的生活呢？

好吧，你肯定已经丢弃了你的汽车，因为它实在是太慢了。航空旅行可能都是过去的事了。你可以使用一个非常有用的程序来开展业务和快速垄断市场。你可以住在郊区，因为你的通勤时间缩短了。你需要新的衣服和特别耐磨的鞋子。重点是不仅你改变了，你做的事情和做事的方式也在改变。这就是贝尔定律。数字设备也在发生同样的变化。

这个例子看起来有些愚蠢，但是它可以帮你理解指数式的改变如何影响数字设备。处理能力、设备的互联性、存储能力和频带宽度正快速地增长，快到足以改变这些设备的使用方式。让我们看一下相关定律的描述来探索它们的力量。

摩尔定律

1965 年，英特尔公司的戈登·摩尔（Gordon Moore）指出，由于电子芯片的设计和制造技术不断改进，“一个集成芯片上每平方英尺的晶体管数量每 18 个月翻一番”，这被称为**摩尔定律**（Moore's Law）。这一论述过去常被误解成“计算机的速度每 18 个月翻一番”，这是不正确的，但是也阐明了该定律的意义。

根据摩尔定律，计算机的价格性能比下降，约 4 000 美元的标准计算设备用不到 1 便士就能买到[2]，参见图表 1－1。在过去的 30 年里，不断提高的处理能力对全球经济产生的影响要大于其他任何一个因素，这造就了新的设备、应用、公司和平台。事实上，如果计算能力不能指数式增长，那么今天大部分的技术公司不会存活。

图表 1－1　计算机的价格性能比呈下降趋势

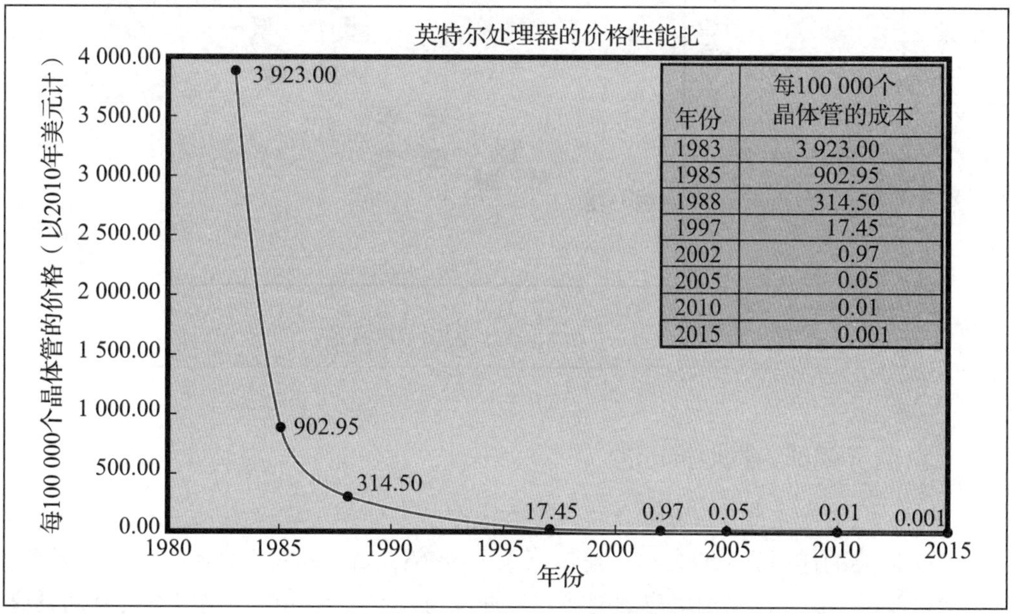

作为未来的商务人士，你不需要关心公司花 1 000 美元可以买到运行速度多快的电脑。这不是重点。重点是根据摩尔定律，数据处理的成本接近零。近期的应用，比如新的药品开发、人工智能和模块化建模，都需要很强的处理能力。由于购买有足够处理能力的处理器的成本太高，这些领域的创新受阻。但好消息是处理成本正在快速下降。

梅特卡夫定律

改变数字设备的另一个根本力量是梅特卡夫定律，它用以太网的发明者罗伯特·梅特卡夫（Robert Metcalfe）的名字命名。**梅特卡夫定律**（Metcalfe's Law）认为网络的价值与它所连接的用户数目的平方等同。换句话说，越多的数字设备连接在一起，网络的价值就会越高[3]，如图表 1－2 所示。20 世纪 90 年代互联网的飞速增长体现了梅特卡夫定律。由于更多的用户可以接入互联网，互联网变得更有价值。网络繁荣造就了很多科技巨头，比如谷歌、亚马逊和易趣。如果没有大量用户接入互联网，这些公司不会存在。

梅特卡夫定律在科技公司身上也有体现。谷歌的气球项目（Project Loon）致力于让地球上的每个人都可以使用漂浮在全球的由气球构成的网络来接入互联网。社交媒体公司的一个主要度量指标是使用其社交网络的月活跃用户（monthly active users，MAU）数量。网络吸纳的人越多，公司就越有价值。看一下使用微软 Word 之类的产品的网络影响。当你可以使用免费的文字处理器比如 LibreOffice Writer 时，你为什么要付费来使用微软 Word？这是因为其他人都在使用它。

图表 1-2 网络价值的增加

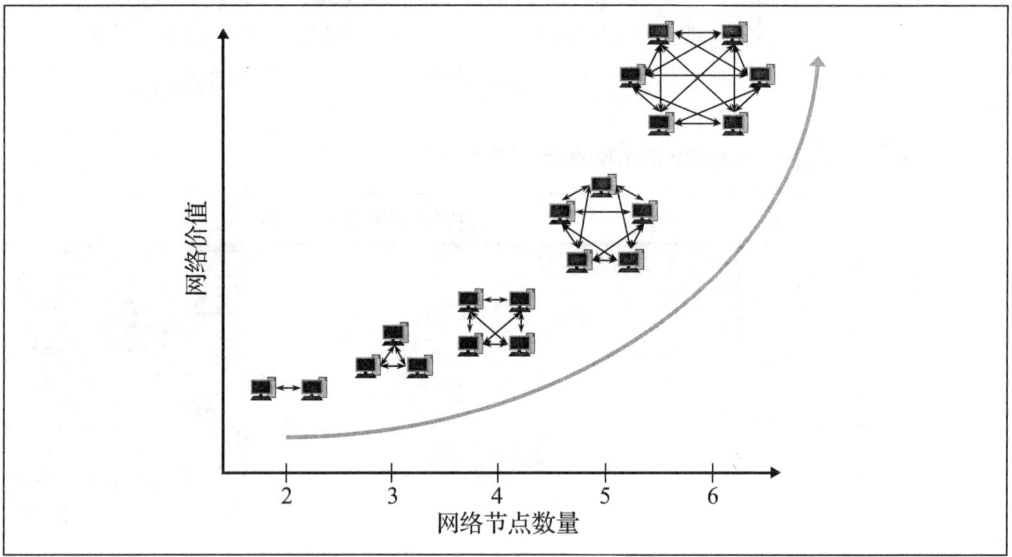

电子变革的其他推动力

不仅仅是互联网的用户数量在改变我们使用数字设备的方式，互联网的速度也有同样的作用。以雅各布·尼尔森（Jakob Nielsen）的名字命名的**尼尔森定律**（Nielsen's Law）认为，高端用户的网络连接速度每年会提升50%。网络变得越来越快，新的公司、产品和平台就会出现。

例如，视频网站YouTube创建于2005年2月，当时互联网上还没有很多视频。但是互联网的平均速度加快，一个典型的互联网连接足以处理一连串的YouTube视频。到2006年11月，谷歌以16.5亿美元收购了YouTube。你会发现，不到两年就创造了一个10亿美元的公司。由此可见，网络速度至关重要。问题是，为什么谷歌、微软、IBM或者苹果没有在YouTube创建前就想到分享视频？

除尼尔森定律、梅特卡夫定律和摩尔定律外，还有其他力量在改变着数字设备（见图表1-3）。**克莱德定律**（Kryder's Law）以希捷公司（Seagate Corp.）前技术办公室主管马克·克莱德（Mark Kryder）的名字命名，该定律指出磁盘的存储密度正呈指数式增长。数字存储是如此重要，这是你在买新电脑、智能手机或者笔记本电脑时会问的第一个典型问题。当然，耗电量、图像分辨率以及设备间的兼容性也在发生改变。图表1-3不是一个完整的列表。

图表 1-3 改变技术的根本力量

定律	含义	意义
摩尔定律	集成芯片上每平方英尺的晶体管数量每18个月翻一番	计算机的处理速度会呈指数式加快；数据处理的成本趋于零
梅特卡夫定律	网络的价值与它所连接的用户数目的平方等同	更多的数字设备连接在一起；数字和社交网络的价值呈指数式增长

续前表

定律	含义	意义
尼尔森定律	高端用户的网络连接速度每年会提升 50%	网络速度在加快；更快的速度产生新的产品、平台和公司
克莱德定律	磁盘的存储密度正呈指数式增长	存储能力呈指数式增长；存储数据的成本趋于零

这是商学院最重要的课程

这又把我们带回最开始的论题——MIS 导论是你将在商学院里学到的最重要的一门课程。为什么呢？因为这门课将向你展示技术如何彻底地改变商业。你会学习到为什么高管们会不断地尝试，以发现利用技术来创造持续的竞争优势的方法。这也就是 MIS 导论是当今商学院最重要课程的第一个原因。

未来商务人士需要能够评估、评价新兴信息技术，并将其应用到商业中。

你需要这门课程的知识来获得这样的技能。

Q1－2　MIS 将如何影响我？

技术变革正在加速，那又怎么样呢？会如何影响你呢？你可能会认为技术变革只是很伟大。你已期待下一代 i-Gadget 的问世了。

假设你在 2004 年本科毕业，进入美国最大型、最成功的家庭娱乐公司之一——百视达有限责任公司（Blockbuster LLC）。百视达有 6 万名员工，每年 9 000 多家门店的收入是 59 亿美元。一切看起来都很好。6 年之后即 2010 年，百视达倒闭了。为什么？因为通过网络传递视频比开车到商店要简单得多。高速的网络连接使其成为可能。

重点是毕业后你也可能选择去一家大型的、成功的、品牌好的公司工作。6 年之后，技术变革了，但是它没有变革，它就可能倒闭。

我如何获得工作保障？

多年前，我有一个聪慧的、经验丰富的良师益友。有一天我问他关于工作保障的问题，他告诉我唯一的工作保障就是“一项社会性技能和使用这项技能的勇气”。他又说：“我们公司里没有保障，在任何政府项目中没有保障，你的投资没有保障，社交安全也没有保障。”他说得多么正确啊！

什么是社会性技能呢？过去人们通常认为它是指一个可以命名的特殊技能，比如计算机编程、税务会计或者营销。但是今天，因为摩尔定律、梅特卡夫定律和克莱德定律，数据处理、存储和交流的成本趋近零。任何常规技能可以外包给最低价的投标人。如果你住在美国、加拿大、澳大利亚、欧洲或者其他经济发达的地方，最低价投标人未必是你。

许多组织和专家都研究过这个问题——在你的职业生涯中什么技能是社会性的。考虑其中两个例子。第一，加利福尼亚州圣塔莫尼卡市的一个智囊团——兰德公司（RAND Corporation），在过去 60 多年里发布了很多创新性的、开创性的想法，包括互联网的最初设计。2004 年，兰德公司公布了对 21 世纪员工要掌握的技能的描述：

快速的技术变革和不断加剧的国际竞争对劳动力技能和准备，尤其是技术变革和需求转变的适应能力有一定的影响。组织性质的转变……支持强有力的、非程序性的认知技能。[4]

无论你学的是会计、营销、金融专业还是信息系统专业，都需要拥有强有力的、非程序性的认知技能。

这些技能包括哪些呢？美国前劳工部部长罗伯特·莱克（Robert Reich）列举了四项[5]：

- 抽象推理；
- 系统思维；
- 协作；
- 实验能力。

图表1-4是每项技能的示例。再次阅读本章开头的Falcon Security公司案例，你会发现，詹妮弗之所以丢掉工作是因为她没能掌握这些关键技能。尽管莱克的书写于20世纪90年代初，但是他提到的认知技能在今天仍然适用，因为人类不像技术那样可以如此快速地变革。[6]

图表1-4 关键的非程序性认知技能示例

技能	示例	詹妮弗在Falcon Security公司的问题
抽象推理	构建一个模型或者表征	将识别3D打印无人机零件的方法概念化时犹豫、不确定
系统思维	系统组件建模和展示组件的输入和输出如何与另一个组件关联	未能为Falcon Security公司的操作需求建模
协作	与其他人合作提出想法和计划，提供和接收关键反馈	不愿意与其他人一起完成不成熟的方案
实验能力	创建和测试可行的新方案，使其符合现有资源	担心新想法被禁止讨论

MIS导论如何帮助你学习非程序性技能？

MIS导论是商学院中学习莱克提出的四项关键技能的最好课程，每个主题都需要你去应用和实践。下面介绍应用和实践的方式。

■ 抽象推理

抽象推理（abstract reasoning）是建立和操作模型的能力。在每一个课程主题和本书章节中，你都需要使用一个或者多个模型。比如，在本章的后面部分，你将了解信息系统五要素模型。本章将描述如何使用这个模型来评估任何新的信息系统项目的范围，其他章节将会以该模型为基础。

在本课程中，你不会操作我们已经建立的模型，你需要建立自己的模型。例如，在第5章你将学习如何建立数据模型，在第12章你将学习如何建立过程模型。

■ 系统思维

你去杂货店看到一罐青豆，会将这个罐子跟美国的移民政策联系到一起吗？你看到拖拉机在开垦森林中的纸浆用木材，会将木质垃圾与摩尔定律联系在一起吗？你知道为什么思科（Cisco Systems）是 YouTube 的最大受益者之一吗？回答这些问题都需要系统思维。**系统思维**（systems thinking）是指为系统组件建模来建立起这些组件间的输入和输出关系，形成一个合乎情理的整体，这个整体可以反映观察到的现象的结构和动态。

你们马上要学习有关信息系统的这门课。我们会讨论和解释系统；你需要评价系统；你需要对比多个系统；你需要在不同的情况下应用不同的系统。所有这些任务将为你作为一个专业人士拥有系统思维做准备。

■ **协作**

协作（collaboration）是两个或者更多人一起工作来达成一个共同目标、取得成果或者工作产出的能力。本书每一章都包含协作练习，让你当作课堂作业或者家庭作业来完成。

让许多同学惊讶的是：有效协作与是否待人友善无关。事实上，调查指出，有效协作最重要的一个技能是提出和接受关键反馈。提出一个商业设想来挑战销售副总裁重视的一个项目，你将很快意识到有效协作能力不同于邻里烤肉聚会上的礼仪。所以你如何面对副总裁的反对提出你的想法，并且不会丢掉自己的工作？在本课程中，你将学会这种协作中所需要的技能和信息系统。更加重要的是，你将有很多机会来实践。

■ **实验能力**

“我以前从未做过这个。”
“我不知道要怎么做。”
“但是它能行吗？”
“对于市场而言，它是不是太怪异了？”

害怕失败：面对如此多优秀的人和好的想法不知所措。在公司稳定的日子里，当新的想法只是同一首歌中的不同段落时，专业人士会因为害怕失败而受到限制。

让我们来看一个在更换机油业务中应用社交网络的例子。在这个业务中使用社交网络是合理的吗？如果是，以前有人做过吗？世界上有人告诉你该怎么做吗？怎么推进？答案是没有人。正如莱克说的那样，21 世纪的专业人士需要有实验的能力。

成功的实验不是将大把的钱投向你脑海中每一个疯狂的想法。相反，**实验**（experimentation）是根据你已有的资源，对机会进行合理的分析，预想潜在的解决方案，并评估可能性，最终开发最有前途的那个想法。

在本课程中，你需要使用不熟悉的产品。这些产品可能是微软 Excel 或 Access，可能是你未使用过的毕博（Blackboard），也可能要求你使用 OneDrive，SharePoint 或者 Google Drive 来协作。你的老师会解释和展示你需要的这些产品的每个特性吗？事实上，你不应该有这样的期待。你应该希望老师让你去实验，自己去预想新的可能性并根据你已有的资源对这些可能性进行验证。

Q1－3 为什么与 MIS 相关的工作需求很大？

MIS 导论课程对你而言十分重要与就业有关。埃森哲（Accenture）是一家技术咨询和外包公司，它对 2014 年的大学毕业生进行了调查。调查发现 2014 年大学毕业生中有 69% 认为他们在得到自己理想的工作前需要额外的培训或者教育。进一步来看，46% 的毕业生从事的都是专业不对口的工作，不然就会失业。[7] 但是与信息系统相关的工作面临的情况不同。

斯彭斯（Spence）和赫施瓦约（Hlatshwayo）对美国 1990—2008 年的失业状况进行了研究。[8] 他们指出贸易工作不依赖于特定地点，因为这类工作可以外包给海外，意识到这一点很重要。图表 1－5 显示，计算机系统设计和相关服务是那个类别所有工作类型中增长最为迅猛的。2000 年互联网泡沫破灭后，工作数量持续下降；然而，从 2003 年开始，工作数量不仅恢复，而且有了显著增加。其中既包括技术职位，比如计算机程序员和数据库管理员，也包含非技术销售、支持和业务管理职位。顺便提一下，因为图表 1－5 展示的是贸易工作，它终结了所有好的计算机职位都在国外的神话。根据他们对来自美国劳工统计局的数据的分析，这种情况根本不会发生。

图表 1－5　1989—2009 年不同行业的工作增长

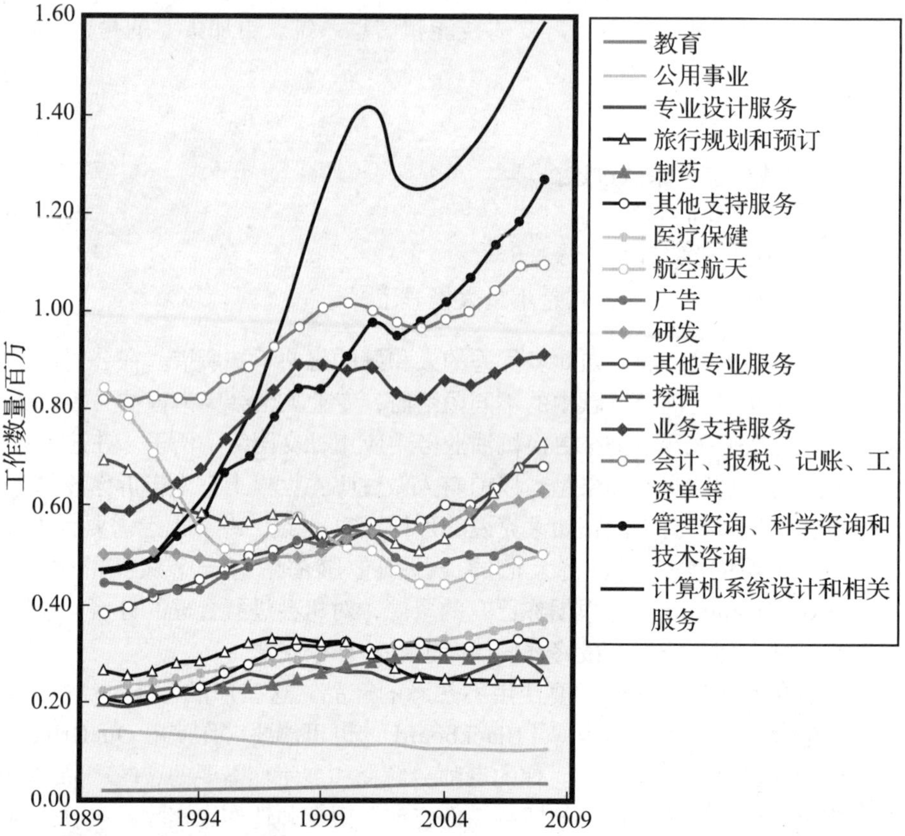

资料来源：From *The Evolving Structure of the American Economy* and the *Employment Challenge* by Michael Spence and Sandile Hlatshwayo. Copyright © 2011 by The Council on Foreign Relations Press. Reprinted with permission.

遗憾的是，图表 1－5 中的数据到 2009 年就截止了。斯彭斯和赫施瓦约没有再更新他们的研究。然而，图表 1－6 展示了美国劳工统计局对 2012—2022 年业务经理职位、计算机和信息技术职位及其他业务职位的就业预测。[9] 所有信息系统相关工作的增长率比其他职业平均增长率高约 11 个百分点。

图表 1-6　劳工统计局职业展望 2012—2022

	2012 年平均工资（美元）	就业增长率 2012—2022	就业增长人数 2012—2022
业务经理职位			
营销经理	115 750	12	25 400
信息系统经理	120 950	15	50 900
财务经理	109 740	9	47 100
人力资源经理	99 720	13	13 600
销售经理	105 260	8	29 800
计算机和信息技术职位			
计算机网络架构师	91 000	15	20 900
计算机系统分析师	79 680	25	127 700
数据库管理员	118 700	15	17 900
信息安全分析师	87 170	37	27 400
网络和系统管理员	72 560	12	42 900
软件开发员	93 350	22	222 600
Web 开发员	62 500	20	28 500
业务职位			
会计师和审计师	63 550	13	166 700
财务分析师	76 950	16	39 300
管理分析师	78 600	19	133 800
市场研究师	60 300	32	131 500
物流师	72 780	22	27 600
人力资源专家	55 640	7	32 500

信息系统和计算机技术不仅仅给信息系统专业人士提供了就业机会和工资。阿西莫格鲁（Acemoglu）和奥托（Autor）进行了一项令人印象深刻的实证研究——关于 20 世纪 60 年代到 2010 年美国和欧洲部分地区的就业与工资。他们发现在这段时期之初，受教育程度和行业是就业和工资的最强有力的决定因素。然而，自 1990 年开始，就业和工资的最强有力的决定因素是工作的性质。简而言之，由于计算机技术的价格骤降，受益于计算机技术的工作的价值显著增长。[10] 例如，商务人士可以选择各种类型的高回报的工作，因为他们懂得如何使用信息系统来提高业务流程质量，或者懂得如何解释数据挖掘结果来促进市场营销，或者懂得如何使用新兴的技术（比如 3D 打印）来创造新的产品和满足新的市场。本书稍后的指南中就你可能会考虑信息系统相关工作的原因有更多讨论。

有史以来最大的IPO：阿里巴巴

你考虑过创办自己的公司吗？将一个新的想法变成一个可盈利的公司并不容易。但是信息时代创造了一个环境，任何人都可以很少的投资和很小的边际风险创办一个小型公司。有时技术需求都可以通过外包来解决。

例如，像 Squarespace.com 之类的公司允许不懂 Web 开发技术的企业家创建有活力的、吸引人的平台来销售它们的产品或服务。如果你不想坐下来包装产品并运送给客户，可以让亚马逊物流（Fulfillment by Amazon，FBA）来帮你完成。

不仅仅是缺少经验的企业家受益于不断发展的电子经济提供的资源；经营 B2B（business-to-business）、B2C（business-to-customer）和 C2C（customer-to-customer）商务的各种规模的公司也受益于此，它们拥有新的机会去发现更便宜的原材料和更高质量的商品，最重要的是它们发现了客户。

阿里巴巴是什么？

1999 年，马云创建了阿里巴巴（Alibaba.com），它起初是一个电子商务门户网站，为购买和销售商品提供服务，后来逐渐发展，包括各种金融、拍卖和商务服务。阿里巴巴的使命就是连接全球的供应商和客户。[11]

阿里巴巴自豪地说，每天客户和商家之间要交易成千上万的产品、多个产品种类，产生成千上万条信息。阿里巴巴已经成为购买和销售批发商品的一个重要的产品和信息交流通道。

提起 2014 年秋天阿里巴巴（NYSE:BABA）的 IPO 规模，你就会发现它对全球商务的影响更加显而易见。BABA 的 IPO 达 250 亿美元，超过有史以来最高 IPO 30 亿美元。[12] 脸书（Facebook）在 2012 年筹集了 160 亿美元，2010 年通用汽车东山再起筹集了 157 亿美元。有趣的是，马云在 1999 年创建阿里巴巴用了不到 7 万美元，但他现在是中国最有钱的人。

成长的烦恼

阿里巴巴从一个“新想法”快速变成一个引领世界的零售商和供应商，缔造美国有史以来最大 IPO。由于公司迅速崛起，容易令人们认为它会成为世界零售商和供应商的领导者。但是也有人不这么认为。阿里巴巴陷入了供应商出售仿造产品的困境，尽管它每年大约投入 1 600 万美元来打击假冒商品。[13]

阿里巴巴通过允许商家获得“金牌商家”的身份来应对假冒伪劣商品，这是一个验证服务（包括网站访问）的审批程序。然而，你可以想象一下审批全球商家和回应全球消费者的诈骗诉求多么复杂。

阿里巴巴能为你做什么？

如果你认为可以进口批发商品，在你自己的电子商务网站或者传统实体旗舰店销售，那么阿里巴巴可能不再是你的一个优质供应商。即使你没有停止从阿里巴巴购买商品，也可以从阿里巴巴的成功中学到一些经验。

第一，阿里巴巴诠释了如何使管理信息与销售高质量产品一样有利可图。我们要考虑的一个事实是，阿里巴巴可能是全球最大的零售商，但是它几乎没有库存。

第二，阿里巴巴展示了全球经济下运营的复杂性。在顾客和商家地处全球各地的背景下，管理客户关系变得更加困难。

第三，阿里巴巴的故事解释了在相对短的时间内通过一台笔记本电脑、一个好的想法和大量努力可以做成什么事情。所以，停止关注你朋友们的状态更新，去实现你的想法，创造下一代伟大的技术公司吧。

［问题］

1. 用几分钟浏览一下阿里巴巴，看看这个网站销售哪些商品。比较阿里巴巴和亚马逊，二者的购物流程有何不同？

2. 这篇文章如何改变你对创业困难的认知？

3. 思考一下最近股票价很高的公司。这些公司出售商品或服务吗？它们提供其他的服务吗？比较阿里巴巴与它们的相同点和不同点。

4. 除了在这篇文章中讨论的，国际商务方面的挑战还有哪些?

5. 思考一下你自己的购买习惯和你的朋友或同事的购买习惯。你能想出一个人们需要的可以从阿里巴巴上购买的商品吗?你可以在其他网站上以批发价购买这个商品,并把它卖给其他消费者来获利吗?

要点是什么?

本课程是商学院最重要的课程的原因:

1. 它提供了你将新兴信息系统技术用于商业评估、评价和应用所需的背景知识。

2. 它提供了你获得工作保障的基本准则——社会性技能,有助于你学习抽象推理、系统思维、协作和实验这四种技能。

3. 许多待遇优厚的 MIS 相关工作的需求很大。

Q1-4 什么是 MIS?

我们已经多次使用 MIS 这个术语,你可能在猜想它到底是什么。MIS 是**管理信息系统**(management information system),指的是管理和使用信息系统来帮助组织实现战略。MIS 与信息技术和信息系统等术语容易混淆。**信息系统**(information system,IS)是利用硬件、软件、数据、流程和人员的集合来产生信息。**信息技术**(information technology,IT)指的是为实现产生信息这一目标而使用的产品、方法、发明和标准。

MIS,IS 和 IT 有何不同呢?你不能购买一个 IS,但是你可以购买 IT ;你可以购买或租用硬件,可以取得程序和数据库的许可,甚至可以获得预先设计的程序。然而,最终是人员来整合你购买的 IT,并执行程序来操作新的 IT。信息技术推动了新的信息系统的发展。

对于任何新的系统而言,通常都会有训练任务(和成本),还需要应对员工对此变革的抵制,需要管理员工来使用新的系统。因此,你可以购买 IT,但是你不能购买 IS。一旦新的信息系统建立起来并开始运行,一定要进行有效的管理和操作,使它实现组织的战略。这就是 MIS。

来看一个简单的例子。假设你的组织决定开发一个脸书页面。脸书提供 IT。这就提供了硬件和程序、数据库结构和标准流程。然而,你必须自己建立 IS。你不得不提供数据来填补数据库中的内容,根据自己的流程来扩展标准流程从而保持数据较新。比如,这些流程一般需要提供评论页面内容以及删除被认为不合适的内容的方法。进一步来看,你要培训员工如何遵循这些流程,也要管理员工确保他们正确使用流程。MIS 可以通过管理你的脸书页面来实现组织的战略。管理你的脸书页面和管理 IS 一样简单。涉及多个部门和成千上万员工的更大更综合的 IS 的工作量要大些。

MIS 的定义有三个关键要素:管理和使用、信息系统及战略。让我们逐一分析,先从信息系统及其构成要素开始。

信息系统的构成要素

系统(system)是一系列要素的集合,通过要素间的相互作用来实现相应的目标。

正如你所想到的，信息系统（IS）也是一群要素的集合，这些要素通过相互作用来产生信息。尽管上述定义是正确的，但引发了下面的问题：通过相互作用而产生信息的要素是什么？

图表 1-7 给出了一个由计算机硬件、软件、数据、流程和人员所组成的五要素框架。这五个要素存在于每一个信息系统之中——从最简单的信息系统到最复杂的信息系统。例如，当你使用计算机来撰写在班上发言的一份报告时，你需要使用硬件（计算机、存储硬盘、键盘和鼠标），软件（Word 编辑器、WordPerfect 编辑器或其他文字处理软件），数据（报告中的字、句和段落），流程（打开文字处理软件、撰写报告、打印报告、保存并备份你的文档），以及人员（你自己）。

图表 1-7 信息系统的五个要素

硬件	软件	数据	流程	人员

再来看一个复杂的例子，比如一个航空订票系统也由五个要素组成，只是每个要素复杂得多。硬件包含数十个或更多联系在一起的远程通信硬件。软件包括数百种不同的程序，大部分程序相互协同以实现通信服务，其他程序用来完成保存和相关的服务。另外，系统必须存储成千上万个有关航班信息、顾客信息、订票信息和其他信息的字节数据。航空公司的员工、旅游代理和顾客的操作产生了数百种流程。最后，航空订票系统中的人员不仅包括系统的使用者，而且包括通过计算机提供服务的工作人员、维护数据的工作人员和维护计算机网络的工作人员。

重要的一点是，图表 1-7 中的五个要素适用于所有的信息系统，从最小的到最大的。你可以考虑任一信息系统，比如一个新型的信息系统——社交网络，试着分析一下它的五个要素。一个信息系统不仅仅包括一台计算机和一个程序，而是计算机、程序、数据、流程和人员的集合。

在进入下一个话题之前，请注意我们定义的信息系统均包含计算机。一些人会认为，这种系统是基于计算机的信息系统，而生活中的有些信息系统不包括计算机，例如挂在会议室外的墙上用来对会议室的使用做出安排的日程表。近 100 年来，这样的系统一直被用于商业用途。尽管这样的观点是正确的，但本书中的信息系统特指基于计算机的信息系统。为此，本书中将信息系统作为基于计算机的信息系统的同义术语。

管理和使用信息系统

MIS 的定义中下一个要素是管理和使用信息系统。此处的管理是指开发、维护和采纳。信息系统不会像雨后春笋般突然出现，而是需要构建。它们也需要维护，因为业务是动态的，系统必须适应新的需求。

你可能会说："等一下，我是金融（或者会计、管理）专业的，我不需要懂得如何管理信息系统。"如果你这样想就错了。在你的职业生涯中，无论你选择什么领域，都会建立信息系统，有时还需要你的指导。为了建立一个满足你需求的信息系统，你需要在系统开发过程中起到积极作用。即使你不是程序开发者、数据库设计者或者其他 IS 专业人士，你也必须在识别系统需求和管理系统开发项目的过程中起到积极作用。你也可能在新系统测试过程中起到重要作用。总之，没有你的积极参与，要想使新系统满足你的需求那就只能看运气了。

作为商务人士，你应理解业务需要和需求。如果你想将社交网络应用于你的产品，你应懂得如何更好地获得顾客响应。建立网络的技术人员、建立数据库的设计者、配置电脑的 IT 人员中，没有人知道你需要什么，也没有人知道你使用的系统是否满足了需求或者系统是否需要适应新的需求。你却必须懂得。

除了管理任务，你在信息系统的使用中也起到重要作用。当然，你也需要学习如何使用系统来完成工作任务。但是你有重要的辅助作用。例如，当使用信息系统时，你有责任保证系统和数据的安全性，因为你也可能需要备份数据。当系统出现故障时（通常是突发性的），你有责任及时采取有效措施来准确快速地恢复系统。

实现战略

MIS 的定义中最后一个要素是通过信息系统来帮助组织实现战略。这一要素包含一个重要的事实：组织自身不会“做”任何事情。组织要通过人员来实现销售、采购、设计、生产、财务结算、市场营销、会计核算和管理等职能。所以，信息系统可以帮助组织中的人员来实现业务战略。

组织开发和使用信息系统，不是为了探索技术，也不是为了变得“现代化”或表明自己融入网络时代，既不是因为信息系统部门认为需要开发信息系统，也不是因为公司跟不上现有技术的发展趋势。

显然，上述问题涉及公司为什么要开发和使用信息系统。如今，许多公司开发信息系统的出发点都是错误的。比如在世界上的某个地方，一个公司正决定创建脸书页面，原因只是“其他公司都有脸书”。这个公司并没有提出这样的问题：

- 我们创建脸书页面的目的是什么？
- 脸书页面可以为我们做什么？
- 我们衡量员工贡献的标准是什么？
- 我们需要怎么应对关键客户的评论？
- 收益是否足以弥补维护页面的成本？

这个公司应提出这些问题。第 3 章更深入地阐述了信息系统和战略的关系。第 8 章阐述了社交媒体和战略的关系。

再一次强调，MIS 是通过开发和使用信息系统来帮助企业实现战略。你应该意识到本课程要比买台计算机、处理工作表格或建立 Web 网页有用得多。

Q1－5 你在信息系统安全中起什么作用？

正如你所了解的，信息系统创造了巨大的价值，但同时也带来了风险。例如，亚马逊保存了数百万客户的信用卡数据信息，有责任保证这些数据的安全性。如果亚马逊的安全系统出了问题，导致信用卡数据被盗取，那么亚马逊将面临极其严重的损失——不仅会使业务受损，而且会面临潜在的丧失信誉的风险。信息安全十分重要，本书会着重强调这一点。除此之外，第 10 章将专门讨论信息安全问题。

但是在阅读第 10 章之前，你就应该关注安全问题。与其他信息系统一样，安全系统拥有包括人员在内的五个要素。因此，每一个安全系统最终都依赖于用户的行为。如果用户没有高度重视安全问题，不严格遵循安全程序去操作，那么安全系统的硬件、软件和数据组件就会浪费。因此，在讨论下一话题之前，你应该了解如何创建并使用安全有效的密码，这是计算机安全中心的一个重要组成部分。

几乎所有的安全系统都使用用户名称和密码。作为一个商业组织中信息系统的使用者，你会接受指导去创建并保护密码。对你来说，这是非常重要的。你在上大学时应该使用过这样的密码。（根据《纽约时报》上的一篇文章[14]，20% 的人使用的密码很容易被猜到，比如“12345”，你不要成为这 20%。）

强密码

什么样的密码是强密码？如何设置强密码？微软需要不断提高安全的有效性，它提出**强密码**（strong password）要有以下特点：

- 由 10 个或 10 个以上字符组成，12 个可能更好；
- 不包含你的用户名、真实姓名或公司名称；
- 不包含任何一种语言的完整词语；
- 与你之前使用的密码不同；
- 同时包含大写和小写字母、数字以及特殊的字符（比如 ~!@; #$%^; & ； *()_+; − =; {}|[]\: “;’ <； >； ?,./）。

比较好的密码实例：

- Qw37^T1bb?at
- 3B47qq5!7b

但这种密码很难记住，你可能会将密码写在一张纸上，放在离你办公桌比较近的地方。千万不要这样做！

设置容易记住的强密码的技巧之一是：参考词组中单词的首字母来建立一个容易记忆、可靠的密码。这个词组可以是一首歌的歌名、一首诗的第一行或者你生活中常用的一些短语。例如，你可以借用“I was born in Rome, New York, before 1990.”这个句子中所有单词的第一个字母，然后用“<”代替“before”，创建如下密码：IwbiRm, NY<1990。这是一个可以接受的密码，但是如果不将数字放到最后，这个密码就会更有效。因此，你可以尝试利用“I was born at 3:00 AM in Rome, New York.”这个句子生成密码 Iwba3:00AMiR, NY。这就是一个容易记住的强密码。

密码规范

一旦你创建了一个强密码，就需要用正确有效的方法来保护它。适当的密码规范是商务人士的标志之一。不要写下你的密码，不要把你的密码同他人分享，也不要询问别人的密码。

但是如果你需要别人的密码怎么办？假设你要请别人帮助解决你的计算机上的一些问题。你登录一个信息系统，由于一些原因你需要输入另一个人的密码。在这种情况下，告诉他你需要输入他的密码，然后离开你的座位将位置让给他，在他输入密码时将头转向别处。在公司里，这个小小的举动——一个人离开原来的位置以便另一个人输入密码——是被普遍接受的。

同样，如果有人询问你的密码，不要告诉他，可以走到他的电脑前，自己输入密码。在他人使用你的密码操作某些业务的过程中，站在那里，直到他操作完毕退出系统你再离开。这是一个专业人士应该注意的，没有人会提醒你。

本章的知识对你有何帮助?

对于詹妮弗来说了解到这些太晚了，至少在 Falcon Security 公司是如此。然而，对于你来说并不晚，对于詹妮弗的下一个工作来说也并不晚。那么学完本章的主要收获是什么呢?

第一，认识到未来属于可以创造性构想新的信息系统应用和技术的商务人士。你不必是学 IS 专业的（尽管这是一个工作前景非常好的专业)，但是你应该具有将 MIS 创新性地应用到你的专业领域的能力。管理、市场营销、会计、生产等领域如何利用贝尔定律、摩尔定律和梅特卡夫定律的优势呢?

第二，学习了莱克提出的四种关键技能：抽象推理、系统思维、协作和实验能力。要付诸实践。本课程是商学院里传授这些技能的最好课程，所以去学习它吧。在学习和完成作业时，你想想自己的行为与这四种技能有什么关联? 你该如何提高熟练程度?

第三，了解了 IS 的构成要素，并理解每一个商务人士都需要在信息系统开发过程中起到积极作用。这些系统要满足你的需求，它们需要你的参与。了解了 IT，IS 和 MIS 之间的不同。学习了如何设置一个强密码，如何使用这些密码和合适的密码规范。

这才刚刚开始，我们还要学习很多让詹妮弗（在她的下一份工作中）和你受益的知识。

道德指南

道德和职业道德

假设你是一位年轻的市场营销专业人士，刚刚参加了一项新的促销活动。执行委员会让你提交一份活动销售效果的报告，你制作了图 1。如图所示，你们的促销活动很及时，在销售额开始下降之时促销活动开始产生作用。活动后，销售额增长了。

但是纵轴上没有任何定量标记。如果你如图 2 那样添加数量，不会令人印象深刻。它展示了不超过 20 单位的持续增长量。如果没有列出数据，图中的曲线会让人印象深刻，你的活动看起来很成功。

这个令人印象深刻的形状只是可能存在，因为图 2 不是按照比例画的。如果你像图 3 那样按照比例作图，你的活动效果是可疑的，至少对你来说是这样。

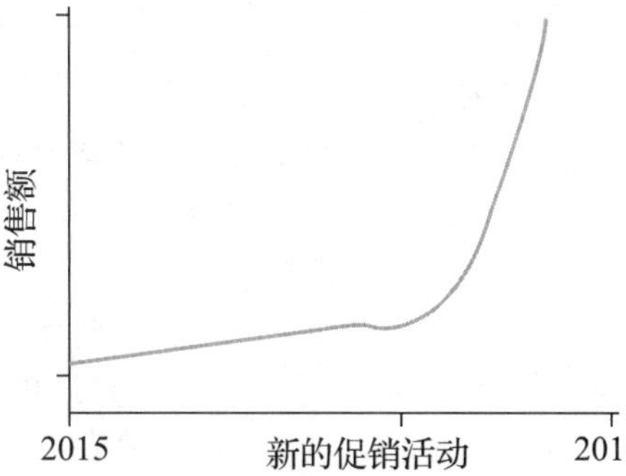

图 1

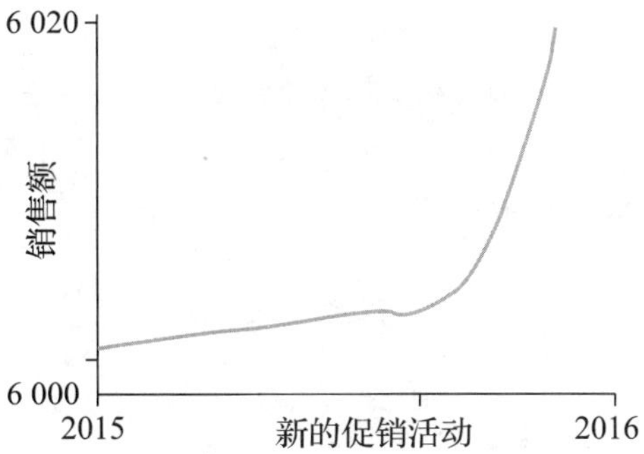

图 2

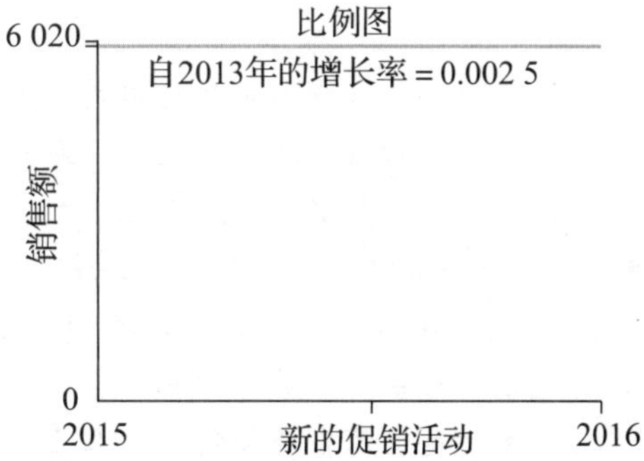

图 3

那么，你将把哪幅图提交给执行委员会呢？

本书的每章都包含一个道德指南，来探讨不同 MIS 相关背景下的道德和责任行为。在本章中，我们将讨论有关数据和信息的道德问题。

数百年的哲学思想已解决了这个问题——正确的行为是什么？我们不能在此对其所有内容进行讨论。然而，你可以在商业道德课程中学到很多。出于我们的目的，我们运用了有关道德的哲学的两大主要支柱。本章介绍第一个，第 2 章介绍第二个。

德国哲学家伊曼努尔·康德提出了绝对命令原则——人们只能按照人们想要其成为普遍法则的行为方式来行事。偷窃不是这样的行为，因为如果所有人都偷窃，任何东西都不会被拥有。因此，偷窃不能成为普遍法则。相似地，撒谎也不符合绝对命令原则，因为如果每个人都撒谎，话语就变得无用了。

当你想知道一种行为是否符合绝对命令原则时，一个试金石是“你愿意将你的行为推广到全世界吗？你愿意将它发布到你的脸书页面吗？你愿意把你所做的事讲给所有参与此事的人听吗？”如果不愿意，那么你的行为是不道德的，至少从康德绝对命令原则的意义上来说是不道德的。

康德认为责任是符合绝对命令原则的行为的必要条件。完美责任是必须满足的行为。不说谎是完美责任。非完美责任虽然是值得称赞的行为，但根据绝对命令原则并不需要它。参与慈善是一个非完美责任的例子。

康德将培养某人的天赋作为一个不完美责任的例子，我们可以将这个例子作为定义职业道德的一种方式。商务人士具有获得技能的非完美责任，这些技能对于他们完成工作是必要的。我们也需要非完美责任，在职业生涯中不断开发我们的业务技能和能力。

后面的章节将用到这些原则。现在回答下列问题，我们据此来评估你对图 1 的信任程度。

讨论题

1. 用自己的话重述康德的绝对命令原则。解释为什么考试时聊天不符合绝对命令原则。

2. 当存在意见分歧时，大部分学者认为黄金法则（“己所不欲，勿施于人”）不等价于康德的绝对命令原则。证明这个观点。

3. 假设你使用微软 Excel 制作图 1，你需要把数据输入 Excel，点击制图按钮（总有这么一个按钮，不一定叫这个名称），就可制作没有标签、比例放大的图 1。你没有进一步思考就把这个结果报上去了。

a. 你的行为符合康德的绝对命令原则吗？为什么？

b. 如果 Excel 自动生成像图 1 这样的图表，微软的行为符合康德的绝对命令原则吗？为什么？

4. 改变角色。假设你是执行委员会的一员。一位资历较浅的市场营销专业人士将图 1 汇报给委员会，你对缺少标记和比例问题表示不满。这位市场营销专业人士回应说：“对不起，我不知道。我只是把数据输入 Excel，并复制了 Excel 制成的图。”你作为主管，会对他的回答做出怎样的论断？

5. 你认为在问题 4 中这位市场营销专业人士的回应有违完美责任吗？有违非完美责任吗？有违任何责任吗？解释你的回答。

6. 如果你是这位市场营销专业人士，会把图提交给委员会吗？

7. 康德认为说谎不符合绝对命令原则。假设部门总管邀请你到他家参加季节性户外烧烤，并给你一块咬不动的、烧焦的、几乎不能吃的牛排，你悄悄地把它喂给了部门总管家里的狗（谁会愿意吃它呢）。总管问你："牛排怎么样？"你回答说："非常好，谢谢。"

a. 你的行为符合康德的绝对命令原则吗？

b. 牛排对于狗来说似乎是非常好吃的。这个事实会改变你在问题 a 中的回答吗？

c. 从这个例子中你可以得出什么结论？

指南

五要素职业生涯

学生可以等几年，直到最后一学期才认真思考工作问题。他们选择一个专业，学习相关课程，准备毕业，一直假想着大四时招聘人员会来学校并带来好的工作。然而，如今已不是那个年代了。

在当今的就业环境下，你需要积极主动地寻找工作。你应该这么想：你的工作将占据你人生 1/3 的时间。你能为自己做的最好的事情就是现在开始认真思考你的职业前途。你不希望在商学院毕业后去做一名咖啡师，除非你计划创建下一个星巴克。

所以，从这里开始。你喜欢从事 MIS 相关工作吗？你对此知之甚少，但是图表 1－5 和图表 1－6 会引起你的注意。就业情况发展趋势显示，有一个工作类别是网络外包，你至少应该考虑一下你是否可以在 IS 和相关服务领域选择职业。

这意味着什么呢？如果你查询美国劳工统计局的资料，会发现美国有 100 多万名计算机程序员和 60 多万名系统分析师。你可能对程序员的工作有所了解，对系统分析师的工作却了解得不多。仔细看一下图表 1－7 所示的五个构成要素，你将有所了解：程序员完成的是软件构成要素的初级工作，系统分析师的工作以整个系统的五个构成要素为基础。因此，作为系统分析师，你要与系统使用者一起工作来决定组织的需求是什么，然后与技术人员（和其他人）一同工作来帮助他们开发相应的系统。你的工作是作为文化中介人：将技术文化转换为业务文化，将业务文化转换为技术文化。

对于你来说幸运的是，美国劳工统计局的数据显示许多有趣的工作岗位还有空缺。为什么幸运呢？因为你可以利用在本课程中所学的知识来识别和获得其他学生可能没有思考甚至不知道的工作。如果是这样，你就获得了竞争优势。

下表以非常规的方式给出了职业思考的一个框架。正如你所看到的，在 MIS 中有技术性工作，也有令人向往、富有挑战、待遇优厚、非技术性的工作。考虑专业销售工作。假设你要向梅奥诊所（Mayo Clinic）销售企业级软件。你会将软件出售给聪明的、工作积极性很高的专业人士，他们会花费数千万美元来购买软件。或者假设你在梅奥诊所工作，接待软件推销人员。你会怎么花费这数千万美元呢？你需要一定的业务知识，也需要掌握足够的技术知识来提出巧妙的问题并理解他们的回答。

	硬件	软件	数据	流程	人员
销售和营销	供应商（IBM、思科等）	供应商（微软、甲骨文等）	供应商（Acxiom、谷歌等）	供应商（SAP、Infor、甲骨文等）	招聘企业（Robert Half、Lucas Group）

续前表

	硬件	软件	数据	流程	人员
支持	供应商 内部 MIS	供应商 内部 MIS	数据库管理安全	供应商和内部 客户管理	客户支持 培训
开发	计算机工程师 内部 MIS	应用程序员 质量检测工程师	数据模型师 数据库设计	业务流程管理 流程再造	培训 内部 MIS 招聘
管理	内部 MIS	内部 MIS	数据管理	项目管理	技术管理
咨询和培训	售前和售后支持、开发和项目管理、培训用户和开发者				

通过回答讨论问题来进行思考。

讨论题

1.“有一个工作类别是网络外包”那段文字是什么意思？如果你不确定，请重新阅读图表 1－5 的讨论。它对你为什么是重要的？

2. 仔细查看上面有关五要素职业生涯的表，选择与你的兴趣和能力最相关的一行。根据这一行中的要素来描述一份工作。如果你不确定，用谷歌搜索每个单元格中的术语。

3. 针对你回答的问题 2 中的每份工作，描述一下你认为这份工作最重要的三种技术和能力。

4. 针对你回答的问题 2 中的每份工作，描述一下你今年可以采取的一个创新举措来增加你的就业机会。

本章回顾

在本章回顾中，通过回答本章的研究问题来检查你对观点和概念的理解。

Q1－1　为什么 MIS 导论是商学院最重要的课程？

阐述贝尔定律，并解释为什么它的结果对于如今的商务人士很重要。描述摩尔定律、梅特卡夫定律、尼尔森定律和克莱德定律如何改变电子设备的使用方式。陈述商务人士应该如何应对新兴的信息技术。

Q1－2　MIS 将如何影响我？

解释莱克提出的四项关键非程序性认知技能。给出工作保障的文字定义，并使用莱克的列表解释本课程如何帮助你获得工作保障。解释为什么系统思维对于企业来说很重要。

Q1－3　为什么与 MIS 相关的工作需求很大？

总结 IS 相关的工作机会。根据美国劳工统计局的数据分析，IS 相关工作的增长率如何与全国范围内所有工作的平均增长率对比？描述为什么技术创新或者技术成本的相对降低会提高 IS 相关工作的价值。

Q1－4　什么是 MIS？

区分 MIS 定义中的三个关键要素。解释为什么你可以购买 IT，但是不能购买 IS。如果你是未来的业务经理，这对你来说意味着什么？列举并定义 IS 的五个构成要素。使用五要素模型解释 IT 与 IS 的不同。解释为什么最终用户需要参与信息系统的管理。解释为什么说组织

“做”事是一个错误的概念。

Q1－5　你在信息系统安全中起什么作用?

总结企业安全的重要性，可以亚马逊为例。解释强密码。解释创建和记住一个强密码的方式。理解在什么情形下你可以将密码给别人。

本章的知识对你有何帮助?

总结掌握莱克的四项技能将如何在你的职业生涯中帮助你。解释为什么每个商务人士都需要学习信息系统的基础知识。

运用你的知识 ▶▶▶

1. 你认同这门课程是商学院最重要的课程吗? 难道不是会计更重要吗? 没有会计就没有商务。或者管理不是更重要吗? 如果你要管理员工，为什么你需要懂得如何使用技术来创新? 你可以雇用他人来为你思考如何创新。

另外，哪个单一的因素会比 IS 更影响商务? 对于未来的就业和成功，难道懂得和精通 IS 与 IT 不够关键吗?

认真思考这个问题并写出你同意或者不同意的论据。

2. 描述本课程中你的 3 ～ 5 个个人目标。这些目标与你的平均绩点（GPA）应毫无关系。根据你的专业、兴趣和职业抱负定下目标，要尽量清晰。假设在季末或学期末，你会根据这些目标评估自己。你制定的目标越清晰，越容易进行评估。

3. 根据五要素框架来思考系统成本：购买和维护硬件的成本；开发软件或取得软件程序许可的成本；维护它们的成本；设计数据库和填充数据的成本；开发流程和保持现状的成本；开发和使用系统的人员成本。

a. 许多专家认为在一个系统的生命周期中成本最高的要素是人员，这个观点对你来说合理吗? 解释原因。

b. 考虑一个没有满足既定需求的开发很差的系统。业务需求没有消失，但是不能在开发很差的系统上执行。因此，必须采取一些行动。当硬件和软件程序不能正确运行时，哪一个要素弥补了它们的不足? 设计差的系统的成本说明了什么? 同时考虑直接资金成本和隐性人员成本。

c. 作为一个未来的业务经理，在回答问题 a 和 b 之后，对你有何启示? 要求你参与系统开发的必要条件和其他方面表明了什么? 谁最终会承担开发失败的系统的成本? 这些成本会增加哪部分预算?

协作练习 ▶▶▶

在开始本练习之前，可了解管理协作任务所使用的协作技术和工具，特别是 Google Drive, Dropbox, Microsoft OneDrive, Microsoft SharePoint 或者其他一些协作工具的使用。

与一组同学协作来回答下面的问题。在本练习中不需要面对面交流，你们之间的工作协调都仅通过电子邮件及其附件来完成。你们的回答反映的是你们整个组的想法，而不是一两个人的想法。

1. 抽象推理。

a. 定义抽象推理，并解释它为什么是商务人士的一项重要技能。

b. 解释如何将库存中的项目清单与其现存数量抽象成物理库存。

c. 给出商务中通用的三个抽象推理实例。

d. 解释詹妮弗怎么没能证明自己有效的抽象推理技能。

e. 人们可以提高自己的抽象推理能力吗？如果可以，要怎么提高？如果不可以，原因是什么？

2. 系统思维。

a. 定义系统思维，并解释它为什么是商务人士的一项重要技能。

b. 解释你如何使用系统思维来解释摩尔定律令一个农民开垦了一大片纸浆用木材林的原因。列举系统每个元素的名称并解释它们彼此之间的关系。

c. 给出三个其他的有关贝尔定律、摩尔定律和梅特卡夫定律使用系统思维的实例。

d. 解释詹妮弗怎么没能证明自己有效的系统思维技能。

e. 人们可以提高自己的系统思维能力吗？如果可以，要怎么提高？如果不可以，原因是什么？

3. 协作。

a. 定义协作，并解释它为什么是商务人士的一项重要技能。

b. 解释你如何通过协作来回答这些问题。描述是什么促进你们组进步，又是什么妨碍了进步。

c. 团队的工作成果要比你们任何人独自工作取得的成果更好吗？如果不是，那么你们的协作是无效的。如果是，你们是如何做到的？

d. 解释詹妮弗怎么没能证明自己有效的协作技能。

e. 人们可以提高自己的协作能力吗？如果可以，要怎么提高？如果不可以，原因是什么？

4. 实验能力。

a. 定义实验，并解释它为什么是商务人士的一项重要技能。

b. 解释你用实验来回答本问题的几个创新方式。

c. 害怕失败是如何影响你在问题b中提出想法的意愿的？

d. 解释詹妮弗怎么没能证明自己有效的实验能力。

e. 人们可以提高自己的实验能力吗？如果可以，要怎么提高？如果不可以，原因是什么？

5. 工作保障。

a. 阐述工作保障的文字定义。

b. 评价工作保障的文字定义。它是有效的吗？如果你认为它是无效的，给出一个更好的定义。

c. 作为一个团队，通过协作练习1～4提高四个维度的技能可以增强工作保障，你赞同吗？

d. 你认为技术能力（精通会计、精通财务分析等）可以带来工作保障吗？为什么？你认为在1995年学生会有不同的回答吗？为什么？

案例研究 ▶▶▶

zulily

2013年11月15日，一家西雅图的公司zulily发行了原始股，每股22美元。在这一天结束时，股票的交易价达到38美元，4个月之后达到62美元，接近发行价的3倍。在每股62美元时，公司董事长马克·瓦登（Mark Vadon）身价超过20亿美元。

在将之视为一个成功的公开发行案例之前，仔细思考一下：这家公司的商业模式是什么？一家提供最炫酷技术的高科技公司？一个新的平板电脑公司？脸书的一个新的竞争者？提供分享图片的另一种方式？不是，这些都不是。zulily的消费群是妈妈：它主要销售儿童服装和玩具，也有妈妈的服装和饰品。这是最古老、最传统的零售模式。那么，它吸引人的是什么呢？创始人马克·瓦登和达雷尔·卡文斯（Darrell Cavens）发现了一种利用信息技术来为妈妈们提供愉快的购物体验的方法，它向妈妈们提供名牌商品、独一无二的商品以及很难发现的杂牌商品，并以非常优惠的价格出售。根据 zulily 的投标书，它的销售额的 45% 来自移动设备，当年轻妈妈坐在游乐场上、坐在车里等待足球训练的孩子，或者在任何她们有足够的休息时间通过移动设备购物的地方，她们会频繁查看当日的特价商品。

你学习本课程的目标之一应该是学会评价、评估新兴的信息技术并应用于商业。这像是陈词滥调吗？对于瓦登先生来说不是这样，到目前为止，他已将这个正确的准则变成了 20 亿美元。

zulily 的商业模式

zulily 推出儿童服装和女性服装的限时抢购，以及女性感兴趣的其他品类。每天早上 6 点开始销售，持续 72 小时。客户发现名牌商品中混杂着难以发现的精品。zulily 使用精品销售这一术语来指代购物专家为了让女性开心而特别挑选和组合的商品。精品销售提供了令人感兴趣的商品种类，女性在购物时享受发现精品的惊喜。因此 zulily 在提供娱乐的同时也提供了良好的购物体验。这些低价商品中，有一些低至零售价的 70%，但只在 72 小时内有效。所以，女士们现在就开始购物吧。

这样做有效吗？看起来是的。如图表 1－8 所示，4 年内 zulily 的活跃消费者的数量增加了 3 021%，而每个活跃消费者的销售收入增加了 209%。二者结合使销售收入从 1 800 万美元增加到 12 亿美元，年增长率达 185%。

图表 1－8 zulily 的绩效

	2010 年	2011 年	2012 年	2013 年	2014 年
活跃消费者数（千人）	157	791	1 580	3 200	4 900
销售收入（百万美元）	18	143	331	696	1 200
销售收入 / 活跃消费者	117	180	210	218	245

zulily 是如何做到的？

销售流程始于 zulily 的买手识别出要购买的商品。买手与供应商协商确定产品的批发价和零售价、付款条件和不同规格的最大数量，zulily 取得商品样品，如果有必要可以给它在室内拍照。在销售过程中，zulily 也会为照片附上广告语。在需要时拍照片并附上广告语，令 zulily 保证了网站上展示的质量的一致性。zulily 也为小型供应商带来了巨大价值，它们无法通过其他方式获得如此高质量的技术。

zulily 把商品分类，在 3 天内做促销活动。zulily 接收商品订单直至达到与供应商协商的最大数量。此时，这种商品（或者商品的某个规格）会被标示为不可再购买，这增加了购买剩余商品的压力。在活动结束后，zulily 向供应商订购商品、收货、打包，然后将商品寄给消费者。因此，zulily 几乎无须维护供应商。消费者收到 zulily 打包的商品，增强了 zulily 的品牌效应。

zulily 的供应商经常出现失误和过错。例如，如果供应商承诺供应 1 000 双某个尺码的鞋子，zulily 就把这 1 000 双鞋子全部售出，但是最终供应商只供应了 900 双，导致一些消费者很失望。这些消费者会将失望全部归咎于 zulily，而不是供应商。

使用技术

没有信息系统的支持，zulily 的商业模式是不可行的。首先，它需要通过互联网与消费者建立联系，也需要在手机和其他移动设备上使用移动技术来完成这些事情。进一步来看，zulily 的买手需要使用互联网来寻找供应商和它们要出售的商品。还有什么呢？

在最初公开发行股票的说明书中，zulily 这样写道："通过投资技术而持续不断地创新是我们的商业核心。"[15] 说明书提到，zulily 开发了一个专有的技术平台来管理网络处理需求中由于限时抢购带来的高峰。思考一下在系统开发中所面临的挑战：2010 年 zulily 的销售额达到 1 800 万美元，4 年后达到 12 亿美元，需求增长了 66 倍。你将在第 6 章学习应对如此巨大增长的方法。现在我们只需要明白在没有信息系统的世界里这样的增长是不可能实现的。

同样，在这份说明书中，zulily 指出它已经开发了"扩展式的数据收集和分析能力"，这使 zulily 可以预期消费者的购物习惯，相应调整消费者的购物体验。所以，与有优秀的销售人员一样，你所看到商品以及它的展示方式依赖于你过去购买过哪些商品。通过分析这些数据也可以帮助消费者决定他们最可能购买哪些商品。在第 9 章你会学习数据分析。

增长 - 管理问题

如此惊人的增长也面临问题。根据 zulily 2014 年的年度财务报告（SEC Form 10-K)，zulily 的员工总数在 2011 年底是 329 人，到 2014 年底增加到 2 907 人。3 年里 zulily 的员工数增加了 784%。这样的增长率极难管理，公司意识到一个事实：

> 为全力支持持续不断的增长，我们必须有效地整合、培养和激励一大批新员工，同时要保持我们的企业文化。尤其是，我们要在扩大销售和技术人员队伍上继续加大投资。[16]

然而 zulily 就在亚马逊和诺德斯特龙（Nordstrom）所在街道的尽头，与微软也只隔着一个湖，在西雅图寻找（和留住）销售和技术人员很难。在 zulily 的年度财务报告中，它特别提到了招聘中层管理者。

向 zulily 学习

zulily 令人瞩目是因为它惊人的发展，更因为它是在一个非常传统的市场里发展起来的。比起卖服装给女性更加基本的什么？谁会想到公司创始人可以在这样的市场里使他的股份在 5 年内变成 17 亿美元？谁又会想到公司的员工数在 3 年内增加了 784%？

最终的分析认为 zulily 的成功是由于它的创始人开发了一个创新性的信息系统技术应用软件。你将了解到 zulily 使用的技术并不是开创性的。这些技术在本书第 4 版（2009 年出版）有描述，2009 年 zulily 成立。创造性人才发现了将这些技术应用于商业的方法，然后利用管理技能将想法发展成为繁荣的产业。毫无疑问，很多这样的机遇摆在你面前，你只需要辨认并实现它们。

[问题]

1. 登录 zulily.com 并注册。找出网站使妈妈们购物愉快的特征，并解释原因。解释为什么这对 zulily 的商业模式来说非常重要。

2. 登录 Nordstrom.com 并购买儿童服装。zulily 的购物体验与诺德斯特龙的购物体验有何不同？简述每类购物体验的优劣势。

3. 如果你是 zulily 的一个买手，你希望关于消费者购买习惯有什么数据？

4. 如果你是 zulily 的一个买手，你希望关于过去的供应商绩效有什么数据？

5. 日常生活中，2 岁男孩子会长到 3 岁，4 岁女孩子会长到 5 岁，等等。zulily 如何根据这个普通的现象来定制消费者的购物体验呢？做这件事你需要什么数据？

6. 面对你这个商务人士，信息系统专业人士很可能会问你数据问题，比如上面的问题 2 ～ 4。你最好的回答方式是什么呢？在会议中用口头语言来回答？用书面文件来回答？用草图和图表来回答？你如何知道你自己是否被理解？

7. 2015 年 4 月，zulily 的股票价格是 14.59 美元，市场价值是 18.6 亿美元。与 2014 年 2 月每股价格 68.39 美元相比，2015 年明显下降。描述 zulily 的资产准则。18.6 亿美元的评估看起来合适吗？给出你对 zulily 公司资产的描述。论证你的回答。

注释 ▶▶▶

1. *http://research.microsoft.com/pubs/64155/tr-2007-146.pdf*
2. These figures represent the cost of 100,000 transistors, which can roughly be translated into a unit of a computing device. If you doubt any of this, just look at your $139 Kindle Fire and realize that you pay nothing for its wireless access. Geoff Colvin claims the cost of 125,000 transistors is less than the cost of a grain of rice. See: *http://chowtimes.com/2010/09/11/food-for-though/food-for-thought.*
3. Zipf's Law is a more accurate, though less easily understood, way of explaining how the value of a network increases as additional network nodes are added. See Briscoe, Odlyzko, and Tilly's 2006 article "Metcalfe's Law Is Wrong" for a better explanation. *http://spectrum.ieee.org/computing/networks/metcalfes-law-is-wrong.*
4. Lynn A. Kaoly and Constantijn W. A. Panis, *The 21st Century at Work* (Santa Monica, CA: RAND Corporation, 2004), p. xiv.
5. Robert B. Reich, *The Work of Nations* (New York: Alfred A. Knopf, 1991), p. 229.
6. In the 2011 book "Literacy Is NOT Enough: 21st Century Fluencies for the Digital Age," Lee Crockett, Ian Jukes, and Andrew Churches list problem solving, creativity, analytical thinking, collaboration, communication, and ethics, action, and accountability as key skills workers need for the 21st century.
7. Accenture, "Accenture 2014 College Graduate Employment Survey," last modified April 16, 2014, *www.accenture.com/sitecollectiondocuments/pdf/accenture-2014-college-graduates-survey.pdf.*
8. Michael Spence and Sandile Hlatshwayo, *The Evolving Structure of the American Economy and the Employment Challenge* (New York: Council on Foreign Relations, 2011).
9. Bureau of Labor Statistics, "Computer Systems Analysts," *Occupational Outlook Handbook*, accessed April 16, 2015, *www.bls.gov/ooh.*
10. Daron Acemoglu and David Autor, "Skills, Tasks, and Technologies: Implications for Employment and Earnings" (working paper, National Bureau of Economic Research, June 2010), *www.nber.org/papers/w16082.*
11. Alibaba.com, "About Alibaba.com," accessed April 6, 2015, *http://activities.alibaba.com/alibaba/following-about-alibaba.php.*
12. Leslie Picker and Lulu Yilun Chen, "Alibaba's Banks Boost IPO Size to Record of $25 Billion," September 22, 2014, accessed April 4, 2015, from *www.bloomberg.com/news/articles/2014-09-22/alibaba-s-banks-said-to-increase-ipo-size-to-record-25-billion.*
13. Carlos Tejada, "China Raps Alibaba for Fakes," January 28, 2015, accessed April 6, 2015, from *www.wsj.com/articles/chinas-saic-criticizes-alibaba-over-fake-goods-1422425378.*
14. Ashley Vance, "If Your Password Is 123456, Just Make It HackMe," *The New York Times*, last modified January 21, 2010. Available at *www.nytimes.com/2010/01/21/technology/21password.html?hp.*
15. zulily Prospectus, *www.sec.gov/Archives/edgar/data/1478484/000119312513443794/d552850d424b4.htm.*
16. zulily, Inc. (2014). Form 10-K 2014. Retrieved from zulily.com. *http://investor.zulily.com/secfiling.cfm?filingid=1478484-15-18.*

第2章

业务流程、信息系统和信息

Business Processes, Information Systems, and Information

“不，菲利克斯（Felix）！不要一次又一次地讨论了！我们在一次会议上决定的事情，在下次会议中还要讨论，下下次还要再讨论。这太浪费时间了。”

“你什么意思呢，卡姆？”Falcon Security 的客户服务经理菲利克斯问道，“我认为讨论到正确为止是很重要的。”

“好，菲利克斯，如果是这样，你为什么不参加会议？”

“我只是错过几次而已。”

“是的，上周我们在这里开会两三个小时，我们决定打印并装配一个新的四轴飞行器原型，这个模型要尽可能多地使用 3D 打印部件。”

“但是卡姆，与 3D 打印无源充电平台相比较，3D 打印复杂的机器比如无人机是完全不同的。如果我们打印出一架不能飞的无人机，又有什么意义呢？”

“菲利克斯，我们上周讨论过这件事。我们发现了一些现有的可以免费使用的无人机计划。它们已经通过测试可以正常工作。我们想看看是否可以从使用现有的四轴飞行器的内部组件，转变成使用新的 3D 打印四轴飞行器的内部组件。我们甚至可能使用通用的部件来更大程度地降低成本。”

“看吧，卡姆，乔尼只是想告诉马特奥这件事的合理性。如果我们告诉她这些新的 3D 打印四轴飞行器不能飞或者可能不能飞，那么马特奥会取消这个项目，我们也将重返原来的工作岗位……能够飞的高质量无人机是由那些了解无人机工作原理的人制造出来的！”

“菲利克斯，你要把我逼疯了。我们上周反复讨论这一点。我们想进一步推进。你们这些人为什么不帮帮我们？亚利克西斯（Alexis），你怎么看？”

“菲利克斯，卡姆是对的。”Falcon Security 公司销售主管亚历克西斯说道，“我们对如何做这件事商议了很久，我们确实赞成先造一个可降低成本的实用无人机。这样可以节省大量成本，并建立一个更个性化的无人机平台。”

“好吧，亚历克西斯。我想这是个误会。为什么没有人告诉我？我在这些 3D 打印无人机的性能上投入了大量时间。”

“你看邮件了吗？”亚历克西斯试探地问道。

“什么邮件？”

“我每周都会给你发的会议总结邮件。”亚历克西斯长叹一声说。

“我看到邮件了，但是附件不能下载。病毒检查程序有些怪异，不能打开阅读器或者类似的软件……”菲利克斯口气软了下来。

卡姆不能接受这个理由。“菲利克斯，到这看一下我的邮件。我可以下载有关我们决定要建的原型的附件，所以你肯定也能看到这个附件。”

“卡姆，没理由为此事不快。我想我已经想到一个好办法了。”菲利克斯很受伤地说。

“好的，我们这周就使用 3D 打印部件，不再就基于免费的无人机计划制造无人机原型再讨论。如今我们已经浪费了太多时间。对如何做这件事，我们要有一些新的想法。”

菲利克斯坐到椅子上，看着他的手机。

“哦，我错过了马普尔索普（Mapplethorpe）的电话。”

“菲利克斯，你在说什么？”卡姆问。

“马普尔索普，我们在海湾石油公司（Gulf Oil）有过接触。他想了解如何看懂他的火炬的多谱图像。不好意思，我要给他回电话，几分钟后回来。”

菲利克斯离开了房间。

卡姆看着留下的团队成员。

“现在怎么办？”她问道，“如果我们继续下去，将不得不在菲利克斯回来后重新讨论每件事情。也许我们可以休息一下等等他？”

亚历克西斯摇了摇头，“卡姆，我们不要这样了。参加这些会议对我来说太难了。我不得不工作到今晚，我开车来这里只为了讨论这件事。我已经把西蒙（Simone）从日托中心接回。我们到目前为止却什么都没有做。我们不要等菲利克斯了吧。”

“好的，亚历克西斯，但是忽略菲利克斯实在不容易啊。”

门开了，乔尼走了进来。

“大家好，进行得怎么样了？”她爽朗地问大家，“我可以参加你们的会议吗？”

研究问题

Q2－1　为什么 Falcon Security 团队需要了解业务流程？
Q2－2　业务流程建模如何帮助组织？
Q2－3　信息系统如何提升流程质量？
Q2－4　什么是信息？
Q2－5　优质信息有哪些必要的数据特征？

Q2－1　为什么 Falcon Security 团队需要了解业务流程？

马特奥、乔尼、卡姆、托希奥（Toshio）和 Falcon Security 公司的其他人都需要理解业务流程，不仅仅是为了评估 3D 打印的可能性，而是因为这些流程对于企业成功至关重要。商务人士要回答许多问题，比如：

- 我们可以改变工作方式来更好地实现目标吗？
- 我们可以更低的成本工作吗？
- 我们如何消除特殊情况？
- 为什么做好一些事情如此困难？
- 为什么我们要填写这么多表单？
- 我们可以使用信息系统来改进流程吗？
- 需要改变我们的信息系统来更符合我们的流程吗？

建立流程模型的能力、讨论流程变更的能力以及懂得信息系统如何支持流程的能力，是每位商务人士所拥有技能的关键部分。

在前面提到的案例中，Falcon Security 团队需要理解业务流程来评估 3D 打印的可能性。正如马特奥所说，如果团队决定打印自己的无人机，可能需要建立新的业务流程，也可能要建立新的信息系统来支持这样的活动。

马特奥的担心是合理的。Falcon Security 从一个购买无人机的公司变成一个生产无人机的公司，这是一个巨大的变革。这不仅改变了公司的运营内容，而且改变了公司的运作方式。

就如何 3D 打印公司自己的无人机建立一个享有充分知情权的、有效的讨论机制，将影响 Falcon Security 的业务流程。卡姆的团队需要为公司当前的流程先建立一个抽象概念或者模型，然后用这个模型来证明如何改变这些流程来支持 3D 无人机的生产。

即使 3D 打印可以降低新无人机的相关成本，但是公司业务流程的改变可能耗费更多的成本。如果卡姆的团队通过 3D 打印无人机节约了巨大成本，马特奥和乔尼需要知道这些节约能否弥补业务流程变革的成本。

进一步来看，Falcon Security 团队需要理解信息系统在业务流程中的作用。如果公司决定继续推进 3D 打印无人机并开发支持这个活动的流程，使用现有的信息系统还会有效吗？如果有效，如何做到？开发新系统的收益能够弥补投入吗？我们将通过本章来解决这些问题；在阅读本章之后，你应该可以在有效参与团队比如 Falcon Security 团队上一帆风顺。

Q2-2 业务流程建模如何帮助组织？

在这个问题中，我们将看到一家假设的在线自行车零件零售商——Best Bikes 的业务模型。我们将介绍如何建立顶级自行车业务流程的抽象概念，然后在公司决定用 3D 技术打印零件而不再从供应商处购买的情况下，如何调整这些流程。

Best Bikes 如何运营

Best Bikes 与供应商协商，按照给定价格并在特定条件下供应零件。一旦供应商根据承诺供货，Best Bikes 就会在网站上展示零件的描述、照片、价格和相关销售数据，然后从供应商处订购初始量的零件，接收货物并放在仓库。当客户下订单购买零件时，操作人员将商品从仓库中取出并寄送给客户。偶尔，零件需要补货，但是我们不考虑这个例子中的再订购流程。当然，Best Bikes 必须保存所有的业务活动记录，以便向供应商付款、给客户发送账单、核查库存量和纳税等。

Best Bikes 开展的是典型的库存相对简单的小型线上零售商的业务活动。你会发现尽管 Best Bikes 不追求 3D 打印，它还是有很多方式来改善其运营。

Best Bikes 的当前流程

业务流程（business process）是完成一项业务功能的活动的网络。图表 2-1 是 Best Bikes 当前的流程图。该图是 Best Bikes 业务活动的一个模型或者是一个抽

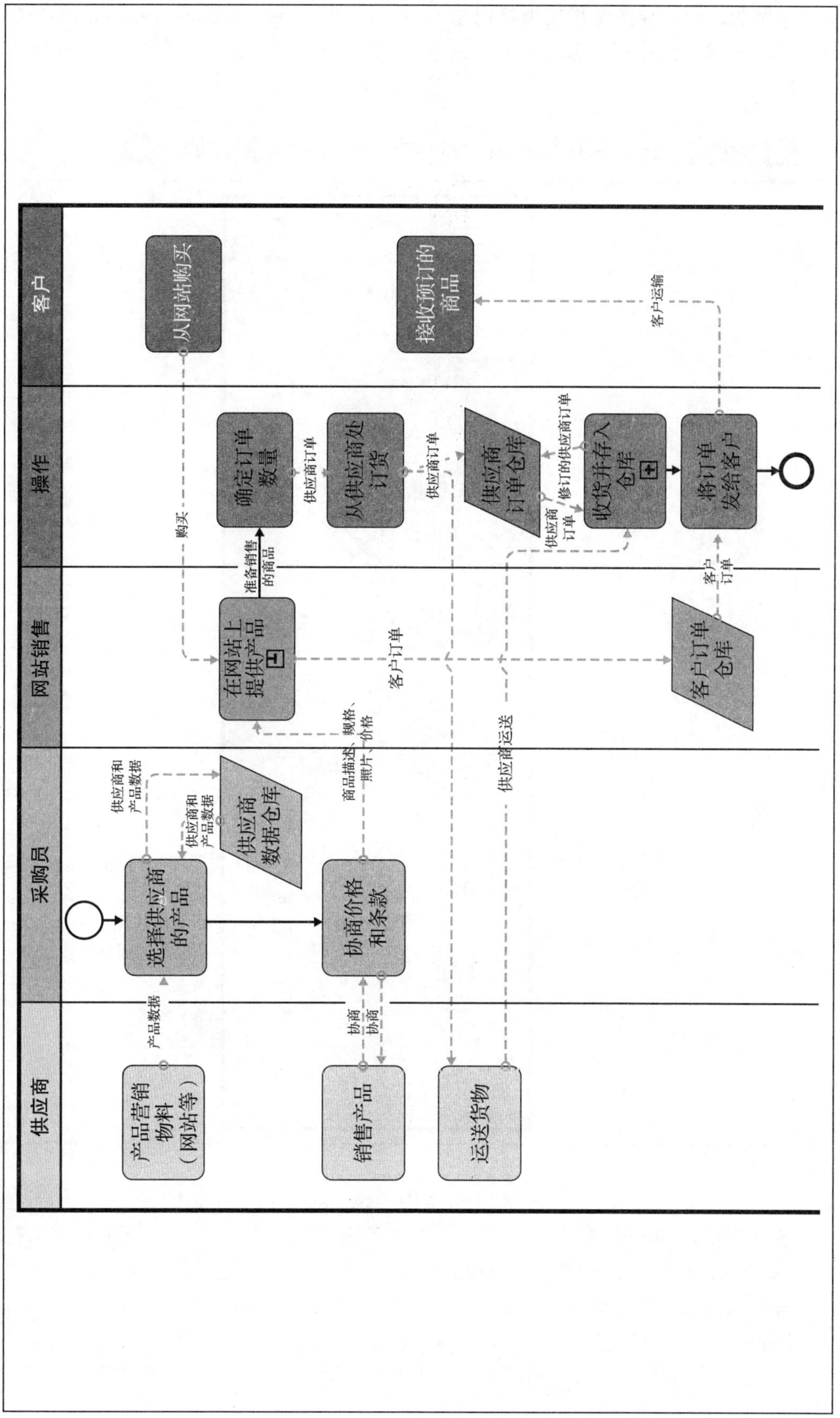

图表 2-1　使用 BPMN 表示 Best Bikes 的当前流程

象概念，使用**业务流程建模标记法**（business process modeling notation，BPMN）的符号构建。这个标记法是构建业务流程图的一个国际标准。[1] 重要的符号见图表2-2。

图表2-2 流程符号（BPMN标准）

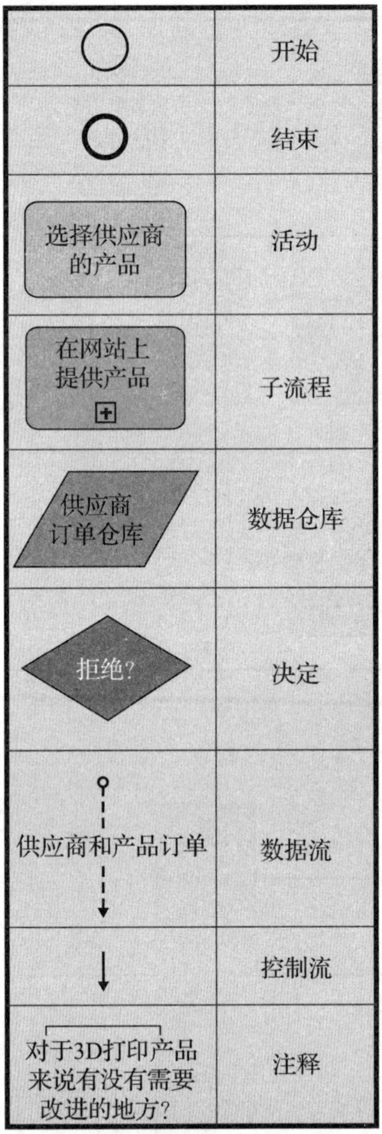

图表2-1的表示方法称为**泳道图**（swimlane format），它是一个将给定角色的所有活动在一个单独的垂直泳道中表示出来的构图方法。每个泳道中都有**活动**（activities），这些活动是作为流程的一部分需要完成的特定任务。**角色**（role）是行动者要执行的业务流程中的活动子集，它可以是人员、小组、部门、组织或信息系统。图表2-1展示的角色有供应商、采购员、网站销售、操作和客户。

注意，我们没有在泳道的上方写出人的名字，但是写出了角色的名字。这是因为一个特定角色可能包含很多人，也因为一个特定的员工可能有很多角色。随着时间的推移，组织可能会改变人们原有的角色分配。在一些案例中，角色也可以是一个信息系统。

根据 BPMN 标准，业务流程的开端由一个细的圆形符号表示，业务流程的终点由一个粗的圆形符号表示。所以，在图表 2 - 1 中，流程从采购员角色开始，也可以说采购员开启了流程。

一个业务流程中的活动用圆角矩形表示。采购员的第一个活动是选择供应商的产品。根据图表 2 - 1，采购员从供应商数据仓库中获取供应商和产品数据。**仓库**（repository）是存储在业务流程中的数据集合。仓库可以是计算机数据库，可以是云文件集（在互联网上），也可以是存储在文件柜或鞋盒里的打印记录。其目的是记录业务流程，故存储仓库数据的特殊媒介并不重要。供应商数据仓库不仅包括之前购买记录的数据，还包括供应商销售电话、供应商邮件、之前采购员在网上搜索供应商和产品的数据等。

图表 2 - 1 中虚线标出的是**数据流**（data flow）。数据流表示数据从一个活动流向另一个活动。数据可以使用电话、传真或者通过邮件、短信或其他的方式进行传递。在 BPMN 图中，数据传递的媒介也不重要。在我们讨论的层面，数据项的格式也不重要。根据图表 2 - 1，采购员不仅需要从供应商数据仓库读取数据，还要向供应商数据仓库写入数据。

选择供应商的产品、协商价格和条款等活动之间的实线表示在采购员结束选择供应商的产品后，采购员的下一个活动协商价格和条款才开始。这样的实线叫作**顺序流**（sequence flow）。

图表 2 - 1 中使用的另一个 BPMN 符号是活动中的一个盒装加号符号。这个符号指的是一个子流程，当任务的完成极其复杂、需要一个自己的流程图时，可以使用子流程符号。图表 2 - 1 中，在网站上提供产品包括很多活动和几个不同的角色。在完整的流程文件集中，会有一个它自己的 BPMN 图。此处我们不关注这些细节。

理解这些符号后，你可以自己解释图表 2 - 1 中的剩余部分。有一点要注意，收货并存入仓库子流程是由操作角色执行的。当 Best Bikes 收到一个供应商的发货，会对比收到的货物和原始供应商订单；它会标记收到商品的订单，并把修改的供应商订单放回供应商订单仓库；它也会标记出丢失或者有破损的商品。

总体来看，业务流程是活动网络。每个活动由一个角色执行。角色由人员、小组、部门、组织担任，有时可以是信息系统。仓库是数据的集合。数据在活动间传递；当一个活动紧随着另一个活动时，数据流表现为顺序流。复杂的活动用一个单独的子流程图表示，即活动中加一个盒装加号。

Best Bikes 流程应如何改变来支持 3D 打印

Best Bikes 考虑 3D 打印自己的零件，从而降低成本并实现更多的零件选择。图表 2 - 3 的流程图表示的是现有流程，但是已加入 3D 打印这个新的角色。图中的菱形表示的是决策。例如，在存储一个零件时，需要决定这个零件是不是使用 3D 打印内部制造的。图表 2 - 3 也包括注释，它们是 Best Bikes 业务经理对图的点评。

图表 2-3 使用 BPMN 表示修改后的 Best Bikes 流程

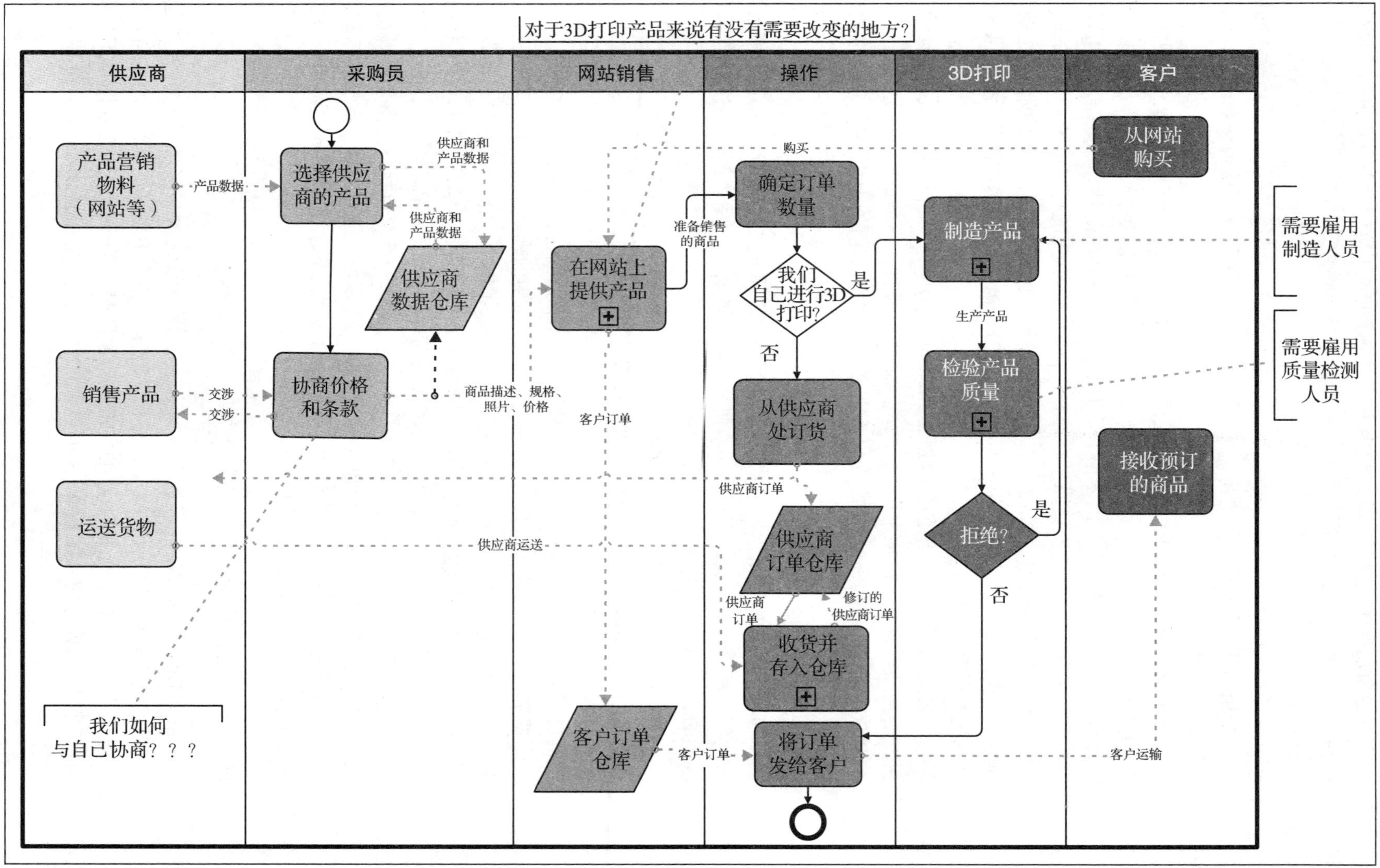

图表 2 - 3 提供了与其他人讨论的基础。Best Bikes 业务经理可以用它来记录现有流程需要修改的地方，也可以用来说明需要增派人员的需求。如果 Best Bikes 开始使用 3D 打印，就需要进一步定义子流程制造产品和检验产品质量。从这个例子中你可以看到流程图如何提供一个与他人讨论流程结构和可能的改变的方法。

Q2 - 3　信息系统如何提升流程质量?

在很多方面，信息系统使业务流程受益。按照我们的解释，最简明的总结是信息系统提高了流程质量。为了理解原因，你首先需要了解流程质量。

流程质量是什么?

流程质量有两个测量维度：流程有效性和流程效率。**有效的业务流程**（effective business process）是促使组织完成其战略的业务流程。Best Bikes 的战略的一个要素是在行业内拥有最大的零件选择能力。它正在研究 3D 打印是否可以帮助自己实现这个战略。即使可以，Best Bikes 当前的流程也会因不支持 3D 打印而无效。它需要实现如图表 2 - 3 中提出的那些流程。

流程质量的第二个维度是效率。**效率**（efficiency）是收益和成本之比。思考一下实现某个功能的业务流程的两个版本。如果两个版本可以实现一样的收益，但是其中一个版本的成本比另一个版本高，那么高成本版本的效率更低。如果两个版本的成本是一样的，但是其中一个版本比另一个版本产生的收益少，那么低收益的版本效率更低。

认真观察图表 2 - 1，你会发现有两个不同的供应商数据仓库。一个是采购员用来选择供应商的，另一个是业务操作中用来存储订单数据的。这样区分数据可能是合适的，但是很有可能造成流程效率低下。比如，当一个供应商搬走时会发生什么？需要在两处更新供应商的地址，重复性更新并不困难，却不必要。如果在一个地方修改了供应商地址，而在另一个地方没有修改，就会造成混乱。

图表 2 - 4 是对图表 2 - 1 的修改，在图表 2 - 4 中供应商数据只存储在一个仓库中。第二个流程很可能更加节约成本，错误率更低，而且与第一个版本一样有效。因此，流程更加有效率，图表 2 - 4 中的流程质量提高了。

另外，你看一下图表 2 - 1、图表 2 - 3 和图表 2 - 4 中的业务流程，并不能直接看到成本。成本在哪里呢？成本的一个主要来源是执行流程活动的劳动力成本。如果花 10 小时来选择供应商的产品，那么这个活动的成本是每个劳动力 10 小时。此外，还有基础设施成本。数据不会自动地从一个活动流向另一个活动。需要计算机网络、邮件或其他系统来支持这些数据流。基础设施的成本也是业务流程成本的一部分。

使用信息系统来提高流程质量

要想了解信息系统如何提高流程质量，可参见图表 2 - 5，图中展示了信息系统的五个构成要素。注意这些构成要素的对称性：最外面的构成要素——硬件和人员都是角色，会采取行动；软件和流程要素都是指令集，软件是硬件的指令，流程是人员的指令；最终，数据是连接左边的计算机和右边的人员的桥梁。

图表 2-4 有唯一供应商仓库的 Best Bikes 业务流程

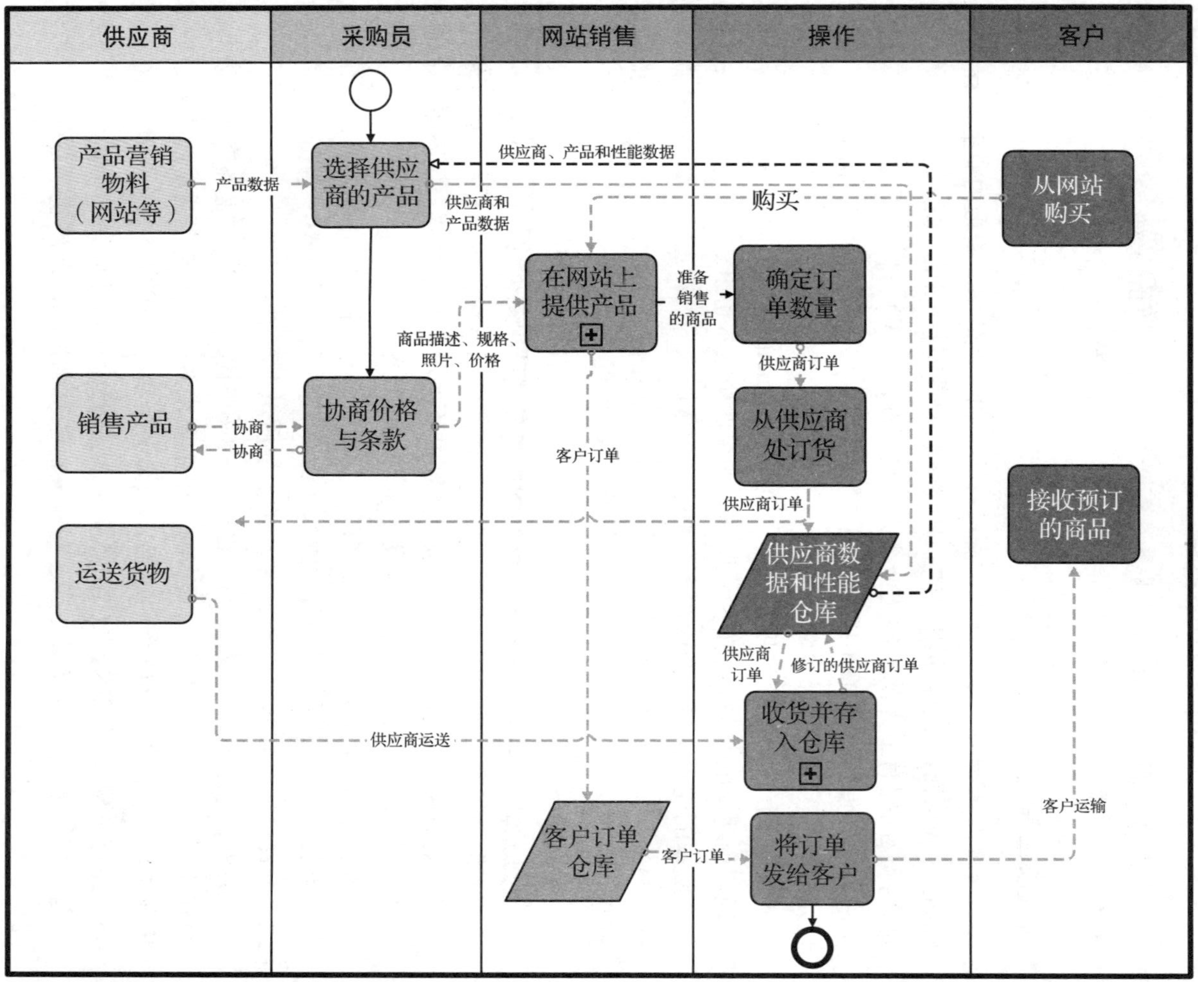

图表2-5 五要素的特性

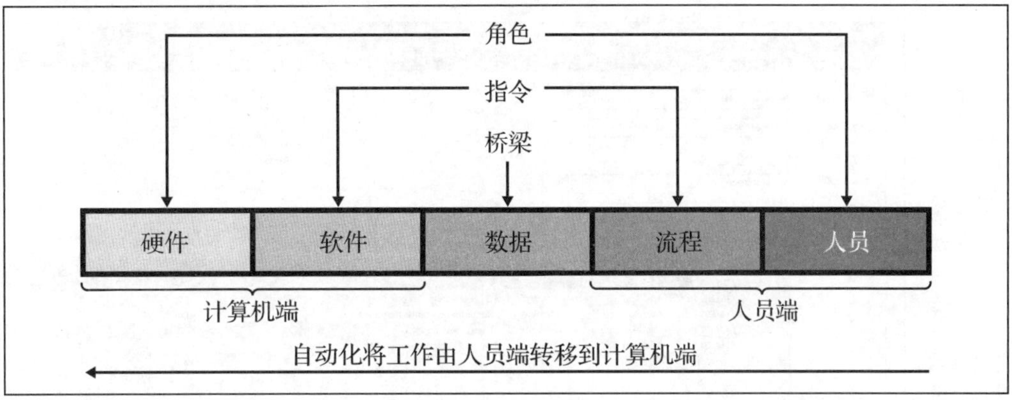

当业务流程中的活动被系统自动处理时，意味着原来由人工完成的任务现在由计算机按照软件的指令来完成。因此，流程活动的自动化包括使工作从右边的人员端转移到左边的计算机端。

使用信息系统存储供应商数据

图表2-1中选择供应商的产品这一活动可以帮助我们了解如何使用信息系统存储供应商数据。这个流程可以全部由人工完成。采购员可以使用互联网（本例中忽视了采购员使用计算机系统来连接互联网的事实）收集供应商和产品的数据，手工分析成本和利润，并将纸上的分析结果放在桌上的文件夹中。当采购员想查看某个供应商过去的记录时，就要去办公桌上找到这些记录。

在这个流程中，采购员使用信息系统的方法之一是将供应商的分析结果存储在Excel表中。如果这样做了，采购员就能以更快、更可靠的方式找到相关数据。分析数据和检验过去的分析所需要的时间会减少，流程的成本会降低，流程会变得更有效率，因此流程质量会更高。

在数据库中存储供应商产品和绩效数据

来看另一个例子，图表2-4展示了假设Best Bikes实施改进后的流程，将供应商数据仓库存储在计算机数据库中，计算机数据库中包含产品仓库数据和供应商绩效数据。此时，对于可以供应零件的几个供应商，采购员不仅可以使用自己的供应商和产品数据，也可以查看供应商以往的绩效数据，以便选择供应商。图表2-6是展示此类绩效数据的一个例子。

使用这个信息系统的流程可以减少采购员，从表面上看会更加高效。但是新的系统需要开发和运营成本。在组织做出是否改变现有流程使其更加高效的决定前，需要考虑这些成本。此外，你可以从这个简单的例子中发现，为何商务人士参与信息系统开发至关重要。如果系统开发只有技术人员参与，他们能开发出一个技术先进的系统，但成本可能是不合理的。

除了提高流程效率，信息系统还可以改善流程有效性。例如，如果采购员共享供应商数据，他们可能会为Best Bikes识别出可以获得的新零件。这样做可以帮助Best Bikes实现在行业内拥有自行车零件最大可获得性的目标。

图表 2-6 Best Bikes 大众运动的数据

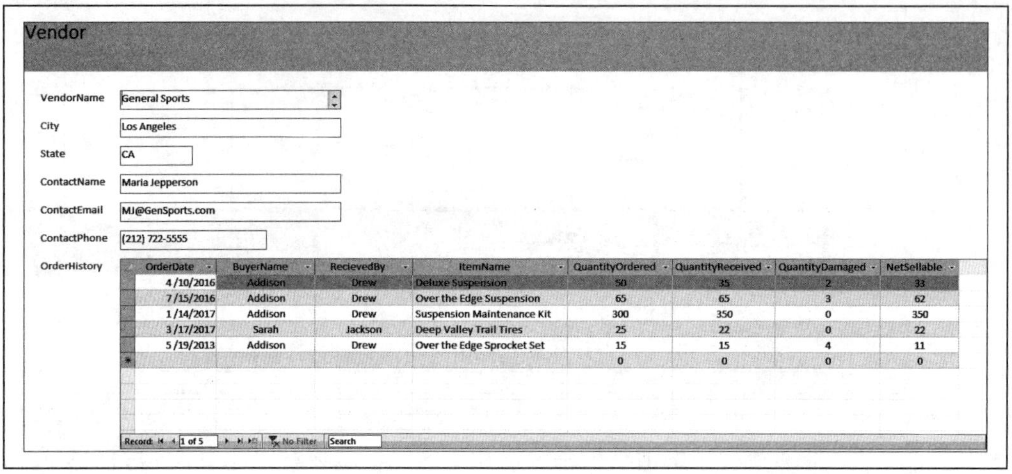
Vendor

VendorName: General Sports
City: Los Angeles
State: CA
ContactName: Maria Jepperson
ContactEmail: MJ@GenSports.com
ContactPhone: (212) 722-5555
OrderHistory

OrderDate	BuyerName	RecievedBy	ItemName	QuantityOrdered	QuantityReceived	QuantityDamaged	NetSellable
4/10/2016	Addison	Drew	Deluxe Suspension	50	35	2	33
7/15/2016	Addison	Drew	Over the Edge Suspension	65	65	3	62
1/14/2017	Addison	Drew	Suspension Maintenance Kit	300	350	0	350
3/17/2017	Sarah	Jackson	Deep Valley Trail Tires	25	22	0	22
5/19/2013	Addison	Drew	Over the Edge Sprocket Set	15	15	4	11
*				0	0	0	0

Record: 1 of 5 No Filter Search

进一步思考图表 2-6 中的绩效数据。大众运动经常发生配送产品的数量（收货量）少于需求数量（订单量）的情况，而在另一种情况下又配送了太多零件。除此之外，Best Bikes 收到了太多残次品。如果可以找到另一家供应替代品的供应商，Best Bikes 的零件的可用性会提高，它也会更好地实现战略。因此，图表 2-6 中信息系统显示的信息会使 Best Bikes 的购买流程更加有效。

当然，前提是我们假设图表 2-6 中的数据是正确的。但它确实是正确的吗？在学习本章之前，你需要了解影响信息质量的因素，而在此之前你首先需要了解信息和数据间的不同。我们接下来讨论这个问题。

Q2-4 什么是信息？

信息是我们生活中每天都会用到的词语，但是很难定义。定义信息就好比定义存在和真理这样的词语。我们知道这些词语的含义，在使用中不会混淆，但是的确很难给出它们的定义。

定义的变化

本书中，我们会避免对信息的技术细节进行定义，而是使用更常用、更直观的定义。也许最常用的定义就是：**信息**（information）是来源于数据的知识，而数据被定义为记录的事实或图像。按照这样的定义，员工詹姆斯·史密斯每小时赚取 70 美元、员工玛丽·琼斯每小时赚取 50 美元是数据。所有平面设计师的小时工资平均为 60 美元则是信息。平均工资是从个人工资数据中获取的知识。

还有一个常用的定义为：信息是在有意义的情景中展示的数据。杰夫·帕克斯每小时赚取 30 美元是数据[2]，杰夫·帕克斯每小时的薪酬低于平面设计师的平均薪酬则是信息。上述信息是数据在一种情景中的体现。

关于信息的另一个定义是：信息是指经过汇总、排序、平均、分组、比较或其他类似的处理的数据。这个定义的核心思想为：信息是通过对数据的处理而产生的。

有关信息的第四个定义是由伟大的研究心理学家格雷戈里·贝特森（Gregory

Bateson）提出的。他将信息定义为生异之异。

根据本书的目的，上述任何一个定义都是成立的。选择对你而言最合适的定义。最重要的是把数据和信息区分开，你会发现不同的定义适合不同的情景。

信息在哪里?

假设你绘制了一张关于亚马逊历史股票价格和净收益的图，如图表 2－7 所示。该图包括信息吗？如果它在有意义的情景下表示数据或者表示生异之异，那么它满足信息的两个定义，我们会认为该图是包括信息的。

图表 2－7　亚马逊的股票价格和净收益（美元）

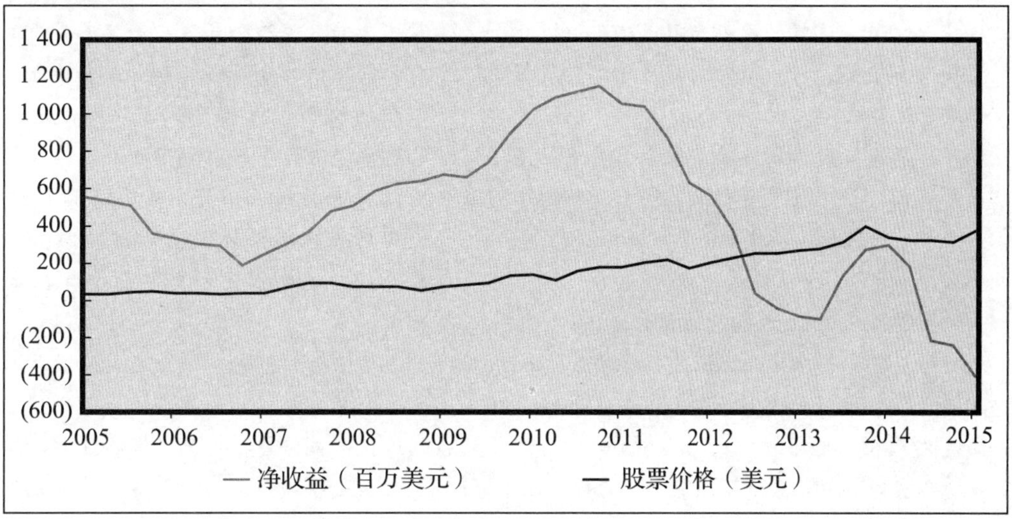

然而，让你们家的狗来看这张图，它会发现图中的信息吗？好吧，它无论如何也找不到任何有关亚马逊的信息。狗可能会知道你午餐吃的什么，但是它不会获得任何有关亚马逊股票随时间推移的数据信息。

这个实验所反映的和你所感觉到的是图，而不是信息。图是你和其他人感知到的数据，你通过这个感知构思信息。简而言之，如果在一张纸上或者在电子屏幕上，它是数据。如果在人类的脑子中，它是信息。

你会问自己为什么需要关心这个吗？首先，它解释了为什么你是所使用的任何信息系统中最重要的部分。你的思维质量、你从数据中获取信息的能力都是由你的认知技能决定的。数据只是数据，你从数据中获取的信息是你为信息系统增加的价值。

人们有不同的感知力和观点，所以，人们会从相同的数据中感知到不同的信息不足为怪。你不可以对某人说："看吧，它就在你面前，在数据中"，因为它不在数据中。它在你脑中，你的任务是把你所感知到的向其他人解释，这样他们才会明白。

最后，一旦你理解了这一点，你就会明白各种常用句式都是毫无意义的。"我传递给你的信息"是不正确的表述。"你从我传递给你的数据中感知到的信息"才是合适的表达。在你的商业生涯中，如果你学会应用，它会在无数次的挫折中拯救你。

增强合作

你最后一次向互联网寻求帮助来解决问题是什么时候？在10年或20年之前，这个世界截然不同。如果你想要学习一些新的东西，就不得不付出相当大的努力，比如在图书馆里查找一本书或者使用固定电话给朋友打电话。

而在今天你只要点一下鼠标，就会有无穷无尽的资源供你参考，包括高清晰视频、留言板、交互式网站、协作工具，等等。每天人们从像YouTube这样的网站学习如何做事，比如更换汽车轮胎，写一个新的程序脚本，或者更好地管理供应链。

但是你可能想知道接下来会有什么，除了简单地阅读留言板或看视频，还有更好的学习方法吗？如果你关注脸书、谷歌和微软的创新，那么这个问题的答案就是“是的”。

微软的HoloLens全息眼镜是什么？

你可能听说过Oculus Rift或谷歌眼镜（Google Glass），但是你知道它们的不同吗？Oculus Rift的开发现在由脸书控制，它是一个3D游戏中虚拟现实的头戴式显示器，是新型的社交媒体。谷歌眼镜设计用来增强现实，这意味着现实世界依然是可视的，但是通过谷歌眼镜接口可以进行叠加。作为市场的一个新进入者，微软最近发布了HoloLens全息眼镜，它也是一个增强现实的头戴式显示器。[3]最近，相关的评论指出这项创新可能改变商业、生产力和合作的规则。

近期有关HoloLens全息眼镜的演示表明，它可以作为一个合作平台来使用。在微软公司总部演示后，记者被允许在大量的应用中测试HoloLens，包括安装照明开关。[4]然而，评估者在简单地搜索网站或看视频时并没有从HoloLens中获得帮助。

使用HoloLens时，评估者会获得一位使用自定义Skype软件的电工专家的现场介绍。当任务开始时，视频会议窗口就会出现在HoloLens用户的视野中，展示专家的现场直播。专家可以远程看到用户周围的现场情况。专家在自己的设备上给予指导，在用户穿戴的HoloLens的视野中会叠加出现。5分钟内可以完成许多复杂的步骤，并对开关进行了正确安装和测试。然后专家自行轻移到“下一个呼叫”。

全息眼镜如何改变合作和商业？

安装一个照明开关对一些人来说是相对简单的任务。但是这个基础演示对于未来的合作意味着什么呢？全息眼镜和其他类型的头戴式显示器可以为众多企业和行业创造新的交互和合作的机会。想象一下这类技术对医疗保健的影响。假设手术引发了并发症，在场的医疗团队正努力解决问题。世界各地的专家可以使用增强现实头戴式显示器提供指导和详细的介绍，这些指导和介绍会叠加在医生的视野中。

类似地，想象一下一名新的操作人员如何通过全息眼镜在经验丰富的专家的监督下完成制造设备或修建核电站的复杂操作。这两个例子都只是冰山一角，但是通过全息眼镜这样的设备你能看到未来合作的全新方式。

[问题]

1. 这个专栏提供了全息眼镜两个可能的商业用途。通过识别出其他可能受益于增强现实技术的行业，来思考一下这项创新的未来影响。

2. 虚拟现实头戴式显示器Oculus Rift和微软全息眼镜HoloLens有何不同？

3. 这类技术如何有助于学生间的合作？思考一下你如何与导师互动，如何与项目组的同学互动，以及你如何从你的教练那里寻求和接受帮助。

4. 关注隐私是促使谷歌推迟发布谷歌眼镜完整版本的一个因素。发布全息眼镜这样的产品在安全和隐私方面有什么影响？

5. 虚拟现实和增强现实头戴式显示器是新鲜事物，但是它们未来将发生改变。这些创新会如何影响今后10年或20年的合作和商业呢？

Q2－5　优质信息有哪些必要的数据特征？

你已经了解到人类可以从数据中获取信息。如前文所述，你所创造信息的质量部分依赖于你的思维技巧。然而，它也依赖于你获取的数据的质量。图表 2－8 总结了关键数据的特征。

图表 2－8　优质数据的特征

- 准确
- 及时
- 相关
  —情景相关
  —主题相关
- 恰好充足
- 体现成本价值

准确

首先，好的信息是基于准确、正确和完全的数据产生的，这些数据能够按照预期得到正确的处理。准确很重要，这样管理者才能够信赖信息系统产生的数据。如果系统产生的数据是不准确的，组织就会怀疑并且不信任系统的功能。在这种情况下，员工会为了避免数据错误而不愿意使用信息系统，那么企业在信息系统上的投入就浪费了。

由上述讨论得出的结论是，你作为信息系统未来的使用者，不要仅因为数据出现在网页上、格式严谨的报告中或者精心设计的查询环境下，就信赖这些数据。当信息中包含漂亮的互动图片时，人们很难对信息产生怀疑。但是千万不要被误导，当你刚开始接触一个信息系统时，要持怀疑的态度，反复核对你所收到的信息。在使用信息系统数周或数月后，你才可以完全放心地使用。一开始就要持怀疑态度。此外，你不能从不准确的数据中获取准确的信息。

及时

好的信息应该满足及时的特点——能够基于使用目的提供及时的信息。一份延迟六周发布的月度报告几乎没有任何价值。数据往往在你做出有关信息的决策后很久才得到。一个在你向某客户运送货物后才提醒你其信用不良的客户信息系统没有任何帮助。注意，及时性可以根据时间（是否晚了六周）或事件（出货前）来衡量。

当你参与信息系统的开发时，及时性是你要遵守的原则之一。你需要设定合适的、真实的及时性需求。一些案例指出，相对于开发信息滞后的系统，开发提供实时信息的系统要困难得多，成本也会高得多。如果你能够接受数小时的信息延迟，在进行需求分析时可以提出来。

思考下面的例子。假设你在市场部工作，需要评估新上线的广告项目的效果。你需要一个信息系统，不仅能够帮助你通过网络发布广告，而且能够帮助你统计客户对广告的点击率。实时地判断点击率的成本非常高，先将数据批量保存，数小时后处理则会简单和便宜得多。如果你能够接受延迟一两天的信息，则可以轻松地实施系统。

相关

信息应该与情景和主题相关。考虑下面的情景。作为一名 CEO，你需要的是汇总的公司信息。显而易见，每位员工的小时工资列表对你是没有帮助的，你需要的是部门的平均工资水平。在这种情况下，员工工资列表和你所处的情景是不相关的。

信息必须切合主题。如果你需要当前的短期利率的信息，那么 15 年抵押贷款利率的信息就与你要了解的主题不相符。同样，一份包含所需信息却难以查找的报告与你的目的也是不相符的。

恰好充足

信息应该能够满足需要，但是不要超过你所需的数量。我们生活在一个信息时代，每天都要做出的一个重要决策就是哪些信息应被忽略。你在公司所处的管理层级越高，你获得的信息越多，而时间是有限的，你必须忽略更多的信息。因此，信息应该是充分的，但又刚好满足需要。

体现成本价值

信息不是免费的。开发信息系统需要成本，运行和维护信息系统也需要成本，而阅读和处理系统产生的数据同样需要你付出时间和人工成本。有价值的信息，其成本与价值之间通常会存在合理的关系。

思考下面的例子。每天都报告一次墓地中的死亡人数有价值吗？当然没有，除非墓地发生了盗墓事件，否则该报告是不值得我们花费时间去阅读的。从这个例子中很容易看出经济学的重要性。当某人向你推荐一些新系统时，你应立即询问："信息的价值是什么？""信息的成本是什么？""信息的成本与价值之间是否存在关联？"对信息系统成本价值的分析应该类似于其他的资产分析。

本章的知识对你有何帮助？

Falcon Security 的马特奥和其他人知道，如果他们使用 3D 打印技术制造自己的零件，就需要评估业务流程。然而，他们不知道如何进行评估。根据本章的知识，他们可以记录公司的业务流程，以专业的方式解释他们认为 3D 会如何影响公司。他们这样做可以证明他们具有第 1 章中提到的系统思维、抽象推理、协作和实验能力。因此，本章的知识不仅对公司有用，而且对团队成员就业有帮助。

如果 Falcon Security 公司在 3D 无人机打印上取得进步，很可能需要招聘新员工来打印无人机，与 IS 专业人员一起工作——无论是内部的还是外部的承包商，都要确保新的无人机能够整合到现有的系统中。本章知识将帮助马特奥、乔尼、卡姆以及其他人与那些专业人士进行有效的交流。这样的交流不仅能产生更好的解决方案，还能够使 IS 专业人士更快地理解业务需求，从而降低公司的成本。思考一下，如果你在职业生涯中遇到类似的问题，公司的经验对你有何帮助。

道德指南

我确实知道什么是更好的

假设你在一家小型的参与 3D 打印技术创新应用的初创公司（类似于 Falcon Security 公司）工作。你所在的公司已成立两年，有 50 名员工，与很多刚刚成立的公司一样面临资金短缺问题。尽管你的级别相对较低，但是你给公司的创始人留下了深刻印象，他们让你在很多特殊的项目中承担领导角色。最近，公司开始研发一个存储 3D 打印设计的信息系统，供消费者购买。高层管理人员同意把你分配到一个开发 IS 解决方案的委员会。

你跟同事莱斯利·约翰森（Leslie Johnson）开发了两个经委员会审议通过的方案。你认为方案二比方案一好得多，但是莱斯利的观点恰好与你相反。你认为如果选择了莱斯利的方案，会造成重大的经济损失，这会使你们这种初创公司破产。尽管这些没有发生，但推行莱斯利的方案将耗费大量的时间，公司会在不断发展的市场中被竞争者甩在后面，失去市场份额。

遗憾的是，在你们展示方案的那天，莱斯利因为家里有急事不在场。你更加坚信莱斯利的方案可能给公司造成不可挽回的损失，所以你决定只展示自己的方案。虽然你没有直接撒谎，但是你让委员会认为你们两个人都十分支持你的方案。委员会接受了你的方案，而莱斯利根本不知道委员会只看到了一个方案。

你的行为是道德的吗？

第 1 章中的道德指南介绍了康德的绝对命令原则，将之作为评价道德行为的一种方法。本指南介绍的是第二种方法——功利主义。这个理论的基础可追溯到早期的希腊哲学家，但是，就像你在商业道德课上学到的那样，杰里米·边沁和约翰·斯图尔特被认为是现代理论的创始人。

根据功利主义，一种行为是否道德取决于它的结果。如果行为对更多的人有更多的贡献，或者行为使幸福最大化并减少痛苦，它们就属于道德的行为。前述语句有很多微妙之处，导致功利主义有多种含义，这些含义超出了本章的范畴。这里我们将论述一些要点。

将功利主义作为一个指南来使用，如果杀人对更多的人有更多的贡献，那么这么做是道德的；如果杀死阿道夫·希特勒可以阻止大屠杀，那么杀死他是道德的。同样，只要撒谎或者其他形式的欺骗行为可以对更多的人有更多的贡献，功利主义就可以把这些行为评价为道德的行为。如果对一个绝症患者撒谎说他能康复会增加这个人的幸福感，减少他的痛苦，那么这么做是道德的。

讨论题

1. 根据康德的绝对命令原则，你不展示莱斯利的方案是道德的吗？

2. 根据功利主义，你不展示莱斯利的方案是道德的吗？

3. 假设：

a. 你是对的。如果公司实施莱斯利的计划可能导致公司破产，这个事实会使你的行为变得更加道德吗？解释你的回答。

b. 你是错的。莱斯利的方案比你的方案更有利于公司的未来发展，这个事实会使你的行为变得不那么道德吗？解释你的回答。

4. 从功利主义视角来评价道德时，你认为预期结果或者实际结果会有更大的影响吗？

5. 你可以将会议推迟到莱斯利能参会时，这样可以让莱斯利把他的方案展示给大家。这么做增加了委员会选择莱斯利的方案的可能性，但是你坚定地认为这个决定对于公司来说是致命的错误。

a. 根据康德的绝对命令原则，不推迟会议的决定是道德的吗？

b. 根据功利主义，不推迟会议的决定是道德的吗？

6. 假设莱斯利知道你只展示了自己的方案，你俩成了敌人。两个人再也不能一起共事，对公司是非常不利的。根据功利主义，这样的结果改变了你行为的道德性吗？

7. 假设你展示了莱斯利的方案，但是从负面展示的。当你关注对其方案中缺点的描述时，你是诚实的，因为你就是这么认为的。然而，你也知道莱斯利不赞同你看待这种情况的方式。由于你带有偏见的展示，委员会选择了你的方案。

a. 根据康德的绝对命令原则，你的行为是道德的吗？

b. 根据功利主义，你的行为是道德的吗？

8. 在这样的环境下你会怎么做？论证你的决定是道德的。

指南

对比自我中心思维和换位思考思维

正如之前论述的，对是什么和应该是什么的感知不同是一个问题。在开发系统时，开发团队对问题有共同的定义和认识至关重要，然而，往往很难达成共识。

认知科学家区分了自我中心思维和换位思考思维。自我中心思维关注自己，具有自我中心思维的人认为自己的观点是“正确的观点”或者指出“什么才是正确的”。相反，具有换位思考思维的人认为自己的观点是对情况的一种可能的解释，并会主动了解其他人的看法。

不同的专家对换位思考思维的评论有不同的理由。宗教领袖认为这样的思维道德程度更高；心理学家认为换位思考思维会形成更丰富、更有意义的关系。在商务中推崇换位思考思维，因为这样的思维是精明的。商务是一个社会性事务，能够理解别人观点的人通常做得更好。如果你了解他们的观点，即使你不赞同，你也能更好地与他们共事。

思考这样一个例子。假设你对 MIS 教授说：“琼斯教授，上周一我没能来上课，讲什么重要的内容了吗？”这样的表述是自我中心思维的一个例子，它没有考虑教授的观点，而且暗示他没有讲什么重要的内容。作为教授，他很容易说：“没有，我注意到你没来上课，所有的重要内容我都省掉了。”

使用换位思考思维，从教授的角度来思考。没来上课的学生给教授带来了额外工作。你没能上课的理由如何正当都不重要；你可能确实被传染发烧 102 华氏度。但是不管怎样，你没能上课给你的教授带来了额外的工作。他必须帮你补习那节课的内容。

运用换位思考思维，你应该尽可能使你的缺席对教授造成的影响最小。例如，你可以这样说：“我没能来上课，但是我向玛丽借了笔记。读完之后我对建立联盟来形成竞争优势有些疑问……另外，十分抱歉因为我的问题打扰到您。”

在继续讨论之前，让我们思考一下这种情形的一个必然结果：绝对不要给你的老板发这样一封邮件：“我没能参加周三的员工大会，会上讲什么重要的内容了吗？”不要这么做，理由与错过上课的情况一样。应找到一个使你的缺席对老板造成的影响最小的方法。

所有这些与 MIS 有何关系呢？思考一下本章开头处的 Falcon Security 团队。它的问题是什么？卡姆认为菲利克斯没有参会是最大的问题，菲利克斯认为团队应该关注无人机的飞行性能，亚历克西斯认为团队应该确定哪些无人机零件可以3D打印。一旦乔尼了解要做什么，她很可能关注员工的时间浪费和团队成员间的共识缺失。

现在假想你在参加会议。如果每个人都具有自我中心思维，会发生什么？会议可能成为一场争吵激烈的辩论，一事无成而告终。

假设参会的人都具有换位思考思维。在这个案例中，卡姆可能努力去找出为什么菲利克斯没能参加会议；菲利克斯会努力去理解为什么他的行为对于团队来说是有问题的；团队会齐心协力来应对不同的观点，结果会更加积极——可能会意识到团队可以采取虚拟的、异步的会议形式。无论采用哪种方式，参会人员拥有相同的信息；参会人员思维方式的不同导致了结果的不同。

换位思考思维是所有商业活动中一个重要的技能。技巧丰富的谈判者通常懂得对方想要什么；成功的销售员明白消费者的需求；了解供应商问题的采购员会获得更好的服务；明白教授想法的学生会收获更多……

讨论题

1. 用你的话来解释自我中心思维如何不同于换位思考思维。

2. 假设你错过了一场员工会议。使用换位思考思维来解释你如何获得你需要的会议信息。

3. 换位思考思维与问题定义如何相关？

4. 假设你和一个人在一个问题的定义上存在分歧。假设她按照自己对问题的定义，对你说："不，真正的问题是……"你会怎样回答？

5. 再假设你和另一个人在一个问题的定义上存在分歧。假设你明白他的定义。你如何厘清这个事实？

6. 解释下面的陈述："在商务中，换位思考思维是聪明之举。"你同意这个观点吗？

本章回顾 ▶▶▶

在本章回顾中，通过回答本章的研究问题来检查你对观点和概念的理解。

Q2-1　为什么Falcon Security团队需要了解业务流程？

总结马特奥、卡姆和Falcon Security团队需要了解业务流程的原因。解释流程的抽象概念如何使团队更加有效，解释为什么与信息系统角色相关的知识也很重要。

Q2-2　业务流程建模如何帮助组织？

总结Best Bike的业务运作。定义业务流程，并举出三个例子。定义BPMN、泳道图、活动、角色、行动者、仓库、数据流、顺序流和子流程。描述BPMN中使用的每一个符号。回顾图表2-1，确保你可以解释这个业务流程如何工作。解释图表2-1和图表2-3中流程之间的不同点，并将这些不同点与3D打印的可能性相联系。

Q2-3　信息系统如何提升流程质量？

定义流程质量的两个维度。解释信息系统如何改善这两个维度。总结信息系统改进图表2-1和图表2-4中流程质量的方法。解释自动化与图表2-5中的五个构成要素如何相关联。描述采购员对图表2-6中数据的使用。

Q2－4　什么是信息？

给出信息的四个定义。运用你的经验和判断，根据在商业中的有用性对这些定义进行排序，并证明其合理性。描述何处同时存在数据和信息。

Q2－5　优质信息有哪些必要的数据特征？

列出生成优质信息所需要的五个数据特征，并加以描述。解释每一个特征存在的必要性。

本章的知识对你有何帮助？

总结业务流程知识，并思考如何使 Falcon Security 团队完成目标。描述在探究机遇时，你如何使用如图表 2－3 所示的流程模型。解释图表 2－1 和图表 2－4 之间的不同。阐述流程质量的两个维度，并给出信息系统如何对其加以改进的例子。描述在你的职业生涯中如何使用有关流程质量、信息系统作用和流程抽象概念的知识。

运用你的知识 ▶▶▶

1. 假设你正在与 Q2－2 中提到的 Best Bikes 的所有者讨论 3D 打印。假设你没有像 Q2－2 中展示的流程抽象概念，描述你如何解释你对 Best Bikes 实施 3D 打印的看法。假设你有流程抽象概念，再描述你如何解释你的看法。你认为 Best Bikes 会如何理解这些差异？你认为 Best Bikes 其他员工会如何解这些差异？

2. 假设你在 Best Bikes 管理采购员，被要求去确定一个选择供应商的新信息系统的需求。根据你所想到的需求，你想知道你的员工在选择供应商和待销售产品时有多少自主权。你可以开发一个全自动的供应商 / 产品选择系统，也可以建立一个允许员工进行选择的系统。解释这个特性会如何影响：

a. 员工需要具备的技术水平；

b. 你需要的员工数量；

c. 你招聘员工的标准；

d. 你的管理实践；

e. 员工的自主水平；

f. 你管理部门的灵活性。

3. 假设管理部门忽视了你对 Q2－2 中系统开发中定义流程的需求。解释你如何使用已有的知识回答这个问题，来证明你需要参与需求的定义。

协作练习 ▶▶▶

如今有许多协作工具，如 Google Drive，Google+，Windows OneDrive，Microsoft SharePoint，等等。

很多学生，尤其是缺少业务经验的学生，很难理解业务流程的重要性，也很难理解简单的业务流程如何变得如此复杂。接下来的业务情况和练习会帮助你理解业务流程的需求、流程设计的重要性和信息系统在支持这种流程中的作用。

假设你在一家经营电器和管道用品、设备和工具的供应商处工作。你的客户是住宅开发商和建筑公司，它们习惯赊购。每接到一笔订单，你需要评估订单，并在商品运出仓库和打包邮寄前对所有特定的商品进行审批。你建立了如图表 2－9 所示的订单审批流程（图中，菱形表示决策；菱形外的流依赖于箭头上标示的回答）。

图表 2-9　现有订单流程

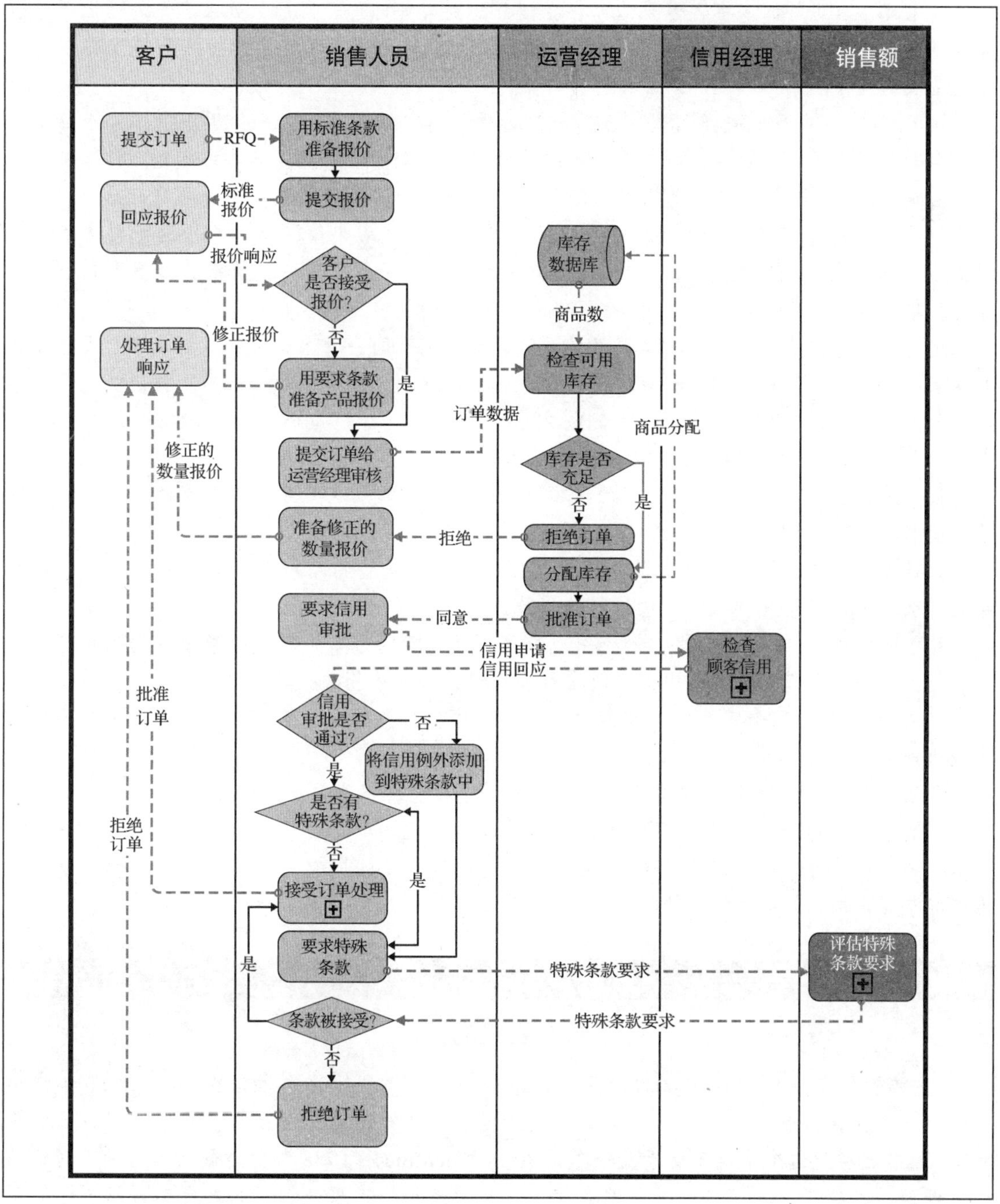

如图所示，你的订单审批流程包括几个阶段：准备报价单，调整所需产品的报价单，核实库存，核实信用以及评估特定的商品。你核实每笔订单的库存和信用，但是只有在顾客询问特定的事情，如免邮、额外促销或者非常规的快速服务和邮递时，你才需要审批特定的商品。

正如你所看到的，即使是这样一个简单的业务流程也出乎意料地复杂。比如，这些核实是按照正确的顺序吗？这个业务流程是在核实信用前核实库存。你在核实信用前核实库存有意义吗？先核实信用更有意义吗？如果你要拒绝某个特定商品的订单，在评估库存和信用前先核实它们有意义吗？

如果现在有足够的库存，需要的库存会被分配到某笔订单。但是，如果客户的信用不符合要求或者特定的商品不足，库存不会被释放。在这种情况下，你或者你的一个员工需要先释放已分配的库存。

从图表 2-9 中我们看不到这一点，但是如果信用审批通过、客户信用增加，那么简单的评语会与信用有关。如果特定的商品没有通过审批，分配的信用会以某种方式返回给客户。

由于你在同一时间需要处理很多订单，因此会出现很多其他问题。假设两笔订单都包括一个科勒顶级厨房水槽，但是库存中只有一个。你想把水槽卖个第一个客户，这就意味着你必须把水槽分配给它。假设你分配水槽的订单中其他特定商品没有通过审批。如果第二个订单还在处理流程中，你希望把水槽重新分配给它。你如何完成这件事呢？

这一情形忽视了另一种可能性。假设两笔订单中包括同一种水槽；一笔订单来自山区住宅的零售客户，另一笔来自 Big Sky 建筑公司，每年从你这里购买 500 个水槽。你想把这个水槽分配给哪一个客户呢？你怎么知道如何做这件事呢？

1. 在图表 2-9 中，解释为什么必须分配库存。

2. 使用图表 2-9 解释为什么必须为客户分配信用。如果这些分配在特定商品未经审批时不能调整，会带来什么业务结果？

3. 推荐一个为信用或特定商品不能通过审批的订单进行信用调整的流程。指出这个调整起到什么作用，以及这样操作时该如何接收数据。

4. 改变图表 2-9 中的流程，当信用或特定商品不能通过审批时，分配出去的库存可以退回。指出这个调整起到什么作用，以及这样操作时该如何接收数据。

5. 图表 2-9 中三个审批任务有六种不同的顺序。列出每一种的名称，并选出你们团队认为最有前景的三种。

6. 依次评估你在图表 2-9 中选出的三种顺序。确定你认为最佳的顺序。

7. 阐述你在 Q2-8 和 Q2-9 中的选择标准。

8. 到目前为止，我们还没有考虑这个流程对销售人员的影响。销售人员需要什么信息来维持其与客户的良好关系？

案例研究 ▶▶▶

吃你自己的狗粮

“吃狗粮”是指使用你开发的产品或提出的想法的过程。这个术语在 20 世纪 80 年代由软件行业提出，当时有人注意到公司不会使用自己生产的产品，或者说“他们不吃自己的狗粮”。维基百科把这个术语归功于瓦伦丁（Brian Valentine），1988 年他是微软局域网管理器的测试经理，其实在此之前这个术语就在使用。不管最初的起源是怎样的，员工自愿选择使用自己的产品或想法，很多人相信自己的产品或想法是可能成功的。

你可能会问：“这又怎样？”本书是由一个合作团队完成的，他们使用了 Office 365 专业版和本章描述的很多技术。我们在本章中就使用了自己的想法和产品。

图表 2-10 展示了将草拟的一章的 Word，PowerPoint 和 PNG 格式转变成 PDF 的流程图。在第 12 章中你会了解更多像这样的流程图。现在只知道每一列代表一个角色（在这个案例中是一个特殊的人）执行的活动。流程从左上方的细圆圈开始，结束于右侧底部的粗圆圈。虚线表示的是数据从一个活动流向另一个活动。

图表 2-10　章节的完成流程

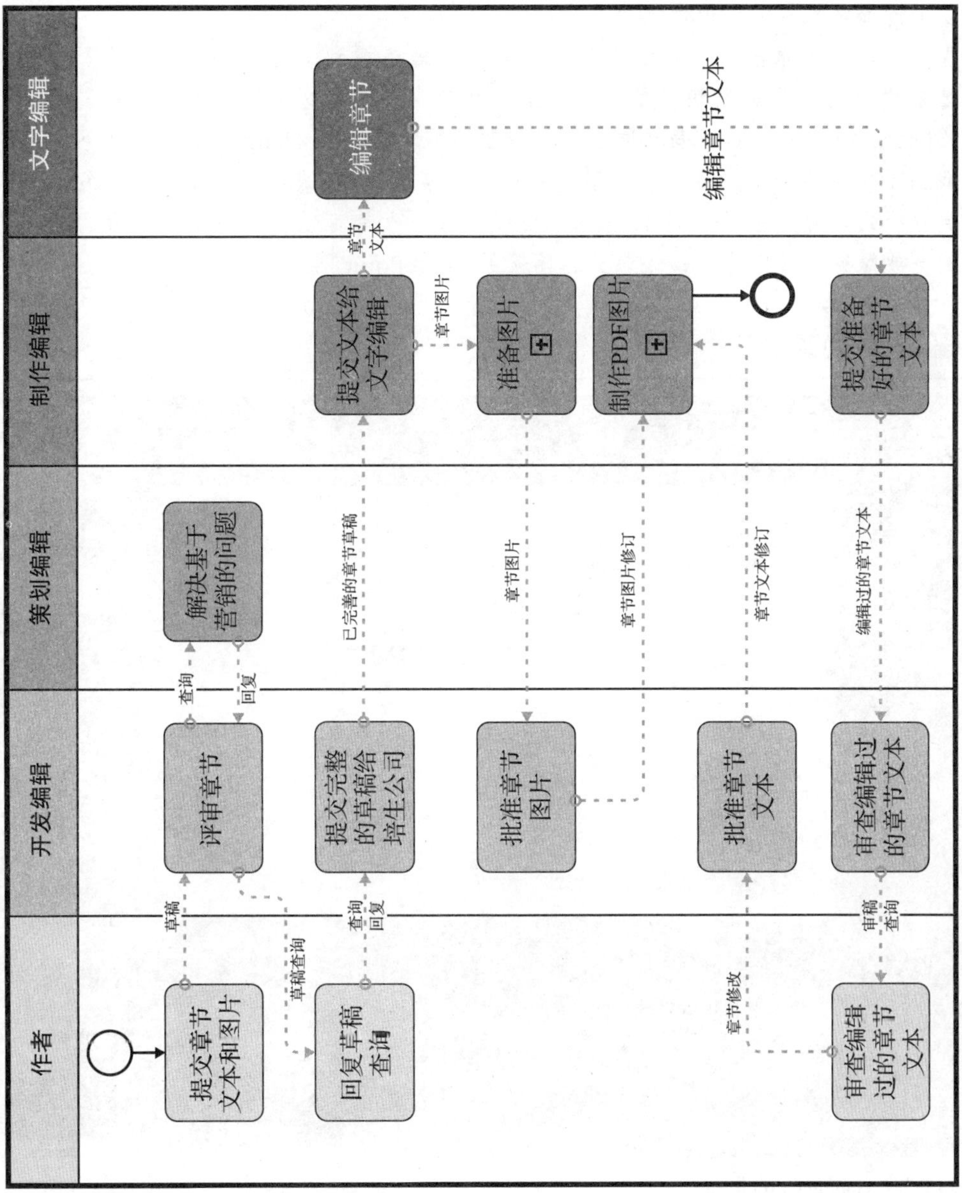

如图表2-10所示，作者与开发编辑在工作上要密切配合，开发编辑应确保图书是完整的，并符合策划编辑确定的市场需求。此处我们不需要深入研究这个流程的细节，只要了解章节文本和章节设计的诸多版本是由承担编辑、审批和调整功能的不同角色的人共同创造的。

因为图表2-10中扮演各种角色的人处于不同的地理位置，举行面对面的会议是不可能的。在过去，要使用手机、邮件和文件服务器来完成图书的编写过程。正如你想象的那样，许多的文件、艺术设计及每个复审副本会出现混乱的状况。而且任务需求通过邮件传递容易丢失。以上情形虽不常见，但确实会发生。

当我们决定每年推出一个新版本时，我们知道需要找到一些方法提高效率。结果，我们的开发团队决定吃自己的狗粮，使用Office 365专业版。在这个过程中，作者、开发编辑劳拉·汤（Laura Town）和制作编辑通过使用谷歌环聊（Google Hangouts）频繁地见面（在商务活动中我们不使用Skype，因为培生不允许员工安装它）。图表2-11是典型的视频环聊，我们注意到这个流程中有三个人在共用一个白板。每个人都可以在白板上写字和勾画。会议结束后白板会被保存，并作为会议记录放在团队的SharePoint网站上。

图表2-11 谷歌环聊组对话

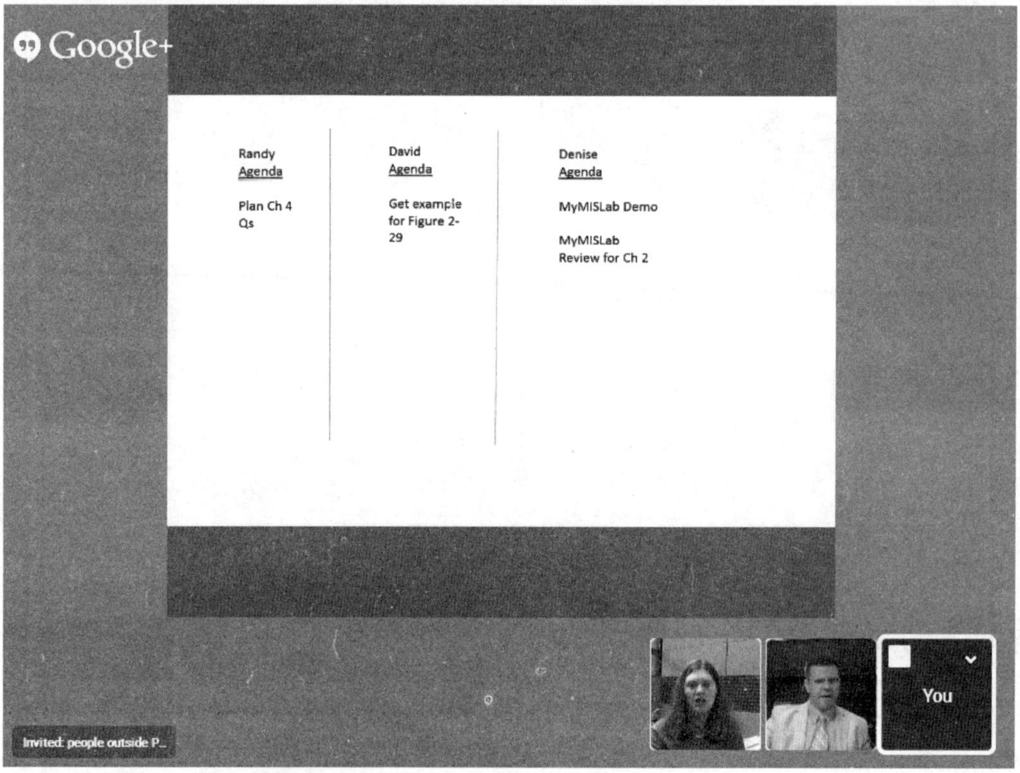

资料来源：Google Corporation.

图表2-12是团队的顶层SharePoint网站。快速启动（左边的垂直菜单）可以链接网站上重要的内容。中间部分有除了“已完成”状态的任务。

团队设置提醒，当任务列表中有新的任务时，SharePoint会给执行这个任务的每个人发送一封邮件。如图表2-13所示，当任务状态被其他人改变时，也会给任务发起者发送邮件。

图表 2-12　SharePoint 开发网站

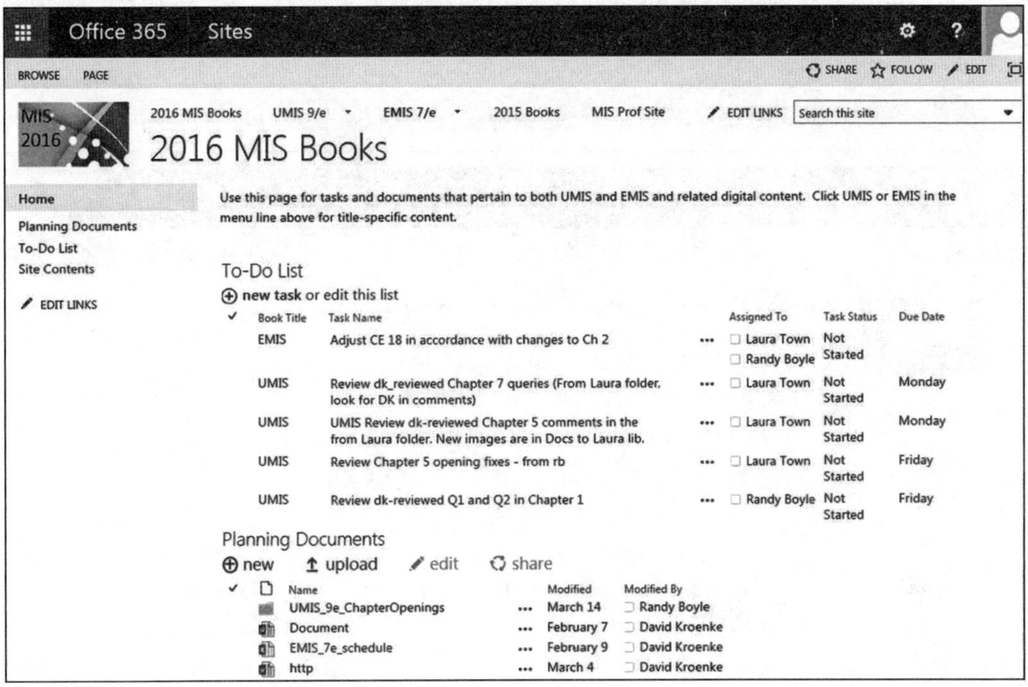

资料来源：Microsoft Corporation.

图表 2-13　SharePoint 邮件示例

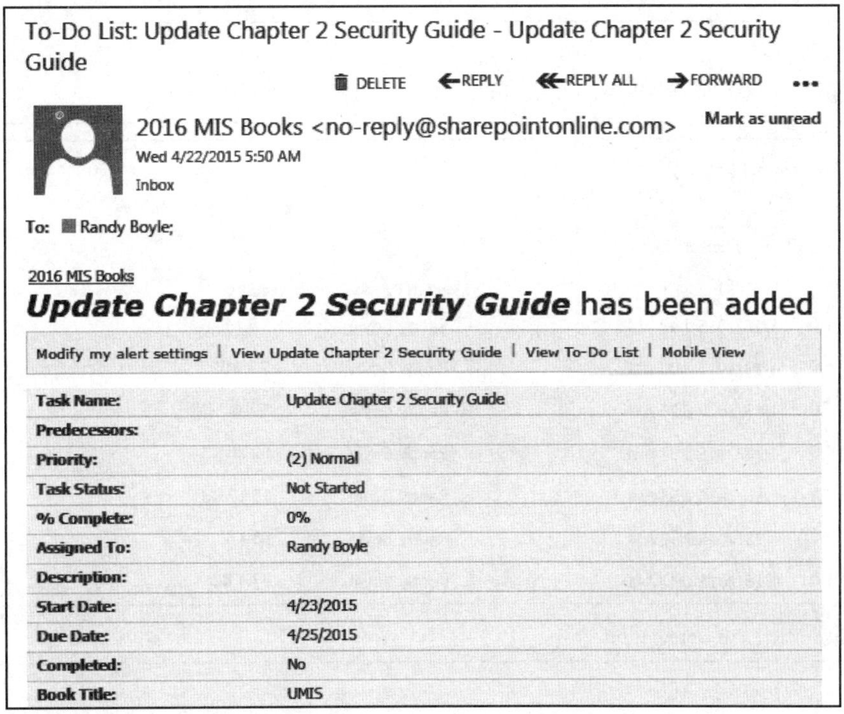

资料来源：Microsoft Corporation.

SharePoint 资料库存储和管理所有的文件和数据。图表 2 - 14 表示的是第 2 章在撰写时草拟资料库的内容。通过在 SharePoint 上存储文件，团队具有追踪不同版本的优势。图表 2 - 15 展示的是这个资料库中一份文件的部分版本的历史。

图表 2 - 14　第一个草拟资料库的内容

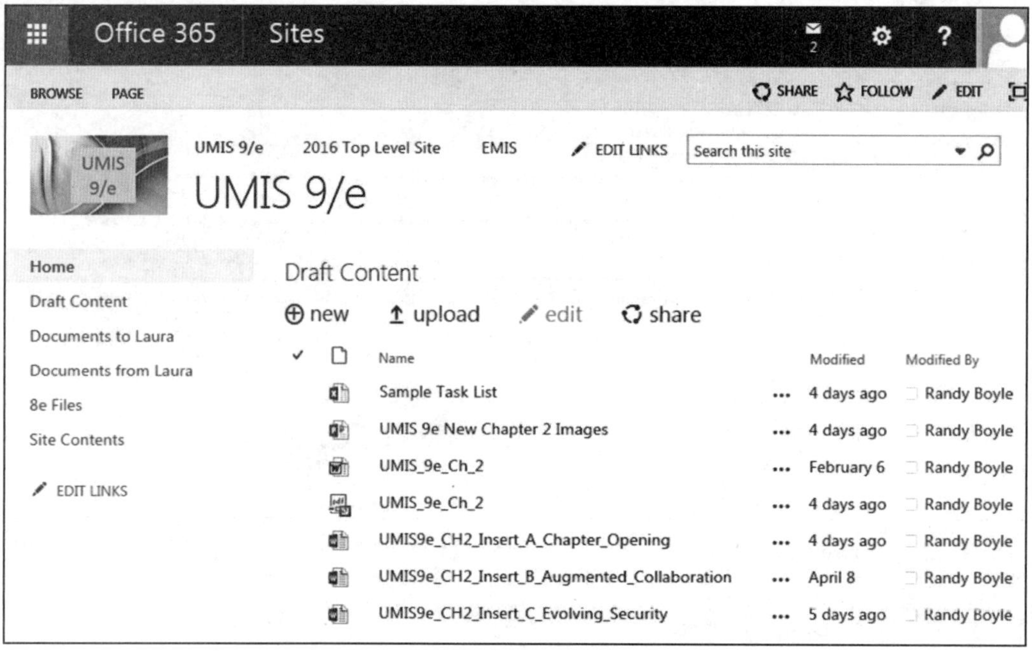

资料来源：Microsoft Corporation.

图表 2 - 15　第 6 章各版本的历史

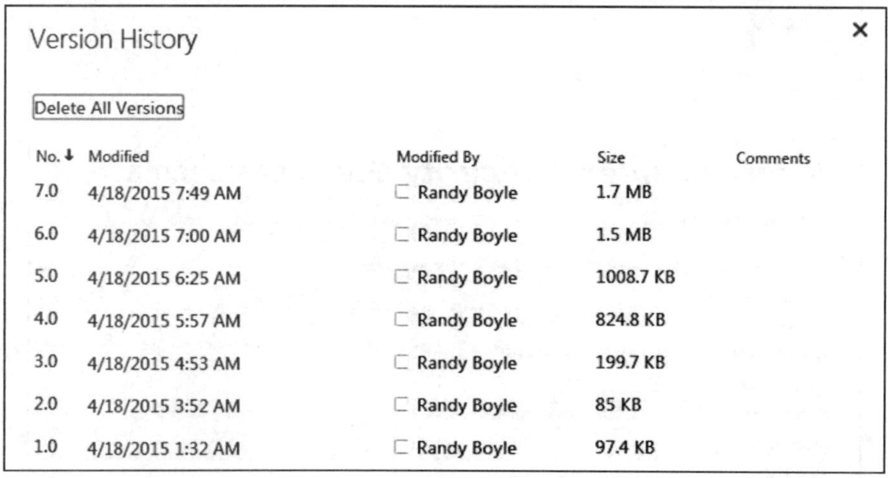

资料来源：Microsoft Corporation.

当这章的内容撰写完成后，劳拉需要检查最终版本，所以需要生成一个任务告诉她要去做这件事。这个新的任务会向她发送一封如图表 2 - 13 所示的邮件。写完这句话我就立马去创建这个任务。这就是吃狗粮!

[问题]

1. 用自己的话定义吃狗粮。你认为吃狗粮很可能预示着产品成功吗?为什么?在什么时候吃狗粮不会预示着产品成功?

2. 解释这个团队如何使用共享白板来生成会议记录。这项技术的优势是什么?

3. 解释这个团队如何使用提醒。总结其使用提醒的优势。

4. 解释为什么这个团队不在商务活动中使用 Skype。

5. 总结这个团队使用共享平台的优势。

6. 解释你认为 Office 365 专业版如何提高开发团队的效率。它如何促进本书质量的提高?

7. 在你完成学生团队项目时,此处描述的 Office 365 专业版的哪个方面对你有价值?与你正在做的事相比较,解释它们为什么增加了价值。

注释

1. These symbols are included with Microsoft's Visio 2013 Professional edition. If your university is a member of Microsoft DreamSpark, you can obtain a license-free copy of Visio and use it to make your own BPMN diagrams.
2. Actually, the word *data* is plural; to be correct, we should use the singular form *datum* and say, "The fact that Jeff Parks earns $30.00 per hour is a datum." The word *datum*, however, sounds pedantic and fussy, and we will avoid it in this text.
3. Jessi Hempel, "Project HoloLens: Our Exclusive Hands-On with Microsoft's Holographic Goggles." *Wired.com*, January 21, 2015, accessed on April 5, 2015, *www.wired.com/2015/01/microsoft-hands-on*.
4. Matt Rosoff, "I Just Tried Microsoft's Remarkable Holographic Headset—Here's What It's Like," *BusinessInsider.com*, January 21, 2015, accessed April 5, 2015, *www.businessinsider.com/microsoft-hololens-hands-on-2015-1*.

第 3 章

组织战略、信息系统和竞争优势

Organizational Strategy, Information Systems, and Competitive Advantage

“嗨，卡姆，一起吃午饭吧。关于我们即将提供的激光雷达成像服务，我想知道更详细的内容。”穿着入时的亚历克西斯冲进开发中心，朝着正近距离观察一名员工对四轴飞行器进行测试的卡姆说道。

“好的，没问题，我们可以在午休时聊一聊。”

“那是什么？你们在测试一台全新的四轴飞行器吗？”

“是的。马特奥想看看我们能不能利用 3D 打印做出自己的无人机。我们正在对刚刚建成的新模型进行测试。这可能比购买无人机要便宜得多，但我之前从没做过无人机。”

“这么说，我们是做好进军无人机制造业的准备了？”

卡姆示意亚历克西斯去大厅，以便私下交谈。

“坦白说，但愿不是。不过我们还是会先看看结果再说。我们正试图搞清它值不值我们花这些功夫。”

“哎，你可比我强。看来他们选对了人！”亚历克西斯笑了笑，想调节下气氛。

“是啊，哎，我其实不怎么担心这个。”卡姆抬了下眼睛，看起来沮丧极了。

“什么意思？”

“我们是谁？”

“什么意思？”亚历克西斯被吓了一跳。

“作为一家公司，我们是谁？我明白，我们公司的定位一直是面向安全监控市场，我们也确实签了几份大合同。但其实我们完全可以在农业监测、工业检测、房地产和婚礼录像等领域赚很多钱。我认为我们错过了很多赚钱的机会。”

“你和马特奥聊过这个？”

“是的，他觉得这些主意都很不错，但他想专注于安全方面的大合同。他甚至提出想和执法机构、搜救中心及联邦政府合作。”

“那弊端又是什么呢？”亚历克西斯问道，“如果可以谈下几笔大买卖，我们似乎可以赚的更多。从销售的角度来看，我更愿意少干活，多赚钱。”

“是的，但那建立在一个很大的前提下。如果我们没能成功签下这些大合同呢？如果我们没有经费了呢？如果大众不喜欢联邦政府使用无人机监控公民呢？”

“我不知道。但如果马特奥认为获利够多，也许值得一试。”

“是的，但是我们完全可以把时间和金钱投入到我们已知会获利且前景远大的产业中。毕竟一直会有人结婚吧。我只是觉得再没有脑子也能想到 Falcon Security 可以不仅仅是一个‘安全’公司。可以赚钱的途径太多了。”卡姆十分受挫，摇了摇头。

“卡姆，我完全同意你的观点。我们做的额外项目确实有利可图。这点毫无疑问。”

“所以？”

"所以，归根到底是发展重心的问题，我们不可能面面俱到。为化学公司提供长期安全监控服务与做周末的婚庆拍照是截然不同的。"

"但那些我们可能会赚钱的机会呢？我们不做，总有人会做的。"

亚历克西斯露出一个微笑，说道："嗨，我们去吃饭的时候顺道带着乔尼吧。这些话你该对她说。你们两个可以聊聊策略，我去吃些美味的墨西哥鱼肉卷。"

研究问题

Q3－1　组织战略是怎样决定信息系统结构的？

Q3－2　行业结构是由哪五个竞争力决定的？

Q3－3　什么是竞争战略？

Q3－4　竞争战略是怎样决定价值链结构的？

Q3－5　价值链是怎样决定业务流程和信息系统的？

Q3－6　信息系统是怎样提供竞争优势的？

Q3－1　组织战略是怎样决定信息系统结构的？

根据管理信息系统的定义，信息系统的存在是为了帮助组织实现战略目标。就像你在经营战略课上所学的，一个组织的目的和目标是由其自身的竞争优势决定的。因此，竞争战略最终决定了每个信息系统的结构、特点和功能。

图表 3－1 对组织战略如何决定信息系统进行了总结。组织分析所处行业的结构，并确定一个竞争战略。该战略决定了价值链，而价值链决定了业务流程，业务流程的结构决定了如何设计信息系统。

迈克尔·波特是竞争分析领域重要的研究者和思想家之一，他创建了三个不同的模型来帮助人们理解图表 3－1 所示的各要素。下面就从他的五力模型开始讨论。

Q3－2　行业结构是由哪五个竞争力决定的？

组织战略的制定都是从对一个行业的基本结构和特点的评价开始的。波特的**五力模型**（five forces model）经常用来评价行业的结构[1]，如图表 3－2 所示。根据这个模型，五个竞争力将决定行业的收益率：买方的议价能力、替代品的威胁、卖方的议价能力、新进入者的威胁以及现有竞争对手间的竞争。这五力中每一个要素的强度都决定了行业的特征、行业的收益状况以及行业收益的可持续性。

要理解这个模型，可以参考图表 3－3 中有关每个要素强弱程度的例子。要对自己的理解程度进行检测，一种好方法就是看你能否说出图表 3－3 中的每个例子属于哪种竞争力。当然，也可以一个特殊的行业（比如自动修理）为例，看看这五力是怎样决定该行业的竞争状况的。

在本章章首的案例中，卡姆的顾虑是只专注于物理安全的安保行业会让 Falcon Security 公司在竞争中处于劣势。她认为公司应该将业务扩展到农业监测、工业检测、房地产和婚礼录像等领域。她也很担心是否应该只依靠与少数几个大公司的交易。图表 3－4 展示了 Falcon Security 公司所面临的竞争环境的分析。

图表3-1 组织战略决定信息系统

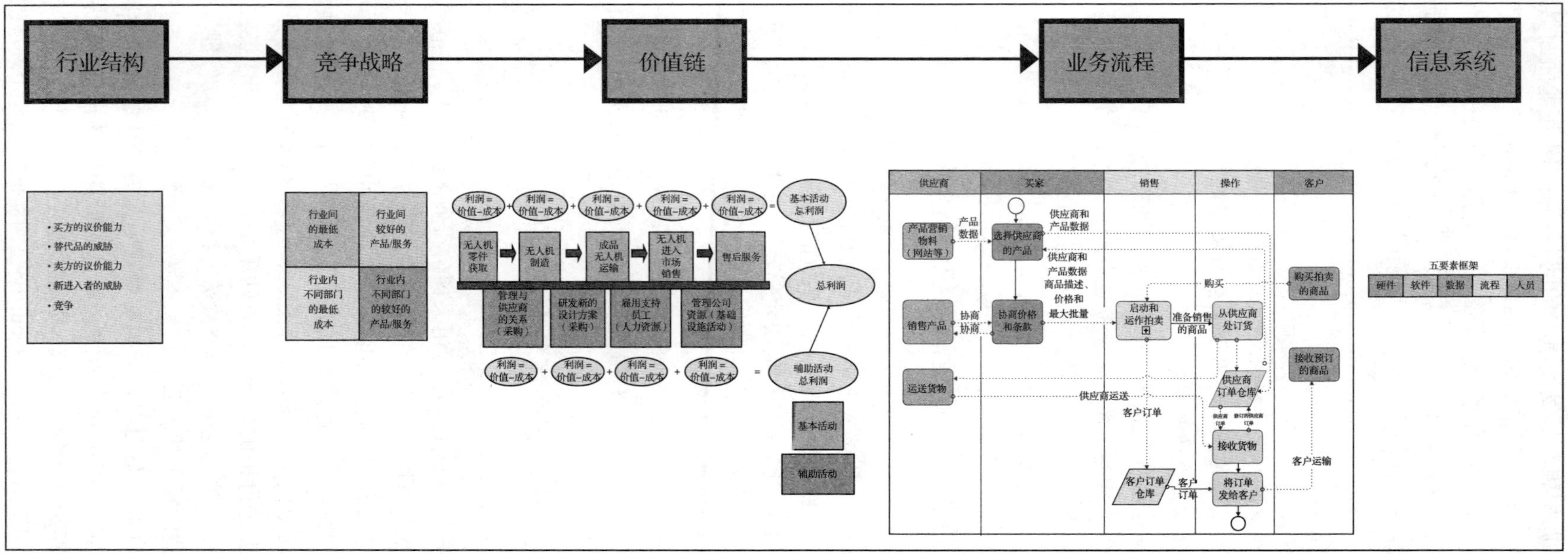

图表 3-2 行业结构的波特五力模型

- 买方的议价能力
- 替代品的威胁
- 卖方的议价能力
- 新进入者的威胁
- 竞争

资料来源：Based on Michael E. Porter, *Competitive Advantage: Creating and Sustaining Superior Performance*(The Free Press, a Division of Simon & Schuster Adult Publishing Group).

图表 3-3 五力的例子

竞争力	强竞争力的例子	弱竞争力的例子
买方的议价能力	丰田对汽车涂料的购买（因为丰田是能够购买大量涂料的大客户）	你对所在大学的规章制度和政策的影响
替代品的威胁	常旅客的汽车租赁选择	对于某些癌症病人唯一有效的药
卖方的议价能力	新的汽车经销商（因为它们控制着汽车的“真正价格”且顾客无法判断这一价格的准确性）	丰收年份的种粮农民（过度的供给让产品的价值和利润率下降）
新进入者的威胁	街角的拿铁咖啡摊（因为这一行业的生意很容易被复制）	职业足球队（因为足球队的数量被美国国家足球联盟控制）
竞争	二手车行（因为二手车行的选择很多）	谷歌或必应（开发搜索引擎的费用非常高昂）

图表 3-4 Falcon Security 的波特五力分析

竞争力	以 Falcon Security 公司为例	竞争力的强度	Falcon Security 公司的应对
买方的议价能力	大公司希望以低价获得更多的服务	强	降低价格或者将业务转移到其他市场
替代品的威胁	将无人机替换为无线联网监视器	中等	提供监视器无法提供的差异化服务，比如说雷达服务
卖方的议价能力	无人机的成本正在增加	低	可以制造自己的无人机
新进入者的威胁	亚马逊开始利用无人机提供包裹派送和监控服务	中等	提供差异化的服务或进入其他市场
竞争	一个新的无人机公司要将业务扩展到 Falcon Security 所在的州	弱	提供附加服务，比如为顾客提供直流视频

Falcon Security 公司所服务的大客户可能会要求获取更多服务或降低价格，因为它们的交易额是 Falcon Security 公司的主要经济来源。替代品也对 Falcon Security 公司产生威胁，比如客户可以选择使用无线电子监视器；但是这些替代品对某些客户来说无法选择，因为这些公司可能缺乏互联网技术或受到物理距离的限制。新的进入者，比如开始利用运输无人机提供监控服务的亚马逊，会给 Falcon Security 公司带来持续的威胁。但是 Falcon Security 公司可以通过提供诸如实时 3D 地图等附加服务来应对，或者可以进入新的行业，如农业监测和工业检测。

其他的竞争力不会给 Falcon Security 公司带来上述这种威胁。无人机供应商的议价能力较弱，因为有多家无人机制造商可供选择，并且 Falcon Security 公司可以随时选择利用 3D 打印制造自己的无人机。竞争对手的威胁也并不强劲，原因在于 Falcon Security 公司开发了一种自充电的无人机平台和一个集成的视频处理系统，竞争对手很难复制这两项技术。

与 Falcon Security 公司一样，组织分析五力并确定如何应对，从而制定企业的竞争战略。

Q3-3 什么是竞争战略?

一个组织通过选择一种竞争战略来响应其行业结构。波特提出了四个竞争战略模型（见图表 3-5）。[2] 一个公司可以是成本领先者并提供最低价格的产品，也可以通过产品或服务的附加价值与竞争对手区别开。更确切地说，组织可以采用成本战略、差异化战略或者特定区域战略。在本章中，我们将**竞争战略**（competitive strategy）定义为图表 3-5 所示的四种选择之一。

图表 3-5 波特的四个竞争战略

	成本	差异
全行业	行业间的最低成本	行业间较好的产品 / 服务
特定行业	行业内不同部门的最低成本	行业内不同部门的较好的产品 / 服务

资料来源：Based on “How Competitive Forces Shape Strategy” by Michael Porter, *Harvard Business Review*, July–August 1997.

以一家出租车公司为例，根据图表 3-5 的第一列，出租车公司努力以最低成本提供服务，或者针对某一特定行业的细分市场（如美国国内商务旅游）以最低成本提供服务。

从第二列可以看出，出租车公司能在竞争中寻求产品差异，并且可以通过不同的渠道实现。例如，提供更多的高质量轿车，提供最好的预订系统，提供最洁净的汽车，最快捷地办理手续，或者采取其他的可行措施，等等。以美国国内商务旅游为例，出租车公司将努力为各行业或者同一行业内的不同部门提供服务，根据它们的实际需求提供特定服务。

波特认为，如果一个组织是成功的，则它的目的、目标、文化和活动必须与它的战略一致。在管理信息系统领域，这意味着组织的所有信息系统必须帮助组织更容易地实现竞争战略。

Q3-4 竞争战略是怎样决定价值链结构的?

组织分析自己所在行业的结构，然后根据分析结果来制定相应的竞争战略，进而规划并执行该战略。例如，如果该竞争战略是成本领先战略，那么行业活动必须尽可能地发挥节约优势。

然而，选择差异化战略的企业不会围绕低成本活动规划自身结构。这类企业可能会选择一些高成本系统，它们这样做仅仅是因为这些系统能为差异化战略带来净利润或者余额。Falcon Security 公司的乔尼知道购买最好的商用无人机很昂贵，她需要判断这一花费是否值得，她也许会发现使用 3D 打印技术制造公司的无人机同样有价值。

波特认为，**价值**（value）就是买方愿意为一种资源、产品或服务支付的费用。由某一活动产生的价值和这项活动的成本之差就是**利润**（margin）。只要有正的利润，使用差异化战略的企业便愿意为活动增加成本。

价值链（value chain）是能够产生价值活动的网络，它包括五项基本活动和四项辅助活动。**基本活动**（primary activities）是直接关系到组织产品或服务生产的业务功能。**辅助活动**（support activities）则是帮助和促进基本活动的业务功能。

价值链中的基本活动

要理解价值链的本质，可以 Falcon Security 这一中型无人机制造商为例来说明（如图表 3－6 所示）。首先，公司通过内部物流获得生产所需的原材料进行产品的生产制造。这些活动包括原材料的接收和处理以及其他输入。这些原材料的组合在一定程度上增加了它们的价值，对一些客户来说，这比原材料零散地堆在一起有价值得多。也就是说，一架无人机要比单独放在货架上的零部件更有价值。这些价值不仅包括货物本身的价值，而且包括和买方沟通、保持业务联系、订购零部件、装运等活动所需的时间价值。

在生产活动中，无人机制造商将原材料装配成完整的无人机，这个过程增加了许多价值。然后，公司通过外部物流将装配好的无人机交付给客户。当然，这些无人机都将通过产生价值的活动交付给客户。最后，通过售后服务为无人机用户提供维修支持和保障。

这个价值链上的每个阶段都能使产品累积成本、增加价值。价值链中的总利润就是这些活动所累积的总价值与所产生的总成本之差。图表 3－7 对价值链中的基本活动进行了总结。

价值链中的辅助活动

价值链中的辅助活动对产品的生产、销售和售后服务等起间接作用。这类活动包括采购，就是寻找供应商、签订合同、进行价格谈判。（这些活动与内部物流不同，内部物流涉及产品的接收、储存和分发等输入。）

波特定义的技术是广义的，不仅包括产品研发，而且包括公司内部的新技术、新方法以及新工艺的改进等其他活动。人力资源管理被波特定义为对全职和兼职人员的招聘、付酬、评估和培训等活动。基础设施活动包括日常管理、财务、会计、法律和政府事务等。

辅助活动需要成本，但有时能间接地增加产品价值。因此，如图表 3－6 所示，辅助活动能帮助获得利润。就辅助活动而言，很难计算其产生的利润，因为具体的附加价值（比如位于华盛顿特区的制造商的说客）是很难知道的。但是，仅从理论上讲，它们有附加价值、有成本，能产生利润。

价值链活动间的联系

波特的业务活动模型包括这些活动间的**联系**（linkages），即这些价值活动间的相互作用。例如，制造信息系统利用该联系来降低库存成本。该系统利用销售预测来制定生产计划，然后根据生产计划决定原材料的需求情况，再根据原材料的需求安排采购，最后实现准时制生产来降低库存规模和成本。

图表 3-6　无人机制造的价值链

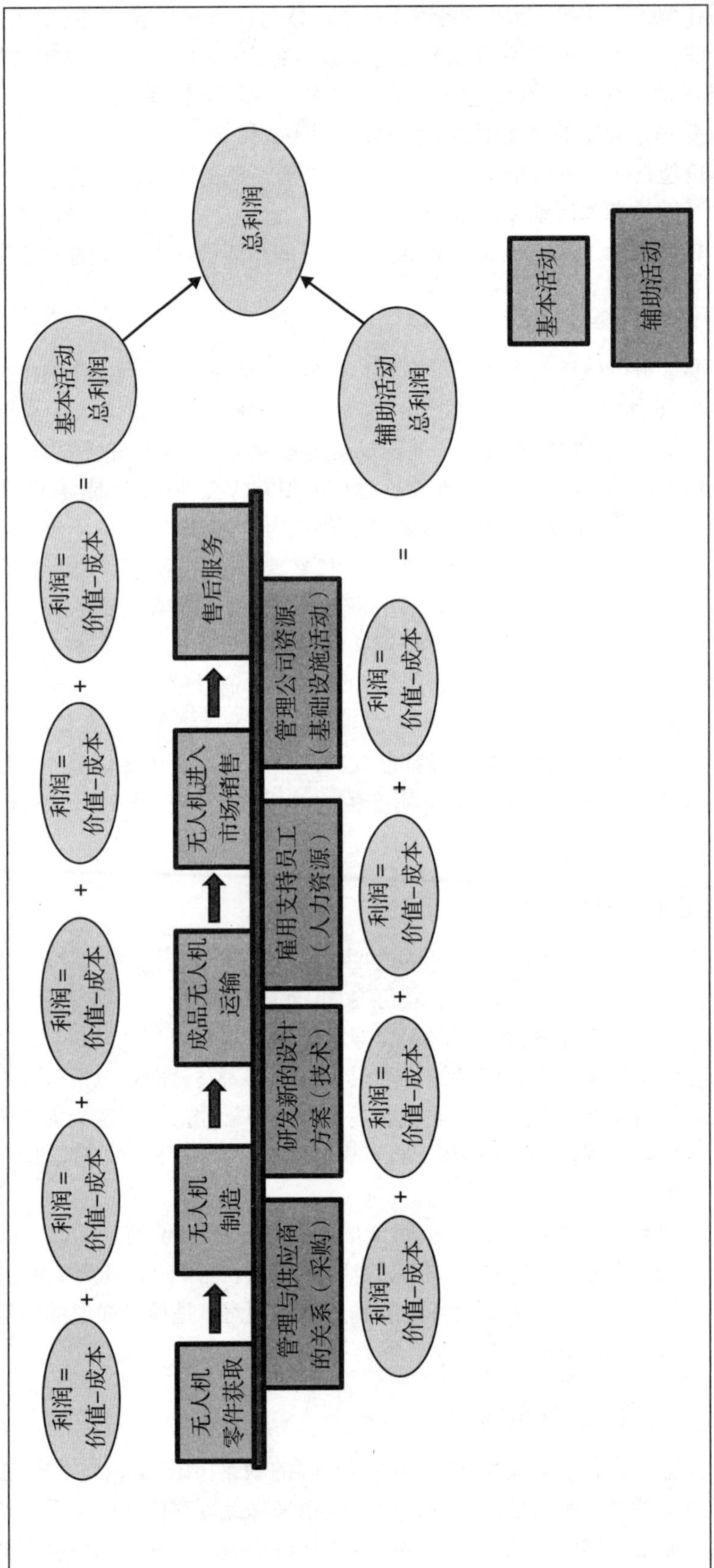

图表 3-7　价值链中基本活动的任务描述

基本活动	描述
内部物流	产品的接收、储存和分发
生产制造	将原材料等输入转换为最终成品
外部物流	将产品交给买方过程中的收集、储存和物理分配
市场营销	包括将产品推荐给买方以及这个过程中所需要的各种措施和手段
服务支持	帮助客户使用产品以保持或增加产品的价值

价值链分析能够直接应用于制造企业，如无人机制造商。在服务型企业中也存在价值链，然而不同的是，服务公司中的大部分价值是由业务、营销、销售和服务活动产生的；内部物流与外部物流并没有那么重要。

Q3-5　价值链是怎样决定业务流程和信息系统的?

在本书最后一章你将深入了解什么是业务流程，简言之，业务流程就是能够完成业务功能的活动、资源、设备和信息的网络，具体地说就是完成价值链的全部或部分活动。每一个价值链都是由一个或更多的业务流程支持的。

例如，图表 3-8 显示了一家自行车租赁公司的自行车出租价值链的一部分。图表中的顶部反映了这家公司如何通过对大学生实施低成本租金策略来完成价值链的部分内容。图表的底部表明另一家租赁公司通过对商业会议与会者提供高质量商业服务的租金策略来完成相同价值链的内容。

图表 3-8　自行车租赁公司的价值链运行情况

	价值链活动	接待客户 →	确定客户需求 →	出租自行车 →	归还自行车并付款
对学生的低成本租金策略	实施竞争战略的消息	“您想骑自行车吗?”	“自行车在那边，请自己挑选。”	“填写表格，填好后交给我。”	“给我看看自行车。”“您需要支付 23.50 美元。”
	支持业务流程	—	采取物理控制和制定制度等方式来防止自行车被盗	打印表格并保存	拿出租赁表，使用最小的信用卡和现金收款系统
对商业会议与会者提供高质量商业服务的租金策略	实施竞争战略的消息	“您好，亨利太太，很高兴又看到您。您愿意租用上次骑过的 WonderBike4.5 型自行车吗?”	“我想这辆 WonderBike 最高型号的自行车是您的最佳选择。它……”	“我先将该车的编码扫描进系统中，然后为您调整一下自行车座椅。”	“您感觉怎么样?”“让我帮您一下。我将扫描车的标记，打印给您。”“您喝点饮料吧。”“您现在付款还是与酒店账单一起支付?”
	支持业务流程	客户追踪和过去的销售活动信息系统	进行员工培训，为了推销，使用将客户与自行车相匹配的信息系统	自动化库存系统用于检测自行车库存情况	自动化库存系统将自行车放回仓库，准备支付文件，与酒店账单系统集成

注意，在这两家公司中完成的价值链的活动内容都是相同的。这些活动包括接待客户、确定客户需求、出租自行车和归还自行车等。然而，每家公司都以不同的方式完成这些活动，确保和公司自身的竞争战略相一致。

低成本的卖方以极其简单的、最少的流程来支持它的价值链。为客户提供高质量服务的卖方有必要以更精细的业务流程（由信息系统支持）与其他卖方形成差异。然而，正如波特所说的，这些业务流程和系统所产生的充足价值必须远远大于其成本，否则，这些系统产生的利润将为负值。

如果一个价值链的利润为负值，公司必须进行一些变革，要么增加产品价值，要么降低价值链成本。可以通过本章的协作练习进一步研究这一原则。

在我们讨论下一个问题之前，再回顾一下图表 3－1。前三章的内容依次对应图表中从右至左的三部分，第 1 章中我们介绍了信息系统的组成，第 2 章的内容是业务流程。在本章中，我们讨论了价值链、竞争战略和产业结构。

Q3－6 信息系统是怎样提供竞争优势的？

在企业战略课程中，你将深入学习波特模型。这样，你就能了解一个组织对五个竞争力做出回应的许多方法。我们对这些方法进行提炼总结，形成如图表 3－9 所示的原则。记住，我们在组织竞争战略中将运用这些原则。

图表 3－9 竞争优势的基本原则

产品生产的原则
1.创造新的产品或者服务
2.提升产品或者服务
3.形成特色产品或者服务
流程实施的原则
4.锁定客户和买家
5.锁定供应商
6.增加新进入者的障碍
7.建立联盟
8.降低成本

这些竞争战略中，有些是由产品和服务产生的，有些是由业务流程的发展产生的，下面分别阐述。

驱动战略

你一周有多少个小时在开车？设想一下，如果你将那些时间用来复习考试、申请工作或者在你新建的网站上回复订单，你的工作量会提升吗？或者换一种思路，想一想你的车有多少时间处于未被使用、不产生价值的状态。如果将你的汽车分享给朋友、亲属，能否产生更多价值？或许一辆无人驾驶的汽车（在第 4 章中也会提到）可以把你送到学校后自动返回家里，供其他人继续使用。

许多企业也认识到使用无人驾驶的车辆可

以提升效率、增加生产量和销售量。比如说，奔驰正在开发一种无人驾驶卡车，该卡车在高速公路上可以自动行驶（需要有一位司机控制卡车进入和开出高速公路）。[3] 这不仅可以让车辆更快地将货物运输到目的地，而且能够通过消除疲劳驾驶和分心驾驶来保证道路安全。

另一项关于无人驾驶汽车的潜在应用是亚马逊的新项目。亚马逊最近为装备3D打印机的运输汽车申请了一项专利。[4] 这些汽车能够在前往目的地的过程中迅速处理订单。你可能在想这与无人驾驶汽车有什么联系，但当你将亚马逊的创新专利和无人驾驶汽车结合起来，就会发现这是一个拥有运输能力的自动化工厂。试想一下，在任何地理位置都能拥有生产能力具有多大的战略价值。

推动现有市场变化

企业不断调整它们的战略来创造和保持竞争优势。企业拥有的市场有时会被新进入者、替代品或创新扰乱，例如优步（Uber）就在改变现有的交通运输服务市场。在短短几年内，优步的市值达到400亿美元，成为交通运输服务行业的主导者之一。[5] 但面对新的竞争，优步是无敌的吗？

一个新进入者仅用无人驾驶汽车就能设立一个交通运输服务公司吗？优步现有的最大问题之一就是缺少对司机的背景审查和其他审批程序。假如将司机从商业模式中去除又会怎样？

无人驾驶也会为出租车公司带来其他益处。顾客无须担心安全问题；由于减少了雇员的成本、医疗保健的成本以及事故的花费，公司的利润也许会增加；无须因司机休息、进餐等停止工作，也为公司带来更多收益（车辆在检修、加油时会停止工作，但这两项活动在有人驾驶时也同样存在）。

无人驾驶汽车的贡献并不局限于交通服务行业。它们也可以影响运输、航空、法律执行等领域。如果你仍然觉得依靠创新无法击败巨头公司，可看看宝丽来（Polaroid）的例子。

［问题］

1. 通过互联网与同一地区的其他自动化汽车连接可以做到：（1）为无人驾驶汽车导航；（2）更新目前的道路状态。那么无人驾驶汽车连接互联网可能存在的漏洞有什么？

2. 资料中描述的一个场景是亚马逊的移动制造车辆可以自主操作。那么一辆无人操作的运输车可能会出现怎样的后勤保障问题？

3. 无人驾驶车辆的安全运行是一个复杂的问题。基于这一领域已有的成果，还有什么能证明自动化是可行的？

4. 创新经常会打乱现有的市场并迫使企业调整战略，有的企业可能被击败（比如说iTunes和苹果公司的设备是如何冲击音乐行业的），无人驾驶汽车的出现对汽车保险市场有何影响？

5. 你怎样看待你坐在车里，但车辆为避开路障或较差的路况而变道、转弯却不由你控制的现象？试想一下若以合理的价格出售，无人驾驶汽车是每个人都希望拥有的吗？

由产品形成的竞争优势

在图表3-9中，前三个原则是关于产品或服务的。组织通过创造新的产品或者服务、提升产品或者服务以及形成特色产品或者服务，使自己与其他竞争者之间的产品和服务实现差异化，从而获得竞争优势。这三个原则表明，信息系统是产品的组成部分，它可对产品或服务提供支持。

下面以赫兹（Hertz）或安飞士（Avis）等汽车租赁公司为例来说明。一个能够提供出租车位置和行驶路线的信息系统是汽车租赁公司的一部分，也就是说，这个信息系统是产品的组成部分（如图表3-10a所示）。关于汽车维修时间的信息系统则不是产品的组成部分，而是为产品提供的支持（如图表3-10b所示）。不管怎样，信息系统都能遵循图表3-9所示的前三个原则。

图表 3－10 信息系统在产品中起到的两种作用

a. 信息系统作为汽车租赁产品的一部分

b. 信息系统为汽车租赁提供支持

每日服务时间表（2017.11.17）

项目 ID	22						
服务项目	润滑油						
	服务日期	服务时间	车辆 ID	品牌	型号	英里数	服务描述
	11/17/2017	12:00 AM	155890	福特	探索者	2 244	标准润滑油
	11/17/2017	11:00 AM	12448	丰田	塔科马	7 558	标准润滑油
项目 ID	26						
服务项目	校正						
	服务日期	服务时间	车辆 ID	品牌	型号	英里数	服务描述
	11/17/2017	9:00 AM	12448	丰田	塔科马	7 558	前端校准检查
项目 ID	28						
服务项目	变速器						
	服务日期	服务时间	车辆 ID	品牌	型号	英里数	服务描述
	11/17/2017	11:00 AM	155890	福特	探索者	2 244	润滑油更换

图表 3－9 中关于竞争优势的另外五个原则基于业务流程的实施而实现。

由业务流程形成的竞争优势

组织锁定客户的方法通常是使它们很难或者需要较高的代价才能换用其他类似产品。这种策略一般称为形成高额**转换成本**（switching costs）。组织也可以采用同样的方法锁定供应商，或者通过积极沟通、增进相互之间的联系与合作来锁定供应商。竞争优势也可以通过形成新进入者障碍的方法来获得，即令新进入者很难或者需要很高的成本才能进入市场。

获得竞争优势的另一个途径就是建立行业联盟。行业联盟会制定标准，提高产品知名度，增加需求，扩大市场规模，降低采购成本，提供其他利益。最后，通过业务流程优化，组织能降低成本以获得竞争优势。低成本能使组织降低价格或者增加利润。增加利润意味着增加股东价值以及获得更多资金，这有利于进一步优化资本结构，创造更多的竞争优势。

关于竞争优势的所有原则都言之有理，但是，你可能想问："信息系统在这些竞争优势的获得过程中究竟是怎样起作用的呢？"要回答这个问题，先看一个简单的信息系统的例子。

一家公司怎样应用信息系统获得竞争优势？

为了帮助你理解信息系统是如何增强竞争优势的，我们考虑一个全球运输公司 ABC 的案例。

ABC 公司保存的客户账户资料不仅包括客户的姓名、地址和账单等信息，而且包括客户的身份识别以及客户的运输航线等资料。图表 3－11 显示的是一个客户正使用 ABC 公司网站提供的 Web 表来安排运输计划。当 ABC 公司的系统创建该表时，会自动提供一个已发货的客户公司名称的下拉列表。可以看到，用户选择的公司名称是培生教育集团（Pearson Education）。

图表 3－11 在 ABC 公司网站上从客户记录中选择收件方

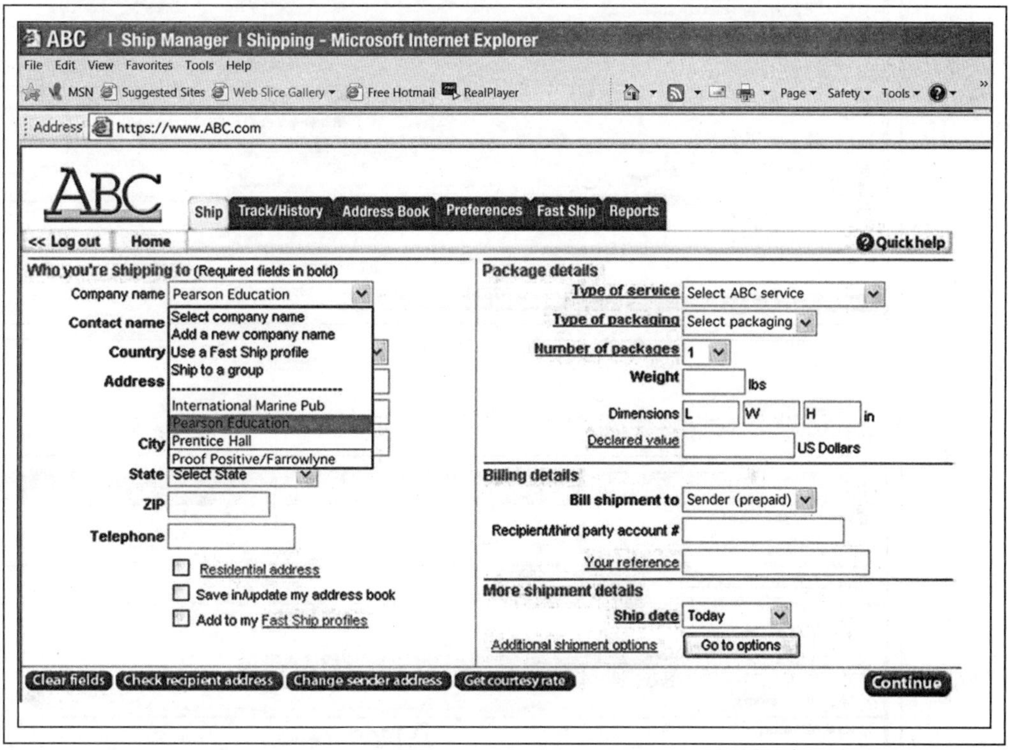

当用户单击某个公司名称时，ABC 公司的信息系统就从数据库中读出这个客户的联系数据。这些数据包括以往运输业务中的联系名称、地址和联系人的电话号码等信息。然后，用户选择一个联系名称，系统就会从数据库中读取联系地址和其他相关数据并插入表格，如图表 3－12 所示。系统为那些曾经与公司有业务联系的客户提供重新进入系统的相关数据，以这种方式提供的数据会减少输入错误。

图表 3－13 表明了这个系统的另一个特点。在该表的右侧，客户能够要求 ABC 公司给自己、收件人或者其他人发送电子邮件。当运输航线确定且完成交付后，客户也可以应用此系统给 ABC 公司发送电子邮件。在图表 3－13 中，客户提供了三个电子邮件地址，希望这三个地址都能够收发通知，而不是仅接收通知。客户还可以在系统中添加个人信息。ABC 公司通过信息系统增强了运输计划能力，从而将包裹运送服务延伸为包裹和信息运送服务。

图表 3-12　在 ABC 公司网站上从客户记录中选择联系方式

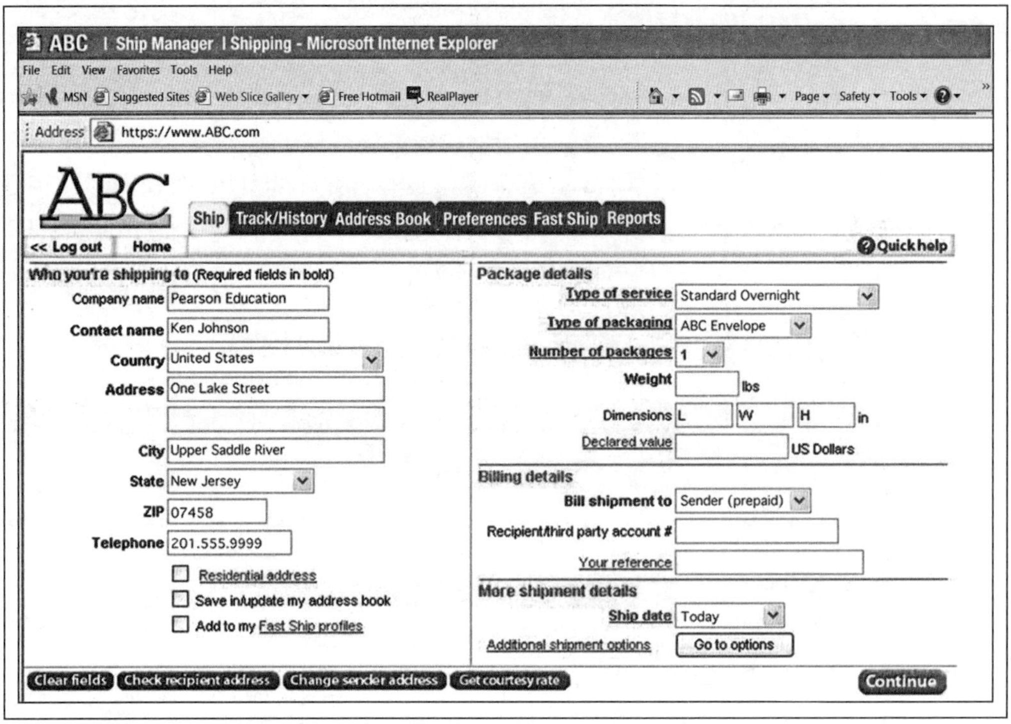

图表 3-13　ABC 公司网站上的特定邮件通知服务

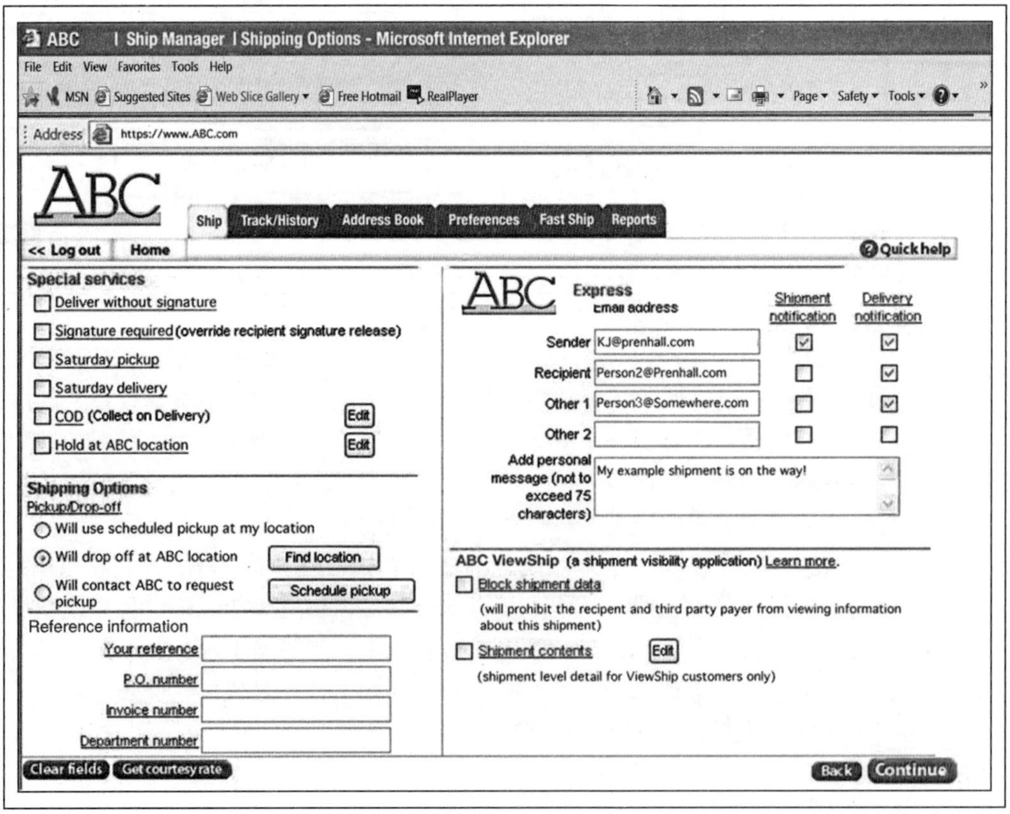

图表 3－14 显示的是这个信息系统的另一个功能。系统能产生一个运输标签并附上条码，用户可以直接打印。通过这些功能，ABC 公司不仅减少了运输标签准备过程中的错误，而且让客户自己打印可节省纸张、墨盒等耗材，因此，公司每天少打印上百份文件节约的成本就比较可观了。

图表 3－14　客户通过 ABC 公司网站打印运输标签

这个信息系统是怎样创造竞争优势的?

下面对照图表 3－9 中展示的竞争优势因素来说明 ABC 公司的运输信息系统。该信息系统会促进现有产品的销售，因为错误的减少易使客户保持忠诚度。该信息系统还帮助 ABC 公司与没有类似信息系统的竞争对手形成产品差异，进一步来说，当 ABC 公司选择和分发包裹时，所产生的电子邮件信息可以视为一种新产品。

该信息系统能够获得并存储接收方的相关数据，在进行运输计划安排时，它能降低客户的工作强度。客户将被该系统锁定：如果一个客户想转向另一个运输公司，它需要重新输入接收方的信息，重新输入所带来的麻烦可能会使客户不愿意更换运输公司。

该系统在另外两个方面也获得了竞争优势。一方面，它提高了市场新进入者的门槛。另一家公司如果也想发展运输服务业务，不仅要有能力运送包裹，而且要有类似的信息系统。另一方面，该系统降低了产品的成本。既降低了所生成的运输文档的出错率，也为公司节约了纸张、墨盒等打印成本。（当然，如果计算该系统的净节约成本，可能会发现信息系统的运行维护成本将抵销或者超过上述节约的成本。即使这样，信息系统仍然是一项可靠的投资，因为它还会带来一些无形的收益，如保持客户的忠诚度和增加新进入者的障碍等。）

在继续介绍下面的内容之前，再回顾一下图表3-9。确认你已完全明白竞争优势的每一个原则和信息系统是如何获得竞争优势的。事实上，图表3-9所示的内容非常重要，应该牢记。因为即使没有应用信息系统，你也可以在考虑商业项目时主动应用这些原则。

本章的知识对你有何帮助?

重新阅读本章章首的讨论，解释为什么卡姆关于依靠几个大型安保合同的想法可能是一种有效的战略。列出 Falcon Security 公司必须决定是否应当在安保服务业务的基础上扩展其他业务的关键要素。

为自己制定有关竞争战略和信息系统之间关系的指南。总结你通过这个例子所学到的并且能够应用于工作面试中的知识。确保你理解了企业战略和信息系统技术应用之间的关系。

道德指南

Yikes!Bikes

假设你是 Yikes!Bikes 的一位业务经理。Yikes! 是一家年销售额达 3 500 万美元的高端山地自行车制造商。Yikes! 已经运营超过 25 年，最近其创始人兼老板将公司卖给了 Major Capital 投资集团。你对此毫不知情，直到你的上司将你介绍给 Major Capital 负责这次收购的合伙人安德烈娅·帕克斯（Andrea Parks）。帕克斯告诉你，Yikes! 已经被卖给 Major Capital，她将是临时的总经理。她说，Yikes! 的新老板认为你非常有潜力，希望你在此期间积极配合。她还暗示，如果你确实具有她所认为的潜力，你将成为 Yikes! 的总经理。

帕克斯解释，新老板认为高端山地自行车领域有太多的竞争者，因此他们打算改变 Yikes! 的竞争战略，转型为低成本自行车供应商。相应地，他们将取消本土制造，解散大多数生产部门，从中国进口自行车。而且 Major Capital 会减少开支，预计裁减 10% 的员工并撤销 2/3 的客户支持部门。新自行车的质量会不如现在的 Yikes! 自行车，但是价格将大幅降低。新的管理层认为，市场需要几年的时间才会发现 Yikes! 自行车的质量与以前有所不同。最后，帕克斯让你与创始人和她一起参加全公司大会。

在会上，Yikes! 的创始人解释，由于个人原因，他决定将 Yikes! 卖给 Major Capital，从即日起安德烈娅·帕克斯担任总经理。他感谢所有员工长期以来努力工作，希望他们一切安好，然后离开了公司。接着，帕克斯做了自我介绍，并发表讲话，她为 Major Capital 能够拥有有着如此强大、高质量品牌的大公司感到高兴。她说，自己需要几个星期来适应 Yikes! 的业务和环境，并且称公司不会有重大的变化。

当帕克斯叫你去她办公室，告诉你需要准备两份报告时，你仍然对所有的事情感到迷惑。一份报告是根据薪酬（或者钟点工的工资）分类的所有生产部门员工的名单。帕克斯说，她打算首先裁减薪酬最高的员工。“但是我不想太死板，如果你认为谁应该留下，让我知道，我们可以一起讨论。”

她还需要一份根据每个支持代表在客户身上花费的平均时间分类的客户支持部门所有员工的名单。她解释道："我不太关心在客户支持上的花费。这不是向某个人支付多少钱的问题，而是他们在客户身上浪费多少时间的问题。我们打算成立一个基础的、简单的支持部门，我想首先摆脱客户的喋喋不休。"

可以理解，你一定感到震惊，不仅仅是因为变化太快，还因为你没想到 Yikes! 的创始人会对如此对待员工。你在家里给他打电话，告诉他发生的事情。

他解释说："你看，当我卖掉公司时，我要求他们照顾所有雇员。他们承诺会这样做。我会打电话给帕克斯，但是我真的无能为力，现在他们拥有公司。"

你很郁闷，不想为 Yikes! 工作了，但是你的妻子已经怀孕 6 个月，你的第一个孩子即将出生。你需要为你的妻子购买医疗保险，至少到你的孩子出生。但是在此之前，你将被要求做这么令人痛苦的工作。你猜想如果你回避任何工作，帕克斯会毫不犹豫地解雇你。

一天晚上，当你离开时，你遇见了洛里（Lori），她是最受欢迎的客户支持代表，也是你欣赏的员工之一。洛里问你："对于那个大会，你是怎么看的？你真的相信帕克斯？你认为他们真的会让我们继续生产顶尖的自行车？"

讨论题

1. 你认为新老板是否采取了不合法行为？在这种情况下，有违法的证据吗？

2. 帕克斯对所有雇员的声明是不道德的吗？为什么？如果你质疑该声明，你认为她会如何替自己辩护？

3. 如果 Yikes! 的创始人在与你谈话之后真的打电话给帕克斯，你认为她会说什么？创始人有法律追索权吗？ Major Capital 对他的行为是不道德的吗？为什么？

4. 帕克斯打算利用信息裁减员工。你认为她这样做是否合理？从道德上讲，她是不是应该考虑其他的因素，如服务的年数、过去的员工评价或者其他准则？

5. 你如何回答洛里？如果你告诉她你所知道的事情，结果会怎样？如果你对她撒谎，结果会怎样？如果你告诉她一些含糊的事情，结果又会怎样？

6. 如果你恰好处在这种情况下，你会离开公司吗？为什么？

7. 在商学院，我们像讨论有趣的学术话题般讨论竞争战略的本质。但是，正如在有关 Yikes! 的案例中看到的，竞争战略决策会导致违背个人意愿的后果。你打算如何解决人的需求与实际商业决策之间的冲突？

8. 你如何界定职业保障？

指南

你个人的竞争优势

考虑以下描述的可能性：在努力学习获得商科学位后，你毕业了，却发现无法在所学领域找到一份工作。你已花了 6 个月时间，用光了所有积蓄，无奈之下只好到本地的餐馆当侍者。两年过去了，经济形势好转，你现在又有机会寻找曾经想做的工作了。遗憾的是，你现在需要与刚毕业、拥有新知识的学生竞争。两年来，你对侍者工作已十分熟悉，但这似乎对你想找的工作不利。你陷入了很难摆脱的噩梦——这是你不愿看到的。

重新分析图表 3－9，思考适用于你个人的竞争优势。作为雇员，你提供的技能和能力是你的个人产品。阅读列表中的前三项，然后问自己：“在学校——特别是在管理信息系统的课堂上，我应该如何利用自己的时间来学习新技能，加强已掌握的技能，使自己的技能区别于竞争对手？”（顺便说一下，你进入的是全国 / 全球市场。你的竞争对手不仅有和你一起上课的同学，而且有在美国俄亥俄州和加利福尼亚州、加拿大不列颠哥伦比亚省、新加坡、澳大利亚悉尼以及其他任何开设管理信息系统课程的学校的学生。）

假设你对销售工作感兴趣。也许你想在制药行业工作。在管理信息系统的课堂上，你可以学到什么技能，使你未来担任销售人员更具优势？问问自己：“制药行业如何使用管理信息系统来获取竞争优势？”上网查一查在制药行业使用信息系统的例子。例如，瑞辉制药有限公司（Pfizer）是如何使用客户信息系统将药品卖给医生的？在求职时，你关于类似系统的知识是如何使你与竞争对手区别开的？瑞辉公司是如何使用知识管理系统的？公司又是如何记录会出现副作用的药品的？

图表 3－9 中的第四项和第五项关注的是锁定客户、买家和供应商。根据你个人的竞争优势，你是如何解释这些要素的？谈到锁定，你首先必须有可以锁定的关系。那么你有实习经历吗？如果没有，你能找到一份实习工作吗？如果你有实习经历，会如何使用管理信息系统的知识来锁定你的工作？你正在实习的公司有管理客户的信息系统（或者任何对公司非常重要的信息系统）吗？如果用户对这个系统非常满意，是什么特征使它有意义？你能通过成为这个系统的熟练用户来锁定你的工作吗？成为熟练用户的目的不仅仅是锁定你自己的工作，还包括提高可能竞争这份工作的其他人的进入门槛。另外，你能提出多种改进系统的方案，利用你对公司和系统的充分了解来拓展你的工作吗？

人力资源专业人士称，网络是找工作最有效的途径之一。你如何利用所在班级与其他同学建立联盟呢？你们班级有网站吗？你们班级为同学提供邮件列表服务器吗？你认为脸书社交群怎么样？你如何利用它与其他学生建立找工作的联盟呢？在你的班级里，谁找到工作或者有实习工作了？他们中有谁可以提供找工作的线索或机会？

不要局限于你所在的地区找工作。你所在的国家哪些地区的工作机会很多？在这些地区，你如何发现学生组织？在网上搜寻其他城市学习管理信息系统的学生并与他们联系，寻找这些城市的热门机会。

最后，由于你学习了管理信息系统相关知识，思考你所学的知识如何帮助你为雇主节约成本，甚至列举你为雇主省钱的实例。信息系统知识可能会使你节约的成本远多于雇主给你的薪水。

事实上，你为潜在雇主提出的建议中可行的或实用的很少。但是你创造性的思考将向潜在雇主展现你的主动性，以及努力解决实际问题的进取心。在学习课程的过程中，你要不断思考竞争优势，并且努力理解你所学的内容如何帮助你实现图表 3－9 中的一个或多个原则。

讨论题

1. 回顾迄今为止你为建立能够提供工作机会的就业记录付出的努力。

2. 思考图表 3－9 中的前三个原则，描述一种可以使你比其他同学多一个竞争优势的方法。如果你没有这个竞争优势，描述你可以采取哪些行动获得。

3. 为了建立网络，你可以利用学生身份接近商务人士。也就是说，你可以与他们联系，寻求就业指导。例如，假设你想在银行工作，而且你知道所在地区的银行有客户信息系统。你可以打电话给银行的经理，问他这个系统是如何为银行带来竞争优势的。你也可以利用图表3-9中的原则采访其他的雇员。具体描述两种你可以利用学生身份和图表3-9中的原则来建立你的网络的方法。

4. 描述两种你可以利用学生联盟获得工作的方法。你如何利用信息系统来建立、维护和运营这样的联盟？

本章回顾 ▶▶▶

在本章回顾中，通过回答本章的研究问题来检查你对观点和概念的理解。

Q3-1 组织战略是怎样决定信息系统结构的？

画图表示并解释行业结构、竞争战略、价值链、业务系统和信息系统之间的关系。自下而上地分析并说明图中所涉及的前三章的知识有哪些。

Q3-2 行业结构是由哪五个竞争力决定的？

描述五力模型的初始目的以及它应用在本章中的不同目的。列举两种类型的竞争力，对每种类型竞争力的强弱加以说明。列举三种竞争力并对每一种进行描述。列举两种议价能力，并根据Falcon Security公司的实例总结五力模型。

Q3-3 什么是竞争战略？

描述波特所定义的四种战略，就每一种战略列举一个公司的例子。描述并验证Falcon Security公司的竞争战略。

Q3-4 竞争战略是怎样决定价值链结构的？

定义价值、利润和价值链。解释为什么组织在选择差异化战略时可以通过价值确定可额外增加的成本的上限。列举价值链中的基本活动和辅助活动并解释每一项活动的目的，解释价值链活动之间的联系。

Q3-5 价值链是怎样决定业务流程和信息系统的？

价值链与业务流程之间是什么关系？业务流程是怎样支持竞争战略的？信息系统是怎样支持竞争战略的？对图表3-8中关于“支持业务流程”的那两行描述加以解释。

Q3-6 信息系统是怎样提供竞争优势的？

以列表的形式简要描述竞争优势的八个原则。以你所在学校的书店为例，分别说明这八个原则的具体应用。尽量提供一些关于信息系统的案例。

本章的知识对你有何帮助？

用自己的话解释为什么Falcon Security公司的竞争战略因依赖于少数几个大型工业客户而受到威胁。描述Falcon Security公司计划的应对办法并总结卡姆预感到的问题，为Falcon Security公司提出一些行动建议。用卡姆所提出的想法即公司业务多元化来阐述你的答案。

运用你的知识 ▶▶▶

1. 假设你要成立一家公司，并准备招聘暑期打工的学生。你需要根据每个学生的特长为他们分配合适的工作。你需要了解必须有哪些岗位，这些岗位需要什么样的学生。在创立公司时，你要知道你将和当地报纸、Craigslist（www.craigslist.org）以及你的学校竞争，也可能和当地的其他竞争者竞争。

a. 根据波特的五力模型分析这个行业的情况。

b. 根据以上分析，提出一种竞争战略。

c. 描述适合这家公司的价值链上的基本活动。

d. 描述招聘学生的业务流程。

e. 描述支持招聘这个业务流程的信息系统的功能。

f. 解释你所描述的招聘流程是怎样的，以及支持这个流程的信息系统是怎样反映你的竞争战略的。

2. 以Q3－5中的两家自行车出租公司为例，思考它们出租自行车的各种情况。很明显，出租给学生的自行车能被骑至商店以外的任何地方，然而，公司管理的自行车必须是新的、有光泽的、干净的，并处于最佳状态。

a. 比较两家公司中涉及自行车管理环节的业务价值链的异同。

b. 描述两家公司中自行车维护环节的业务流程。

c. 描述两家公司中自行车采购环节的业务流程。

d. 描述两家公司中自行车安排环节的业务流程。

e. 根据对以上问题的回答，你认为信息系统的作用是什么？信息系统的这些作用是否也可以在你的公司中发挥出来？或者在Craigslist列出的那些公司中发挥出来？

3. 萨曼莎·格林拥有和经营提供树木修剪服务的公司。她毕业于一所林业大学，曾经在一家大型园林设计公司从事树木的修剪和移植工作。经过几年的努力，在积累了丰富的工作经验后，她自己买了卡车、树枝粉碎机和其他一些设备，然后在密苏里州圣路易斯市开办了自己的公司。

虽然她的许多工作比如移走树木或树桩等是一次性操作，但也有一些是经常性的工作，例如每年或每隔几年就进行树木修剪。当生意冷淡时，她就给以前的客户打电话，提醒他们需要定期修剪树木，也意在提醒他们记得她的公司所能提供的各项服务。

萨曼莎从来没有听说过迈克尔·波特及其理论，她只是凭直觉摸索着经营自己的公司。

a. 分析波特的五力模型能够给萨曼莎提供哪些帮助。

b. 你认为萨曼莎有竞争战略吗？什么竞争战略对她的公司是有意义的？

c. 关于竞争战略的知识如何帮助她更有效地开展市场营销工作？

d. 萨曼莎需要哪种类型的信息系统来帮助她促进市场营销工作？

协作练习

和你的团队一起建立协作信息系统，可以使用Google Docs，SharePoint或者其他协作工具。不要忘记考虑过程步骤和团队训练。现在，使用信息系统回答下面的问题。

图表3－15展示了在图表3－8中描述的高价值自行车租赁公司的业务流程及相关的信息系统。圆柱代表了最常见的仓库类型——计算机数据库。

根据波特的价值链模型，这个过程涉及销售和经营两项活动。自行车租赁公司利用信息系统在客户数据库中维护客户数据，在自行车库存数据库中维护自行车库存数据，并且将酒店费用数据上传到酒店计费系统。

图表3-15 高价值自行车租赁公司的租赁流程

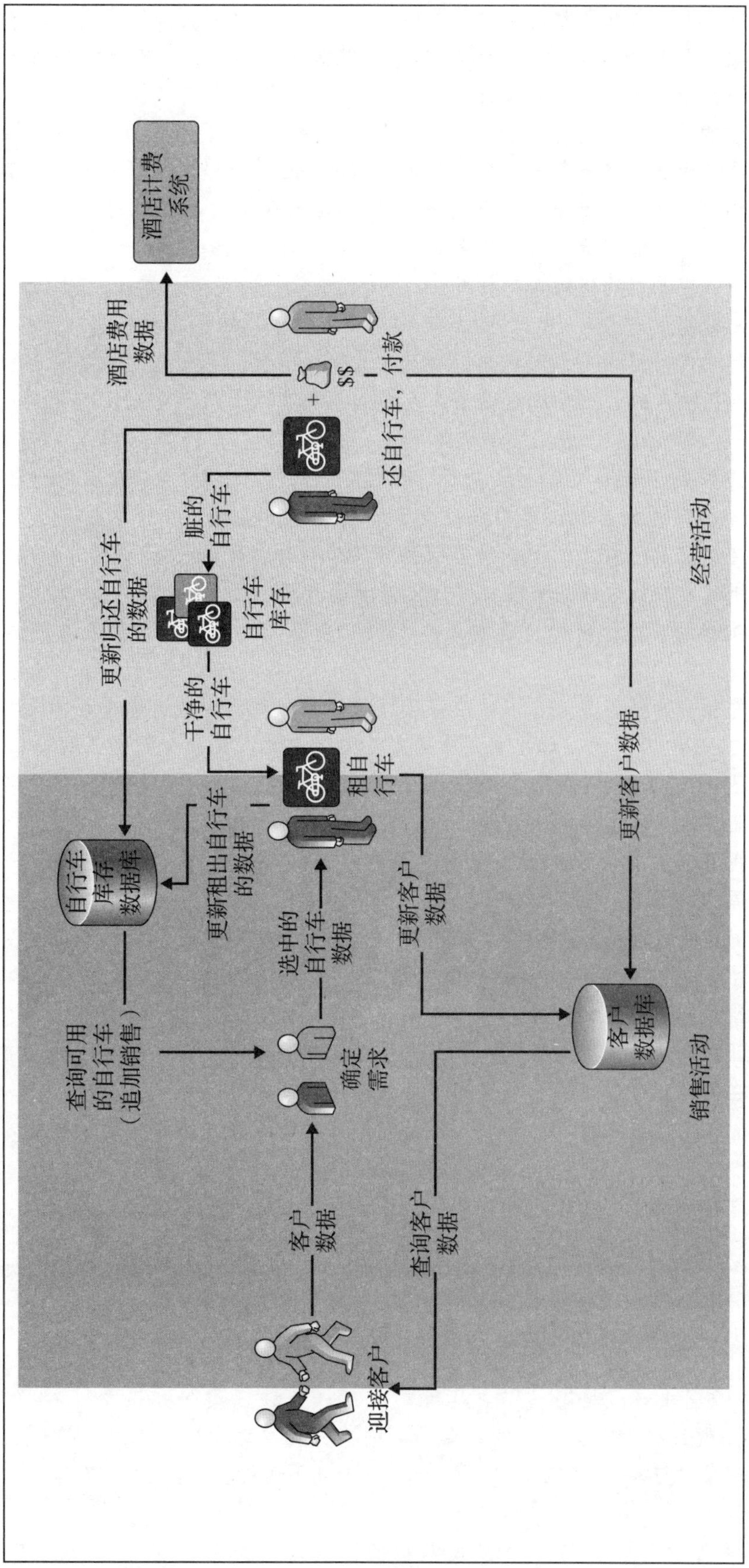

每一个信息系统由五个部分构成。例如，设想一下运行自行车库存数据库的信息系统。在硬件方面，数据库被安装在一台计算机上，可以通过其他的计算机或计算装置——如现金收银机或手持扫描设备（很可能用来登记自行车信息）获取。电脑程序会为系统的用户提供查询和更新数据库的方式。其他电脑程序将被用来管理数据库（你将在第5章了解这类程序）。数据——信息系统的第三个要素——存储在数据库中。租赁流程中的每一个雇员都需要接受如何使用系统的培训。例如，销售人员要学习如何查询数据库来确定哪些自行车是可用的，以及如何确定哪些是有可能租赁自行车的客户。最后，信息系统的要素——人员——由租赁公司的雇员以及维护库存系统的支持人员构成。

支持客户数据库以及与酒店计费系统相连接的数据库的信息系统也有五个要素。（顺便说一下，无论你在何时思考一个信息系统的开发或使用情况，最好先想一想这五个要素。）

正如本章所描述的，业务流程必须产生比成本更高的价值。如果没有做到——业务流程的利润是负的——那么必须降低成本或增加价值。在如图表3-15所示的业务流程中，一种降低成本的可能方法是不雇用租赁人员，而将自行车锁在架子上。客户可以用所住酒店房间的钥匙打开自行车的锁，此后自行车将一直处于租赁状态，直到客户将自行车放回架子上。租赁公司可以决定租赁其他种类的设备或者销售服装、食物和饮料。

利用你所建立的协作信息系统，与团队成员合作回答下面的问题。

1. 根据波特的模型，解释价值和成本之间的关系。什么时候增加业务流程的成本是有意义的？

2. 假设你被告知图表3-15中的业务流程的利润为负，解释这意味着什么。假设某个业务流程的利润是-100万美元，如果将成本降低120万美元，利润必然是正的吗？解释原因。

3. 考虑图表3-15所示的业务系统中租赁人员的替代选择。

a. 描述业务流程图需要做出哪些修改。

b. 不雇用租赁人员会改变该公司的竞争战略吗？没有租赁人员可能成为一家高价值的公司吗？解释原因。

c. 不雇用租赁人员必然会降低成本吗？这一改变会使哪些成本增加？

4. 考虑由现有的租赁人员增加价值的选择。建议向租赁自行车的客户提供更多种类设备的租赁服务，或出售相关的物品。也可考虑一下其他的选择。

a. 描述五种你认为现有的租赁人员可以增加业务流程价值的方法。

b. 对你在问题a中描述的五个选择命名并描述选择的标准。

c. 使用你在问题b中确定的标准，评估问题a中的五种方法并选出最好的方法。解释你的理由。

d. 根据你在问题c中选择的方法重新画图。

案例研究 ▶▶▶

亚马逊的创新

2014年12月1日，星期一，亚马逊的客户每秒钟订购的玩具超过18个，其中有将近60%的订单是通过移动设备完成的。亚马逊的年销售额达890亿美元，增长20%。亚马逊收到的最后一笔节日订单是在12月24日晚上10：24下达的，当晚11：06送达，刚好赶上了圣诞节。

你也许认为亚马逊只是一个在线零售商，虽然它的确在在线零售上取得了极大的成功。要做到这一点，亚马逊必须建立一个巨大的支持性基础设施，想象一下，亚马逊的信息系统和基础设施每天需要将3 680万件货物运送到目的地。然而对这些基础设施只在节日旺季有需求。这意味着一年中的大部分时间，亚马逊的基础设施都有过剩的产能。2000年开始，亚马逊将过剩的产能租借给其他公司。这对云服务的兴起起到了关键作用，云服务的具体知识将在第6章介绍。现在将云服务看作电脑资源通过互联网提供的复杂功能即可。

今天，亚马逊的业务链可以被划分为三个主要的部分：在线零售、订单履行、云服务。我们依次进行探讨。

亚马逊创建了在线零售的商业模式，它从一家线上书店做起，1998年起每一年都增加新的产品分类。亚马逊的业务包含在线零售的各个方面，它销售库存的商品，通过联合运营计划激励你销售，也通过商品页面或寄售服务帮助你销售存货。线上拍卖是在线零售的主要形式之一，但是亚马逊并不提供这一业务。亚马逊在1999年尝试过线上拍卖，但是它不可能超越eBay。[6]

到今天我们说不清有多少新事物是由亚马逊公司创造的：产品推荐展示，如购买某产品的顾客也购买了另一产品；在线顾客评论；顾客评论排序；书单；查看书中内容；为特定订单和常购买用户自动免费邮寄；Kindle电子书和全新概念设备（如图表3-16所示）。

亚马逊的零售业务利润很小，商品通常会以折扣价格出售，同时两天内邮寄的商品对会员（每年需要支付99美元）免邮费。它是怎样做到的呢？一方面，亚马逊对员工的要求非常严苛。亚马逊的前员工声称工作时间长，工作量大，压力大。此外，根据摩尔定律，信息处理、存储和交流基本上是免费的。

除了线上零售，亚马逊也出售订单履行服务。你可以将库存运至亚马逊的仓库，在拥有使用权的情况下连接到亚马逊的信息系统。使用Web服务技术，你的订单信息系统可以与亚马逊的库存、订单履行、物流应用相连接。你的客户并不需要知道亚马逊在整个过程中起到的作用。你也可以通过亚马逊的零售销售应用销售你的库存。

亚马逊Web服务允许企业以多种方式租借亚马逊的计算机设备。亚马逊的Elastic Cloud 2能够让企业迅速连接亚马逊的计算机资源。亚马逊有多种支付方式，企业可以用每小时不到一便士的价格购买计算机时间。这种能力的关键在于租借企业的计算机程序能够与亚马逊的交互，自动增减租用的资源。举例来说，如果一个新闻网站发布了一条引起巨量点击的消息，这个新闻网站就可完成编程、请求、配置，并在一小时、一天甚至一个月或更长的时间里使用更多的计算机资源。

利用Kindle阅读器，亚马逊已经成为平板电脑厂商，更重要的是从长远来看，它已成为在线音乐和视频供应商。为了向客户推广Kindle应用，2013年亚马逊推出了自己的交易货币，即亚马逊币。2014年，亚马逊开设了3D打印商店，顾客可以设计自己的玩具、珠宝首饰以及其他一系列产品。它还通过Fire TV提供视频服务。[7]

2015年，亚马逊推出了WorkMail——一个潜在的基于云的Microsoft Exchange的替代品，以及Amazon Home Services（当地专业化服务）、Amazon Destinations（旅行网站）、Amazon Dash（一键重订设备）。[8]

杰夫·贝佐斯（Jeff Bezos）在2014年宣布亚马逊正在尝试使用无人机进行包裹运送，这种服务被称为Prime Air。[9] 2015年3月，美国联邦航空管理局授权亚马逊在美国测试无人机技术。[10] 无人机运输是未来可能发生的事情，现在我们还是考虑亚马逊正在提供的服务吧。

图表 3-16 亚马逊的创新

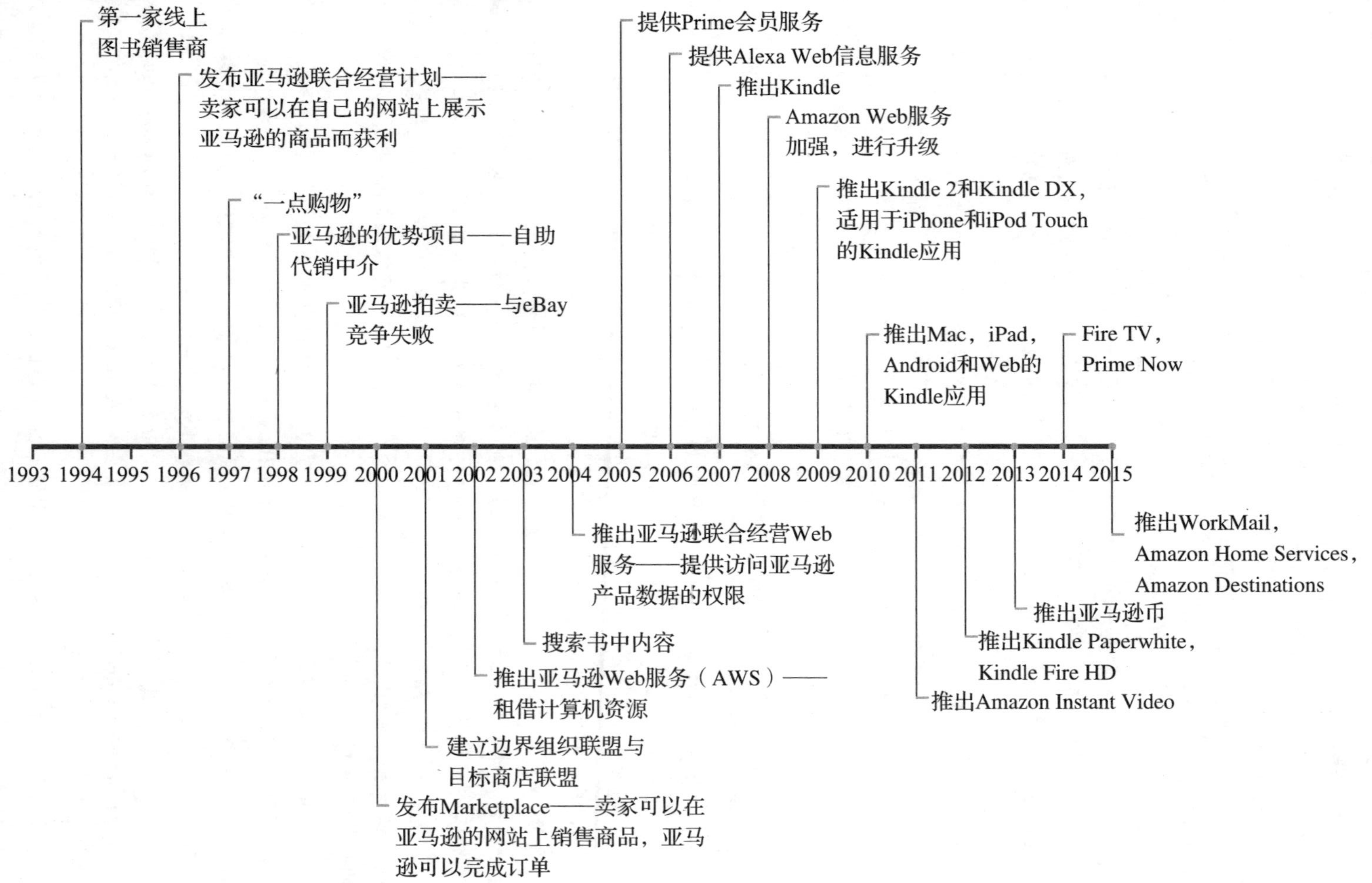

资料来源：Data from Amazon.com, *http://phx.corporateir.net/phoenix.zhtml?c=176060&p=irolcorporate Timeline*（*accessed July* 2013）.

亚马逊的订单履行

订单履行（fulfillment by Amazon，FBA）是由亚马逊提供的一项服务，其他销售商可以将货物交给亚马逊储存、封装和运输。使用这项服务的顾客要为订单履行和仓储空间支付一笔费用。亚马逊通过自己的储存管理、订单履行和信息系统来完成顾客的订单。

使用 FBA 的顾客也可以在亚马逊上销售自己的物品，通过自己的销售平台销售或同时使用以上两种方式。如果顾客选择在亚马逊的平台上销售，亚马逊会为顾客提供关于订单流程的服务（处理退货、处理错误的订单、回答顾客的询问等）。

FBA 的费用取决于货物的类型和大小，2015 年 2 月的费用标准如下表所示。

FBA 的费用标准[11]

订单处理（每 1 笔）	1 美元
拣选和打包（每 1 项）	1.04 美元
包裹重量（每磅）	低于 1 磅的 0.5 美元；超过 2 磅的，在 1.59 美元的基础上每磅加 0.39 美元
仓储（每立方英尺每月）	1—9 月 0.51 美元，10—12 月 0.68 美 077 元

如果货物是通过亚马逊销售的，亚马逊会使用自己的信息系统来驱动订单履行。如果是通过 FBA 顾客自己的平台进行销售的，顾客必须将自己的信息系统与亚马逊的信息系统连接。亚马逊提供了统一标准的界面 Amazon Marketplace Web Service（MWS）。使用 Web 标准技术（见第 6 章），FBA 顾客的订单和付款数据可以直接连接到亚马逊的信息系统。

FBA 让公司能够将订单履行外包给亚马逊，从而节约自行开发物流、信息系统和基础设施的成本。

[问题]

1. 根据案例，你认为亚马逊的竞争战略是什么？证明你的回答。

2. 亚马逊的首席执行官杰夫·贝佐斯声称最好的客户支持是没有支持。这句话的含义是什么？

3. 假设你为亚马逊或一个像亚马逊那样注重创新的公司工作。如果这个公司中有人向他的上级说“我不知道如何去完成这项工作”，你认为他最可能得到的回答是什么？

4. 根据你的经验用自己的话来表述，想在亚马逊这样的公司中得到重用最需要的能力和技能是什么？

5. 你认为美国联合包裹服务公司（UPS）和联邦快递（FedEx）应该用怎样的行动去回应亚马逊在无人机领域的兴趣？

6. 总结一下实体零售商店通过亚马逊销售商品的优缺点。你会建议它们这样做吗？

7. 如果一个实体零售商使用 FBA，哪些业务流程是这个零售商无须再开发的？可以节约多少成本？

8. 如果一个实体零售商使用 FBA，什么信息系统是它们不必开发的？这会节省多少成本？

9. 如果一个实体零售商使用 FBA，它应该怎样将自己的信息系统与亚马逊的进行整合？（为了增加回答的深度，可以搜索一下 Amazon MWS 的内容。）

注释 ▶▶▶

1. Michael Porter, *Competitive Strategy: Techniques for Analyzing Industries and Competitors* (New York: Free Press, 1980).
2. Michael Porter, *Competitive Strategy* (New York: Free Press, 1980).
3. Chris Welch, "Mercedes Built a Self-Driving Truck That Could Save Thousands of Lives Every Year," *The Verge*, October 7, 2014, accessed April 10, 2015, *www.theverge.com/2014/10/7/6939809/mercedes-self-driving-truck-could-save-thousands-lives-each-year*.
4. Lee Matthews, "Amazon Files Patent for 3D Printing Delivery Trucks," *Geek.com*, February 25, 2015, accessed April 10, 2015, *www.geek.com/news/amazon-files-patent-for-3d-printing-delivery-trucks-1616525*.
5. Maxwell Wessel, "Making Sense of Uber's $40 Billion Valuation," *HBR.org*, December 10, 2014, accessed April 10, 2015, *https://hbr.org/2014/12/making-sense-of-ubers-40-billion-valuation*.
6. For a fascinating glimpse of this story from someone inside the company, see "Early Amazon: Auctions" at *http://glinden.blogspot.com/2006/04/early-amazon-auctions.html*, accessed August 2012.
7. *www.amazon.com/b?ie=UTF8&node=8323871011*
8. Andy Meek, "Amazon's Roadmap for 2015: Move Fast, Launch as Much as Possible," *BGR Media*, April 24, 2015, accessed May 16, 2015, *https://bgr.com/2015/04/24/amazon-earnings-q1-2015-analysis-roadmap*.
9. Marcus Wholsen, "Jeff Bezos Says Amazon Is Seriously Serious About Drone Deliveries," *Wired*, accessed May 22, 2014, *www.wired.com/2014/04/amazon-delivery-drones*.
10. Bart Jansen, "FAA Approves Amazon Drone Research Again," *USA Today*, accessed April 30, 2015, *www.usatoday.com/story/money/2015/04/09/faa-amazon-drone-approval-prime-air/25534485*.
11. Fulfillment by Amazon Fee Changes 2015," Amazon.com, accessed April 30, 2015, *www.amazon.com/gp/help/customer/display.html/?nodeId=201119410*.

第 2 部分

信息技术

Information Technology

接下来的三章介绍了信息系统背后所使用的主要技术。当然，从事商业活动的你可能会认为信息技术并不重要。但是你会意识到，如今的管理和商业活动与信息技术紧密结合，消费者的活动更是如此。

第 4 章讨论软件和硬件以及如何利用开源资源作为商业开发的替代。除了介绍基本术语和电脑方面的基础概念，也会涉及自动驾驶、3D 打印以及物联网。

第 5 章阐述信息系统中数据库的构成以及数据处理流程。你会学习关键的数据库技术以及如何处理数据库。我们也会介绍数据建模，帮助你提高评价他人构建的数据库的能力。

第 6 章会继续第 4 章所讨论的内容，包括计算机设备、数据交换、网络技术以及云。

这三章内容主要是帮助你成为一个高效的信息技术用户，成为像 Falcon Security 公司的马特奥、乔尼、卡姆和亚历克西斯那样的 IT 用户。你会学习基本的术语、基础概念、有用的框架，这样你就有足够的知识来提出好的问题，并向信息技术提供商准确提出要求。

由于信息技术的快速发展，要想紧跟信息技术的前沿是很困难的，每年都会有数量惊人的新技术涌现，其中一些甚至会威胁到你的组织战略，而另一些很有可能成为未来发展的增长点，因此了解这些新技术对于战略的影响很重要。而你需要学会提出正确的问题。

这些章节中提到的概念以及架构远比了解最新的技术趋势有用。趋势很可能只是一时的潮流。今天我们使用的技术在未来 10 年里会被淘汰。了解如何通过新技术获取业务上的进步将会使你在整个职业生涯中受益。

第 4 章
硬件和软件
Hardware and Software

卡姆作为 Falcon Security 公司的运营经理，邀请公司 CEO 马特奥、CFO 乔尼和销售主管亚历克西斯，来小型飞机库观看新款 3D 打印无人机的测试。马特奥询问卡姆是否可以完全使用 3D 打印的部件在室内组装无人机，而不需要再向供应商购买零件。这将是一个节约成本的好机会，也会使更新无人机队有更大灵活性。

卡姆给马特奥和乔尼展示她和亚历克西斯正在观看的屏幕，屏幕上正在播放环绕办公楼外围飞行的无人机所拍摄的实时视频。

“嗯，无人机工作得还可以。”卡姆对马特奥和乔尼说，脸上挤出一丝微笑。“它相当稳定，我们可以得到流媒体，我只是希望它不必花费两个星期就可以运行。”很明显，卡姆的声音中流露出一些失望。

“这就很好了，总成本是多少？”马特奥问道。

“这个四轴飞行器的成本几乎是零，我们从损坏的飞行器中获取大部分零件，其他的零件都是打印出来的。”卡姆指着架子上被拆卸的飞行器说，“我们在网上找到了免费的设计，不过需要做些修改来使其符合我们的要求。”

“这相当不错，不是吗？”马特奥说。

“实际上并不是，”卡姆用怀疑的语调说，“如果我们想要生产更多的无人机，需要收集更多的无人机零件或者购买通用的零件，来看它们是否能够配合良好。”

乔尼和马特奥都有些困惑。马特奥摇头问道：“为什么不一开始就这么做呢？”

“实际上，我们并不确定能否做好这个四轴飞行器，即使在使用现有内部组件的条件下。我之前从来没有做过这个。”卡姆坦诚地说，“我们最后打印了 20 个左右的零件，不过我们仍然需要发动机、速度控制器、一个飞行控制器、无线电波传输器和接收器、螺旋桨、电池以及充电器。”

“我们还需要确保这些能够和我们的内部系统有效集成。除非我们开发出能飞的飞行器，否则我们不会使用通用组件进行测试。”她补充道。

“所以你的下一个计划是使用通用的内部组件来替换现有的零件，看看能否成功？”马特奥问道。

“嗯。”卡姆说道。

乔尼打断她说：“通用的组件是否能够工作也许并不重要，关键是我们还没有替换掉外架、起落架以及承载摄像机的一些零件。还有一些无法打印的零件也需要购买。这些不会很便宜，还要考虑组装成本以及测试飞行的花费。”她的声音渐渐变小。

“加上内部系统的安装工作和时间，”亚历克西斯接着她的思路补充，“成本肯定不低。”

“确实如此，”卡姆说，“3D 打印无人机并不会节省多少钱，没有多少零件能够打印出来以替换。是的，我们打印出无源充电平台是一个很大的成功。这使我们能够自动充电并提升无人机的续航能力。不过我不认为使用 3D 打印无人机能够降低硬件成本来使我们成为无人机制造商。”

马特奥看起来十分失望。“也许你们是对的。我真希望能够成功。但是似乎我们只是在烧钱买几年后就会被淘汰的无人机。在这个前沿领域还有很多困惑。”

“你是指烧钱的领域吧？”乔尼偷笑着说。

研究问题

Q4－1　一名经理需要了解哪些有关计算机硬件的知识？
Q4－2　新硬件会如何影响竞争战略？
Q4－3　一名经理需要了解哪些有关计算机软件的知识？
Q4－4　开源软件是一个可靠的备选项吗？

Q4－1　一名经理需要了解哪些有关计算机硬件的知识？

大多数人认为计算机硬件就是笔记本电脑、台式电脑、服务器甚至是平板电脑等，实际上，随着时代变迁，我们对于硬件的认识也在不断变化。以手机为例，25 年前，手机是作为通信工具使用的。没有人会把手机当作计算机硬件的组成部分来看待。

再看现在，手机具有强大的处理能力、连接互联网的能力、大内存、虚拟键盘，并且能够与其他设备完美交互。如今一部手机是计算机系统的关键组成部分。而计算机硬件也被集成到其他设备，比如手表、眼镜、电视、汽车甚至牙刷中。

计算机硬件（computer hardware）包括电子元件及相关配件，能根据编入计算机程序和软件中的指令实现数据的输入、处理、输出和存储。如今所有的硬件都包含或多或少的相同元件，这一点对我们来说很重要。接下来我们首先了解一下这些基础的元件，之后会介绍基本的硬件种类以及它们的性能。

硬件的组成

每台计算机都有**中央处理器**（central processing unit，CPU），有时它被称为计算机的“大脑”。尽管 CPU 的设计与生物大脑的构成一点都不像，但是这种比喻很形象，因为 CPU 集中了机器的“智慧”。CPU 能选择指令、处理指令、执行运算和逻辑比较，并将运算结果存入内存。一些电脑有两个或者更多的 CPU，有两个 CPU 的电脑称为双核电脑。同理，四核电脑有四个处理器，一些高端的电脑有 16 个或者更多的 CPU。

CPU 在速度、功能和价格方面不尽相同。英特尔、Advanced Micro Devices 和 National Semiconductor 等硬件供应商一再提升 CPU 的速度和性能，而其价格却在不断下降（正如第 1 章中的摩尔定律所说）。你或你的部门是否需要最新的、最好的 CPU，取决于实际工作需要。

CPU 和**主存储器**（main memory，简称主存）一起工作。CPU 从存储器中读取数据和指令，并将运算结果存入主存。主存有时也称 RAM，用于随机存取内存。

除了 RAM 和一个或多个 CPU，所有的电脑都包括**存储硬件**（storage hardware），用来存储数据和程序。磁盘（也称硬盘）是最常见的存储设备。固态硬盘（又称 SSD）要比磁盘设备的速度快得多，而且正在快速流行，不过价格要贵几倍。USB 闪存设备体积小，易于携带，可以用来备份数据和在不同电脑之间进行数据传输。像 CD 和 DVD 这样的光盘也是流行的、易携带的存储媒介。

硬件的类型

图表 4 - 1 列出了硬件的基本类型。**个人电脑**（personal computer，PC）是传统的个人使用的计算机设备。过去，个人电脑是商业领域最常用的电脑类型。如今，PC 逐步被平板电脑和其他移动设备取代，尽管 PC 用户依然存在。Mac Pro 是现代电脑的典范，苹果还发布了 iPad 系列产品。2012 年，微软发布了 Surface 产品，谷歌推出了 Nexus 系列平板产品。

图表 4 - 1　硬件的基本类型

硬件的类型	例子
个人电脑包括台式机和笔记本	苹果 Mac Pro
平板包括电子书阅读器	iPad、微软 Surface、谷歌 Nexus、Kindle Fire
平板手机	三星盖乐世 Note、苹果 iPhone 6 Plus
智能手机	三星盖乐世、苹果手机
服务器	戴尔 PowerEdge 12G 服务器
服务器农场	服务器矩阵（见图表 4 - 2）

来看列表中的硬件，被称为平板手机的移动设备既拥有智能手机的功能，又有平板电脑的大尺寸屏幕。像三星的盖乐世 Note 系列产品和苹果的 iPhone 6 Plus 都属于这一类。智能手机就是具有处理能力的手机，三星的盖乐世 S6 和苹果的 iPhone 6 就是最好的例子。现在，想找到一部非智能手机真的很难，人们已经习惯叫它们手机。

服务器（server）是设计出来用于处理大量远程电脑和用户请求的电脑。服务器是一种特殊的 PC，其用途不同。PC 和服务器的关系就像饭店里的顾客和服务生一样。简而言之，服务器获取用户的请求，之后返回用户需要的东西。在饭店里，这些被请求的东西是食物、饮品和餐具等。类似地，在电脑环境中，服务器可以发送网页、电子邮件、文件或者数据到 PC 和其他设备上。PC、平板电脑和智能手机这些获取服务器资源的设备称为客户机。2015 年，戴尔公司推出的 PowerEdge 就是一个很好的服务器。

服务器农场（server farm）是一个具有数以千计的服务器的集群（见图表 4 - 2）。服务器农场通常设在大型卡车拖车中，能容纳至少 5 000 台服务器。典型的农场有两个粗大的线缆与外界相连，其中一个供电，另一个用来传输数据。操作人员将这样的农场安放在预先准备好的插口处（在巨大仓库中或其他开阔地带），接入电源与传输光缆，数以千计的服务器就可以工作了。

目前将基础服务器服务作为一种在线服务越来越流行，我们更喜欢称之为云服务。我们会在你了解了基础的数据传输知识之后，在第 6 章中讨论云计算。

不同类型的计算机硬件的性能取决于其数据单元，我们会在接下来的章节中详细介绍。

图表 4-2 服务器农场

资料来源：©Andrew Twort/Alamy.

计算机数据

计算机用**二进制数**（binary digits）表示数据，称为**比特**（bits）。1 比特只能等于 0 或 1。之所以用比特表示计算机数据，是因为它们很容易表示物理现象，如图表 4-3 所示。例如，开关只有“开”和“关”两种状态，计算机就可以设计成用 0 表示开关“开”的状态，用 1 表示“关”的状态。磁场的方向也可以用比特表示，其中一个方向用 0 表示，相反的方向则用 1 表示。再比如，光盘表面的小凹槽可以反射光线，在给定的凹槽点处，可以用 1 表示有反射，用 0 表示没有反射。

图表 4-3 比特很容易表示物理现象

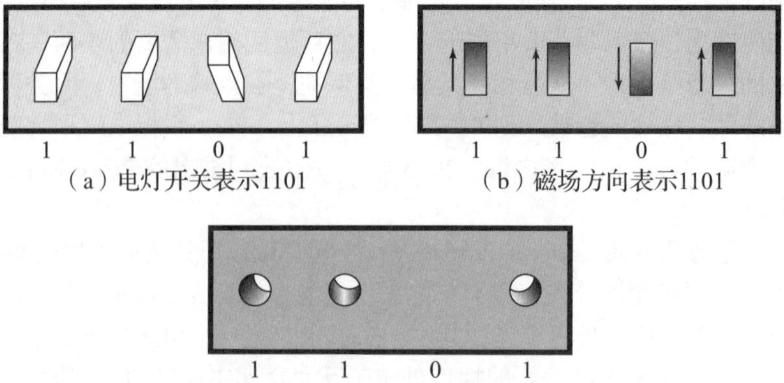

（a）电灯开关表示1101

（b）磁场方向表示1101

（c）有小洞/没有小洞表示1101

■ 计算机数据大小

所有的计算机数据都能用二进制数表示。这些数据可以是数字、字符、金额、图片、录音等多种格式。所有数据都可以用一串二进制数表示。这或许是许多经理感兴趣的内容，却与成为未来的经理无关。8 个比特构成一个**字节**（bytes）。对于字符型数据，例如某人英文姓名中的字母，一个字符就是一个字节。因此，当说明书显示这台计算机有 1 亿内存时，你就知道这台设备可以容纳 1 亿个字符。

字节同样可以衡量非字符型数据的大小。例如人们会说这张图片的大小是 10 000 字节。这句话的意思是，这张图片的位串的长度是 100 000 字节或者 800 000 比特（因为 1 字节等于 8 比特）。

主存、磁盘或者其他计算机设备容量大小的标准表示方法就是用字节表示。图表 4－4 显示了体现数据存储容量的缩写词。**1 千字节**（kilobyte）或者 1KB 等于 1 024 字节。**1 兆字节**（megabyte）或者 1MB 等于 1 024KB。**1 千兆字节**（gigabyte）或者 1GB 等于 1 024MB。**1 太字节**（terabyte）或者 1TB 等于 1 024GB。**1 拍字节**（petabyte）或者 1PB 等于 1 024TB，**1 艾字节**（exabyte）或者 1EB 等于 1 024PB，**1 泽字节**（zettabyte）或者 1ZB 等于 1 024EB。有时我们会看到这样的定义：1KB = 1 000 字节，1MB = 1 000KB。这种表述是不正确的，但确实降低了数学换算的难度。

图表 4－4 重要的存储容量术语

术语	定义	缩写
字节	表示一个字符的二进制类的个数	
千字节	1 024 字节	KB
兆字节	1 024KB = 1 048 576 字节	MB
千兆字节	1 024MB = 1 073 741 824 字节	GB
太字节	1 024GB = 1 099 511 627 776 字节	TB
拍字节	1 024TB = 1 125 899 906 842 624 字节	PB
艾字节	1 024PB = 1 152 921 504 606 846 976 字节	EB
泽字节	1 024EB = 1 180 591 620 717 411 303 424 字节	ZB

为了更好地理解数据的大小，在 2014 年，沃尔玛存储了大约 2.5PB 有价值的用户数据。[1] 脸书每天处理 600TB 大小的数据，而其数据仓库的大小约为 300PB。[2] 美国国家安全局（NSA）在犹他州的数据仓库保存着 12EB 绝对机密的数据。[3] 思科估计，到 2018 年底，全年全球互联网通信量将会达到 1.6ZB。[4]

■ **根据数据存储量和处理速度选择硬件**

计算机的磁盘容量决定了它们能够存储的数据量。一个 500GB 的磁盘最多能够存储 500GB 的数据和程序，还会有一些其他消耗，因此可用容量并不正好是 500GB，只是大体接近。

存储容量不是选择计算机设备的唯一标准，你也会考虑购买不同处理速度的计算机。计算机处理速度用时钟周期来描述，单位是赫兹。到 2015 年，速度较慢的个人计算机处理速度能够达到 3.0 兆赫兹，而快的可以达到双核 3.5 兆赫兹或者更高。而且按照摩尔定律的预测，速度还会更快。

一个只需要进行简单文字处理的雇员不需要处理速度很快的 CPU，2.0 兆赫兹就足够了。需要处理大量复杂表格、操作数据库、编辑大型图片、处理音频和视频文件的雇员则需要更快的处理器，比如双核 3.5 兆赫兹或者更高的处理器。同样，就数据存储来说，当需要同时使用多个大型程序时，可能需要12GB或者更大的内存，反之亦然。

最后一点：内存和缓存是**易失性的**（volatile），当电源中断时，保存的数据会丢失。与之相反，磁盘和光盘是**非易失性的**（non volatile），中断电源时数据仍然存在。如果突然断电，修改的文件没有保存就会丢失。因此，要养成经常保存你正在编辑的文件的好习惯，在你的室友被电线绊倒之前保存好文件。

Q4-2 新硬件会如何影响竞争战略?

企业之所以对新的硬件技术感兴趣，是因为它代表了潜在的发展机会或者影响盈利能力的威胁。这就和你时刻关注天气预报的道理是一样的：你很关心未来的天气对你有何影响。接下来的部分我们关注三个新的硬件技术：物联网、自动驾驶汽车和3D打印。它们很可能会对现有的组织产生破坏性的影响。

物联网

我们提到的第一个影响现有商业模式的技术是**物联网**（Internet of things，IoT），其主要思想是将事物连入互联网，使其具有和其他设备、应用、服务交互的能力。换句话说，我们生活中的每一件物品都能够被嵌入相关硬件，使其能够感知、处理、传输数据。而这些物品都能够连入互联网，并与其他应用、服务或设备共享数据。

例如你的手机很可能是智能手机，但是最开始的时候手机并不是智能的，它只是用来处理语音通信的简单设备。慢慢地，它增加了更强的处理能力、更大的存储空间、互联网访问能力以及Wi-Fi连接功能，能够和更多的设备与应用进行交互，变成**智能设备**（smart device）（如图表4-5所示）。人们开始以全新的方式使用手机。这种转变同样改变了商业运营的模式。2014年，亚马逊表示有超过60%的顾客通过移动设备购物。[5]

图表4-5 智能手机的发展

资料来源：Grgroup/Fotolia.

那么其他设备也变得智能了会怎样呢？如果你可以使用智能汽车、智能家居或者整个智能建筑，那么你的生活会变成什么样呢？在接下来的几个十年里，毫无疑问你能够通过智能手机与身边几乎所有的物体进行交互。事实上，你的设备可以和周围的设备进行“谈话”，预测你的行动，做出相应的改变并进行配置。

原本没有生命的设备变得具有交互性，这样的变化同样出现在商业领域。消费者喜爱智能设备，并且愿意花更多钱购买。因此，生产商会把原有的产品智能化，并以原价的两倍销售出去，即使生产商不这样做，也会有新的进入者这么做。

iPhone 就是这样的例子，2007 年，它由广为人知的计算机硬件与软件公司苹果推出。当 iPhone 发布时，手机市场已很成熟。行业领导者原本可以生产智能手机，但是它们没有。苹果在 iPhone 上的成功给其他手机厂商敲响了警钟，并且彻底改变了人们使用手机的方式和人们所要购买的设备种类。正如苹果颠覆了手机行业，其他设备的智能化同样也会掀起新的浪潮。

■ **物联网的影响**

在不远的将来，物联网的影响会体现在不同的高科技行业。智能设备需要微处理器、内存、网络连接、电源和新的软件支持。这些新的设备也需要新的协议、更大的带宽、更严格的安全要求和更多的能源。

通用电气公司的工业物联网就是推动设备智能化的一个最佳范例。[6] 工业物联网是一个涉及面非常广的项目，主要致力于制造智能设备、分析处理智能设备产生的数据，以提高效率、减少浪费从而优化决策。通用电气预见了智能设备应用于医院、电网、工厂和运输领域的巨大潜力。根据通用电气的估计，航空公司应用智能设备平均能够减少 2% 的燃油消耗，其减少的燃油和二氧化碳排放相当于减少了 10 000 辆汽车。[7]

微软已经通过智能设备取得了巨大的进步，它在华盛顿州的雷德蒙德创建了一个连接了 125 座建筑、覆盖面积达 500 英亩的智能网络（见图表 4－6）。[8] 其园区的运营中心每天处理来自 30 000 台设备的 5 亿次事务，这些设备包括加热器、空调、电灯、风扇和门。通过这个网络，微软的工程师通过监控不必要的加热、降温以及风扇运转，每年能够减少 6% ～ 10% 的能源开支，对于微软这样的企业来说，可节约近百万美元。

图表 4－6 微软位于华盛顿州雷德蒙德的园区

资料来源：Ian Dagnall/Alamy.

如果所有的办公楼都是智能建筑会怎样呢？你若知道全球40%的能源被办公楼所消耗，就可以了解到有多么大的节约潜力。

自动驾驶汽车

第二个强有力的、很可能改变现有商业模式的力量就是自动驾驶技术。**自动驾驶汽车**（self-driving car）又称无人驾驶汽车，将使用多种传感器来导航，从而替代人类的干预。自动驾驶涉及很多先进软件和集成软件，可以看成是一个移动智能系统的缩影。事实上，自动驾驶汽车如此灵活，不需要有人在车内操作（见图表4-7）。

图表4-7 未来的汽车将自动驾驶

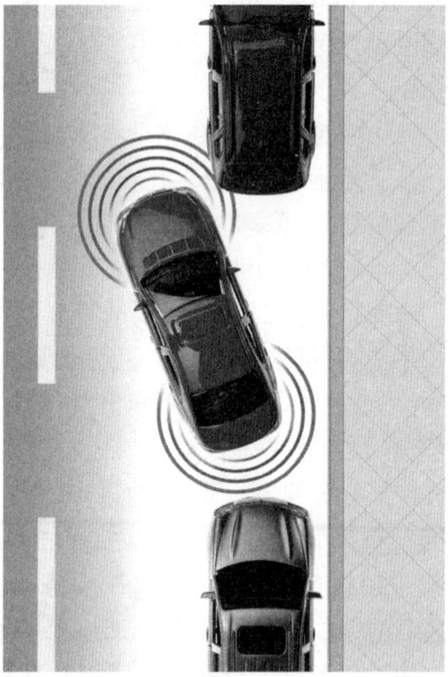

资料来源：Dan Race/Fotolia.

虽然难以置信，但是自动驾驶汽车离我们的生活真的很近。毕马威会计师事务所和机动车研究中心的一份报告称，到2019年，自动驾驶汽车有望成为现实。[9]谷歌则把目标定在2018年，其他汽车厂商（梅赛德斯-奔驰、日产、奥迪和宝马）都声称到2020年将会推出自动驾驶汽车。[10]2014年，谷歌的自动驾驶汽车展示了一款两座，没有方向盘、刹车和油门的产品。[11]谷歌的原型车已经行驶了超过70万英里的路程，全程没有发生交通事故。而在2015年国际消费类电子产品展览会（Consumer Electronics Show，CES）上大出风头的梅赛德斯-奔驰F 015更是自己完成了驾驶上台、打开车门、将两个面对面的座椅展示在消费者面前等功能。自动驾驶技术的竞争正在升温，未来将会更加激烈。

接下来我们将看到，自动驾驶汽车将会使驾驶更加简单、成本更低、更加安全，也会对现有的行业造成严重冲击。

■ **自动驾驶汽车会使驾驶更加简单**

让我们来想象一下自动驾驶汽车将如何改变普通家庭的生活。自动驾驶汽车让爸爸在上班途中有时间修改销售报告，与以前开车上班相比，时间不再那么紧张，工作更加高效。接下来，自动驾驶汽车可以送孩子们到学校而不需要爸爸在车上，然后返回家中去接妈妈上班。

下班之后，自动驾驶汽车接家人去购物，自动停在商场附近的马路边，不再需要停车场。在市中心行走变得更加安全。在购物途中，爸爸得知读大学的女儿在机场，需要他派自动驾驶汽车去接她，爸爸当然会很高兴，因为他不用自己开车去机场。

当爸爸想起他的新车时，可能会回忆起他不得不自己开车的日子，那是个漫长而痛苦的过程。如今，汽车能够自己安排路线，自己加油。汽车还能够及时掌握交通状况，避免等红灯。如果发生了交通事故或者堵车，它还能够自动切换路线。最重要的是，爸爸再也不用跟路上的其他司机生气了，出行就是这样简单。

之后，家人计划去远方度假，当然是坐自动驾驶汽车出行。家人不必去机场接受复杂的安检，也不必被过分热情的安检人员搜身。他们舒服地面对面坐在车中，不用为行李支付运费，更避免了在到达目的地后再租车的烦恼。而且，他们可以随时离开。有时候可以在夜里一边休息一边“开车”去度假。驾驶不再令人烦恼，尤其当你不需要自己驾驶的时候。

■ 自动驾驶汽车会使驾驶成本更低

你已经了解了自动驾驶汽车是如何使生活更加简单的，那么其花销如何呢？自动驾驶汽车会花费你更多金钱还是更加廉价呢？

未来自动驾驶汽车将比现在的汽车更加廉价，在自动驾驶汽车进入市场的初期，人们可能会花费较多的钱。这也是其他新商品的普遍规律。不过随着时间的推移，自动驾驶汽车会在以下方面节省成本。

在更多的情况下，每个家庭只需要拥有一辆自动驾驶汽车，也就是说汽车的使用效率比现在要高。现在，每辆汽车平均每天有 22 小时处于闲置状态。共用一辆自动驾驶汽车意味着节省大量的购车费用。节约的这笔费用相当可观。

你会从更多方面节省资金，比如自动驾驶汽车的驾驶技术更好，可以节省燃油费（更少刹车，充分利用引擎，不会飙车）。你也会节省大量的公路账单、停车账单，不再有酒后无法驾驶而支付代驾费的烦恼。

车辆保险费也会大幅降低。估计保险费将变得极低，发生事故的概率如此低，也不需要保险了。美国最大的保险商之一 Travelers 表示，“自动驾驶汽车和其他促进交通工具和家居共享信息的技术，将极大地影响现有顾客对保险业务的需求，物品被盗以及相关损失的发生频率和程度都会降低。而我们很难及时应对这些新兴技术带来的挑战”。[12]

它们的担忧不无道理。自动驾驶汽车将从每年 1 000 亿美元的汽车保险业收入中拿走一大部分。不过这似乎是理所当然的，毕竟自动驾驶汽车的制动系统能够在人觉察到问题之前就及时刹车，避免危险。它也能够感知到周围的汽车的准确位置、速度以及路线。交通事故将成为历史。

■ 自动驾驶汽车会使驾驶更加安全

没错，更加安全。目前 90% 的交通事故的直接原因都是人为错误。[13] 交通事故是 3 ～ 33 岁人群的首要死亡原因。事实上，日常驾驶是你经历的最危险的事情。

不过，在未来，你的汽车将替你查看路况，平稳驾驶，了解驾驶环境。它还能够和周围的汽车进行沟通，动态确定驾驶模式，绕开建筑工地，必要时及时联系紧急救援。

自动驾驶汽车意味着更安全的驾驶、更少的事故、更少的酒后驾驶、更少的堵车以及更少的行人事故。汽车行驶更快而事故更少，未来手动驾驶汽车很可能成为危险而成本高的爱好。

■ **自动驾驶汽车会影响现有的商业模式**

从目前的进展来看，自动驾驶汽车有破坏几个相当成熟的行业的趋势。自动驾驶汽车也意味着道路上的车辆更少，也就是说卖出的汽车总量会减少（严重影响运输行业），更少的汽车贷款（影响金融行业），更少的汽车保险（影响保险行业），更少的交通事故也会减少零部件的销售（影响制造业），停车场也会更少（影响地产业）。如果人们不需要驾驶，将会更愿意乘车出行，火车和飞机也会受到影响（再次影响运输行业）。

另外，更多的自动驾驶汽车意味着更多的工作机会。工程师、程序员和软件系统设计师都会变得抢手，来应对出现在车中的更多的电脑硬件、传感器摄像头。

许多公司可能还没有完全意识到自动驾驶给现有行业带来的变革。不过，你可以做出预判，你的生活将会有哪些改变？假设你在未来的几年里结婚生子。你的孩子能“驾驶”汽车吗？到那时手动驾驶汽车会变得更加昂贵吗？你的子孙可能压根儿就不需要学习驾驶，也不会认为这有什么不妥。你知道如何骑马吗？你的祖先绝对知道。

2015年国际消费类电子产品展览会上的新动态

最新潮的硬件是什么？每年1月来拉斯维加斯看一年一度的国际消费类电子产品展览会（CES）就知道了。展览会吸引了超过3 600家展商和愈17万游客。喧闹的音乐，炫目的视频，疯狂的媒体，估计只有拉斯维加斯才能举办这样的盛会。

那么2015年有什么值得关注的呢？

1. 梅赛德斯－奔驰F 015：绝对是2015年CES上大多数参观者必看的首个产品。它不仅是一辆无人驾驶汽车，而且是第一辆完全按照无人驾驶汽车进行设计的机动车，而不是以往那种以驾驶员为中心的机动车。它看上去更像是未来的银翼座驾，拥有沙龙式的车门设计。而在其内部，乘客座位是面对面的，在车辆行驶的时候可以相互交谈；周围布满了交互式屏幕，用来全面掌控车辆的情况。乘客甚至能够使用手势和眼睛的动作来操控车辆。

F 015采用油电混合动力设计，行驶里程可达680英里。不过旅程并不枯燥，乘客可以交谈、工作甚至全程睡觉。F 015将改变人们对于旅游的看法。

F 015令人惊艳的一点在于，它能“说话”。在它前方的行人可以听到它的指令，安全地通过马路。它会在马路上投影出人行横道，指导行人通过。如果你想了解10～15年之后汽车的样子，不要错过F 015。

2. 和Nest一起工作：Nest Labs在2014年被谷歌以32亿美元收购之后取得了巨大进步。Nest Labs最著名的产品是恒温器和烟雾探测器。不过，它作为一家智能家居产品公司正被广泛认可。Nest的标准智能家居设备可以远程操控，并和其他设备与应用进行交互。

在2015年CES上，“和Nest一起工作”的厂商从Whirlpool、LG、梅赛德斯－奔驰、Logitech、August Smart Lock，扩大到Pebble（智能手表）、Rachio（自动灭火系统）、Interactive Voice（声控锁）以及Life360（智能手机追踪系统）。Nest将自己定位为智能家居服务的领头羊。

随着更多的物联网设备上线，我们期待有更多的产品贴上“和Nest一起工作”的标签。这可以使更多的设备动态交流，从而制造一种全新的结合体。可以想象当你离家还有20分钟车程时，你的汽车告诉你家里的温度，并且开始升温；面包炉里放着刚出炉的面包；当你驶入停车道时，两旁的路灯就会亮起，你也可以观看宠物狗在院子里玩耍的视频。

智能家居和物联网的结合还会产生更多新奇的产品，让我们期待Nest在2016年CES上的表现。

3. 复合纤维：MakerBot推动了3D打印的快速发展，它在展览会上推出了几款全新的复合纤维材料。这些复合纤维结合了传统的聚乳酸（PLA）和木材、铜、铁、石灰石等热成型材料，可以打印出与现实世界材料相似的物品。

木质家具可以被打印、打磨、上色，就像真的木头一样，摸上去差异很小。金属材质的工具和宝石也可以被打印出来，并被抛光成与纯金属制品相同的外观。使用石灰石纤维打印出来的材料也与石灰石毫无差异。

MakerBot推出的复合纤维材料十分重要，因为从此以后打印金属、木材和石材变得很便宜。过去打印金属是可能的，但是金属粉末烧结的成本很高。而新复合纤维材料的出现使打印由金属和木材组成的锤子成为可能。唯一的不足在于打印每种材料都需要专门的打印头。不过对于大多数消费者来说，为额外的材料购买打印头只是一个小问题。

MakerBot推出的复合纤维材料很有可能推动3D打印的普及，而不再仅限于个人爱好者、投资人和制造商使用。价格合理并且能打印家中50%的物品的3D打印机将成为家庭中的重要电器。

[问题]

1. 梅赛德斯－奔驰的全新的“马车式”无人驾驶汽车相比于由传统汽车转换而来的无人汽车有哪些优势?

2. 为什么梅赛德斯－奔驰要让它的无人驾驶汽车具有和行人交谈的功能?

3. Nest的温控设备是怎样为你节省金钱的?

4. 安装了Nest设备的洗衣机与传统洗衣机相比有哪些优势?

5. 为什么3D打印是具有巨大潜力颠覆制造业的技术?

6. 复合纤维材料对于创新、原型制作以及新产品开发有怎样的影响?

3D打印

第三个强有力的很可能改变现有商业模式的力量就是3D打印。正如在第3章中提到的，3D打印已经改变了商业领域的竞争版图，而且很可能改变商业的本质。让我们回忆章首的案例：Falcon Security团队放弃自己生产无人机的想法，因为这样并不会带来成本上的节约。他们不想使用3D打印技术将自己变成一个无人机制造商。

可能制造商并不是Falcon Security公司的准确定位，不过这对于其他很多公司是不错的选择。想一想耐克公司是如何利用3D打印技术来促进跑鞋设计的。该公司最近推出了世界上首双3D打印的球鞋，并命名为耐克Vapor Laser Talon。[14]耐克选择使用3D打印技术来生产球鞋，是因为通过3D技术可以获得更理想的材料形状和恢复能力。因此，使用3D打印技术，耐克可以生产出比以前更轻更结实的球鞋。

3D打印具有影响各行各业的潜力，而不仅限于运动装备行业。当你意识到3D打印不仅仅能打印塑料制品时，你就对它所能带来的影响有了大致的了解（见图表4－8）。可以使用金属、陶瓷、食物和生物材料进行打印。

图表4-8 3D打印

资料来源：Seraficus/Getty Images.

在2015年的CES上，行业领军者MakerBot宣布推出可以在其3D打印机中使用的复合纤维材料，这些复合纤维中包括除了传统的聚乳酸之外的木材、铜、铁和石灰石等热成型材料。尽管针对不同的打印材料需要与之对应的打印头，但是打印出的物品和真实物品的外观、性能几乎一样。

在3D打印具有打印现实世界中的多种材料的功能之后，我们可以看到它具备在航空、国防、自动化、娱乐以及健康领域广泛应用的机会。如果3D打印有一天能够打印像汽车、飞机、游艇、房屋和无人机这样的大物品[15]，又会怎样呢?

以下是三个非传统3D打印的例子，从中可以看出3D打印多么具有颠覆性。

- 3D打印系统ChefJet™ Pro可以打印形状复杂的糖果，口味可以是巧克力、香草、薄荷、樱桃、青苹果以及西瓜味。[16]使用ChefJet，即使是一个新手，也可以制作精美、漂亮、完全定制的点心。
- 哈佛大学工程与应用科学学院的研究者利用3D打印技术，发明了一种能够传输养分、排出废物的生物材料血管。[17]这一发明意味着，将来医生可以轻按打印键，实现全功能的人体组织打印。如此，不仅能够救死扶伤，还会大大降低保险费用以及医疗费用。
- 南加州大学的贝赫罗赫·霍什涅维斯（Behrokh Khoshnevis）教授制造了一台能在24小时内打印出完整建筑的大规模的3D打印机。[18]这个“房屋”打印机能够打印出更加稳固的房屋结构和更好的隔热结构，使用的材料更少，还能减少工作中的伤害，自动安装供暖与排水系统，其花费与普通房屋无异。

Q4-3 一名经理需要了解哪些有关计算机软件的知识?

作为未来的经理或者业务专家，你需要了解关键的计算机软件的术语和概念，使自己成为一个精明的软件用户。首先需要了解基本的软件类型（见图表4-9）。

图表4-9 电脑软件的类型

	操作系统	应用软件
客户端	控制客户端电脑资源的软件	客户端电脑上运行的应用
服务器	控制服务器端电脑资源的软件	服务端器电脑上运行的应用

每个电脑都有**操作系统**（operating system，OS）来管理电脑的资源。操作系统的功能包括读写数据、分配存储、交换存储、运行与结束程序、处理异常、实施备份与恢复等。除此之外，操作系统还能创建并管理用户接口，包括显示器、键盘、鼠标和其他设备。

尽管操作系统使电脑变得可以使用，但是不会实现特定应用。如果你要联机获取天气信息或者连接数据库中的数据，你还要安装其他软件，比如iPad上的天气应用和甲骨文公司的客户关系管理（CRM）软件。

客户端和服务器端都需要操作系统，它们不必相同。而且，客户端和服务器端都能运行应用程序。设计应用程序的决定性因素是其运行环境是客户端、服务器端或者两者都有。

作为一个受过教育的计算机用户，你需要了解两个重要的软件限制。第一，特定版本的操作系统是为特定的硬件编写的，例如微软的视窗操作系统只适用于英特尔公司的处理器和能够执行英特尔指令集（处理器能够处理的命令）的处理器。对于其他操作系统，比如Linux，存在其他的指令集。

第二，要注意有两种软件存在：本地软件和Web软件。**本地软件**（native application）是只为特定操作系统编写的软件。例如微软的Access软件，只能运行在视窗系统下。一些应用存在多个版本，例如视窗版本和Macintosh版本的微软Word软件。除非有特殊通知，否则大部分软件只在一个系统下运行。本地软件又称**胖客户端应用**（thick-client application）。

网页应用（Web application，又称**瘦客户端应用**，thin-client application）运行在浏览器，比如Firefox，Chrome，Opera或者Edge（之前的IE浏览器）中。网页应用在浏览器中运行，因而能在多种电脑上运行。理想状态下，网页应用也能够在所有的浏览器中运行，事实上并非如此（你将了解）。

主要的操作系统有哪些？

每个业务专家都需要了解图表4-10中列出的三种主要类型的操作系统。在下面的部分，我们将会详细讨论。

图表4-10 主要的操作系统

类型	操作系统	用途	评论
非移动客户端	Windows	个人电脑客户端	商业领域应用最广泛的操作系统；目前的版本是Windows 10，包括触控界面
	Mac OS	Macintosh客户端	最早被图形艺术家和其他艺术社区使用；如今应用更为广泛；第一个提供触控操作的桌面操作系统；目前的版本是Mac OS X EI Capitan

续前表

类型	操作系统	用途	评论
非移动客户端	Unix	工作站客户端	用于工程、电脑辅助设计、建筑领域功能强大的客户端计算机；非技术用户难以操作，商业中基本不用
	Linux	几乎全能	开源版本的 Unix；被几乎所有种类的计算机设备采用；在个人电脑上使用 LibreOffice 应用软件；商业中几乎很少应用
移动客户端	Symbian	诺基亚、三星等	在北美外的世界范围内流行
	BlackBerry OS	黑莓移动的产品	专为商业用户开发的系统和设备；最初很流行，市场份额逐渐被 iOS 和安卓占据
	iOS	iPhone，iPad，iPod Touch	随着 iPhone 和 iPad 的成功，应用快速增加；基于 Mac OS X
	Android	三星、谷歌、HTC、索尼的手机和平板电脑	来自谷歌的基于 Linux 的手机平板操作系统；市场份额增长快速
	Windows 10	诺基亚和微软 Surface	为移动设备定制的 Windows 10；Surface Pro 安装的是完整版
服务器	Windows Server	服务器	与微软关系紧密的商业服务器
	Unix	服务器	渐渐被抛弃，由 Linux 取代
	Linux	服务器	非常流行，被 IBM 大力推广

■ 非移动客户端操作系统

非移动客户端操作系统用于个人电脑。对于商业用户，最重要的操作系统莫过于 **Microsoft Windows**。Windows 系统的不同版本安装在世界上超过 85% 的计算机上，如果仅考虑商业用户，这个数字超过 95%。微软提供了很多不同的 Windows 操作系统版本，其中 Windows 10 是当前最新的客户端版本，据相关网站估计，2015 年 Windows 10 的市场份额为 0.1%，Windows 8.1 为 11.2%，Windows 8 为 3.5%，Windows 7 为 58.4%，Windows Vista 为 2%，Windows XP 为 16%。[19] 有趣的是，微软在 2014 年宣布停止对 Windows XP 提供技术支持，尽管其市场份额超过了 Windows Vista，Windows 8，Windows 8.1 和 Windows 10。

Windows 8 是一个主要的版本，对其之前的 Windows 版本进行了重写。Windows 8 的特色在于可以运行被称为**现代应用程序**（modern-style application）的软件。[20] 这种应用在 Windows 10 中被沿用，能够支持触摸屏幕，提供内容感知，并能弹出选择菜单。只需要鼠标和键盘就能使用。微软宣称，现代应用程序在便携设备、移动客户端上支持良好，在平板电脑上运行与在桌面系统上运行一样流畅。现代应用程序的一个关键特点在于其最小化的菜单栏、状态栏以及其他可视化的部分。图表 4－11 展示了一个在 Windows 资源浏览器下搜索图片的现代应用程序。

图表 4-11 现代应用程序示例

资料来源：Microsoft Corporation.

不过，并不是所有的电脑都运行 Windows。苹果公司为 Macintosh 开发了自己的操作系统 **Mac OS**。目前该系统的版本是 Mac OS X El Capitan。苹果公司自诩 Mac OS 是世界上最先进的操作系统。在 Windows 8 发布之前，这句话还真是无法令人质疑。而 Windows 10 的发布让苹果公司要想保持其名头还需要投入更多的钱。

直到最近，Mac OS 主要由艺术团体的图形艺术家和工作人员使用。不过由于多种原因，Mac OS 已经成功进入传统 Windows 市场。根据 Net Applications 2015 年的统计，Windows 占据 91% 的市场份额，Mac OSX 占 5.8%，Linux 占 1.5%。[21]

Mac OS 最初的设计目的是运行摩托罗拉的 CPU 处理器，如今配置英特尔处理器的 Macintosh 计算机在 Windows 和 Mac OS 操作系统的环境下都能运行。

图表 4-10 中提到的另外两个非移动客户端操作系统是 Unix 和 Linux。**Unix** 是 20 世纪 70 年代贝尔实验室开发的操作系统。从那时起，它就成为科学和工程学团体开展工作的主力。Unix 很少用于商业。

Linux 是 Unix 的一个版本，由开源社区开发。该社区由一群相互联系却又彼此独立的程序员组成，他们自愿花时间编写程序代码来开发和维护 Linux 操作系统。开源社区拥有 Linux 的所有权，人们可以免费使用。Linux 可以在客户端计算机上运行，但通常是在预算受限时这么做。目前，Linux 是最流行的服务器操作系统。根据 DistroWatch.com 的数据，2015 年五个最流行的 Linux 版本是 Linux Mint，Ubuntu，Debian GNU/Linux，openSUSE 和 Fedora。[22]

■ **移动客户端操作系统**

图表 4-10 列出了 2014 年五种常用的移动操作系统。**Symbian** 在欧洲和远东相当流行，不过在北美极其少见。**黑莓操作系统**（BlackBerry OS）是早期最成功的移动操作系统之一，商务人士是其主要用户，最近几年，其市场份额被 iOS、安卓和 Windows 10 逐步蚕食。

iOS 是 iPhone，iPod Touch 以及 iPad 的操作系统。在它刚发布时，简易的使用方式、吸引人的屏幕开启了手机操作系统的新天地。而这些特点目前已经被黑莓和安卓复制。由于 iPhone 和 iPad 的流行，iOS 的市场份额逐步增长。根据 Net Applications 的数据，2014 年 iOS 用于 39% 的移动设备。[23] 之后 iOS 8 发布。

大多数行业观察家都认可苹果的领先地位，特别是其在 Mac OS 和 iOS 中简单的交互界面。毫无疑问，许多创新的思想首先出现在 Macintosh 和苹果系列产品中，之后应用到其他设备上，再逐步演变到安卓和微软的操作系统上。

说起这些操作系统不得不提谷歌的移动操作系统**安卓**（Android）。安卓设备的用户忠诚度相当高，尤其在科技用户群中。Net Applications 估计安卓的市场份额占到近 52%。[24]

而 Windows 10 操作系统的用户主要在智能手机上使用 Windows 10（mobile），或者在 Surface Pro 设备上使用 Windows 10 完整版。Windows 大约占移动操作系统 2% 的市场份额。

智能手机市场一直很大。不过，电子书阅读器和平板电脑大大增加了移动操作系统的市场。截至 2015 年 4 月，64% 的美国人拥有智能手机，53% 的美国人除智能手机之外还拥有平板电脑。[25]

■ **服务器操作系统**

图表 4 - 10 中最后三行展示的是最流行的服务器操作系统。**Windows Server** 是专门为服务器提供的一种视窗操作系统。相对于其他版本的 Windows 操作系统，其性能更强，安全标准更高，因而在习惯使用 Windows 操作系统的组织中相当流行。

Unix 同样可以作为服务器使用，不过正在被 Linux 逐步替代。

Linux 经常被企业用作服务器，这是由于企业出于各种考虑，避免将服务委托给微软。IBM 是最早倡导使用 Linux 作为服务器的企业，并以此来和微软抗争。尽管 IBM 并不拥有任何 Linux 的发行版本，但是其开发的许多商业系统解决方案都是部署在 Linux 上的。通过使用 Linux，IBM 及其客户都避免了向微软缴纳系统使用费。

虚拟化

虚拟化（virtualization）是指在一台物理电脑主机之上运行多台虚拟机。在**宿主操作系统**（host operating system）上可像运行应用程序一样运行一个或多个其他操作系统。这些在宿主之上运行的操作系统称为**虚拟机**（virtual machines，VM）。每个虚拟机都会有自己的磁盘空间以及分配的其他资源。宿主操作系统控制这些虚拟机，防止它们之间相互影响。通过虚拟化方式，每一台虚拟机都能够像独立的、存在于非虚拟环境中的机器一样执行任务。

主要有三种形式的虚拟化：

- 个人电脑虚拟化；
- 服务器虚拟化；
- 桌面虚拟化。

个人电脑虚拟化（PC virtualization）就是在个人电脑、台式机或笔记本电脑上运行多个不同的操作系统。比如一个用户需要在其电脑上同时运行 Linux 和 Windows 10 来实现培训和项目开发。在这样的环境下，用户可以在宿主操作系统上使用甲骨文公司的 VirtualBox 或者 VMWare 工作台来运行 Linux 和 Windows 10 虚拟机。用户可以在相同的硬件上同时运行两台虚拟机，只要宿主操作系统有足够的资源（如内存和 CPU 处理能力）(如图表 4 - 12 所示)。

图表 4 - 12　Windows 7 上运行 Linux Mint 虚拟机

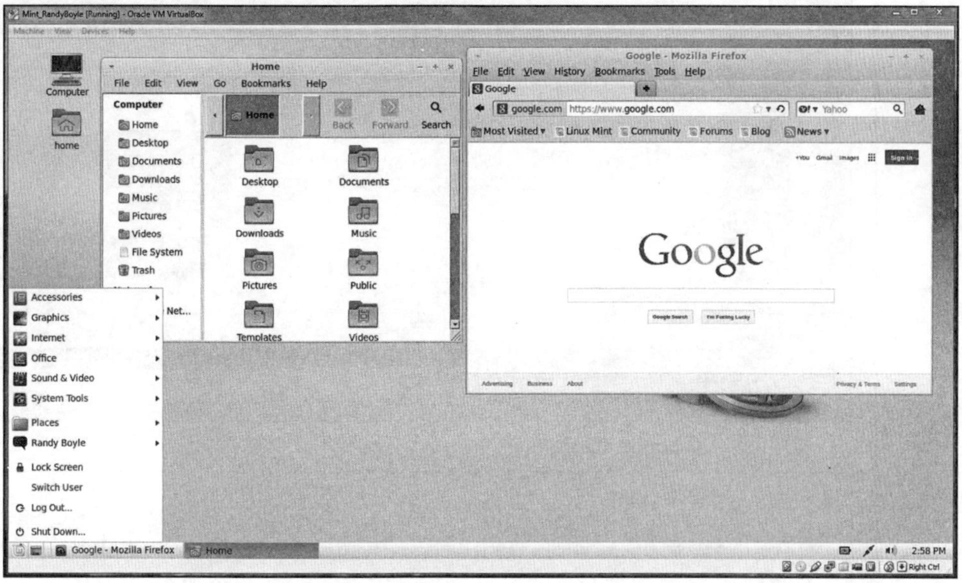

资料来源：Microsoft Corporation.

通过**服务器虚拟化**（server virtualization)，一个服务器上可以同时寄存多个服务器。例如在图表 4 - 13 中，一个 Windows Server 上运行了两台虚拟机。用户可以登录任意一台虚拟机，其表现和正常的服务器并无差异。图表 4 - 14 展示了使用 VM3 进行虚拟化的用户界面，注意它正在运行一个访问 SharePoint 服务器的浏览器，事实上，在第 2 章中就是使用虚拟机来生成 SharePoint 的很多数据的。服务器虚拟化对于云服务提供商至关重要，我们将会在第 6 章中学习相关内容。

图表 4 - 13　Windows Server 上运行两台虚拟机

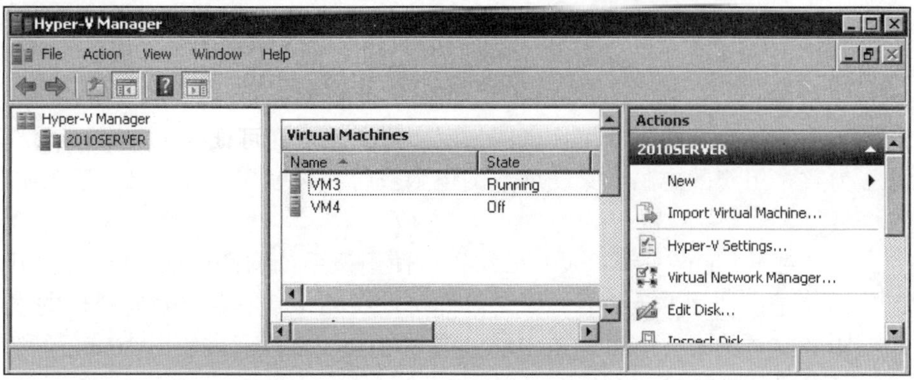

资料来源：Microsoft Corporation.

图表 4 - 14 虚拟机示例

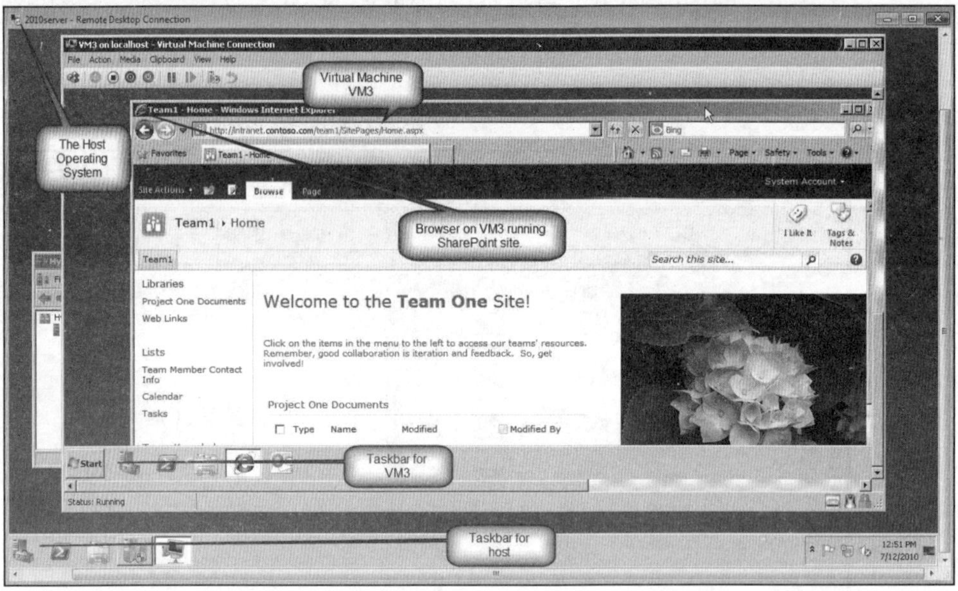

资料来源：Microsoft Corporation.

第 6 章中还会介绍有趣而实用的个人电脑虚拟化。而桌面虚拟化具有革命性的应用潜力。使用**桌面虚拟化**（desktop virtualization），一个服务器上可寄存多个版本的桌面操作系统。每一台桌面虚拟机都具有完全的用户环境，看上去就是另一台个人电脑。不过，虚拟桌面可以被任何有权限的远程用户访问。因此，即使你在机场，也可以通过终端来访问你的桌面。在你看来，机场的电脑就是你的个人电脑。使用桌面虚拟化，还意味着你不用再担心遗失公司电脑或者个人数据。除此之外，很多用户可以通过同一终端来访问自己的个人电脑，就像前面提到的机场的电脑那样。目前 IBM 提供桌面虚拟化服务，每台个人电脑每月只需要 12 美元。

桌面虚拟化服务目前还处于发展初期，不过很可能会对你的职业生涯的早期产生巨大影响。

获取软件使用权

当你购买某个计算机程序时，实际上不是购买了该程序，而是购买了使用该程序的**许可证**（license）。例如，当你购买 Mac OS 的许可证时，苹果公司只是将使用 Mac OS 的权利卖给了你，它仍然拥有 Mac OS 操作系统的所有权。大型组织不会为每个人购买使用许可证，而会购买**站点许可证**（site license），以更低的价格为整个组织的电脑或某一地点的电脑获得安装使用产品（操作系统或应用软件）的授权。

对于 Linux 来说，没有公司销售使用该系统的许可证。Linux 由开源社区所有，也就是说使用 Linux 不需要支付许可证费用（但是会有某些合理的限制条件）。像 IBM 这样的大公司和像 RedHat 这样的小公司可以通过使用 Linux 盈利，但是没有公司能通过销售 Linux 的许可证盈利。

应用程序有哪些类型及组织如何获取应用程序

正如之前提到的，应用软件由能实现一种业务功能的程序组成。一些应用程序是通用的，例如 Excel 和 Word。另一些应用程序有特定的用途，比如 QuickBooks 是一款能提供总账和其他会计功能的应用程序。我们先从应用程序的分类开始描述，然后介绍它们的来源。

■ 水平市场应用

水平市场应用（horizontal-market application）软件提供了几乎适用于所有组织和行业的功能。Word 处理程序、绘图程序、电子表格以及简报程序都是水平市场应用软件。

微软的 Word，Excel 和 PowerPoint 都属于水平市场应用软件。其他供应商也销售这类软件，比如 Adobe 的 Acrobat，Photoshop，PageMaker 和 Jasc Corporation 的 Paint Shop Pro。这些应用程序广泛应用于不同行业的各类企业。这种软件都是以成品出售，几乎不需要（或者几乎不可能有）客户定制。可以将水平市场应用看成是交通工具中的轿车，这些软件对于不同的用户来说可能具有完全不同的使用方法和用途。

■ 垂直市场应用

垂直市场应用（vertical-market application）软件为特定行业的需求服务。例如，牙科诊所使用这类程序安排预约、给病人出具账单；汽车修理工使用这类应用程序记录客户数据和汽车维修信息；零部件仓库使用这类应用程序跟踪库存、购买和销售信息。如果水平市场应用是轿车，那么垂直市场应用是现场制造交通工具的过程。就像挖掘机一样，有其特定的应用领域。

垂直市场应用程序通常可以修改或者定制。一般来说，销售这种应用软件的公司能提供相应的服务，或者会推荐提供这种服务的有资格的顾问。

■ 特制应用

特制应用（one-of-a-kind application）软件是针对特定的、唯一的需求开发的。例如，美国国防部就开发了这样的软件，因为它有其他组织所没有的需求。

你可以将特制应用看作坦克，坦克用于特殊和唯一的目的，花费更多，超支也很正常。其制造过程更长，需要特制的软件应用。不过，坦克是高度定制化的高强度作战机车。

■ 选择软件类型

如果你即将上战场，绝对不会选择四门轿车作为你的交通工具。你会选择定制化的机动车，尽管价格很高，但是安全有保证。这完全取决于你的用途。买轿车、建筑机车还是战车完全取决于你的需求。购买计算机设备也是一样：购买现成的软件、对现成的软件加以修改或者定制开发。

组织可以自己开发定制化应用软件，或者雇用开发商来做这件事。就像买一件橙色的带圆点的套装一样，在组织的需求是独一无二的、没有可用的水平或垂直市场应用软件时，开发是最好的选择。通过开发定制软件，组织可以把应用程序量身打造成满足组织需求的软件。

定制开发很难，且有较高的风险。配备和管理软件开发团队很有挑战性，管理软件项目的任务也很艰巨。许多组织启动一项应用软件开发项目后，却发现完成该项目需要的时间是计划的两倍甚至更长。正如我们将在第 12 章讨论的，超支 200% 或 300% 并不少见。

除此之外，每个应用程序都需要适应不断变化的需求和技术。水平或垂直市场应用软件可能有数以千计甚至数以百万计的客户，该软件的成本分摊到所有用户身上。然而，对于内部开发的定制软件而言，公司必须自己承担所有的成本。这会是一项沉重的负担。

由于高风险和高成本，内部开发是在没有其他可选方案时才会做出的选择。图表 4－15 总结了软件的来源和类型。

图表 4－15　软件来源和类型

		软件来源		
		现成的	对现成的软件加以修改	定制开发
软件类型	水平市场应用			
	垂直市场应用			
	特制应用			

固件是什么

固件（firmware）是一种计算机软件，通常安装在打印机、打印机服务器以及各种类型的通信设备上。这种软件与其他软件在编码方式上是一致的，不同的是这类软件安装在打印机或其他设备特定的只读内存上。因此，这种应用程序就变成设备内存的一部分，就好像把这个程序设计成设备的电路一样。用户不必再在设备内存中安装固件。固件可以修改或者更新，但这通常是 IS 专业人员的工作。

Q4－4　开源软件是一个可靠的备选项吗?

今天，很多商业领袖都在问：那些可靠的、花费少的开源软件会成为价格昂贵的商业销售和定制化的软件的替代品吗？要回答这个问题，我们首先要了解开源运动的历史和发展。大多数计算机历史学家都会认同理查德·马修·斯托曼（Richard Matthew Stallman）是开源运动之父。1983 年，他开发了一个名为 **GNU**（GNU Not Unix 的缩写）的工具软件集，用来开发一个类似 Unix 的操作系统。斯托曼也为其他开源事业做出了很多贡献，包括开源软件分发标准协议之一的 GNU 通用开源协议（GPL）。尽管斯托曼没能完成免费的类似 Unix 系统的开发，但他依然活跃在开源运动的前线。

1991 年，在芬兰赫尔辛基工作的林纳斯·托瓦兹（Linus Torvalds）开始使用斯托曼的一些工具来开发类 Unix 操作系统。这一系统最终成为 Linux，也就是我们在前文中讨论的高质量、很流行的系统。

互联网成为开源运动和相关软件的有利促进者。**开源**（open source）软件几乎都是免费且可以修改的，源代码也是公开的。**源代码**（source code）是人类编写且能被人类理解的计算机代码。许多开源项目十分成功，包括：

- LibreOffice（Linux 发行版的默认文档处理工具）；
- Firefox（浏览器）；
- MySQL（关系型数据库，见第 5 章）；
- Apache（网络服务器，见第 6 章）；
- Ubuntu（一个类似于 Windows 的桌面操作系统）；
- Android（一个移动端操作系统）；
- Cassandra（NoSQL 数据库，见第 5 章）；
- Hadoop（大数据处理系统，见第 9 章）。

为什么软件开发者愿意免费提供服务？

对于一个从来没有享受过编写程序的人来说，很难理解为什么有的人会将自己的时间与经验贡献给开源项目。优秀的程序员往往注重艺术和逻辑，从设计软件到编程实现，会给他们带来超乎寻常的愉悦感（甚至会上瘾）。很多程序员都热爱编程，并且夜以继日地写代码。如果你同时具有艺术感和逻辑感，可以试一试。

因此，人们愿意为开源软件项目做贡献的第一个原因就是有趣。一些人愿意为开源软件项目做贡献的原因是他们可以自由选择项目。他们可能工作一天，做着十分无趣的事，比如编写程序来管理电脑打印机。他们的工作收入可观，但是并不能满足他们的抱负，因此他们会寻找开源项目来做贡献。

为了更好地理解开源软件的魅力，来看 20 世纪 50 年代的一个例子。当时好莱坞音乐师的工作相当枯燥，每天重复同样的工作，一遍又一遍为那些无趣的电影记录相同旋律的配乐。为了保持良好的心理状态，他们会在周末聚集到一起演奏爵士乐，由此涌现了很多优秀的爵士乐俱乐部。开源项目就是程序员的俱乐部：一个为他们提供感兴趣的项目并锻炼创造力实现自我价值的地方。

选择为开源项目做贡献的另一个原因在于展示个人的能力，以此为荣，并借机寻找一份体面工作或者做职业咨询。最后一个原因是为了开始开展一项支持开源软件应用的商业销售业务。

开源工程如何工作？

源代码被编译成电脑能够处理的**机器码**（machine code）。例如，图表 4－16 中展示了 PRIDE 项目（详见第 7 章）的一部分机器码。机器码通常是人类无法理解和修改的。

比如，当一个用户访问一个网站时，机器码版本的程序就在用户的电脑上运行。我们没有展示机器码，因为机器码通常是像下面这样的数字：

1101001010010111111001110111110010001110000011111101110111110011l…

在**闭源**（closed source）软件项目，比如微软的 Office 软件中，源代码是受到保护的，仅对受信任的员工和合作商开放。源代码就像金子那样珍贵，只有受信任的程序员才能修改闭源软件的代码。

图表 4-16 源代码示例

```
/// <summary>
/// Allows the page to draw itself.
/// </summary>
private void OnDraw(object sender, GameTimerEventArgs e)
{
    SharedGraphicsDeviceManager.Current.GraphicsDevice.Clear(Color.CornflowerBlue);

    SharedGraphicsDeviceManager.Current.GraphicsDevice.Clear(Color.Black);

    // Render the Silverlight controls using the UIElementRenderer.
    elementRenderer.Render();

    // Draw the sprite
    spriteBatch.Begin();

    // Draw the rectangle in its new position
    for (int i = 0; i < 3; i++)
    {
        spriteBatch.Draw(texture[i], bikeSpritePosition[i], Color.White);
    }

    // Using the texture from the UIElementRenderer,
```

而对于开源软件来说，任何人都可以通过开源项目的网站获取源代码。程序员可以根据自己的兴趣和目标修改和添加代码。在大多数情况下，程序员将代码与项目结合起来。之后，他们可能会根据其项目遵循的相关开源软件协议再次销售或者分发自己的程序。

开源活动的成功在于合作。程序员阅读源代码，确定项目是否符合需求或者有趣，之后创造新的功能，重新设计或编写已有的功能，或者修复现有的问题。代码会发送给开源项目的维护和评估者，如果正确，就会添加到产品中。

开源社区里有很多这样的做出贡献和采纳代码的活动，或者像第 2 章中提到的，存在很长的迭代与反馈的周期。正是由于这种迭代，一个具有很强的同行评审能力的管理良好的项目，可以产生高质量的代码，就像 Linux 一样。

开源软件可靠吗？

要回答这个问题，需要了解开源软件用在什么地方和用户是谁。开源软件已经得到了法律认可。据《经济学人》的评论，“目前已经达成的广泛共识是，未来将是私有软件和开源软件大融合的时代”。[26] 因而，在你的职业生涯中，开源软件将起到越来越重要的作用。不过，真正决定开源软件能否适用的是具体项目的环境要求和相关限制。你会在第 12 章继续学习如何匹配软件的需求。

在一些情况下，公司采用开源软件仅仅是因为开源软件是免费的。而事实上，这种优势很可能并没有你想象的那么重要。因为在很多情况下，维护支持和运营开源软件应用的成本超过了购买满足企业需求的商业软件的费用。

本章的知识对你有何帮助？

在今天的商业环境中，你会在业务中使用相关的技术。你别无选择，所能做的是成为被动参与者或者主动参与者。本章的内容能够帮你成为后者。你可以通过学习本章来了解基本的软件和硬件知识，从而提出有价值的问题，并且避免尴尬。你也知道如何选择、为何选择不同的软件种类与来源。最后，你认识到开源软件的开发不仅仅是一群业余爱好者的副业，也是一系列产生了很多高质量软件的运动。在很多情况下，开源软件都是可靠的替代选项。不过，这些知识也会过时，因此你需要不断地给自己充电。

道德指南

免费的数据软件

你正在上管理信息系统的第一次课，教授正在讲述从事软件开发利润丰厚。他提到，像比尔·盖茨这样的亿万富翁（微软）、拉里·埃里森（甲骨文）、拉里·佩奇（谷歌）以及马克·扎克伯格（脸书）都是通过开发有用的软件发家致富的。不过一个同学直言不讳地指出，他一分钱也没有给过这些人。他使用谷歌搜索、Gmail 和脸书，这些都是免费的。他也使用微软的 Office 软件，不过是 OneDrive 提供的在线免费版本。他智能手机上的软件也是免费的。

那么这个长期存在、困扰科技产业的问题来了：怎么通过免费软件赚钱呢？教授提到了市场份额、潜在收入和未来的创新。不过你并不买账，你更加关注现实的而非潜在的收入。

数据商人尼克

尼克坐在你旁边，微笑着点头。他和你被分在同一组来完成最后的课堂项目报告。他侧身低声说道：“如果你不花钱，那么你本身就是产品。产生价值的是数据，而不是软件。使用软件，产生数据，赚到钱，就这么简单。”

开始的时候你很困惑，但是你想到了上周六第一次遇见尼克的情形。他说自己在哥哥的公司工作一段时间后重新回到课堂，是为了获取管理信息系统中与技术相关的知识。他说他的哥哥是一个数据商人或者信息商人。他从企业那里买来私人信息，把这些信息卖给其他公司并从中获利。听起来他们的生意相当不错。在你想问这是否合法或者符合伦理道德之前，尼克打趣道：“这当然是合法的，每个人都这么做。”很显然他早就被问过这个问题。

不过，尼克说的是对的吗？他不是像比尔·盖茨那样的亿万富翁，他只关心买卖个人数据。他对开发应用程序一点也不感兴趣。他的话确实有道理，引发了你的思考。要是专门开发用来收集个人信息数据的应用会怎样？你能很轻松地开发出很多这样的软件，用来收集数据，再卖给尼克。

不过尼克愿意买哪些数据呢？你又能从中赚到多少钱呢？他可能对游戏数据不感兴趣，对用户行为数据感兴趣，比如用户访问哪一类网站，他们在哪里，朋友都是谁，购买了哪些商品。

手电筒应用

午饭时，你调查了移动应用软件是如何获取手机上的信息的。结果发现，用户不得不授权给这些应用来获取手机上的任何信息。这样做对吗？任何信息？这可是个大金矿。一想到你可以收集以 TB 为单位的海量数据卖给尼克，你就十分激动。

不过，随后你发现了 SnoopWall 发布的关于最流行的 10 款手电筒应用权限要求的威胁报告。[27] 结果令人十分震惊。所有这些应用的所作所为都不仅仅是打开或者关闭手电筒功能。以下表格列出了每个应用所需要的权限。为什么你的手电筒应用会需要 GPS 定位功能？是谁获得了这些数据？他们用这些数据做什么？突然之间，作为一个消费者，你感觉这些免费的软件不再那么吸引人。一些人已经在无形中偷走了你的想法和数据。

权限	1 Super-Bright LED Flashlight	2 Tiny Flashlight+LED	3 Brightest LED Flashlight	4 Flashlight	5 Brightest Flashlight Free	6 Clolr Flashlight	7 High-Powered Flashlight	8 Super Bright Flashlight
拍摄照片和视频	√	√	√	√	√	√	√	√
接收互联网数据	√		√				√	
控制闪光灯	√	√	√		√	√	√	
改变系统屏幕设置	√		√				√	
改变系统设置	√		√				√	
阻止设备休眠	√	√	√	√	√		√	
检查网络连接	√	√	√	√	√	√	√	√
完全网络访问	√	√	√	√	√	√	√	√
开机自启动		√						
控制振动		√						
唤醒应用			√				√	
修改或删除 USB 存储的内容			√		√		√	
读取 USB 存储内容			√		√		√	
检测 Wi-Fi 连接			√		√		√	
读取手机状态和身份			√		√		√	
读取主页设置和快捷方式				√	√			
修改主页设置和快捷方式				√				
解锁屏幕				√				
安装快捷方式				√	√			
卸载快捷方式				√	√			
大致地理位置					√		√	
精确定位					√		√	
任务栏控制和修改					√			

资料来源：SnoopWall，SnoopWall Flashlight Apps Threat Assessment Report.

讨论题

1. 假设你打算设计一个免费的应用来收集个人信息。

a. 根据绝对命令原则，这项决定符合道德规范吗？

b. 根据功利主义，这项决定符合道德规范吗？

c. 如果用户知道使用免费软件的代价是个人数据被收集，他们会有何反应？

2. 假设谷歌知晓其应用市场上的软件在收集与其功能无关的用户信息。

a. 谷歌是否有法律义务找出那些不正当的获取用户信息的软件？

b. 谷歌是否有道德义务找出那些不正当的获取用户信息的软件？

c. 谷歌是否通过提供免费应用来换取用户个人数据？为什么？

3. 谷歌应该如何努力监管 Google Play 上的应用来确保设置了合理的权限？

4. 2014 年，赛门铁克（Symantec）发现 17% 的安卓应用是经过伪装的恶意软件。[28] 而谷歌的报告显示只有不到 1% 的安卓设备安装了具有潜在危险的应用。[29]

a. 谷歌下架其认为不正当的软件符合道德吗？从绝对命令原则和功利主义两方面思考。

b. 谷歌限制部分应用的权限符合道德吗？从绝对命令原则和功利主义两方面思考。

指南

跟上技术的发展

你去过那种把午餐托盘放在传送带上就能将脏盘子运送到厨房的自助餐厅吗？这种传送带让我联想到了技术。与传送带一样，技术在不断进步，而我们就在技术的传送带上奔跑，不想被落下。我们希望跟上不断变化的技术的脚步，不想因为技术落后而结束整个职业生涯。

技术革新已经是事实，现在最关键的问题是："我应该怎么做呢？"你可以选择把头埋进沙子里说："看，我不是一名技术人员。我会把工作留给其他人。我只要能用互联网发送邮件就很满足了。如果我遇到问题，会请别人帮我解决。"

这种方法固然不错，很多业务人员也在用这种方法。这种策略并不能给你带来超越他人的竞争优势，相反会带给别人超越你的竞争优势。但是只要你在其他方面发挥你的长处就可以了——至少这是你自己的事情。

但如果这是你部门的事呢？如果一位专家说："你应该为员工购买装有 Windows 10 的平板电脑。"你会点头说"太好了，卖给我吧"，还是意识到尚无法知晓 Windows 10 会带来什么样的成功，抑或在微软的商店购买内部应用程序时会遇到什么问题。

另一种极端的情形是，一些人酷爱技术。你在哪里都能看到他们——可能是会计、市场营销专家，也可能是既了解自己的领域又喜欢信息技术的生产线主管。他们可能主修过 IS 课程，或者选修了双学位，能将 IS 与其他领域相结合（比如将 IS 与会计领域相结合）。这些人经常阅读 CNET 新闻或访问 IDNet 网站，他们能告诉你桌面虚拟化、html 5 或 Windows 10 的最新进展。他们绝不会因为不懂技术而结束职业生涯，相反他们懂得运用 IT 知识获取职业生涯中的竞争优势。

很多业务人员处于这两种极端之间。他们不想一点技术都不懂，但是也不愿意或没有兴趣成为技术爱好者（热爱技术的人）。那么他们应该怎样做呢？有两条策略。一条策略是不要忽视技术。当你在《华尔街日报》上看到一篇有关技术的文章时，耐心阅读一下，不要跳过去。你还要留心有关技术的广告，许多厂商会斥巨资做广告。另一条策略是参加能将你的专业同技术结合起来的研讨会或职业活动。例如，当你去参加银行会议时，听一两次“银行业中移动设备的使用”这样的报告。此类会议很多。你还可以就此类问题和关注点与其他公司联系。

如果你有时间的话，最好的选择可能是作为一名用户代表加入公司的技术组。比如，如果你的公司正在审查其有关自带办公设备的政策，你可以考虑加入这个审查委员会。如果公司需要从你的部门选择一名代表参与讨论对下一代热线服务系统的需求，你可以报名。在你今后的职业生涯中，努力成为公司中商业实践技术委员会（不管别人怎么称呼这个组织）的一名成员吧。

和这样一群人一起工作会增加你在技术方面的知识。他们所做的展示报告、对技术应用的讨论以及想到的那些使用IT获得竞争优势的创意都会丰富你的IT知识。你也将获得同公司高层会面并崭露头角的重要机会。

所有这些策略都由你来决定。你将选择如何处理与技术的关系。但是请你相信自己的选择，不要什么都不想就把头埋进沙子里。

讨论题

1. 你认同技术的变革是不断发生的吗？你认为对大部分业务人员来说这意味着什么？对大多数组织而言又意味着什么？

2. 考虑一下上述三种对待技术的态度，你会加入哪一阵营？为什么？

3. 用两段话来解释你在问题2中的选择。如果你选择忽略技术，解释一下你会如何弥补所丧失的竞争优势。如果你要加入另外两个阵营，说明理由，并描述你会怎样实现你的目标。

4. 根据你对问题2的回答，假设你正参加一场面试，面试官询问技术方面的知识。请用三句话回答面试官的问题。

本章回顾 ▶▶▶

在本章回顾中，通过回答本章的研究问题来检查你对观点和概念的理解。

Q4-1　一名经理需要了解哪些有关计算机硬件的知识？

列出硬件的种类，并解释每一类别的用途。解释比特和字节。解释为什么用比特来表示计算机数据。解释用来描述内存大小的比特。

Q4-2　新硬件会如何影响竞争战略？

定义物联网和智能设备。解释为什么智能设备炙手可热。举出两个商业应用从智能设备中受益的例子。描述无人驾驶汽车是如何做到更便宜、更安全并使生活更加轻松的。解释3D打印的工作原理，并说明它是如何影响产品设计、制造、销售和消费者购买的。

Q4-3　一名经理需要了解哪些有关计算机软件的知识？

回顾图表4-10中的内容，并解释表格中每个单元格的含义。描述三种虚拟化，并说出各自的应用。解释软件所有权和使用许可的区别。解释水平市场应用、垂直市场应用和特制应用的区别。说出组织获得软件的三种方法。

Q4-4　开源软件是一个可靠的备选项吗？

解释GNU和GPL。说出三个成功的开源软件项目。解释程序员愿意为开源项目做贡献的四个原因。用你自己的话解释为什么开源软件项目是很多商业软件合法的替代品，但对于特定的应用场景来说不一定是合适的选择。

本章的知识对你有何帮助？

陈述你在商业应用中涉及的技术选择。列出你在本章中学到的关于软件和硬件的知识。解释你如何利用有关应用软件资源的知识。简单描述开源软件项目，并解释为什么它只是偶尔而不总是一项可靠的备选项。解释为什么信息技术会过时，以及如何来应对这一事实。

运用你的知识 ▶▶▶

1. 假设你主修政治学的室友让你帮她购买笔记本电脑。她主要用来发邮件、上网和记笔记，预算不超过 1 000 美元。

a. 你会推荐什么样的 CPU、内存以及磁盘容量？

b. 她需要什么样的软件？

c. 登录 www.dell.com，www.hp.com 和 www.lenovo.com 来寻找最合适的产品。

d. 你会推荐哪一款产品？为什么？

2. 微软为参加“梦想之星”（DreamSpark，之前称为微软开发者学术联盟）活动的在校学生提供部分软件的免费试用权。如果你的大学参与这个活动，你就有机会免费获得价值数百美元的软件使用权。以下是部分你能够获得的软件列表：

- Microsoft Access 2013
- OneNote 2013
- Windows 2012 Server
- Microsoft Project 2013
- Visual Studio Developer
- SQL Server 2014
- Visio 2013

a. 通过访问 www.microsoft.com，www.google.com 和 www.bing.com 来描述每一种产品的功能。

b. 这些软件产品中，哪些是操作系统，哪些是应用软件？

c. 这些产品中哪些是 DBMS 产品（详情见下一章）？

d. 这些产品中，你今晚想下载并安装哪些？

e. 请回答：（1）为什么你安装上题中选择的那些软件？（2）为什么不安装上题中的其他软件？

f. DreamSpark 项目给微软提供了一个不公平的优势吗？为什么？

3. 访问开源软件的网站 www.opensource.org。总结这个基金会的使命。在网站上找出开源软件的定义，并用自己的话总结出其定义。解释这个基金会对于开源软件许可起到的作用。总结出软件获得该基金会开源许可的流程。说出得到这个基金会的许可的好处。

协作练习 ▶▶▶

和你的团队一起建立协作信息系统，可以使用 Google Docs，SharePoint 或者其他协作工具。不要忘记过程步骤和团队训练。现在，使用信息系统回答下面的问题。

在过去的几年里，微软一直在推进 PixelSense 这一软硬件相结合的产品，通过构建一个桌面，使人们能够交互数据。PixelSense 开创了一种全新的产品类型，了解 PixelSense 的最好方式是观看微软在 www.microsoft.com/en-us/pixelsense/default.aspx 上的宣传视频。

PixelSense 可发射出高达 30 英寸不可见的、与红外线光谱接近的光来探测物体的存在，能够同时对多达 52 种不同的接触动作做出反应。微软称，这意味着 PixelSense 能够满足 4 个人坐在 PixelSense 桌面旁同时使用各自的 10 个手指来操控 12 个物体。

PixelSense 使用无线网络和其他连接技术来与放在其桌面上的设备比如摄像机或者手机连接。当把摄像机放在 PixelSense 桌面上时，里面的照片就会展现在桌面上，用户可以用双手来操控图片。也可以将一些产品放在 PixelSense 桌面上，PixelSense 会显示产品的参数。信用卡也可以放在 PixelSense 桌面上，之后你就可以把要买的产品拖拽到信用卡上。目前，微软的 PixelSense 主要销售给从事金融服务、健康、医疗、零售的大型商业组织和公共服务部门。

PixelSense 最早的一个应用用于哈拉斯（Harrah）旗下 Rio All-Suite 酒店的 iBar 休息室和内华达州拉斯维加斯的赌场。发布 iBar 系统的新闻稿的副标题为："哈拉斯焕发活力，iBar 乐趣无穷"。[30]

PixelSense 未来的潜在应用领域存在交叉。比如可以在地图上展示当地的赛事，消费者动动手指就可以在线购买门票。PixelSense 也可以应用到新电脑游戏和博彩设备上。孩子们可以在 PixelSense 上使用虚拟画笔作画。还有不计其数的其他应用成为可能。微软预见到 PixelSense 将是未来独一无二的能够产生数十亿美元收益的一项技术，应用广泛。[31]

正如你在 PixelSense 网站上看到的那样，它可以应用到不同领域，比如饭店、零售亭，并最终走入寻常百姓家。PixelSense 最终的应用我们目前可能无法预见。不过很明显它将在博彩行业得到应用。想象一下这样的场景：你将信用卡放在 PixelSense 桌面上，通宵赌博；每输一次，你的信用卡就会扣一笔钱；不知不觉中，15 000 美元的额度就被刷爆了，直到 PixelSense 提醒你额度不足。

回顾第 1 章中提到的 RAND 研究，其中提到，全球对那些能应用新技术和产品、以创新的方式解决业务问题的员工的需求将会增加。PixelSense 就是能够创新性应用新技术的例子。

1. 考虑一下在你的学校应用 PixelSense。如何将 PixelSense 应用于建筑、化学、法律、医学、商业、地理、政治学、艺术、音乐或其他你们团队感兴趣的学科？对五种不同的学科分别描述一种潜在的应用。

2. 列出你在问题 1 中所选的五种应用的具体性能与优点。

3. 大致描述创建你在问题 1 中发现的应用需要完成哪些工作。

4. 在 2012 年 6 月之前，PixelSense 被称为 Surface。后来微软将这一名称用在了其全新的平板系列产品上，Surface 就改称为 PixelSense。你可以从这个命名策略得出哪些结论？

5. 有时你会听到这种表述："新兴技术会不断地营造公平竞争的环境。"意思是技术能消除现有公司的竞争优势，为新公司带来机遇。这种陈述对于 PixelSense、Surface、Windows 10、苹果和谷歌来说合适吗？

案例研究 ▶▶▶

你的苹果公司

快速浏览一下如图表 4－17 所示的苹果公司历年的股价，你可以发现它是一家相当成功并充满戏剧色彩的公司。它的股价在世纪之交、2007—2008 年、2012 年和 2015 年达到顶点。它在最辉煌时是全球市值最高的公司。苹果公司是如此成功，以至于纳斯达克交易所认为苹果公司的价格带高了纳斯达克 100 指数，将苹果公司在该指数中的权重从 20% 降至 12%。苹果公司的股价在经历了 2013 年的低谷 56 美元之后，后来又达到了 128 美元。

图表 4-17　苹果公司股价的增长

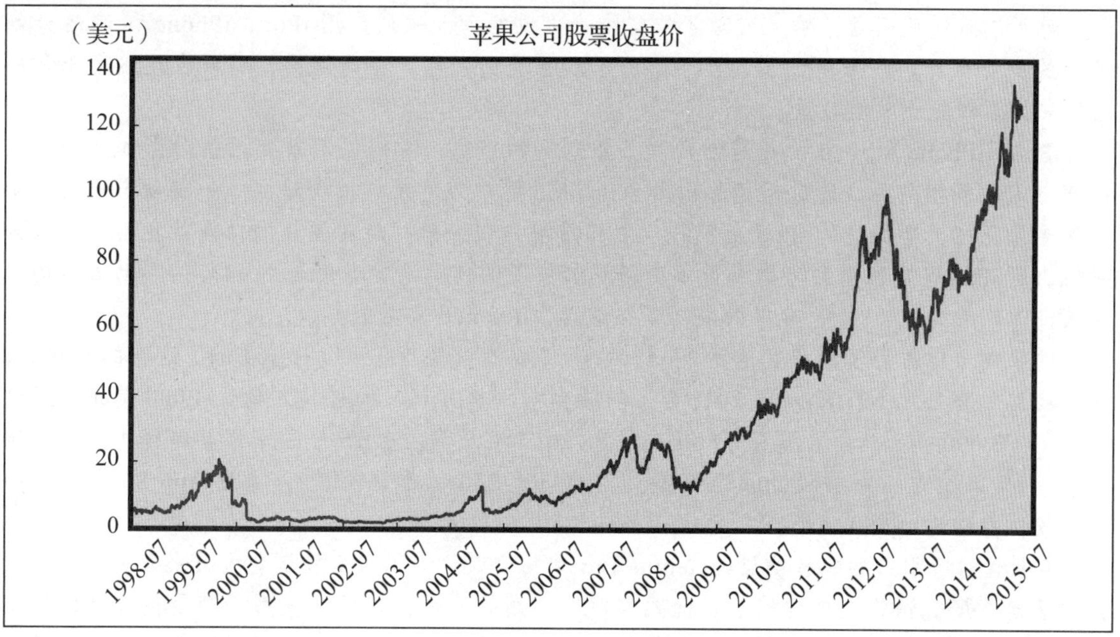

不过，自 2011 年 10 月 5 日乔布斯去世之后，苹果公司再也没有开发出像 iPhone，iPod 和 iPad 那样的开创性产品。没错，2015 年苹果公司发布了 iWatch，但从初期的评论来看大众对其明显缺乏热情。[32] 市场上早就出现了具有相似功能的智能手表，而且其表现不尽如人意。最重要的是，在 iPhone 已经推出的前提下，iWatch 能否为消费者提供足够的附加值还不明显。简而言之，iWatch 并未成为消费者的新宠。所以，苹果公司及其股东的未来如何，目前还不确定，尤其是当你想到没有乔布斯的情况下公司的表现。

早期的成功与衰落

在个人电脑出现之初，大概是在 20 世纪 80 年代早期，苹果作为设计良好的家用电脑先锋，生产了具有创新界面的 Apple Ⅱ个人家用电脑，还有为学生以及知识工作者设计的 Macintosh 电脑。在这一时期，拥有超过 20% 的个人电脑市场份额，苹果能够与其他电脑厂商竞争，而现在这些厂商大多不再从事相关业务了。

然而，苹果没有把握住机会。1985 年，苹果的首席创新者乔布斯在与苹果董事会的争斗中失败，被赶出公司。他成立了另一家个人电脑公司 NeXT，制造了许多过于超前的划时代的 PC 产品，不过在那个年代并未成功。与此同时，苹果聘任了新的 CEO。首先是曾在百事可乐取得巨大成功的约翰·斯卡利（John Sculley），不过斯卡利的知识和经验并没有成功转移到个人电脑产业上。在此期间苹果公司快速衰败以至于 CNBC 将他评为美国历史上排名第 14 位的较差的 CEO。[33] 之后的两任 CEO 的经历几乎和他一样。

在这段时间里，苹果犯了很多错误，包括不奖励创新开发工程，在过多的市场领域开发了过多的产品，失去了电脑零售店的尊重。苹果公司个人电脑的市场份额迅速减半。

乔布斯，重新归来

1996 年，苹果收购了乔布斯的公司，获得了 Mac OS X 的技术基础，也就是今天的 Macintosh

操作系统。不过，苹果公司真正得到的是乔布斯。但即使是乔布斯也不能一夜之间就创造奇迹。重新获得市场份额的难度超乎想象，而更加困难的是在零售渠道已经对苹果产品产生不好的看法之后重新获得零售商的尊重。直到 2011 年，苹果的个人电脑市场份额仍在 10% ～ 12% 波动，远远低于 20 世纪 90 年代的 20%。

为了应对这些问题，苹果突破了传统个人电脑的商业领域，用 iPod，iPhone 和 iPad 开创了新的商业市场。苹果通过自己开店解决了零售商的问题。在此期间，苹果在在线音乐和应用销售方面领先于其他对手。

iPod，iPhone 和 iPad 设备是创意和工程制造的奇迹。它们以简单实用、时尚和酷劲十足诱惑着人们争相购买。通过销售热门歌曲给 iPod 用户，苹果与市场建立了一种动态连接，使消费者愿意在灵巧漂亮的 iPod 上花钱。它凭借用户切换角度旋转图片的功能就卖出了更多的手机。而 iPad 让我们看到可携带设备变得更加方便阅读，消费者更是用 44% 的移动端市场份额来证明苹果的成功。[34] 苹果的成功还在继续，iPhone6 卖得很好。

这些成功也推动了苹果商店的成功，它不仅战胜了像百思买（Best Buy）这样的零售商，而且战胜了蒂夫尼（Tiffany）。2011 年，苹果商店每平方英尺的总收入到达 4 000 美元，超过蒂夫尼（3 000 美元）和百思买（880 美元）。2015 年，苹果在 15 个国家经营超过 447 个零售店。[35] 苹果的在线商店 iTunes 已经累计卖出超过 250 亿首歌曲[36]，通过 App Store 下载的应用软件总量超过 750 亿个。[37]

苹果通过吸引人的销售楼层，Genius Bar 帮助台以及训练有素的销售人员来吸引顾客并维持顾客忠诚度。销售人员被赋予帮助顾客解决问题的使命，甚至一些用语都是标准化的。当一名雇员无法为顾客解决问题时，要避免使用“很不幸”这种表述，而要使用“正如结果所示”这样的表述。[38] 下次考试的时候，你可以试一试。

为了鼓励 iPhone 和 iPad 应用的开发，苹果与开发者共享利润。近年来开发者获得的利润已超过 250 亿美元。[39] 开发者则开发了 1 000 000 个 iOS 应用来回报。当你读到这里时，开发大军正在以惊人的速度继续开发应用。

如果你要开发 iOS 应用，你要做的第一件事是什么？买一台苹果电脑。苹果封闭了其他开发环境。Adobe Flash？不要想了。苹果声称 Flash 有太多的漏洞，不过好像确实如此。为此，Flash 的开发者被拒之门外。微软的 Silverlight？还是没门。微软的开发者同样受到冷遇。非苹果开发社区的人对此反应激烈，而苹果做出的回应相当简练：“没关系，我们会把 25 亿美元给其他为苹果开发应用的人。”

底线是什么？到乔布斯去世时，每一次销售成功都推动了其他方面的成功。火爆的音乐销售促进了 iPod 的销售。iPod 则促进了 iTunes 的发展，并且为 iPhone 的流行建立了不断增长的用户基础。iPhone 的销售促进了苹果商店的发展，而后者促使开发者社区创造更多的应用，这又为 iPhone 的流行和 iPad 的出现奠定了基础，从而促进了 App Store 的发展。这些都提高了消费者的忠诚度，当然也带来更多的开发者。

没有乔布斯的苹果

苹果的未来充满不确定性。在乔布斯 20 世纪 90 年代离开时它曾经失败过，它也可能再次失败。毫无疑问，苹果还会伴随我们很长一段时间。不过作为创新的领头羊，它的地位未必那么稳固。

［问题］

1. 请解释苹果使用了波特四种竞争战略中的哪一种。
2. 你认为苹果过去成功的最重要的三个因素是什么？证明你的结论。

3. 乔布斯2011年10月去世，在此之前，他一直是苹果创新的灵魂。如今，9.3万名苹果员工仍在继续前进。对于很多投资者来说，最大的疑问在于：没有乔布斯，苹果是否还能保持成功？你是怎么想的？乔布斯的角色是怎样的？苹果应该如何应对失去乔布斯？你愿意继续投资苹果吗？为什么？

4. 微软在早期的平板设备（类似 iPad）上是很领先的，并且在操作系统和应用领域独占鳌头超过20年。说出微软没能达到苹果那样的成功的5个原因。大多数行业分析家认为微软的12.8万名员工的平均能力与苹果公司员工的能力并无差距。

5. 考虑你对前4个问题给出的答案，假设你有5 000美元的资金打算投入股市，你是否会购买苹果的股票（AAPL）？为什么？

注释

1. SAS Institute Inc., "Big Data Meets Big Data Analytics," SAS.com, accessed May 14, 2014, *www.sas.com/resources/whitepaper/wp_46345.pdf.*
2. Pamela Vagata and Kevin Wilfong, "Scaling the Facebook Data Warehouse to 300 PB," Facebook.com, May 2014, accessed May 14, 2014, *https://code.facebook.com/posts/229861827208629/scaling-the-facebook-data-warehouse-to-300-pb.*
3. Kashmir Hill, "Blueprints of NSA's Ridiculously Expensive Data Center in Utah Suggest It Holds Less Info than Thought," *Forbes.com*, July 24, 2013, accessed May 14, 2014, *www.forbes.com/sites/kashmirhill/2013/07/24/blueprints-of-nsa-data-center-in-utah-suggest-its-storage-capacity-is-less-impressive-than-thought.*
4. Cisco Systems, Inc., "VNI Forecast Highlights," Cisco.com, accessed April 30, 2015, *www.cisco.com/web/solutions/sp/vni/vni_forecast_highlights/index.html.*
5. Jillian D'Onfro, "Amazon: Here's the Final Tally for All the Insane Shopping Everyone Did This Holiday Season," Business Insider, December 26, 2014, accessed May 1, 2015, *www.businessinsider.com/amazon-christmas-shopping-release-2014–12.*
6. Peter C. Evans and Marco Annunziata, "Industrial Internet: Pushing the Boundaries of Minds and Machines," General Electric, November 26, 2012, accessed May 21, 2014, *www.ge.com/docs/chapters/Industrial_Internet.pdf.*
7. Ibid.
8. Jennifer Warnick, "88 Acres: How Microsoft Quietly Built the City of the Future," Microsoft Corp., April 15, 2013, accessed May 21, 2014, *www.microsoft.com/en-us/news/stories/88acres/88-acres-how-microsoft-quietly-built-the-city-of-the-future-chapter-1.aspx.*
9. KPMG and the Center for Automotive Research, "Self-Driving Cars: Are We Ready," 2013, accessed May 1, 2015, *www.kpmg.com/US/en/IssuesAndInsights/ArticlesPublications/Documents/self-driving-cars-are-we-ready.pdf.*
10. Glenn Garvin, "Automakers Say Self-driving Cars Are on the Horizon," *Miami Herald*, March 21, 2014, accessed May 22, 2014, *www.tampabay.com/news/business/autos/automakers-say-self-driving-cars-are-on-the-horizon/2171386.*
11. Steven Musil, "Google Unveils Self-driving Car, Sans Steering Wheel," CNET, May 27, 2014, accessed May 28, 2014, *www.cnet.com/news/google-unveils-self-driving-car-sans-steering-wheel.*
12. The Travelers Indemnity Company, "2014 Annual Report," Travelers .com, December 31, 2014, accessed May 1, 2015, *http://investor.travelers.com/corporateprofile.aspx.*
13. Network of Employers for Traffic Safety, "10 Facts Employers Must Know," accessed May 1, 2015, *http://trafficsafety.org/safety/fleet-safety/10-facts-employers-must-know.*
14. Liz Stinson, "For Super Bowl, Nike Uses 3-D Printing to Create a Faster Football Cleat," *Wired*, January 10, 2014, accessed May 23, 2014, *www.wired.com/2014/01/nike-designed-fastest-cleat-history.*
15. See EDAG's GENESIS prototype car at *http://www.EDAG.de.*
16. Venessa Wong, "A Guide to All the Food That's Fit to 3D Print (So Far)," *BusinessWeek*, January 28, 2014, accessed May 23, 2014, *www.businessweek.com/articles/2014-01-28/all-the-food-thats-fit-to-3d-print-from-chocolates-to-pizza.*
17. Dan Ferber, "An Essential Step Toward Printing Living Tissues," Harvard School of Engineering and Applied Sciences, February 19, 2014, accessed May 23, 2014, *www.seas.harvard.edu/news/2014/02/essential-step-toward-printing-living-tissues.*
18. Ryan Bushey, "Researchers Are Making a 3D Printer That Can Build a House in 24 Hours," *Business Insider*, January 9, 2014, accessed May 23, 2014, *www.businessinsider.com/3d-printer-builds-house-in-24-hours-2014-1.*
19. "Net Applications," April, 2014, accessed May 15, 2015, *www.netapplications.com.*
20. Previously called metro-style. Name change by Microsoft, reputedly because of a trademark lawsuit from Europe.
21. "Net Applications," April, 2014, accessed May 15, 2015, *www.netapplications.com.*
22. DistroWatch.com, accessed May 15, 2015, *www.distrowatch.com.*
23. "Net Applications," accessed July 15, 2013, *www.netapplications.com.*
24. Ibid.
25. Pew Research Center, "U.S. Smartphone Use in 2015," PewInternet .org, accessed May 2015, *www.pewinternet.org/files/2015/03/PI_Smartphones_0401151.pdf.*
26. "Unlocking the Cloud," *The Economist*, May 28, 2009, accessed August 9, 2014, *www.economist.com/node/13740181.*
27. SnoopWall, "SnoopWall Flashlight Apps Threat Assessment Report," October 1, 2014, SnoopWall.com, accessed April 27, 2015, *www.snoopwall.com/threat-reports-10-01-2014.*
28. Symantec Corporation, "Internet Security Report," Symantec.com, Volume 20, April 2015, accessed April 27, 2015, *www4.symantec.com/mktginfo/whitepaper/ISTR/21347932_GA-internet-security-threat-report-volume-20-2015-social_v2.pdf.*
29. Google, "Android Security 2014 Year in Review," *GoogleUserContent.com*, accessed April 27, 2015, *http://static.googleusercontent.com/media/source.android.com/en/us/devices/tech/security/reports/Google_Android_Security_2014_Report_Final.pdf.*
30. Microsoft envisions PixelSense as a ubiquitous billion dollar technology that will find its way to tabletops, countertops, and mirrors.
31. Microsoft press release, May 29, 2007, accessed August 9, 2014, *www.microsoft.com/en-us/news/press/2007/may07/05-29mssurfacepr.aspx.*
32. Will Shanklin, "Apple Watch Review: Elegant, Delightful…and Completely Optional," April 29, 2015, *Gizmag.com*, accessed May 22, 2015, *www.gizmag.com/apple-watch-review-iwatch-review/37244.*
33. "Portfolio's Worst American CEOs of All Time," *CNBC.com*, April 30, 2009, accessed August 9, 2014, *www.cnbc.com/id/30502091.*
34. Net Applications, "Mobile/Tablet Operating System Market Share," July 2014, accessed August 9, 2014, *www.netmarketshare.com/mobile-market-share.*
35. The Street Transcripts, "Apple (AAPL) Earnings Report: Q1 2015 Conference Call Transcript," TheStreet.com, January 28, 2015, accessed May 2, 2015, *www.thestreet.com/story/13025362/4/apple-aapl-earnings-report-q1-2015-conference-call-transcript.html.*
36. Alex Pham, "iTunes Crosses 25 Billion Songs Sold, Now Sells 21 Million Songs a Day," *Billboard.com*, February 6, 2013, accessed August 9, 2014, *www.billboard.com/biz/articles/news/1538108/itunes-crosses-25-billion-songs-sold-now-sells-21-million-songs-a-day.*
37. Sarah Perez, "iTunes App Store Now Has 1.2 Million Apps, Has Seen 75 Billion Downloads To Date," TechCrunch, June2, 2014, accessed August 9, 2014, *http://techcrunch.com/2014/06/02/itunes-app-store-now-has-1-2-million-apps-has-seen-75-billion-downloads-to-date/.*
38. Yukari Iwatani Kane and Ian Sherr, "Secrets from Apple's Genius Bar: Full Loyalty, No Negativity," *Wall Street Journal*, last modified June 15, 2011, *online.wsj.com/article/SB10001424052702304563104576364071955678908.html.*
39. The Street Transcripts, "Apple (AAPL) Earnings Report: Q1 2015 Conference Call Transcript."

第 5 章
数据库处理
Database Processing

周五晚上，卡姆在去参加艺术展开幕式的路上突然接到杰西·登卡（Jess Denkar）打来的紧急电话，杰西是 Petro Tex 公司的安全负责人，该公司是得克萨斯州的一家大型炼油厂，也是 Falcon Security 最大的客户之一。杰西正在寻找可以帮助他找到谁偷了价值近 75 000 美元的定制管道和铜线的信息。

卡姆将她的私人电话号码给了杰西，告诉他无论白天还是晚上，都可以随时找她。卡姆明白让杰西知道 Petro Tex 花在公司服务上的钱是值得的很重要。卡姆迅速给 IT 主管托希奥·萨托（Toshio Sato）打电话，把他叫回办公室。她还给 CEO 马特奥和 CFO 乔尼发了短信。

“你发现什么了吗？”乔尼问道。她迅速把手提包放在就近的工作台上，开始在托希奥身后走来走去。

卡姆简洁地回答：“还没有，不过我们会尽可能以最快的速度工作。”卡姆想集中精力帮托希奥找到有用的监控录像，而不是讨论 Petro Tex 对于 Falcon Security 的重要性。

“有什么我可以帮忙的吗？”乔尼好奇地问。

“没有，我们现在只想找到有用的录像。这里有很多需要浏览的录像资料。”卡姆做了个手势。

“问题是什么？为什么我们需要浏览这么多录像？”

托希奥本打算告诉乔尼没有查看什么，只是在搜索。但是他什么也没说。“好吧，问题是我们有很多 Petro Tex 不同建筑的录像，这些录像来自不同的无人机，时间跨度有两周了。找到设备被偷时的录像意味着我们必须搜索数百个视频文件。这可能要一整夜。”他实事求是地回答。

“一定有更快的方法。为什么我们不能只搜索部分录像？”乔尼说道。

“不行。”托希奥平静地说，“我们没有办法追踪视频数据。这些视频文件按顺序编号并存储在公司一个特定的目录中。我们也可以看到创建视频文件的日期和时间，但是有几架无人机。这只是……”

卡姆打断托希奥以免他分心：“托希奥和我已经讨论通过创建一个数据库来追踪所有的视频文件。我们正试图使数据收集与存储过程自动化。”

“嗯，需要多长时间？需要多少费用？”乔尼问道。

“我们也不确定。我们甚至不知道要使用哪种数据库系统。托希奥和我都用过 Microsoft Access，但是托希奥提到 MongoDB 可能会更好地跟踪视频文件。”

托希奥暂停了视频回放并指向目录中的视频文件列表。“不必手动搜索，我可以通过每个视频的特征来搜索，如公司名称、建筑物名字、日期、时间和高度等。它将反馈与这些特征匹配的视频的网址。我们将准确地知道它们在文件服务器中的位置。”

“听起来不错，我们不必周五一晚上浏览视频录像。我们开始吧。”乔尼说道。

卡姆尝试回到追踪话题上："好的，我们会把它放到清单上。毫无疑问，这个数据库将使我们不必搜索所有的视频录像。不过，现在我们应该集中精力寻找杰西的录像。今晚我们已经拿到许多要查看的视频。"

研究问题

Q5－1　你为什么需要了解数据库？
Q5－2　什么是数据库？
Q5－3　什么是数据库管理系统？
Q5－4　数据库应用程序如何使数据库更加有用？
Q5－5　Falcon Security 如何从数据库系统中受益？
Q5－6　什么是非传统数据库管理系统产品？

Q5－1　你为什么需要了解数据库？

本章及相关拓展内容向你介绍数据库技术。你作为商务人士了解这些知识很重要。如今数据库无处不在。你可能没有意识到，你每天访问数据库几十次。你打电话、登录互联网或使用信用卡网上购物，应用程序都在背后处理大量的数据。使用 Snapchat、脸书、推特（Twitter）、领英（LinkedIn）和其他应用程序时，你都是在处理数据库。谷歌通过对多个数据库进行处理以获得搜索结果。

学习数据库技术的理由

作为用户，你不需要了解基础技术。从你的角度来看，"它只是工作"，这是史蒂夫·乔布斯的话。然而，作为 21 世纪的商务人士，这就另当别论了。你需要了解本章的知识和相关拓展内容的原因有四个：

1. 当你参加新的业务计划的开发时，你需要知道数据库技术是否有助于实现你的项目目标。如果是这样，你需要足够的知识来评估是把数据库建成一个小屋还是建成摩天大楼。在本章章首的例子中，乔尼需要一些知识来评估建立新数据库有多难（因此有多贵）。

2. 因为数据库在商业中无处不在，每天有数十亿字节的数据被存储。你需要知道如何把数据转化为一种格式，据此你可以获取有用的信息。为此，你可以使用许多不同的图形工具来查询数据。你可能要学习查询数据库的国际标准语言 SQL。许多商务人士都是这样做的。

3. 商业是动态的，信息系统必须与之相适应。通常，这种适应意味着数据库的结构需要改变，有时必须创建全新的数据库。你将在本章学习到，只有用户比如你才了解需要存储什么、如何存储。你可能被要求评估本章中所描述的数据模型。

4. 最后，你可能在某一天发现自己或你的部门处于混乱中。也许你不知道谁有什么设备，某些工具在哪里，在你的壁橱里究竟有什么。在这种情况下，你可以选择建立自己的数据库。这个数据库可能较小且相对简单，除非你是一个信息系统专家。但它对你和你的同事非常有用。

下面我们讨论数据库的用途。

数据库的用途是什么？

数据库的用途是记录事务。大部分学生在了解这一点时会心生疑惑。我们为什么需要一项特殊的技术来处理这样一个简单的任务？为什么不用列表？如果列表很长，可以使用电子表格。

事实上，许多专业人士都使用电子表格保存记录，如果表格的结构十分简单，就没有必要使用数据库技术。例如，如图表5-1所示的学生成绩表就能很好地满足需要。

图表5-1 以电子表格形式展示的学生成绩表

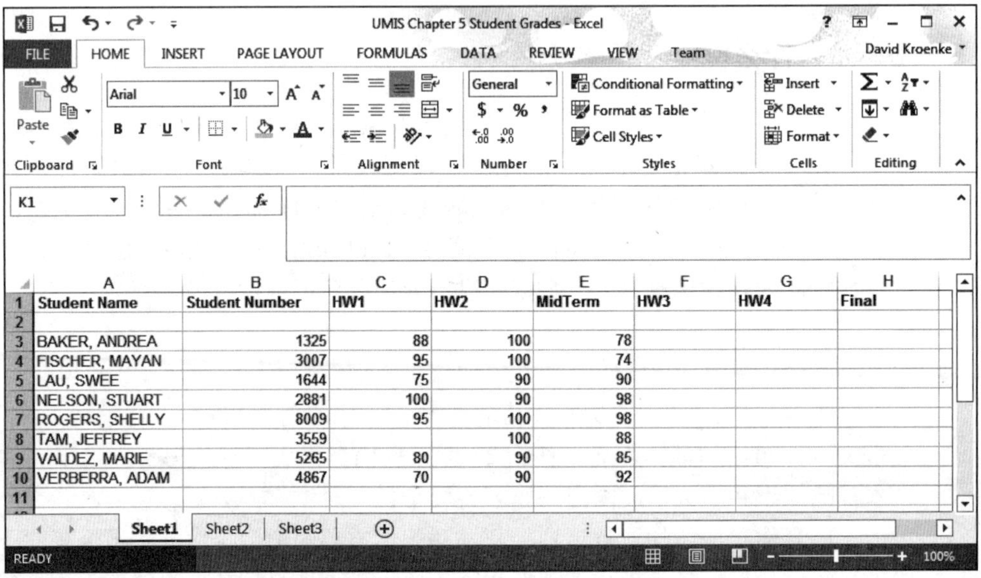

	A	B	C	D	E	F	G	H
1	Student Name	Student Number	HW1	HW2	MidTerm	HW3	HW4	Final
2								
3	BAKER, ANDREA	1325	88	100	78			
4	FISCHER, MAYAN	3007	95	100	74			
5	LAU, SWEE	1644	75	90	90			
6	NELSON, STUART	2881	100	90	98			
7	ROGERS, SHELLY	8009	95	100	98			
8	TAM, JEFFREY	3559		100	88			
9	VALDEZ, MARIE	5265	80	90	85			
10	VERBERRA, ADAM	4867	70	90	92			
11								

资料来源：Microsoft Excel 2013.

然而，如果教授除了记录成绩，还想记录电子邮件信息，甚至同时记录电子邮件和来访记录信息，那么图表5-1中的表就没有足够的空间来存放增加的信息。当然，教授也可以分别建立存储电子邮件信息和办公室来访记录信息的电子表格。然而，把数据放在不同的文件里，使用起来会非常麻烦。

因此，教授可能会更需要与图表5-2中表的格式相似的表，这样就可以在同一表中记录学生成绩、电子邮件、来访记录等信息。使用电子制表软件设计这样的表非常麻烦，使用数据库软件进行设计则很简单。

图表5-1和图表5-2最主要的区别是：图表5-1中表的内容是关于单一主题和概念的，只包含学生成绩；图表5-2中的表包含多个主题，如学生成绩、电子邮件、来访记录。从这个例子可以看出，包含单一主题的表可以存储在电子表格里，而包含多个主题的表就需要应用数据库技术了。

图表 5-2　数据库中的表展示的学生数据

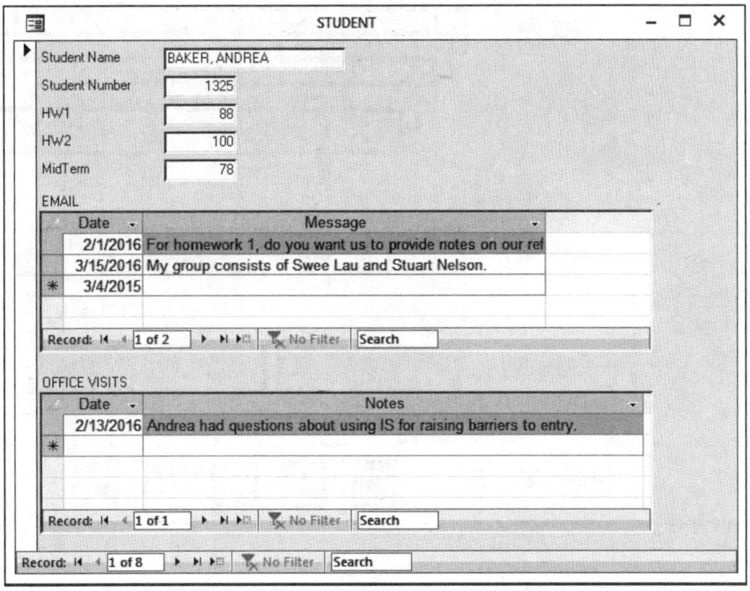

资料来源：Microsoft Access 2013.

Q5-2　什么是数据库?

数据库（database）是一个记录自我描述的集合。为了理解这个定义，我们首先要理解图表 5-3 中包含的术语。如第 4 章所介绍的，字节是数据的计量单位，字节经组合构成列，如学号、学生姓名。列也可称为域。多个列或域就构成了行，也称记录。图表 5-3 中，所有列（学号、学生名称、HW1、HW2、期中考试）的数据集就构成一行或者一个记录。一组相似的行或者记录叫作一张表。从这些定义中可以发现，图表 5-4 中的这些数据是有层次的。

图表 5-3　学生信息表（也称文件）

列（也称字段）

行（也称记录）

学号	学生姓名	HW1	HW2	期中考试
1325	BAKER, ANDREA	88	100	78
1644	LAU, SWEE	75	90	90
2881	NELSON, STUART	100	90	98
3007	FISCHER, MAYAN	95	100	74
3559	TAM, JEFFREY		100	88
4867	VERBERRA, ADAM	70	90	92
5265	VALDEZ, MARIE	80	90	85
8009	ROGERS, SHELLY	95	100	98

字符（也称字节）

图表 5-4 数据元素的层次结构

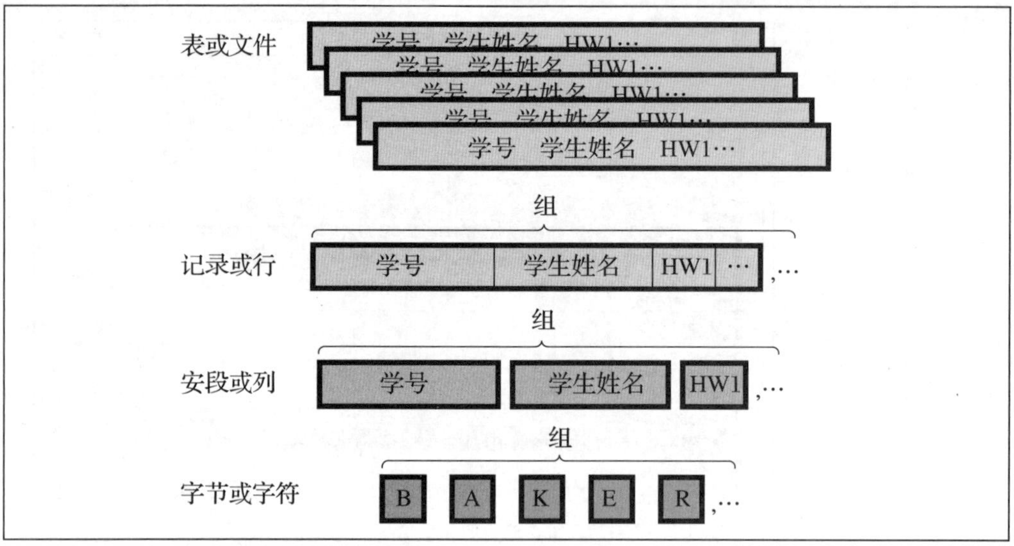

数据库是表或文件的集合，根据这个定义继续我们的研究。这个解释虽然是正确的，但不够深入。数据库是表、表中各行之间的关系及称为元数据（元数据描述了数据库的结构）的特殊数据的集合，如图表5-5所示。顺便提一下，数据库对应着计算机里的硬盘。数据库是存储在电脑硬盘上的，它的作用如图表5-5所示。

图表 5-5 数据库的构成

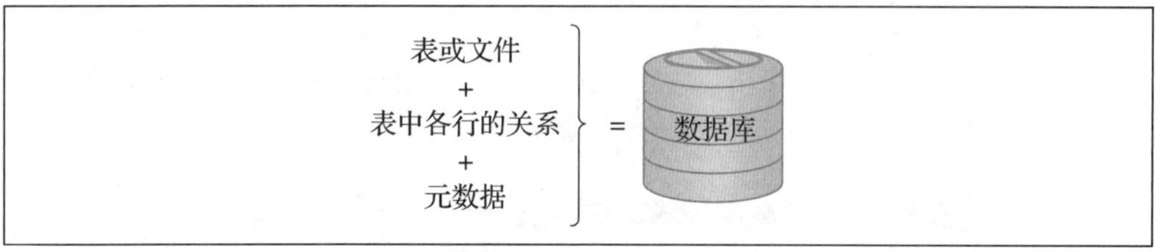

记录之间的关系

仔细阅读图表5-5左边的术语，你就会了解什么是表。为了搞清楚表中记录之间的关系，分析图表5-6中的内容。它展示了电子邮件表、学生信息表和来访记录表的数据。注意电子邮件表中的“学号”这一列，学生信息表和电子邮件表是通过这一列关联起来的。在电子邮件表的第一行，学号的值是1325，这表明，这封特定的电子邮件是来自学号为1325的学生。如果你查看学生信息表，将发现对应“Andrea Baker”一行的值，因此，电子邮件表的第一行是与“Andrea Baker”相联系的。

再看图表5-6中来访记录表的最后一行，在这一行，学生学号的值是4867，这表明，办公室来访的最后一行属于“Adam Verberra”。

你从这些例子中可以发现，一张表中的值与另一张表中的行相联系。一些术语可

图表 5-6 行与行之间的关系示例

电子邮件表

电子邮件号	日期	消息	学号
1	2/1/2016	对于作业1，你希望我们提供参考说明吗？	1325
2	3/15/2016	我们小组由Swee Lau和Stuart Nelson组成。	1325
3	3/15/2016	你能把我们分配到一个小组去吗？	1644

学生信息表

学号	学生姓名	HW1	HW2	其中考试
1325	BAKER, ANDREA	88	100	78
1644	LAU, SWEE	75	90	90
2881	NELSON, STUART	100	90	98
3007	FISCHER, MAYAN	95	100	74
3559	TAM, JEFFREY		100	88
4867	VERBERRA, ADAM	70	90	92
5265	VALDEZ, MARIE	80	90	85
8009	ROGERS, SHELLY	95	100	98

来访记录表

来访记录号	日期	说明	学号
2	2/13/2016	Andrea在利用信息系统（IS）提高准入门槛方面有问题。	1325
3	2/17/2016	Jeffrey正在考虑学习信息系统（IS）专业，希望能讨论一下就业机会。	3559
4	2/17/2016	Adam由于工作冲突将会缺席周五的课。	4867

以用来解释这一观点。一个**键**（key，也称**主键**）是一列或一组列，用于标识表中唯一的一行。学生学号是学生信息表的主键，给定学生学号的值，可以在学生信息表中确定且只能确定一行。例如，只有一个学生的学号是 1325。

每张表必须有一个主键。电子邮件表的主键是电子邮件号，来访记录表的主键是来访记录号。有时需要不止一列作为主键，比如在一张城市表中，表的主键是由城市名和州名组合而成的，因为不同的州可能有名称相同的城市。

学号不是电子邮件表和来访记录表的主键。在电子邮件表中有两行的学号的值都是 1325，这个值不能唯一确定电子邮件表的某一行，因此，学号不是电子邮件表的主键。

另外，学号也不是来访记录表的主键，尽管从图表 5－6 中看不出。然而，如果你仔细想想就会明白，学生不可能只拜访教授一次。如果允许学生多次拜访教授，那么在来访记录表中就会有两行存在同一学号的值。图表 5－6 显示的仅仅是没有学生拜访两次的偶然情况。

在电子邮件表和来访登记表中起作用的学生学号称为**外键**（foreign keys），使用这一术语是因为这些列是主键，但它们是另一张表的主键而不是它们所在的那张表的主键。

在学习下面的内容之前，数据库以表格的形式承载数据，数据库使用外键代表其关系，该外键称为**相关数据库**（relational databases）。（使用“相关”一词，是因为我们讨论的这种表格更为正式的名字是关系型数据库。）你会在 Q5 - 5 了解另一种数据库。

元数据

回顾一下数据库的定义：数据库是一个记录自我描述的集合。你已了解记录是经过整合的，因为各行之间的关系可以在数据库中表现出来。但是，自我描述的含义是什么？

自我描述是指数据库包含对其内容的描述。以图书馆为例，图书馆是图书和其他资料的一个自我描述集合。之所以说图书馆是自我描述的，是因为图书馆包含一个描述图书馆内容的目录。这一思想也适用于数据库。数据库之所以是自我描述的，是因为数据库不仅包含数据，而且有关于数据库中数据的数据。

元数据（metadata）就是描述数据的数据，图表 5 - 7 显示了电子邮件表的元数据。元数据的格式是由进行数据库处理的软件决定的。图表 5 - 7 显示的是 Microsoft Access 中元数据的格式。该表上部的每一行描述了电子邮件表的一列。这些列是域名、数据类型和描述数值。域名包含了这一列的名称，数据类型显示了这一列包含的数据的类型。描述包含了解释数据来源和使用数据的记录。正如你看到的，电子邮件表的四列中，每一列都有一行元数据：电子邮件号（EmailNum）、日期（Date）、信息（Message）、学生学号（Student Number）。

图表 5 - 7 元数据（在 Access 中）示例

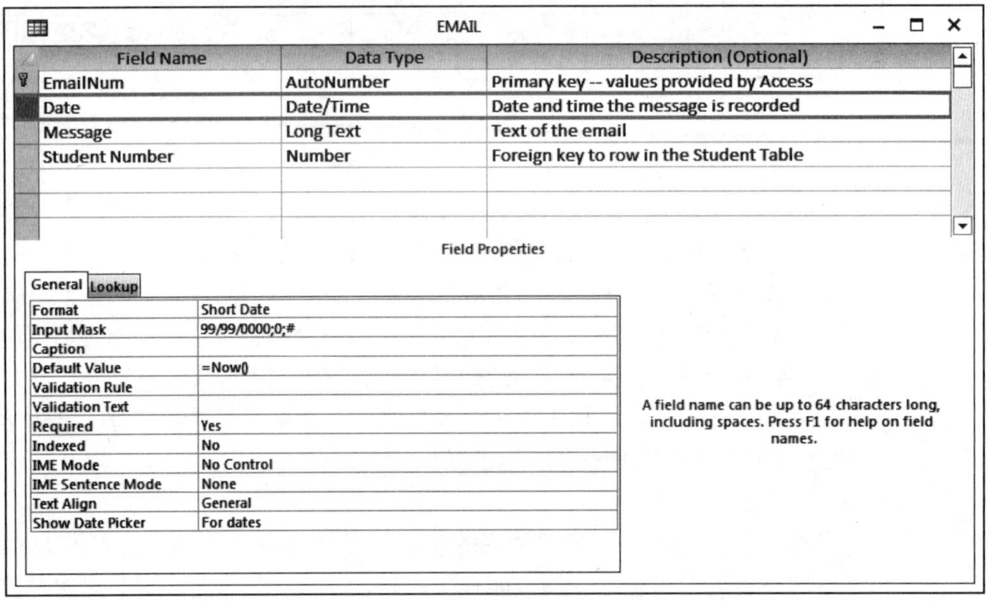

资料来源：Microsoft Access 2013.

在该表的底部是 Access 中叫作域值的部分，包含每一列更多的元数据。在图表 5 - 7 中，关注日期（被光标包围的那一行），最下面的面板描述的内容就是日期。域值描述了格式，即一条记录被创建时，由 Access 提供默认值和这一栏值的约束值。这些细节对你而言并不重要，只要理解元数据是关于数据的数据以及这些元数据是数据库的一部分即可。

元数据的存在使数据库更加有用。因为有了元数据，就没有必要去猜测或者记录数据库的内容。想要知道数据库中有什么，只要查看数据库中的元数据就可以了。

Q5-3 什么是数据库管理系统?

数据库管理系统（database management system，DBMS）是用来建立、处理和管理数据库的程序。与操作系统一样，几乎没有组织开发自己的 DBMS。相反，企业从软件供应商那里购买 DBMS 产品，这些供应商包括 IBM、微软、甲骨文和其他厂商。目前流行的 DBMS 产品包括：IBM 开发的 DB2，微软开发的 Access 和 SQL Server，甲骨文开发的 Oracle。MySQL 也是目前比较流行的 DBMS 产品，它的大部分应用都是开放源代码的。[1] 虽然其他 DBMS 产品也具有很好的易用性，但以上五种产品占据了 DBMS 大部分市场份额。

注意，DBMS 和数据库是两个不同的概念，但经常混为一谈。DBMS 是一个软件程序，数据库则是一系列表、关系和元数据的集合。二者是不同的概念。

■ 建立数据库和数据库结构

数据库开发人员利用 DBMS 建立数据库中的表、关系以及结构。图表 5-7 显示的界面可以用来定义一张新表或者修改一张已经存在的表。当建立一张新表时，开发人员只需要添加新的表格。

如果要修改一张已经存在的表，例如添加一列，开发人员查看该表的设计结构，添加一行元数据即可。在图表 5-8 中，开发人员添加了“是否回复”（Response？）一列。该列的数据格式为 Yes/No，也就是说，该列只能包含一个值（是或否），教授会用该列表示他是否回复了某个学生的邮件。通过删除该表中的行，可以删除列，但这样做会导致现存的所有数据丢失。

图表 5-8 添加一列（在 Access 中）

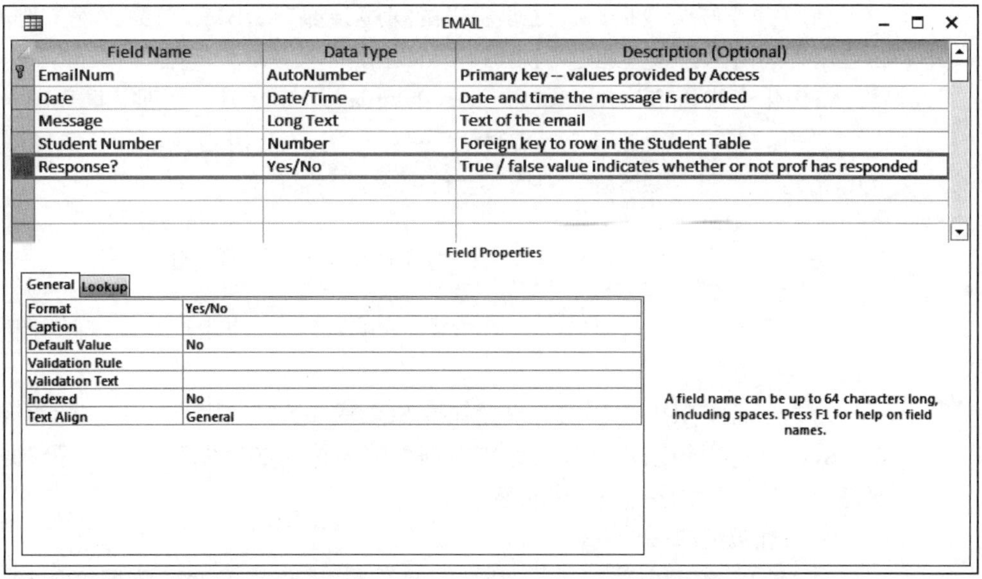

资料来源：Microsoft Access 2013.

不是数据说的

产品经理杰里米·威尔（Jeremey Will）和尼尔·汤（Neil Town）在老板萨拉·墨菲（Sarah Murphy）面前争论提升9月份产品促销效率的问题。

萨拉："我们是否在10月份继续促销？"

杰里米："不可以，成本太高了，并且也没有提升销售额。"

尼尔："等一下，我不同意。我承认8月份以来销售额并没有提高，但是你看销售记录就会发现，和去年9月份相比有了大幅提高。"

杰里米："你从哪里得到的数据？"

尼尔："从销售数据库中得到的，无论如何，我们的销售额平均比去年提高11%，并且增长大多来自新客户。"

杰里米："我不这么认为，我给四个销售代表打了电话，他们都不认为有什么前景。"

尼尔："并不是仅靠数据证明。我将数据存入Access，并且做了一系列调查。9月份19%的销售额来源于新客户。"

萨拉："如此惊人！但是你怎么将之归功于促销活动？"

尼尔："的确如此。调查结果发现，新客户中有近2/3使用了优惠券。"

萨拉："尼尔，把它做成报表给我。我想在明天的常务会议上讨论一下。"

［问题］

1. 你支持杰里米还是尼尔？说明理由。
2. 你需要什么技术和能力才能成为尼尔？
3. 根据尼尔的做法，列举你需要提供的专门的销售数据。
4. 一句话描述如何处理数据来得出尼尔的答案。
5. 尼尔提供的所有结果都容易通过Access或者其他SQL管理信息系统得到。对SQL做大致了解，用最多5分钟时间拟出一份问卷。本章可以为你提供一定的背景，不会直接说明SQL。根据你的大学课程找到合适的可以教给你所需技能的课程，给这些课程起名字，并且解释原因。

■ 数据库处理

DBMS的第二个功能就是处理数据库。应用程序利用DBMS进行四项基本操作：访问、插入、修改和删除。应用程序利用不同的方式访问DBMS。在表中，当用户输入新数据或修改数据时，处理表格的程序会通知DBMS对数据库做必要的修改；在应用程序中则会直接通过DBMS修改数据库。

结构化查询语言（structured query language，SQL）是处理数据库的一种国际标准化语言。前面提到的五种DBMS产品都利用SQL语句执行操作。例如，下面的SQL语句表示在学生信息表中插入一行记录。

```
INSERT INTO Student
([Student Number], [Student Name], HW1, HW2, MidTerm)
VALUES (1000, 'Franklin, Benjamin', 90, 95, 100);
```

处理表格的程序在后台执行这样的SQL语句。另外，应用程序也可以利用DBMS直接执行这些语句。

你不必记住SQL的语法，只要知道SQL是处理数据库的一种国际标准化语言即可。SQL还可以用来建立数据库和数据库的结构。如果你有机会学习数据库管理的课程，将会了解更多这方面的内容。

■ 管理数据库

DBMS的第三个功能就是提供工具帮助管理数据库。**数据库管理**（database administration）涉及很多方面的活动。例如，DBMS可以用来建立拥有用户账号、密码和相应操作权限的数据库安全机制。为了提高数据库的安全性，用户在处理数据库之前需要设立一个有效的用户账号。

可通过多种特殊的方式来设置权限。以学生数据库为例，对一个特定用户，只允许他从学生表中读取学生名字；而对另一个用户，允许他读取所有数据，但是只能修改 HW1、HW2 和期中考试三列数据。对其他的用户仍然可以给予其他的许可。

此外，DBMS 的管理功能还包括为数据库备份，添加数据库结构以便程序更好地应用，删除那些不想要或者不再需要保存的数据和类似的事项等。

对于重要的数据库，大多数组织会指派一个或多个员工担任数据库管理人员。图表 5 - 9 总结了此功能的主要责任。如果你上数据库管理课程，会学到关于这个主题的更多知识。

图表 5 - 9　数据库管理任务概要

类别	数据库管理任务	描述
开发	创建 DBA 功能并配置人员	DBA 组的大小取决于数据库的大小和复杂性。组的范围从一个兼职人员到一个小组。
	组建指导委员会	由所有用户组的代表组成。论坛供全社区讨论和进行决策。
	指定需求	确保考虑所有恰当的用户输入。
	验证数据模型	检查数据模型的准确性和完整性。
	评估应用设计	校验所有必要的表单、报告、查询和开发的应用。验证应用组件的设计和可用性。
操作	处理权限和责任管理	确定每个表和列的处理权限 / 限制。
	安全管理	根据需要添加和删除用户和用户组；确保安全系统正常运行。
	追踪问题和管理解决方案	开发系统来记录和管理问题的解决方案。
	监控数据库性能	提供改善性能的专业知识 / 解决方案。
	管理 DBMS	评估新的特点和功能。
备份和恢复	监控备份程序	确认数据库备份过程被追踪。
	进行培训	确保用户和操作人员知道和理解恢复过程。
	恢复管理	管理恢复过程。
适应	建立请求追踪系统	开发系统以记录变更请求并确定其优先级。
	管理配置更改	管理数据库结构更改对应用程序和用户的影响。

Q5 - 4　数据库应用程序如何使数据库更加有用?

一组数据库表格本身不是很有用；如图表 5 - 6 包含了教授想要的表，但这种数据形式非常笨拙。数据库表格中的数据可以更加有用，当它被放入图表 5 - 2 中的表格或其他表格中时更适合作为信息。

一个数据库应用程序是表单、报告、查询和应用程序[2]的集合体，并且在用户与数据库数据之间起着中介的作用。数据库应用程序重置数据库表格数据，从而使它的信息更加丰富、更便于更新。应用程序还有提供安全保障、保持数据一致性和处理特殊情况的特性。

表单	查看数据、插入新数据、更新数据、删除数据
报告	通过排序、分组、过滤和其他操作对数据进行结构化呈现
查询	基于用户提供的数据的价值进行搜索
应用程序	提供安全性、数据一致性和特殊处理，如处理缺货情况

数据库应用程序出现于 1990 年，建立在那个时代可用技术的基础上。许多现有的系统是这些应用系统的扩展；ERP 系统 SAP（在第 7 章讨论）是很好的例证。你可以期待在职业生涯的早期看到这些多样的应用程序。

如今，许多数据库应用程序是基于使用浏览器、网络和相关标准的新技术。这些基于浏览器的应用程序可以完成老系统的所有工作，而且更有活力、更适合现代社会。想知道为什么，需要考虑每一种类型。

传统的表单、查询、报告和应用程序

在大多数情况下，传统的数据库在许多用户之间共享。在这种情况下，如图表 5－10 所示的应用程序安装在用户的电脑端，数据库管理系统和数据库安装在服务器上。这个网络（通常不是互联网）被用来传递用户电脑和数据库管理系统之间的信息。

图表 5－10 传统数据库应用的处理环境

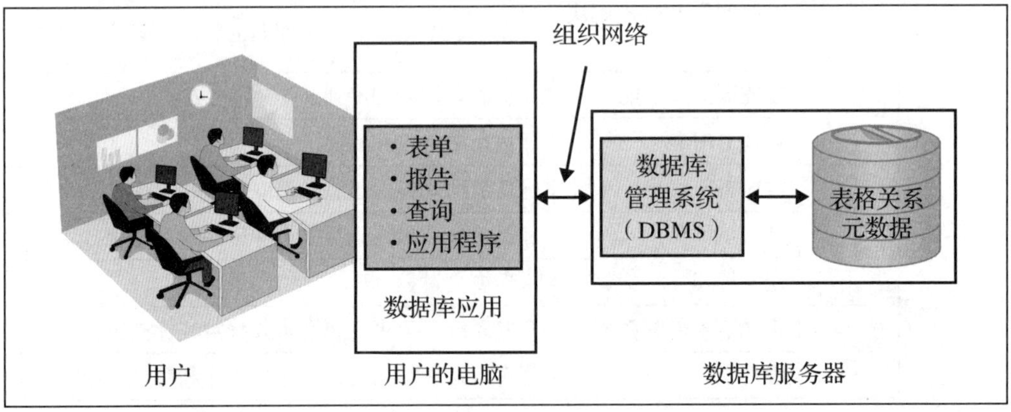

Microsoft Access 数据库中的单用户数据库是一个例外。使用这样的数据库，应用程序、数据库管理系统和数据库都安装在用户电脑上。

传统表单的视窗显示如图表 5－2 所示。根据其用途，用户可以查看、插入、修改和删除数据，但以今天的标准来看，它们看起来很笨拙。它们肯定和第 4 章讨论的现代的页面大不相同。

图表 5－11 显示了一份传统的报告，这是一个静态的数据显示，设定了一种格式，这对用户是有意义的。在这份报告中，每个学生的电子邮件都在学生的名字和成

绩数据之后显示。图表 5－12 显示了传统的查询，用户指定特定查询框（见图表 5－12（a）)，应用程序响应数据符合这些标准（见图表 5－12（b））。

图表 5－11　学生报告示例

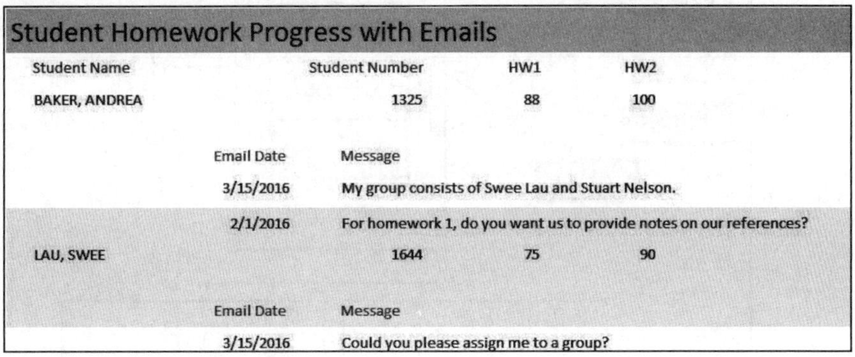

图表 5－12　查询示例

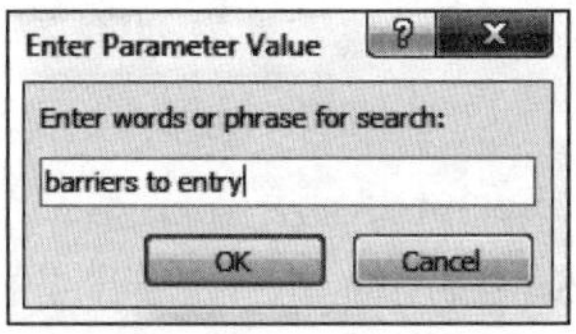

（a）用来输入查询短语和表格

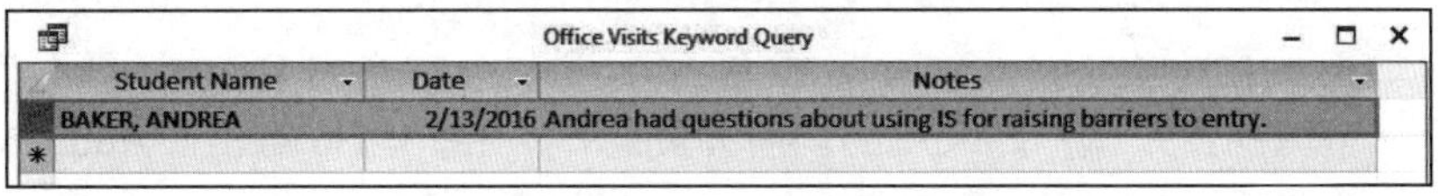

（b）查询操作结果

资料来源：Microsoft Corporation；Microsoft Access 2013.

传统数据库应用程序是用面向对象的语言来编写的程序，如 C++ 和 VisualBasic（甚至是早期语言 COBOL）。它们是繁杂的应用程序，需要安装在用户的电脑上。在某些情况下，所有应用程序的逻辑都包含在用户电脑中，服务器上的程序只运行数据库管理系统和提供数据。在其他情况下，一些应用程序代码放在用户的电脑上和数据库服务器上。

如上所述，在职业生涯的早期，你仍能看到传统的应用程序，尤其是企业广泛使用的 ERP 和 CRM（第 7 章中讨论）。最有可能的是，你也会担心，作为用户是否没有更多的参与方式从传统应用程序过渡到瘦客户应用程序。

瘦客户机表单、报告、查询和应用程序

瘦客户机应用程序中的数据库几乎总是在许多用户之间共享。如图表 5－13 所示，用户的浏览器通过互联网连接到 Web 服务器电脑，进而连接到一个数据库服务器的电脑。（通常很多计算机在互联网的服务器端工作，你将在第 6 章学习。）

图表 5-13 基于浏览器的数据库应用的处理环境

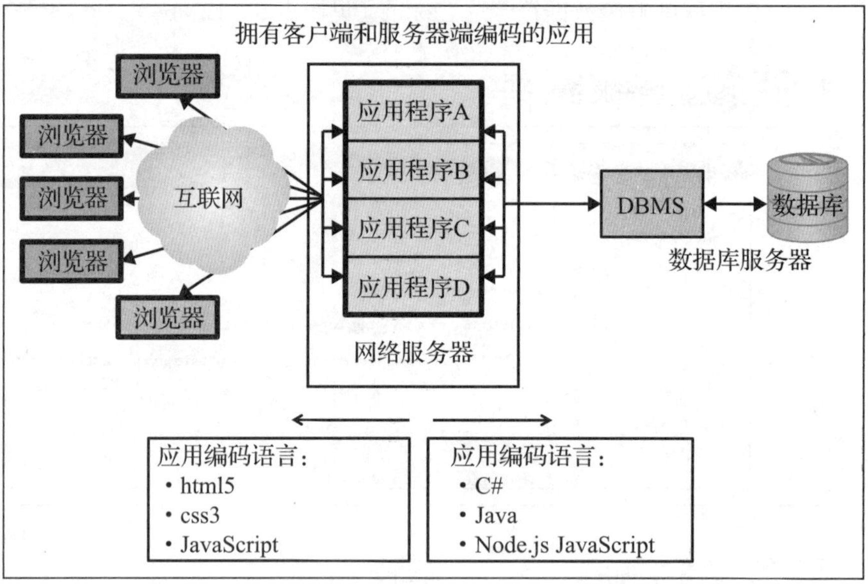

如你所知，瘦客户机应用程序在浏览器中运行，不需要预先安装在用户的电脑上。在大多数情况下，用于生成和处理应用程序元素的所有代码在用户的电脑和服务器之间是共享的，JavaScript 是用户端处理的标准语言。c# 和 Java 等语言用于服务器端的代码，尽管 JavaScript 开始被用在叫作 Node. Js 的开源产品服务器上。（这些都会在第 6 章进一步讨论。）

浏览器数据库应用程序的表单、报告和查询是使用 html 显示和加工的，如你在第 4 章了解到的 html5，css3 和 JavaScript。图表 5-14 显示了在 Office 365 中创建的一个新的用户账户。表单的内容是动态的，用户可以点击“Additional details”旁的箭头查看更多数据。同时，注意左边的步骤，管理员将跟进新账户的创建过程，当前步骤用不同颜色显示。比较图表 5-14 和图表 5-2，前者更简洁。

图表 5-14 Microsoft Office 365 用户账户

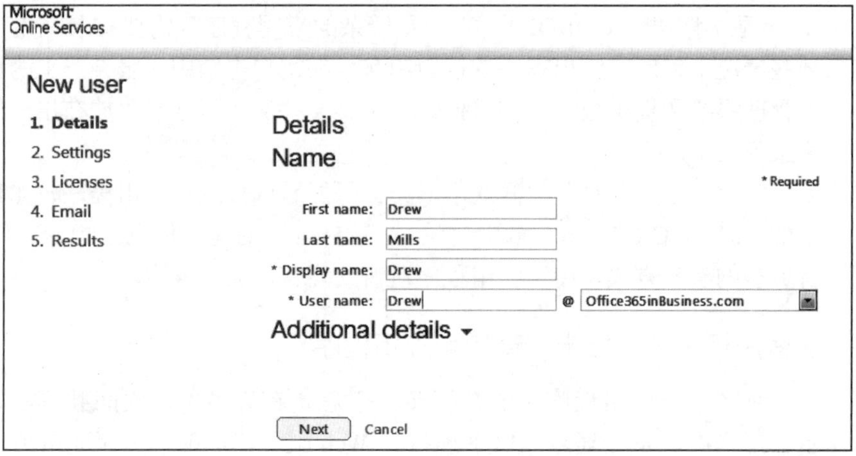

资料来源：Microsoft Corporation.

图表 5-15 显示了一个 SharePoint 站点的浏览器报告的内容。内容是动态的，可以点击几乎所有的条目产生其他报告或其他操作。用户可以通过右上角的搜索框找到特定项目。

图表 5-15 SharePoint 站点的浏览器报告

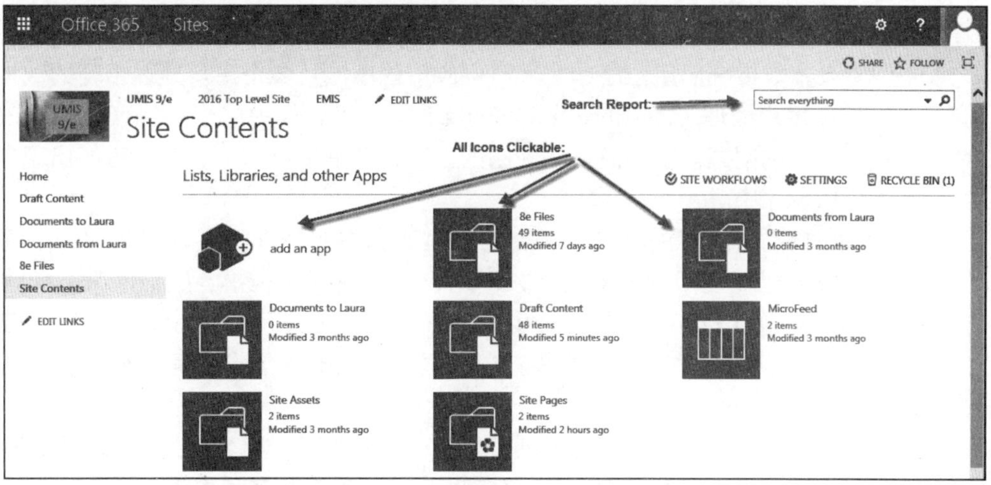

资料来源：Microsoft Corporation.

基于浏览器的应用程序能够支持传统的查询，但是更令人兴奋的是**图形化查询**(graphical queries)，查询条件是在用户单击图形时创建的。图表 5-16 显示的是受 Falcon Security 保护的设备地图，用户可以点击地图上的任何一个视频图标，点击将发起一个查询以获得所有可用的视频的列表。

图表 5-16 图形化查询：用户点击视频图标以找到某个位置的所有视频

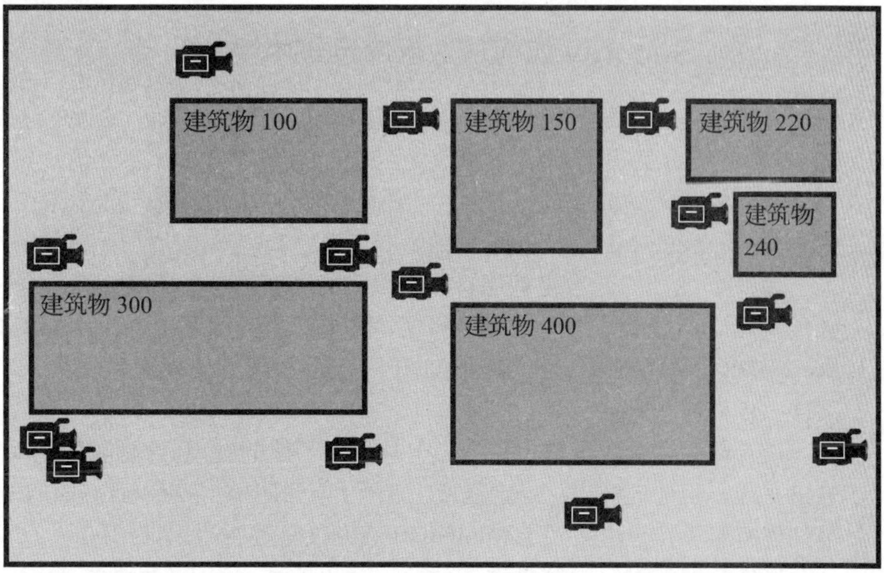

瘦客户机应用程序的安全性需求比传统的应用程序更高。大多数传统的应用程序运行在企业内部的网络上，以免遭受常见的互联网威胁。通过互联网对公众开放的基于浏览器的应用程序变得更脆弱。因此，保护安全是瘦客户机应用程序的一个主要功能。例如传统的数据库应用程序需要提供数据一致性和处理特殊情况。要满足数据一致性要求，可考虑多用户处理。

多用户处理

大多数传统应用程序和瘦客户机应用程序涉及多个用户处理相同的数据库。尽管这类**多用户处理**（multiuser processing）很常见，作为未来的经理，你应该知道它构成了独特的问题。要理解这些问题的性质，考虑以下情形，它们可能出现在任何类型的应用程序中。

在自动售票机的网站，顾客安德里亚和杰弗里都想买票去参加一个受欢迎的活动。安德里亚使用浏览器访问该网站，发现还剩两张票。她把两张票放入自己的购物车。当她打开订单表格时，供应商服务器上的应用程序读取数据库发现两张票是可用的，当然她并不知道这些。在取票之前，她花了点时间和她朋友确认是否仍然想去。

与此同时，杰弗里使用浏览器也发现有两张票，因为他的浏览器激活相同的应用程序，读取数据库并发现（因为安德里亚尚未取票）有两张票是可用的。

同时，安德里亚和她的朋友决定去，所以她把票取出来。显然这就产生了一个问题。安德里亚和杰弗里购买了相同的两张票，其中有一个人要失望了。

这个问题很好地说明了多用户数据库处理的特点，我们称之为**丢失－更新问题**（lost-update problem）。为了防止这类问题产生，对于那些不知道彼此存在的用户，他们的操作需要运用一些锁定策略。这里不深入探讨此问题。

当你处理的商业活动需要多用户同时进行时，就要注意可能产生的数据冲突问题。当你发现一个原因不明的错误时，就可能遇到了数据冲突。联系你的信息系统部门以得到帮助。

Q5－5　Falcon Security如何从数据库系统中受益？

Falcon Security希望通过查询视频的特点来找到视频。例如，想要知道“2015年10月哪个有关贝雷斯福德建筑物的视频从低于3 000英尺的高度拍摄”。有时，Falcon Security的员工会分析一些视频，想记录他们的分析评论以备后用。

Falcon Security可以选择两种数据库架构。它可以将录像存储在文件服务器上，使每个视频的元数据都保存在一个可以查询的关系型数据库中。元数据包括视频的地址，存放在文件服务器上。另外，公司可以使用NoSQL DBMS的新产品如**MongoDB**——DBMS的开源文档，在同一个数据库上以元数据形式存储视频文件。（参见Q5－6。）

托希奥调查这两个替代品并和卡姆讨论了他的发现。他们都对MongoDB的可用性感兴趣，但他们知道这一定程度上源于自己渴望学习新东西。他们既不知道这些产品如何有效工作，也不知道MongoDB查询设备是否耐用。

另外，他们可以很容易地构建一个简单的Access数据库来存储元数据。在元数据中，他们可以存储带有视频的文件服务器的 URL 位置（例如，https://abc.Falcon.com/Video1）。通过这种方式，他们可以使用 Access 存储数据，然后使用图形查询工具进行查询。因为 Access 可以处理此处的 SQL，所以如果有必要，他们可以用它来进行最复杂的查询操作。

托希奥和卡姆讨论这些选择并决定使用 Access 来存储元数据。他们知道这种方法风险很低，因为使用的是已知的技术。同时，他俩都擅长应用 Access，可以更低的风险快速开发数据库和应用程序。托希奥和卡姆写了一份简短的报告提交给马特奥，最终获得批准。

他们的下一个步骤是创建一个数据模型。

Q5－6　什么是非传统数据库管理系统产品?

关系模型作为处理数据库最简单、最标准的方式，已经应用超过 30 年了。但最近，这一情况有所变化，部分原因可能是在 20 世纪 60 年代至 70 年代早期，受限于存储空间及处理速度，所提出的关系模型的主要标准——固定大小的表格、应用外键表示关系以及范式理论产生。[3] 大概在 90 年代中期，随着存储和处理技术的不断改进，这些标准已不再需要，如今都不复存在，换句话说，现在已不再需要关系模型了。

此外，关系模型不再适合处理商务记录。例如，用户想要存储销售订单，他们不想通过范式处理将销售订单进行拆分，存储在不同的表格中，这就好像你把车开进停车场，服务人员把你的车拆成不同的零部件分别存放，在你来取车时再组装。考虑到停车场管理的高效和便利，这种做法是不可取的。因此，支撑关系模型存在的主要因素不复存在，也就意味着不再需要将数据记录进行范式处理后分块存储。

需要以不同方式存储新型数据

推动新型数据库处理出现的还有其他因素。一方面，许多组织如 Falcon Security 公司希望存储新型数据，如图片、声频、视频，这类文件包含大量比特单位，不适合用关系结构进行存储。在 Q5－5 中提到，这类文件依然需要元数据的支持，我们需要用元数据去记录这类文件存储的时间、地点、方式以及原因，但是我们并不需要为了获取元数据而将这类文件存储到关系型数据库中。

此外，相对于传统应用程序而言，互联网应用程序会处理更多基于简单数据的交易。一名推特用户的个人数据结构比一辆肯沃斯卡车的配置数据结构要细碎得多，相比于肯沃斯卡车的配置数据而言，世界上还有成千上万的推特用户数据。

更重要的是，传统的关系型数据库管理系统需要依赖大量的代码和巨大的处理能力，以便支持所谓的 ACID（原子性、一致性、隔离性、持久性）事务。本质上而言，ACID 事务意味着要么所有的事务都处理，要么都不处理（原子性），并且这些事务的处理方式都是相同的（一致性），可能是单独处理，或者是和其他成千上万的事务一起处理（隔离性），而一旦某个事务被存储，它就永不会消失——即使出现故障（持久性）。

ACID 事务对传统商业应用程序而言至关重要，即使是在机器出现故障的情况下，先驱也应该处理买卖双方的整个交易，而不是交易的一部分。此外，存储的数据应当具有持久性。不过，现在许多新型的互联网应用程序都不再需要 ACID 事务的支持。在处理 100 万次事务中有一次只存储了你发布的推特的一半数据，或者今日存储的数据明日就消失，这些谁又会在意呢？

需要应用多服务器来支持更快的处理

推动非关系型数据库发展的另一个原因就是基于多服务器的高速处理的需要。几年前，亚马逊认为关系型数据库已无法满足自身处理的需要，于是开发了一款名为 Dynamo 的非关系型数据存储器[4]，与此同时，由于许多其他因素，谷歌也开发了一款名为 Bigtable 的非关系型数据存储器[5]。脸书从这两款系统中得到启发，开发了第三款非关系型数据存储器，名为 Cassandra。[6] 2008 年，脸书将 Cassandra 推送到开源社区，如今 Apache 将它列入顶级项目（TLP），这是开源项目中的最高荣誉。

非传统数据库管理系统的类型

新的要求导致三类新型数据库管理系统的出现：

1. 非结构化查询语言数据库管理系统（NoSQL DBMS）。这一缩写给人有误导倾向，实际上应该是非关系型数据库管理系统。它支持超高交易率，处理相对简单的数据结构，将这些数据结构复制在云上的多个服务器中，不需要 ACID 事务的支持。MongoDB，Cassandra，Bigtable 以及 Dynamo 都属于这一类型的产品。

2. 新型结构化查询语言数据库管理系统（NewSQL DBMS）。这类数据库管理系统支持超高交易率，就像 NoSQL DBMS 一样，但是它提供 ACID 支持，并且可能支持关系模型。这类产品对行业的发展具有极大的推动力，几乎每天都会因此而出现新的供应商，不过，这种类型具有代表性的产品尚未可知。

3. 内存式数据库管理系统（In-memory DBMS）。这类数据库管理系统由众多数据库管理系统组成，主要用于处理数据库的主存储器。技术的发展使一切都变得可能，如今的计算机存储能力巨大，一次可以存储整个数据库，至少是数据库中的绝大部分数据。通常而言，这类产品支持关系模型，或者是对关系模型的扩展。SAP HAHA 就是一台装有内存式数据库管理系统的计算机，支持大量的 ACID 事务，能同时处理多条复杂关系查询。Tableau 软件公司声称该类产品通过对 SQL 的扩展，由专有的内存式数据库管理系统提供支持。

新型产品会取代关系模型吗？

新型数据库管理系统的出现意味着关系型数据库的消亡吗？这似乎是不可能的，因为组织已经创建了成千上万的传统关系型数据库，编写了数百万条应用代码，通过关系型数据结构处理 SQL 语句。将这些关系型数据库及相关代码转换成其他形式需要付出高昂的成本，没有组织想去承担。此外，年长的高级技术人员依然偏向于使用关系模型，这无形中会形成某种固定的社会观念。不过，新型产品正在弱化这一观念，虽然关系型数据库技术在过去几十年受到追捧，但在未来，像 NoSQL，NewSQL 以及 In-memory 数据库可能会在商业中并存。

需要注意的是，目前的数据库管理系统供应商如甲骨文、微软以及 IBM 不会坐以待毙。由于自身拥有雄厚的资本以及高级开发人员，他们可能会将新型数据库的特征融合到现有的或新建的数据库当中，更有可能收购某些开发新型 SQL 的初创公司。

经过 20 多年的发展，数据库软件市场不断出现新进入者。那么，微软、甲骨文以及其他数据库管理系统供应商会因为非传统数据库供应商的出现而失去某些市场吗？它们会效仿 IBM 的方式吗？会减少软件的提供，而增加服务的支持，就像开源软件 Cassandra 一样吗？或者在不久的将来，我们是否能看见像甲骨文这种拥有大量资本的公司收购某些新兴公司呢？不得不说，随着时间的推移，这一切都可能成为现实。

非传统数据库管理系统对你而言意味着什么呢？

在你工作的早期，许多非传统类型的数据库将被开发，而且并不只是由拥有先进技术的公司如亚马逊、谷歌以及脸书来开发。那么，这对于身为商务人士的你而言意味着什么呢？首先，你要知道，这种知识是非常有用的，要时刻紧跟行业的发展。如果你是 Falcon Security 公司的一名初级人员，和托希奥一起参加某场会议，并说："你是否想过用 MongoDB 存储你的视频数据？"那么，你将立刻引起他的注意，获得他的钦佩。你可能会发现自己在 Falcon Security 公司的关键用户委员会（或者可能是别的名称）中，这对你而言可能是一个极大的就业机会。此外，还应当从投资者的角度来考虑非传统数据库管理系统产品的开发。这类产品不都是开源的，即便是，也会有某些公司将它们集成到自己的产品或服务中，这些公司将有较大的投资潜力。

如果你对信息系统这一学科很感兴趣，或是把它作为你的第二专业，那么你应该多关注这些非传统数据库管理系统产品。但你仍然需要学习关系模型以及关系型数据库的处理流程，因为在未来很多年，它们依然会是相关行业的主要支撑。但是随着非关系型数据库的兴起，会存在许多新的机会和工作，你对这类知识也要进行相应的学习，以便在今后的工作面试中更具有竞争力。

更多有趣的、新兴的开发技术正不断涌现。

本章知识对你有什么帮助呢？

现在，你已经掌握了构建数据库的目的，对于数据库处理的方式也有了一定的了解。同时，你也了解了一些新型的非传统数据库管理系统。当你的组织需要有关 Falcon Security 公司的信息时，这些知识将会让你成为团队中的核心成员。

道德指南

查询到不公平的数据？

玛丽安·贝克（MaryAnn Baker）在一家大型跨国公司的人力资源部门担任数据分析师。作为公司薪酬计划的一部分，公司确定了工作类别及每类工作的薪酬范围。例如，一线经理属于类别 M1，薪酬范围为 75 000 ～ 95 000 美元。每份工作因所需技能知识不同而有特定的工作描述。因此，客户支持经理、技术写作经理和产品质量保证经理等职位由于涉及相同水平的管理专业知识而归入工作类别 M1。

玛丽安的一项任务是分析公司的薪酬数据以判断实际发放的薪酬是否符合既定的范围。当发现差异时，人际关系经理会开会以确定这些差异是否表明需要采取如下行动：

- 调整此工作类别的薪酬范围；
- 将此职位归入别的工作类别；
- 定义一个新的类别或培训经理如何有效地利用工作类别的差异来制定薪酬等级。

玛丽安是创建数据库查询的专家。最初她用 Microsoft Access 来生成报表，但是她需要的很多薪酬数据都存在公司的 Oracle 数据库里。起初她需要向 IS 部门提取数据并导入 Access，后来她发现如果将所有的员工数据从运行的 Oracle 数据库直接导入另一个专门用于人力资源数据分析的 Oracle 数据库会事半功倍。尽管 Oracle 提供了像 Access 一样的查询界面，但是她发现直接使用 SQL 会使复杂的查询变得更加简单，于是她开始学习 SQL，并在短短数月内成为这方面的专家。

她说："我从未想过我会这样做，但事实证明这是件很有趣的事，就像解开一个谜题一样，很显然我精于此道。"

有一天，在短暂休息后，玛丽安打开计算机，瞥了一眼之前查询的结果。"这太奇怪了！"她想，"所有西班牙裔员工薪酬比别人低。"她并未按照员工姓氏去查询，但是这个查询结果就这样蹦到了她的眼前。

在检查这些数据时，她不清楚自己看到的只是一个巧合，还是公司里真的存在歧视现象。遗憾的是，在公司的员工数据中并未记录雇员的种族信息，所以除了阅读姓氏列表，她没有更好的办法来识别西班牙裔员工的信息。不过作为一个问题处理能手，这并没有阻碍玛丽安的探索。她很快意识到大部分西班牙裔员工出生在得克萨斯州、新墨西哥州、亚利桑那州和加利福尼亚州的一些城市。当然并不是所有员工都是如此，很多非西班牙裔员工也出生于这些城市，而很多西班牙裔员工出生于别的城市。尽管如此，这些数据依然十分有用，因为玛丽安的样本查询显示既是西班牙裔又出生在这些城市的员工所占的比例相当大。她想："好的，我将以这些城市作为查询的标准。"

使用出生城市作为查询的标准，玛丽安发现在这些选定城市出生的员工的薪酬要比别的城市出生的员工平均低 23%。"好吧，这也许只是因为他们干着低薪的工作而已。"不及多想，她意识到自己需要通过工作类别来检测薪酬数据。她很想知道出生在这些城市的员工到底处于工作类别的哪个层次。于是她建立了 SQL 来寻找答案。她惊奇地发现 80% 的在这些城市出生的员工的薪酬都处于他们所在薪酬范围的较低点。

为此，玛丽安计划翌日与她的经理面谈。

讨论题

在回答下列问题时，假设你就是玛丽安。

1. 鉴于这些查询结果，你是否觉得自己有责任做点什么？考虑绝对命令原则和功利主义的观点。

2. 鉴于这些查询结果，你有个人责任或社会责任来采取某些行动吗？

3. 如果你的经理说："你不知道，这很可能是因为这些城市起薪比较低。忘掉这件事。"你会怎么回应？

4. 如果你的经理说："别自找麻烦，推进这个问题会影响你的职业生涯。"你会怎么回应？

5. 如果你的经理说："好的，我们已经知道了。干你该干的去吧。"你会怎么回应？

6. 假如你的经理给你提供资金以得到更精确的分析结果，并且确实存在西班牙裔员工薪酬偏低的问题，那么公司应该做些什么呢？请预测采取以下几种措施的后果：

a. 尽快改变这种不公平待遇。

b. 加薪来逐步弥补这种不公平。

c. 无视当下的不公平，但是教育经理人将来不要再有歧视员工的现象。

7. 假设你雇了一个兼职人员帮你做更精确的分析，这个人却因为对分析结果十分愤怒而愤然辞职，还将公司的这种歧视行为告知了所有受影响的城市的报社。

a. 公司该如何应对？

b. 你该如何应付？

8. 思考一句格言："不要问你不想知道答案的问题。"

a. 遵循这条格言是否符合伦理道德？考虑绝对命令原则和功利主义的观点。

b. 遵循这条格言对社会是否负责？

c. 假如你是玛丽安，这句格言与你有何关联？

d. 假如你是未来的职业经理人，这句格言与你有何关联？

e. 考虑到员工的薪酬问题，这句格言与公司有何关联？

指南

SQL 注入方式的盗窃

你将学习一种影响信息系统的技术，称作 SQL 注入。不要在现有系统上尝试这种技术。SQL 注入攻击会留下带有 IP 地址的日志记录。未经允许，在系统上尝试 SQL 注入是非法的。你可能被识别、追踪和指控。以重罪来定罪黑客不是目的。

SQL 注入是窃取数据的一种流行方式，因为在世界上任何地方都存在。你甚至不需要物理进入目标国家。你需要一些有时间的聪明人来投资，需要一些合适的计算机。从犯罪者的角度来看，这是一个低风险高回报的想法。

SQL 注入是非法窃取信息系统数据的一种攻击方式。它可以添加或删除数据，删除表及其数据，甚至关闭信息系统。因为世界上任何地方都能做到这一点，罪犯可以在不引渡罪犯的国家实施盗窃。

罪犯通过 SQL 注入来盗窃将被抓住。企业数据安全公司 Imperva 在其 2013 年的 Imperva Web 应用程序攻击报告中列出了以下主要发现[7]：

1. 零售商相对于其他行业遭受两倍的 SQL 注入攻击。

2. 大多数网络应用程序每月受到 4 次或更多的网络攻击，其余的网络应用程序一直处于被攻击状态（180 天里至少有 176 天受到攻击）。

3. 一个网站在一天内接到 94 057 个 SQL 注入攻击请求。

要了解这些数字，你公司的网站很可能经常被攻击。

SQL 注入是如何工作的？

正如它的名字一样，SQL 注入将自己的 SQL 代码插入其他的信息系统。要理解这一点，考虑一下当你正常地登录一个网站时发生了什么。你输入你的用户名（JohnDoe001）

和密码（password1234），然后按回车键。

对一个易受 SQL 注入攻击的网站，以下 SQL 语句会发送至该网站的数据库管理系统：

```
SELECT * FROM Users WHERE username='JohnDoe001'
          AND password='password1234';
```

如果用户名和密码都是正确的，你会被允许进入。SQL 注入的“注入”部分发生于你把意想不到的文本输入网页表单时。你在登录表单中输入文本，这些文本信息改变了 SQL 语句的处理方式。

输入的不是一个真实的用户名和密码，而是一个随机的用户名（在这种情况下，我们把它当作 JohnDoe001）和一个异常但是可笑的密码语句。(angthing'or 1 = 1--)

注意，密码中的单引号通过把“anything”一词括起来且包含 1 = 1 来改变 SQL 语句。(双连字符号表明剩下的 SQL 语句因为与该部分无关而不会显示。)

```
   SELECT * FROM Users WHERE username='JohnDoe001'
AND password='anything' or 1=1 --';
```

“anything”这个词不会在数据库中匹配正确的密码，但是因为“or 1 = 1”被包括，比较结果总是“对的”。这是因为 1 = 1 是正确的，并且如果“or”存在，只要有一边是真，结果就是真。这个 SQL 语句将让你避开登录界面就能访问系统。类似的异常的 SQL 语句可以被用来提取、添加或删除数据。还有软件可在很大程度上自动化 SQL 注入过程。

要防止 SQL 注入很容易。相关的技术超过了本书的范围，但用户输入的数据不会附加到一个 SQL 语句上。相反，用户的数据被传递给一个程序，该程序由数据库管理系统控制。数据库管理系统检查用户输入的数据，然后在不改变任何 SQL 代码的情况下使用。[8]

遗憾的是，并不是所有公司都花时间去保护自己免受 SQL 注入的攻击。索尼公司 2011 年受 SQL 注入攻击损失了超过 1 亿个账户。2014 年，两个美国海军系统管理员在核动力航空母舰上使用 SQL 注入获得了 220 000 个水手的私人数据。说他们这样做是因为“无聊”。

讨论题

1. 为什么数据盗窃对罪犯有吸引力？
2. SQL 注入有多普遍？
3. SQL 注入是如何工作的？
4. 一个攻击者可以使用 SQL 注入对数据库做什么？
5. 组织如何防止 SQL 注入攻击成功？
6. 如果你是一个因 SQL 注入遭受严重损失的组织的高级经理，你会怎么做呢？
7. 假设有一个组织不仅防止 SQL 注入成功，而且跟踪发起攻击的站点。组织应怎么处理这些攻击数据？

本章回顾 ▶▶▶

在本章回顾中，通过回答本章的研究问题来检查你对观点和概念的理解。

Q5－1 你为什么需要了解数据库？

解释你每天和数据库互动的三种方式，即使该数据库不是直接可见的。总结一个商务人士应该学习数据库技术的四个原因。

Q5－2 什么是数据库？

定义数据库这一术语。解释数据的层次结构并说出数据库的三个元素。定义元数据。使用学生信息表和来访记录表，展示行之间的关系是怎样在数据库中表示的。定义主键、外键和关系型数据库。

Q5－3 什么是数据库管理系统？

解释数据库管理系统及其功能。列举五个主流的数据库管理系统产品。解释数据库管理系统和数据库的差异。总结数据库管理系统的功能。定义SQL。描述数据库管理的主要功能。

Q5－4 数据库应用程序如何使数据库更加有用？

解释数据库表格本身为什么对商业使用者不是十分有用。说出数据库应用的四个元素并且描述其用途。解释数据库应用和数据库应用程序的差异。描述传统数据库应用的本质，解释基于浏览器的应用比传统应用更好。说出支持基于浏览器的应用的主要技术。

Q5－5 Falcon Security 如何从数据库系统中受益？

描述Falcon Security可以选择的两个架构，并解释每个的优缺点。说明它选择了哪一个及其理由。

Q5－6 什么是非传统数据库管理系统产品？

定义NoSOL数据存储并给出三个例子。解释NoSOL将怎样用于组织，为什么了解Microsoft Access仍然很重要。说明这些系统的开发有何不同寻常。描述NoSQL在数据库管理系统市场上的可能结果。

本章的知识对你有何帮助？

学习了本章所介绍的概念和Access的一些基本知识，你就可以查询和提取数据，帮助解决你的组织面临的问题，至少能够准确找到问题。你也知道数据库管理系统的新产品不断涌现，这些产品对于你所在组织满足数据库需求可能很重要。

运用你的知识 ▶▶▶

1. 假设你是一个消费类电子产品公司的营销助理，负责搭建公司在贸易展上的展台。开展的前几周，你和营销经理会面以确定展示什么。然后你确定每一个要配送的组件并安排一个托运人将组件送到展会现场。你会监督会展人员布置展台。展会结束后，你会监督所要展示的设备的打包以及安排运回你的办公室。当设备到达办公室，你会检查后送至仓库，以确保所有的设备运回。如果运输中造成损坏或损失，你需要处理相关问题。你的工作很重要，在一个典型的展会上，你负责价值超过250万美元的设备。

a. 你需要组件、设备、托运人、发货的追踪数据。列出每一类型数据的典型的列表字段。

b. 你可以使用电子表格来跟踪这些数据吗？这样做的优缺点是什么？

c. 回答问题a，给出一个你要追踪的两个关系的例子。显示每一个的主键和外键。

d. 下列哪一个数据库应用的组成部分是你可能需要的：数据输入表单、报告、查询或应用程序？解释每一项你所要使用的并给出一个例子。

e. 这些应用程序面向的是一个用户还是多个用户？你需要个人DBMS还是企业级DBMS？

如果是个人 DBMS，你会使用哪一款产品？

2. 萨曼莎·格林拥有并经营树木修剪服务公司。萨曼莎有林业学位，最近她在密苏里州的圣路易斯开展新业务。她的业务包括一次性操作（如移除树或树桩），以及经常性服务（如每一到两年修剪客户的树木）。当生意不好时，萨曼莎会给客户打电话提醒他们定期修剪树木。

a. 描述萨曼莎为了经营公司所需要的数据表。指出每一张表的可能数据字段。

b. 萨曼莎可以使用电子表格来跟踪这些数据吗？这样做的优缺点各是什么？

c. 回答问题 a，给出一个你要追踪的两个关系的例子。显示每一个主键和外键。

d. 下列哪一个数据库应用的组成部分是萨曼莎可能需要的：数据输入单表、报告、查询或应用程序？解释每一项你所要使用的并给出一个例子。

e. 这些应用程序面向的是一个用户还是多个用户？她需要个人 DBMS 还是企业级 DBMS？如果是个人 DBMS，她会使用哪一款产品？

3.YourFire Inc. 是科特和朱莉·罗伯兹创立的一家小公司。在澳大利亚的布里斯班，公司制造和销售一种轻型的野营炉。科特用他作为航空工程师的经验发明了一种燃烧喷嘴，使炉子在大风下能够点燃。朱莉运用工业化设计的方法，将火炉设计得小巧轻便、易于安装并十分稳定。科特和朱莉通过互联网和电话把炉子卖给客户。炉子 5 年内免费保修。

YourFire 想追踪每一个炉子和购买它的客户。他们想知道哪个客户拥有哪一个炉子，以便告知客户安全事项以及召回炉子。科特和朱莉也想追踪已经完成的维修工作。

a. 描述该公司所需要的数据表。指出每一张表的可能数据字段。

b. 该公司可以使用电子表格来追踪这些数据吗？这样做的优缺点各是什么？

c. 回答问题 a，给出一个该公司要追踪的两个关系的例子。显示每一个主键和外键。

d. 下列哪一个数据库应用的组成部分是该公司可能需要的：数据输入表单、报告、查询或应用程序？解释每一项你所要使用的并给出一个例子。

e. 这些应用程序面向的是一个用户还是多个用户？该公司需要个人 DBMS 还是企业级 DBMS？如果是个人 DBMS，会使用哪一款产品？如果是企业级 DBMS，哪一款产品能获得免费授权？

协作练习 ▶▶▶

Falcon Security 遇到的问题是在商业中使用小型数据库的一个很好的例子。对你来说，开发这样的数据库是不成问题的。和你的团队一起回答下列问题。

1. 研究图表 5-17 以理解实体及其属性。证明该模型的每一个基数。

2. 和团队一起设计七个查询，使之包含图表 5-17 所示的所有实体。

3. 修改图表 5-17 的 E-R 模型，使之包含一个和 Facility 相联系的关系实体。创建关系，并指出和证明其基数。

4. 讨论问题 3 中你所创建的模型的优缺点。

5. 把图表 5-17 中的数据模型转换成一个关系型数据库设计。提示：为每个实体创建一张表并把这些实体联系起来。

6. 为问题 5 建立一个 Access 数据库。

7. 用样本数据填充数据库。因为你在服务器上没有文件，保持 URL 栏目空白。

8. 使用 Access 访问查询工具，处理你在问题 2 中设计的每一个查询。

图表 5-17　Falcon Security 数据库的 E-R 图

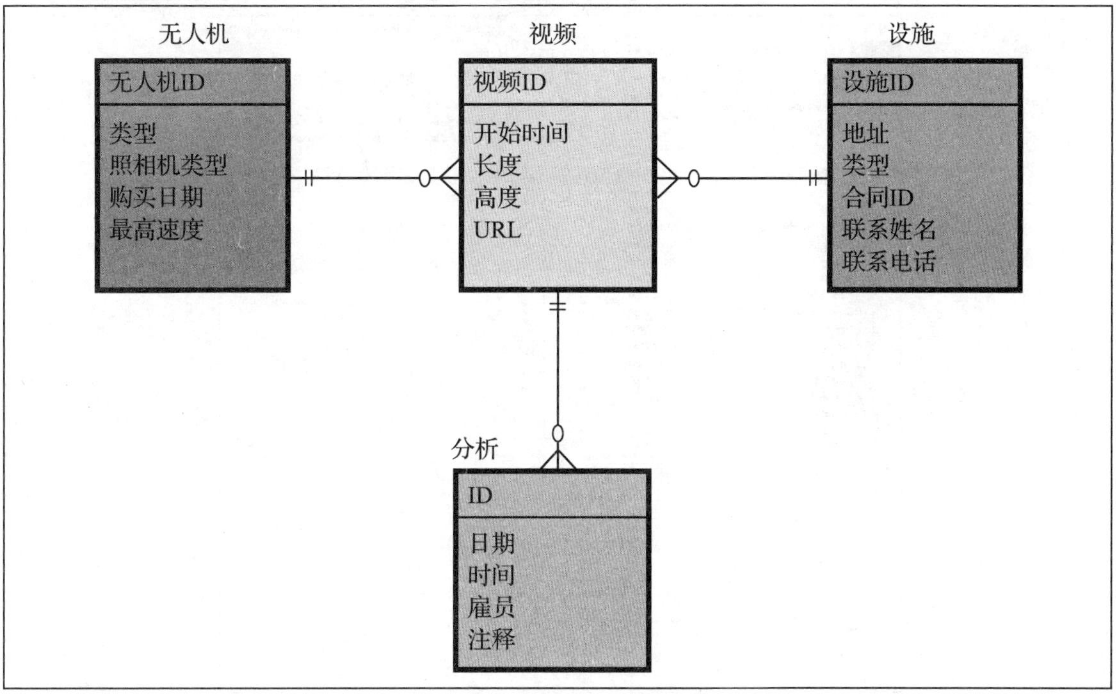

案例研究

查询钢琴

迪安·彼得里克（Dean Petrich）是一位钢琴调音师和技术员，从 1973 年起修复了很多钢琴。他还有一个职业是在西雅图儿童聚会上扮演小丑。他要平衡两项工作：他春末、夏末和秋天忙于做一个小丑演员；在一年余下的时间里，他维修钢琴。

在过去的 20 年中，人们对钢琴的需求明显下降。例如，由于奶奶去世、孩子们搬出去住或者生活中发生其他变化，家庭不再使用钢琴，当他们发现钢琴没有了市场时，就会给迪安打电话，迪安会以合适的价格回收。这些年来，迪安修复了许多钢琴并且转售或出租。然而，自 21 世纪以来，钢琴需求的下降已经影响到他，即使丢弃了一些无法再用的钢琴，至今他还有近 100 架钢琴。

你可以想象，100 架钢琴需要多大的存放空间。起初，迪安把钢琴放在他的车间里。当车间里的房间用完时，他建了一个大型的金属棚来放钢琴。当棚子里也装不下钢琴时，他把钢琴搬到自己草坪上的塑料棚里。可是，塑料棚容易破裂和漏雨。迪安生活在太平洋西北部，许多钢琴已经被雨水损坏，即使他用塑料布把钢琴盖好。

两年前，原本稳步增长的钢琴数量开始下降，迪安开始免费提供钢琴。虽然不会免费提供最好的钢琴——最好的钢琴他希望能够出售，但他免费提供的钢琴质量相当不错。然而，迪安有两个问题。一是，他不知道哪架钢琴是最好的，它放在车间、金属棚还是塑料棚里。二是，很少有人愿意来金属棚和塑料棚选钢琴，他们不想看到里面的松鼠和老鼠。

为了解决这些问题，迪安建立了一个数据库。迪安首先建立所有钢琴的存储记录，如图表 5-18 所示。

图表 5-18 钢琴表中的列

资料来源：Microsoft Corporation.

众所周知，数据可以存储在一张数据表中，但迪安使用 Access 存储，因为他想以各种方式查询到数据。例如，他想知道所有的放在塑料棚里的钢琴，哪架钢琴有 4 或者更高的音质，哪架钢琴有 1 或者更低的音质，以便他处理这些钢琴。此外，客户可能有特殊的需求。例如，有一个客户可能想要鲍德温牌钢琴。如果没有数据库，他不知道是否有该品牌的钢琴，钢琴放在哪个位置。或者，在需要换钢琴键时，他想知道有乳白色键的 2 或更低音质的钢琴。

由于需求具有动态性，迪安使用访问查询工具，图表 5-19 为一个查询示例，查询结果如图

图表 5-19 Access Query 示例

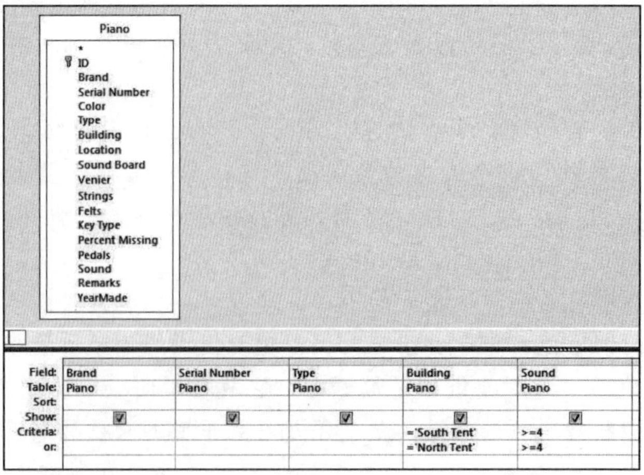

资料来源：Microsoft Corporation.

表 5-20 所示。迪安怀疑塑料棚里的钢琴比金属棚里的质量变差的速度更快，为了确定是否有这种情况，他建立了如图表 5－21 所示的报表。

图表 5－20　图表 5－19 查询结果

Brand	Serial Numb	Type	Building	Sound
Baldwin	70452	Spinet	South Tent	4
Esteu	20158	Upright	North Tent	4
H.G. Johnson	10749	Upright	North Tent	4
Winter ???	326493	Spinet	North Tent	4
Baldwin	637957	Spinet	North Tent	4
Briggs	80360	Upright	North Tent	4
Hobart Cable	77182	Upright	North Tent	4
Mehlin	28733	Upright	North Tent	4
Aeolian	182562	Spinet	North Tent	4
Farrand	27631	Upright	South Tent	4
Kurtzman	21398	Upright	South Tent	5
Mathushek	12963	Upright	South Tent	4

资料来源：Microsoft Corporation.

图表 5－21　建立钢琴音质表

Piano Sound Quality by Building

Building	Sound Quality	Number Pianos
North Tent	1	1
North Tent	3	3
North Tent	4	8
Shed	0	10
Shed	1	1
Shed	2	7
Shed	3	13
Shed	4	12
Shop	0	2
Shop	1	2
Shop	3	5
Shop	4	2
South Tent	0	6
South Tent	2	3
South Tent	3	2
South Tent	4	3
South Tent	5	1

资料来源：Microsoft Corporation.

[问题]

1. 解释为什么一个单一列表数据库可以存储，就像 Access 一样容易。
2. 验证使用 Access 存储钢琴数据库的决定。
3. 检查图表 5－18 中的列。指出本表中未显示的钢琴的三个特点。

a. 如果你是迪安的顾问，在决定是否包括这些额外的数据时，应采用什么标准来衡量？

b. 这是一个钢琴库存模型的数据库，还是一个迪安的模型的数据库？解释二者的差异。

c. 你回答问题 b 影响你回答 a 吗？

4. 假设除了关于钢琴的数据，迪安还需要存储厂商的数据，如地址（最新的地址）、运营时长和对它的评论。

a. 设计一个制造商表。

b. 改变钢琴表（图表 5－18）的设计来展示钢琴与制造商的关系。陈述和验证任何假设。

5. 使用图表 5－21 的数据，得出存放位置对钢琴音质影响的结论，使用数据证明你的结论。

6. 解释语句"一个数据库是一个企业的某些方面的抽象"。用这个例子说明处理抽象比检查钢琴更有效。把你的观察概括为一般的业务数据库。

7. 如果这个数据库不保持更新，那它将很快无用。列出迪安需要创建和跟进的程序，以保证他的数据库正常使用。

注释 ▶▶▶

1. MySQL was supported by the MySQL company. In 2008, that company was acquired by Sun Microsystems, which was, in turn, acquired by Oracle later that year. However, because MySQL is open source, Oracle does not own the source code.
2. Watch out for confusion between a *database application* and a *database application program*. A database application includes forms, reports, queries, and database application programs.
3. For a summary of this early history and an amplification of these ideas, see David Kroenke, "Beyond the Relational Model," *IEEE Computer*, June 2005.
4. Werner Vogel, "Amazon's Dynamo," All Things Distributed blog, last modified October 2, 2007, *www.allthingsdistributed.com/2007/10/amazons_dynamo.html*.
5. Fay Chang, Jeffrey Dean, Sanjay Ghemawat, Wilson C. Hsieh, Deborah A. Wallach, Mike Burrows, Tushar Chandra, Andrew Fikes, and Robert E. Gruber, "Bigtable: A Distributed Storage System for Structured Data," OSDI 2006, Seventh Symposium on Operating System Design and Implementation, Seattle, WA, last modified November 2006, *http://labs.google.com/papers/bigtable.html*.
6. Jonathan Ellis, "Cassandra: Open Source Bigtable + Dynamo," accessed June 2011, *www.slideshare.net/jbellis/cassandra-open-source-bigtable-dynamo*.
7. Imperva, "Imperva Web Application Attack Report," July 2013, accessed May 19, 2014, *www.imperva.com/docs/HII_Web_Application_Attack_Report_Ed4.pdf*.
8. To learn more about how to prevent SQL injection you can visit OWASP.org. It has a helpful SQL Injection Prevention Cheat Sheet that explains how to parameterize queries and use stored procedures to stop SQL injection. See *www.owasp.org/index.php/SQL_Injection_Prevention_Cheat_Sheet*.

第6章 云

The Cloud

“托希奥，你的计划是什么？”Falcon Security公司CEO马特奥正和IT主管托希奥以及CFO乔尼一起讨论公司的数据存储成本问题。

“就现状来说很好，马特奥。我们刚将新的网络存储器装好，存储容量增加了30%，但是……”托希奥慢慢没声了。

乔尼忍不住说道：“你看账单之前，一切都很好。我们的费用正在增加，花在存储上的费用一年内涨了350%。”

“是的，乔尼，确实是这样，但是我们的容量增长了400%。”托希奥回答。

“确实是这样，但是……”

马特奥打断两人的争吵，说道：“我们之前已经讨论过这个问题，不要再吵了。我们都认为公司现在的存储成本太高了。托希奥，我之前让你去找其他方案，你有什么发现？”

“云。”

“什么？”乔尼希望他没有漏听什么。

“云，”托希奥重复道，“我们把公司所有的视频都移到云端去。”

马特奥很好奇：“托希奥，我很感兴趣，什么是云？”

“这是一个趋势——我称之为时尚，除非我想保持现状。”

“那它对我们有什么帮助呢？”马特奥问。

“我们从第三方公司那里租用存储空间。”

乔尼被弄糊涂了：“你的意思是我们租用硬盘而不是购买？”

“嗯，差不多。”托希奥解释道，“我们将不需要在数据中心安装更多的硬盘。我们会用一种非常灵活、用多少就租多少的方式租用线上的存储空间。如果我们有一个很大的新客户，就能租用更多的存储空间以满足需求。”

“你的意思是基于每一天的需求吗？我们能按天更改租用条件吗？”乔尼认为这是不可能的，“这种方式需要多少成本呢？肯定很贵。”

“每TB 10美元怎么样？”

马特奥感到疑惑：“每TB 10美元是什么意思？”

“我的意思就是我们每个月花10美元就可以得到1TB的线上存储空间。”托希奥笑着说道。

“什么？”乔尼目瞪口呆。

“是的，就是这样。我们想要多少存储空间就可以得到多少，并且我们的系统会将无人机里的新信息自动上传。与现在相比，我们每个月的存储成本至少下降50%。这还没有考虑节约的电费、省下的备份时间以及免去硬件设备的配置工作。”托希奥并不是特别确定，但是他认为实际的存储成本应该会更低。

“托希奥，你一定是在开玩笑。如果这是真的，我们可以在存储成本上节约数万美元，这是一笔巨款啊！”乔尼一边说一边想。

“这很好啊，我不知道会节约多少钱。不过，我们会有一些额外的开发成本以设置系统，这需要些时间。”

“托希奥，给我一个计划，我需要一个计划！”马特奥正在想省下的这笔钱对于下两个季度甚至未来意味着什么。

“下周我给你计划。”托希奥说。

“我这周五就要，托希奥。”

研究问题

Q6－1 为什么对于大部分组织来说云就是未来？

Q6－2 组织如何使用云？

Q6－3 Falcon Security 公司应当如何使用云？

Q6－4 组织应当如何安全地使用云服务？

Q6－5 云对于你的未来意味着什么？

Q6－1 为什么对于大部分组织来说云就是未来？

2010 年以前，大部分组织建立并维护自己的计算基础设施。组织购买或租用硬件，安装在其经营地点，并使用它们支持组织的邮件、网站、电子商务网站以及内部应用系统，比如会计系统和操作系统。2010 年之后，组织开始将其计算基础设施移到云端，未来极有可能全部或几乎全部从云端租用。什么是云？为什么它就是未来呢？

什么是云？

我们将**云**（cloud）定义为通过互联网，对于池化的计算机资源的灵活租赁。之所以使用“云”这个术语，是因为大部分早期的三层式结构图和其他基于互联网的系统都使用云的符号来代表互联网（图表 5－13 就是个例子），组织也将其基础设施看成“某些在云端的东西”。

■ **灵活**

我们来讨论云的定义中的关键词。**“灵活”**（elastic）是由亚马逊最早提出的，其含义是组织可以动态、程序化地在较短的时间间隔内增加或减少租用的计算资源，并且只为耗用的资源付费。

设想一家汽车制造商制作了一条将在奥斯卡颁奖典礼中插播的广告。它相信这是非常棒的广告，其网站将获得数百万的点击量。然而，它并不能提前知道网站的点击量将会是 1 000、100 万、1 000 万或者更多。而且，这条广告将在不同国家引起不同的反应。70% 的点击量将来自美国，而其他的点击量将来自欧洲？还是数百万的点击量来自日本？抑或来自澳大利亚？基于上述不确定性，这家汽车制造商要如何准备计算基础设施以应对挑战？这家汽车制造商知道，一方面，如果其网站不能在非常短的时间内（比如几毫秒）作出响应，就会失去这条十分昂贵的广告所带来的收益；另一方面，如果广告失败了，提前准备数千台服务器将会浪费更多的资金。

图表 6 - 1 展示了由亚马逊的 CloudFront 提供的一个基于真实案例的例子。这个例子正好可以反映上述情况。假设这张图展现了奥斯卡颁奖典礼当天这家汽车制造商的网站的运行情况。在这一天的大部分时间里，这家汽车制造商只需要为其用户提供不到 10Gbps 的内容服务。然而，一旦广告播出（夏威夷 - 阿留申时区的下午两点，数据波峰处），服务需求量增加了 7 倍并且持续了半个小时。在最佳影片宣布之后，广告又一次播出，服务需求量再一次增加到 30 ～ 40Gpbs，并且持续了一个小时，在这之后服务需求量回到其基础水平。

图表 6 - 1　视频横幅广告客户的示例

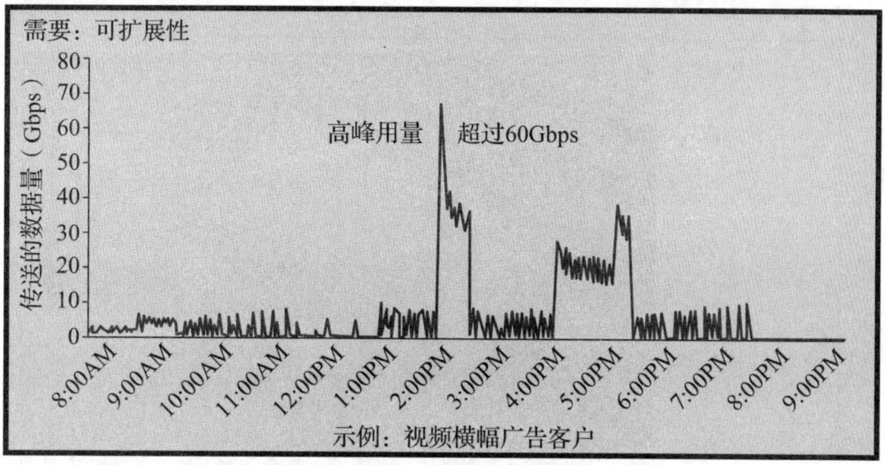

如果没有增加服务器，网站的响应时间将会达到 3 ～ 5 秒甚至更长，这就意味着网站不可能持续吸引奥斯卡颁奖典礼观众的注意力。这家汽车制造商和云服务提供商签订了合同，合同规定，云服务提供商需要在世界范围内随时增加服务器以便保证网站的响应时间不到 0.5 秒。也就是说，云服务提供商将使用云技术增加该网站的服务器以保证响应时间在 0.5 秒的阈值以下。而随着服务需求量在第一轮广告播出后下降，云服务提供商将会释放多余的服务器，并在最佳影片揭晓后重新分配。

通过这种方法，这家汽车制造商将不需要为了支持最大的服务需求而新建基础设施。如果这家汽车制造商已经新建了大量的基础设施，那么将会有大部分服务器在大部分时间里闲置。就像你所了解的，云服务提供商将会在世界范围内使用云提供服务器；比如说，在新加坡有过多的服务需求，云服务提供商就可以在亚洲提供额外的服务器以降低国际传输引起的等待时间。

■ **池化**

在云的定义中第二个关键词就是“**池化**”（pooled）。因为很多组织通过虚拟化实现硬件设备共享，也就是使用相同的物理硬件设备，所以云资源是池化的。云服务提供商按照客户需求的增减动态地给物理硬件分配虚拟机。因此，广告商在奥斯卡颁奖典礼时需要的服务器可以由 CPA 公司（当天晚些时候需要这些服务器）、图书出版商（在周一需要这些服务器为在线的学生提供活动）、酒店（下周需要这些服务器）那里重新分配而来。

为了更容易地理解云服务发展的本质，我们可以想一想电能。以前，组织使用自己的发电站供电。之后，随着输电网络的扩张，发电站集中化成为可能。这样，组织就可以从电力部门购买所需的电力，而不需要自己建造发电站了。

云服务提供商和电力部门都受益于规模经济。根据规模经济原则，产品的平均成本将会随着经营规模的增大而降低。主流的云服务提供商都会经营大量的 Web 农场。图表 6－2 展示了苹果公司在 2011 年建成的用于支持 iCloud 服务的 Web 农场。这个耗资 10 亿美元的设施占地 50 万平方英尺。[1] 亚马逊、IBM、谷歌、微软、甲骨文以及其他的大型公司在世界范围内都有类似的农场。

图表 6－2 苹果公司的数据中心

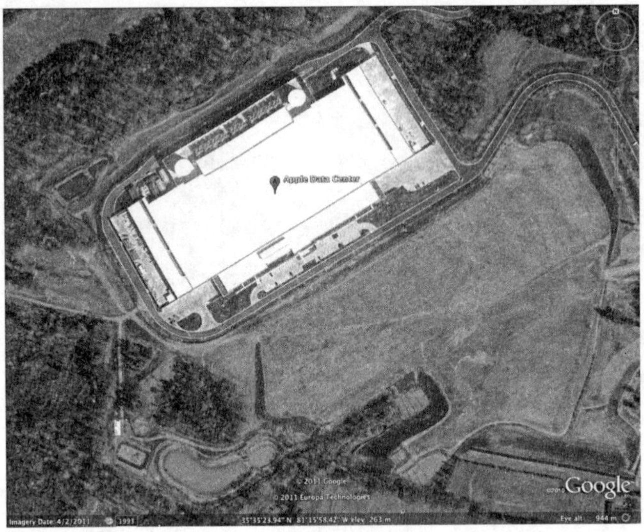

资料来源：Google Inc.

■ **通过互联网**

最后，我们能够**通过互联网**（over the Internet）使用云连接资源。你可能会说“这没有什么大不了，我一直都在用互联网”。请你再仔细想一想。前面提到的汽车制造商的例子中，汽车制造商和云服务提供商就最大响应时间签订了合同；云服务提供商需要根据需求增加服务器。如上所述，云服务提供商可能需要在全世界范围内提供实时的服务器服务。它是怎么做到的呢？如果它不仅仅是为像汽车制造商这样的一个客户提供服务，而是为上千个客户提供服务，它又是怎么做到的呢？

过去遇到这种跨组织的事务时，汽车制造商的 IT 开发者必须和云服务提供商的 IT 开发者一起开会讨论并对接口进行设计。“我们的系统将会做这个，提供数据，我希望你的系统做那个，并把其他的数据传回给我们。”诸如此类的会议讨论将花数天时间，成本高且易犯错。讨论完接口设计之后，IT 开发者就分头回去写代码，每个人理解的接口有可能不一样，因此很容易犯错。

这一过程漫长、成本高且易失败，而且参与沟通的双方必须不断重复这个过程。现在，如果组织之间还需要做上述工作，那么提供云服务将难以承受也不可行。

计算机行业设立了一套通过互联网的有关请求和接收服务的标准方法。**面向服务的体系结构**（service-oriented architecture，SOA）就是一种设计计算机程序的方法，使用这种方法设计程序可以像玩乐高积木一样，为了云服务灵活地组合各种程序。使用 SOA，程序正式明确了它们运行的服务、需要的数据以及输出的结果。程序用于明确它们想干什么、处理的数据结构是什么以及将会用什么方式交互的世界范围适用的标准就是**网络服务标准**（Web service standards）。遵守网络服务标准、基于 SOA 设计的程序称为**网络服务**（Web services）。这些标准让从来没有“遇见过”的计算机能够在一起跳一支美妙的影响世界的“舞蹈”，为 PC、iPad、智能手机、Xbox 甚至运动器材的用户在十分之一秒或更短的时间内提供内容服务。这绝对是超级棒超赞的技术！

为什么云主机要优于内部主机？

图表 6－3 对比了基于云的主机和内部主机。你可以看到，基于云的主机占有绝对优势。云服务提供商 Rackspace 将以每小时不到一美分的价格租给你一台中型服务器。你可以在当天（实际上是几分钟之内）获得并访问服务器。如果第二天你需要数千台服务器，你可以很容易地增加租用数量。此外，你可能会对访问你的网站的人数感到惊讶，但你不会对所花成本感到吃惊。

图表 6－3 基于云的主机与内部主机的对比

基于云的主机	内部主机
优势	
需要的资金少	对数据存储地点可以控制
发展快	安全防范和防灾的准备高度透明
对于波动的和增长的需求有很强的灵活性和适应性	
知道成本结构	
能得到最佳的安全防范 / 防灾准备组合	
不会被淘汰	
行业范围内的规模经济，意味着更便宜	
劣势	
依赖供应商	需要的资金多
丧失对数据存储地点的控制	开发需要付出很大努力
对实际的安全防范和防灾准备能力不清楚	维护费用
	支持成本
	员工成本和培训成本
	增加管理需求
	很难（几乎不可能）适应波动的需求
	成本的不确定性
	技术易过时

另一个好处是只要你正在和知名的大型组织打交道，你将会得到最佳组合的安全服务和灾难恢复服务（第10章详细讨论）。另外，你不需要担忧你正在投资的技术不久之后被舍弃；云服务提供商帮你承担了这个风险。因为云服务提供商通过给全行业（而不只是你）提供服务来获得规模经济效应，使上述一切成为可能。

基于云的主机的负面影响和丧失控制权有关。你依赖供应商；供应商的管理、政策以及价格的改变都超出你的控制范围。此外，你不知道对你来说价值巨大的数据存放在什么地方。即使你和你的数据在一个城市，你也不知道这些数据有多少备份。最后，你无法看到实际的安全防范和防灾准备。你的竞争对手有可能正在偷窃你的数据，但是你不知道。

内部主机的优势和劣势列在图表6－3的第二列。内部主机的优势和劣势大部分与基于云的主机相反；但注意，内部主机有人力和管理方面的需求。使用内部主机意味着，你不仅需要设立自己的数据中心，而且需要招聘并培训专人去运营，同时要管理这些人以及你的设备。

为什么是现在？

怀疑论者看到图表6－3后可能会说："如果真的这么棒，为什么基于云的主机没有尽早使用呢？为什么现在才风靡起来？"

事实上，基于云的主机（或者是冠以其他名称）在20世纪60年代（在个人电脑和网络产生之前）就已经出现了。分时供应商提供计算机的使用时间，并收取使用费。然而，直到21世纪头10年，技术仍不支持建立和使用庞大的数据中心，必要的标准也不存在。

三个因素让如今的云服务具有了优势。第一，处理器、数据通信以及数据存储几乎都是免费的。在Web农场这样的规模下，有成千上万处理器，每小时提供一台虚拟机的服务成本几乎为零（建议价为每小时1.5美分）。因为数据通信的成本很低，向处理器传输数据或从处理器获取数据也几乎是免费的。第二，虚拟技术让实时创造一台虚拟机成为可能。客户提供（或在云端创造）希望由机器提供的数据或程序的磁盘映像。虚拟化软件从中提取数据或程序。第三，以网络为基础的标准让基于云的主机提供商能够以一种灵活又标准的方式提供处理功能。

什么时候云服务将没有意义呢？

基于云的服务对于大部分组织来说是有意义的。然而对于那些根据法律或者行业标准需要在物理上控制数据的组织，云服务可能没有意义。这些组织可能被强制建立和维护自己的主机基础设施。比如，一家金融机构就有可能被法律要求保留其数据的物理控制。但是即使在这种情况下，我们仍有可能使用私有云或虚拟私有云来获得云计算带来的好处。我们将在Q6－4讨论这种可能性。

Q6－2 组织如何使用云？

组织可以通过几种不同的方式使用云。第一种也是最经常使用的方式是在云服务提供商处请求云服务。

从云服务提供商处寻求云服务

总的来说，以云为基础的服务可以分为如图表 6－4 所示的三大类。提供**软件即服务**（software as a service，SaaS）的组织需要提供硬件设施、操作系统以及应用程序。比如，Salesforce.com 为客户提供硬件和程序，以及售后追踪等服务。类似地，谷歌提供 Google Drive 服务，微软提供 OneDrive 服务。Office365、Exchange、商业版 Skype 以及 SharePoint 应用都是在云端提供的服务。

图表 6－4 三种基本的云服务方式

分类	例子
SaaS（软件即服务）	Salesforce.com Google Grid Microsoft OneDrive 和 Office 365 Apple iCloud
PaaS（平台即服务）	Microsoft Azure Oracle on Demand
IaaS（基础设施即服务）	Amazon EC2（Elastic Cloud 2） Amazon S3（Simple Storage Service）

你可能听说过或使用过苹果公司的 iCloud。这是苹果公司提供的用于集成用户所有 iOS 系统下的设备的云服务。到 2015 年，苹果公司提供了 10 项免费的 iCloud 应用，比如日历。当一个用户在她的 iPhone 上记录一个约会时，苹果公司会自动将这个约会推送到该用户的 iOS 系统下的其他设备上。此外，用户还能和其他人分享日历，并能做到同步。邮件、图片、应用程序以及其他资源也能够通过 iCloud 同步。

一个组织只需要注册并学会怎么使用，就可以很简单地用上 SaaS。在苹果的例子中，基本上什么都不用学。乔布斯曾说："它的使用非常简单。"

第二种云服务是**平台即服务**（platform as a service，PaaS），依靠供应商提供的主机电脑、操作系统以及有可能存在的数据库管理软件。比如，Microsoft Windows Azure 提供安装了 Windows Server 的服务器，用户只需要将应用程序添加到主机平台上。Microsoft SQL Azure 提供含有 Windows Server 以及 SQL Server 的主机。Oracle On Demand 提供含有 Oracle Datebase 的主机服务器。就如之前所说，对于 PaaS 来说，组织只需要将应用程序添加到主机上。Amazon EC2 提供安装有 Windows Server 或 Linux 的服务器。

最基础的云服务就是**基础设施即服务**（infrastructure as a service，IaaS），这是一种仅提供服务器或数据存储的云主机。Rackspace 给用户提供硬件，用户可以在上面安装任何操作系统。Amazon 许可 S3（Simple Storage Service）提供无限制的、可靠的云端数据存储。

内容分发网络

云的第二种主要应用是让全世界各地的服务器提供内容服务。**内容分发网络**（content delivery network，CDN）就是一个将用户的数据存储在不同的地理位置并根据需求提供数据的信息系统。内容分发网络是一种特殊的 PaaS，但人们经常把它分为一类。

先讨论一下内容分发网络的应用。一个新闻组织可以使用内容分发网络存储新闻。内容分发网络的供应商为了使客户的等待时间尽可能短，会在分布在世界范围内的多个服务器上复制文章。当读者想要读文章时，她的请求被传到路由器上，该服务器选择用哪个内容分发网络服务器能够最快地响应。因为流量特别是著名站点的流量变化非常快，所以这些计算都必须是实时的。一个内容请求可能由圣迭戈的电脑处理，过一会儿同一用户同样的内容请求可能会由盐湖城的电脑处理。

除了新闻文章，内容分发网络常被用来存储和提供不经常更改的内容。比如，组织网站上的公司广告能被很多内容分发网络服务器存储。很多网页的片段可以从内容分发网络的不同服务器上获取。为了让最快地提供内容服务成为可能，上述决定都是实时作出的。

图表 6－5 总结了内容分发网络的优势。前两个优势显而易见，因为数据存储在很多服务器上，可靠性提高了。即使一个服务器崩溃，其他大量的服务器仍然可以提供内容服务。你将在第 10 章学习拒绝服务攻击（DoS）。现在你只需要理解这些安全威胁是指给指定服务器发送过量的数据，导致服务器的合法通信变得不可能。通过拥有多台服务器，内容分发网络可以免受这种攻击。

图表 6－5 内容分发网络的优势

- 逐步下降甚至有保证的加载时间
- 减少原始服务器的负载
- 增加可靠性
- 免受拒绝服务攻击
- 降低移动用户的服务成本
- 基于使用量付费

在一些案例中，内容分发网络降低了移动用户（他们购买的流量有限）的接入成本。通过更快的数据服务，连接站点的费用会减少。最后，很多（但不是全部）内容分发网络提供灵活的、用多少支付多少的服务。客户不需要订购固定的服务和支付固定的费用，只在有需要时用多少付多少。很多提供商提供内容分发网络。

在内部使用网络服务

组织使用云技术的第三种方法是利用网络服务建立内部信息系统。因为这既没有弹性，也没有利用池化资源的优势，所以严格来说不是云的应用。然而它有利于使用云标准，因此我们在这里加以讨论。

图表 6－6 展示了一家名为 Best Bikes 的虚拟在线自行车零售商的网络服务库存应用。在这个例子中，Best Bikes 使用的服务器都是自建的。为了这么做，Best Bikes 建立了一个公司内部的私有网络（一个不能从公司外连接的网络）。Best Bikes 使用网络服务标准编写了处理库存的应用。应用的用户通过 JavaScript 在浏览器上得到库存网络服务。

库存网络服务的用户包括销售、物流、客服、会计以及其他部门的员工。内部应用可以像堆积木一样使用库存网络服务。他们可以仅使用所需的服务，而不需要更多。因为网络服务是封装的，库存系统可以随时改变而不影响其他的应用程序。使用这种方式，系统开发就更灵活、更快且成本更低。

然而，就像之前说的，这并不是云。在这个例子中，Best Bikes 有固定的服务器数量，也没有更灵活的方法。同样，服务器只为库存应用服务。在闲置期间，它们也并不能出于别的目的被反复使用。一些组织为了摆脱上述限制建立了私有云，我们将在 Q6－4 中讨论这种应用。

图表 6－6 库存应用中使用的网络服务原则

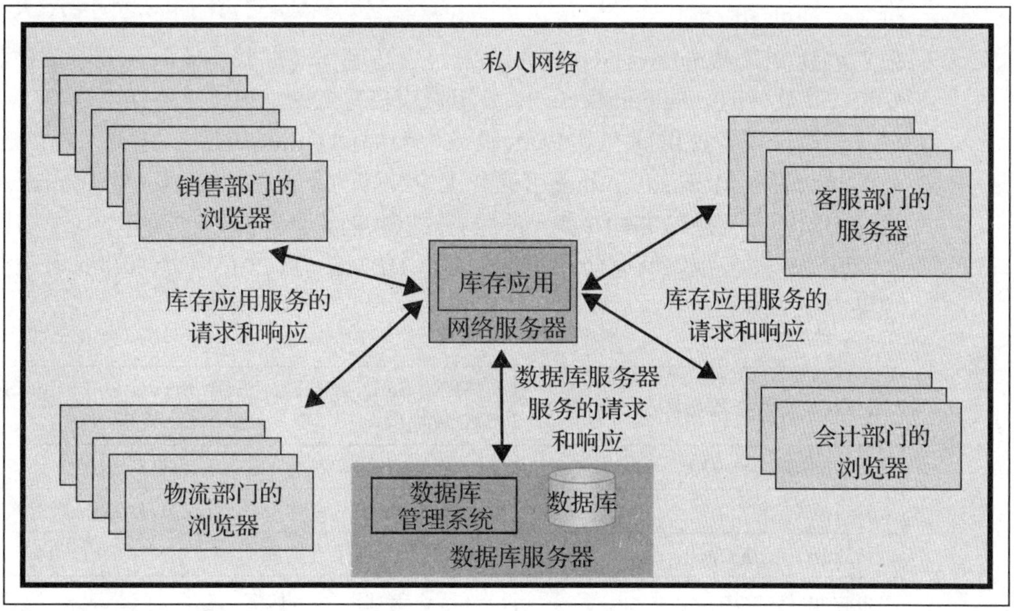

Q6－3 Falcon Security 公司应当如何使用云?

Falcon Security 是一家新创立的公司，它的 IT 部门很小。正因如此，它几乎不可能拥有建立大型服务器基础设施的资源。但是，它很有可能因云服务提供商提供的云服务获得便利。

Falcon Security 公司的 SaaS 服务

软件即服务对硬件和软件系统的投资较小。SaaS 提供商经营并管理云服务器，一般以瘦客户端的形式让软件得到使用。然而，Falcon Security 公司需要将已有的数据进行迁移，建立一些新的数据，并且需要开发一些流程并培训用户。

Falcon Security 公司可能使用的 SaaS 产品有：

- Google Mail；
- Google Drive；
- Office 365；
- Salesforce.com；
- Microsoft CRM OnLine；

- 其他。

我们之前已经讨论过前三种。Saleforce.com 以及 Microsoft CRM Online 是客户关系管理系统。我们将在第 7 章学习。

Falcon Security 公司的 PaaS 服务

Falcon Security 公司使用 PaaS，从云服务提供商的云上租用硬件及操作系统。比如，它可以租用 EC2（Elastic Cloud 2，由亚马逊提供的一种 PaaS 产品），亚马逊会在云端预装 Linux 或 Windows Server。在基础功能方面，Falcon Security 公司也可以安装自己的软件。比如，它可以安装内部开发的应用系统，也可以安装其他的经软件供应商许可的应用软件。它也可以授权数据库管理软件（比如微软的 SQL Server）并把它放到 EC2 Windows Server 上。因为亚马逊在增加服务器时会复制软件，所以在安装许可软件时，Falcon Security 公司必须获得允许复制软件的许可。

一些云服务提供商在其 PaaS 服务中会提供 DBMS 产品。因此，Falcon Security 公司能获取在 Microsoft Azure 云服务上安装好的含有 SQL Server 的 Windows Server。当托希奥考虑每月每 TB 10 美元的服务时，很有可能是指这种服务。

其他云服务提供商也会在服务中提供 DBMS。自 2015 年 5 月起亚马逊在 EC2 上提供以下 DBMS 产品：

Amazon 关系型数据库服务（RDS）	支持 MySQL，Oracle，SQL Server 或 PostgreSQL 的关系型数据库
Amazon DynamoDB	一个稳定并可扩展的 NoSQL 数据库服务
MongoDB	存储 JSON 格式的对象的 NoSQL DBMS 产品
Amazon ElasticCache	一个稳定的内存数据库服务
Amazon Redshift	一个 PB 级别的数据仓库

最终，Falcon Security 公司可能会使用内容分发网络向全球用户传递内容并解决 Q6－1 中提到的广告响应问题。

Falcon Security 公司的 IaaS 服务

就像之前所说的，IaaS 在云上提供基础的硬件。一些公司用这种方法获取服务器，然后将操作系统传上去。这就要求拥有大量的技术专家和管理者，因此像 Falcon Security 这样的公司是不太可能这么做的。

然而，Falcon Security 公司可能在云端获得数据存储服务，比如亚马逊提供的 S3 数据存储服务。通过该服务，组织能够在云上存储数据，并且可以让这些数据无处不在。然而，考虑到服务所提供的增值，像 Falcon Security 这样的组织更可能使用 SaaS 和 PaaS。

Q6－4 组织应当如何安全地使用云服务？

基于互联网基础设施的互联网以及云服务以远低于私人数据中心的成本提供了强大的处理能力以及存储服务。然而，互联网就像是一个对数据和计算基础设施充满威胁的丛林，我们将在第 10 章具体讨论。组织如何在避免上述威胁的基础上实现云技术的优势呢?

这个问题的答案涉及非常高水平的技术组合。随着你慢慢阅读，你会意识到永远不会有绝对的安全，攻击者会想尽一切办法绕过安全防护，偶尔会成功。因此，你能期盼的是在你的职业生涯中，云的安全防范会比我们在这里提到的威胁更高明一点。我们从一种在互联网上提供安全通信的技术——VPN 开始讨论。

虚拟专用网络（VPN）

虚拟专用网络（virtual private nework，VPN）通过互联网创造出一种专用、安全的连接。在 IT 世界中，虚拟这个术语意味着一些看起来存在但实际上不存在的东西。这里，VPN 使用公共互联网创造出一种看起来像是专有的安全网络连接。

■ **典型的 VPN**

图表 6 - 7 显示了一种为了连接远程的电脑而使用 VPN 的方式。假设一个雇员在迈阿密的酒店里工作，要访问芝加哥站点的局域网。远端的用户即 VPN 客户。这个用户首先在互联网上建立一个公共连接。如图表 6 - 7 所示，这个连接可以通过当地的网络服务提供商来实现。在某些情况下，酒店会提供直接的互联网连接。

图表 6 - 7 远程使用 VPN 的实际连接

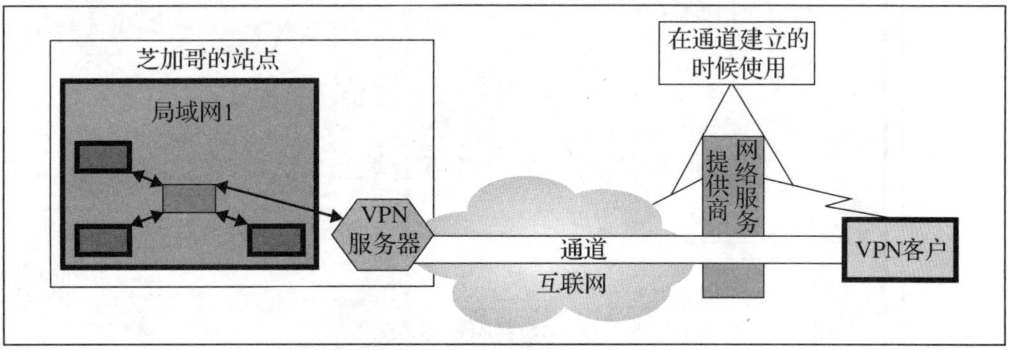

在每一种情况下，一旦互联网连接成功，远端用户电脑中的 VPN 软件就会与芝加哥的 VPN 服务器建立连接。VPN 客户与 VPN 服务器从此就有了安全的连接。这个连接称为**通道**（tunnel），是通过公共或共享的网络从 VPN 客户到 VPN 服务器的虚拟的专用的路径。图表 6 - 8 展示了这种连接在远端用户面前呈现。

图表 6 - 8 远程使用 VPN 的表面连接

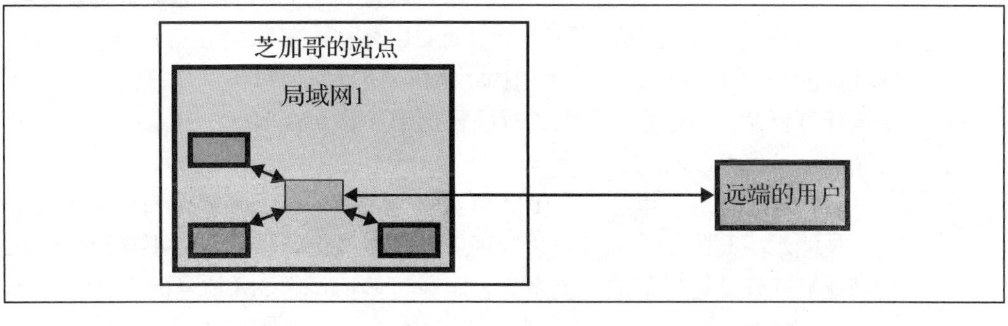

为了确保VPN在整个公共网络上的通信安全，让信息内容不被窥探，VPN客户端会加密或编码信息（将在第10章讨论）。然后VPN客户端会将VPN服务器的网络地址附加在信息上，并将信息包通过互联网发送到VPN服务器上。当VPN服务器接收到信息，就会除去信息前端的地址，并解密加密的信息，最终将直白的文本信息发送至局域网内部的原始地址。使用这种方法，确保了私人信息通过公共网络安全传输。

使用私有云

私有云（private cloud）是指组织为了自己的利益拥有并运行的云。如图表6－6所示，为了创建私有云，组织需要创建一个私人的网络并且需要使用网络服务标准设计应用程序。之后，组织需要建立服务器农场，像云服务提供商一样在弹性负载平衡下管理这些服务器。管理多重数据库服务器很复杂，大部分组织会选择不复制数据库服务器。图表6－9展示了这种可能性。

图表6－9 库存及其他系统的私有云

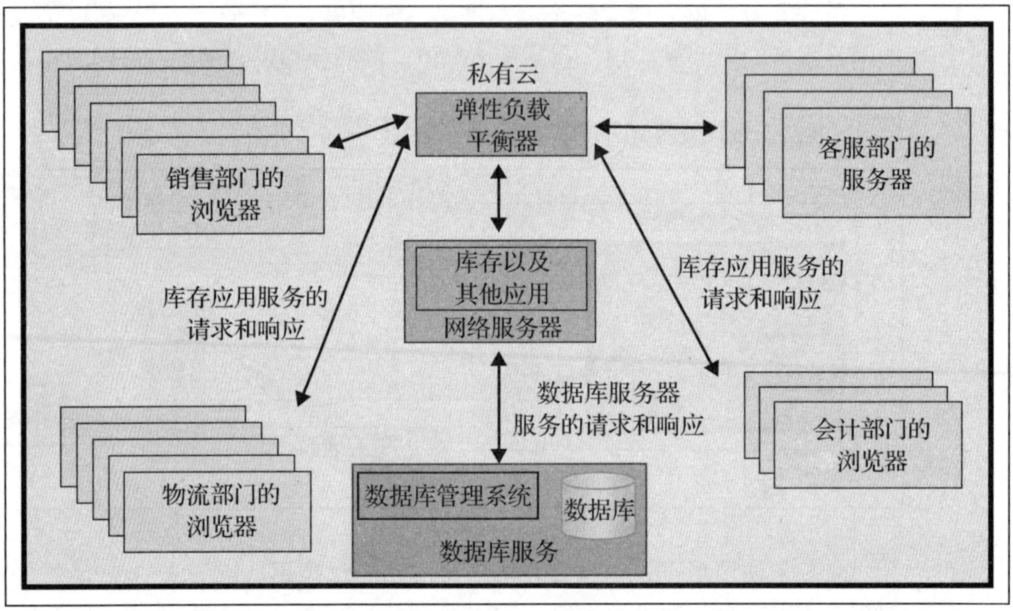

私有云为组织内部的基础设施提供了安全服务，却不能提供外部的安全访问。为了提供这种访问，组织建立了VPN，用户使用它来安全访问私有云，如图表6－10所示。

私有云提供了灵活性，但是其成本很高。组织会怎么利用其闲置的服务器呢？它们意识到关闭闲置的服务器可降低成本。而且，它们不能像云服务提供商那样把闲置的服务器给其他公司使用。一个大型的集团公司或国际化公司可能通过子公司以及不同地区的公司来平衡计算负载。比如3M公司可能通过不同地区的不同产品事业群来平衡计算负载，但是很难想象，这么做会节约资金或时间。像Falcon Security这样的公司更不可能开发私有云了。

微软、亚马逊、甲骨文、IBM以及其他主要的云服务提供商雇用了几千名经过培训、技能水平高的员工去开发、管理、经营以及提升云服务。很难想象一家非云服务公司能够开发并运行能与之抗衡的云服务，哪怕是像3M这样的大公司。除非这个组

图表 6-10 通过虚拟专用网络访问私有云

织被法律或者客户要求对数据保持物理控制。然而，即使如此，组织也几乎不可能被要求对所有的数据保持物理控制，因此，组织可能将高度敏感的数据保存在内部，把其他的数据和相关的应用程序放在公共云服务提供商处，也可以使用我们接下来要讨论的虚拟私有云。

使用虚拟私有云

虚拟私有云（virtual private cloud，VPC）是公共云的子集，不过它受到严格的安全访问的控制。组织可以在像 AWS 或者其他云服务提供商提供的公共云上建立自己的虚拟私有云。这种方法超出了我们的讨论范围，不过可以据此想象 VPN 的通道技术。

使用 VPC，组织就可以将其敏感数据存储在自己的基础设施中，把不那么敏感的数据存储在 VPC 上。采用这种方法，那些被要求在物理上控制数据的组织就可以把数据存储在自己的服务器上并把其他的数据存储在 VPC 上，如图表 6-11 所示。这样，组织就能为部分不需要物理控制的数据获得云存储以及云处理的优势。

图表 6-11 使用虚拟私有云

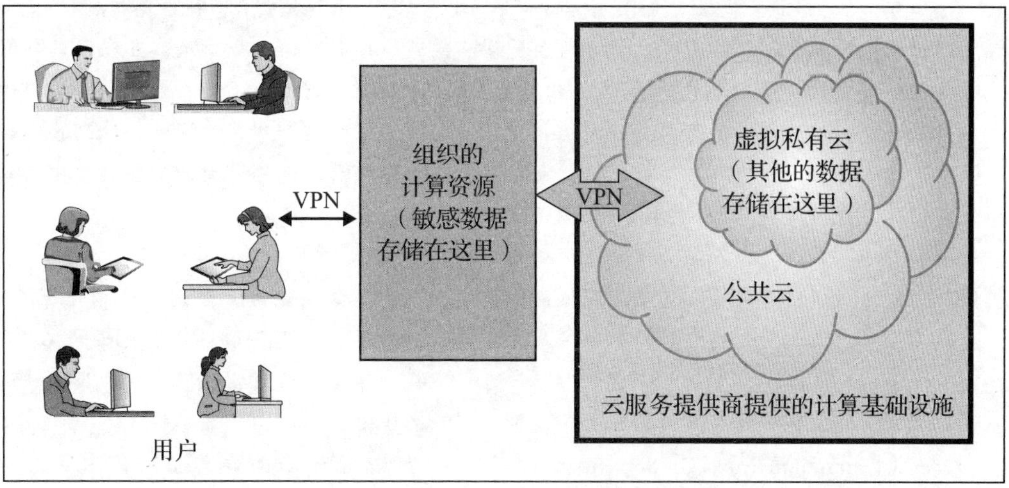

在一些案例中，组织从有关部门获得许可，将非常敏感的数据存储在VPC上。比如本章案例研究讨论的FinQloud。一家由纳斯达克－OMX集团管理的VPC机构拥有纳斯达克以及其他金融交易所的数据。

网络中立性

你有没有想过生活在西部大荒原时期是什么样的？那时有非常多的亡命之徒，早期移民者可以在政府最小的监管下自由地对土地宣示主权。仔细想一想会发现，由互联网连接的设备创造了一个相似的环境——一个数字化的西部大荒原。

数字化西部大荒原时期和早期的美国开荒时期有很多相似之处。现代网络空间的土匪有很多反常或者违法的行为（比如网络欺凌、数据盗窃、拒绝服务攻击、网络破坏以及网络战），而且很少被抓住或者被告发。由于现有法律对于上述攻击有空白，因此对这类犯罪行为还缺乏法律回应。另外，网络罪犯在现实中很难被追踪。

在美国开荒时期，土地是待价而沽的，人们都希望得到有价值的土地。类似地，今天的数字化资源也在被争夺。公司努力争夺知识产权、数据流和带宽。例如，网络服务提供商难以控制网络内容的数量、类型及来源。这为什么会成为一个问题呢？想想看，在过去5年内，Netflix的流媒体服务增长迅速，在美国互联网流量的高峰时段30%的流量与人们使用Netflix观看电影和电视节目有关。[2]

作为一个网络服务提供商（ISP），在一档受欢迎的电视节目新一季推出时，你可能会觉得Netflix公司应为堵塞你的光纤线路向你付费。但是，消费者和内容提供商则希望网络是中立的。这意味着，所有的用户和内容提供商将被一视同仁。也就是说，互联网上不会有“快”车道和“慢”车道之分。互联网服务提供商不能联合起来封锁网络内容，甚至连降低网络速度也不行。它们也不能向广大的互联网用户索要额外费用或税款。

为了强调这些问题，美国联邦通信委员会（Federal Communications Commission，FCC）制定了关于网络中立性的一个重要规则，并成为市场新的监管者！

扼杀创新？

2015年年初，FCC批准了新的规定，以确保互联网服务提供商不歧视不同类型的互联网流量。总之，所有的消费者将有同等的机会获得内容。[3]这一规则将从很多方面使互联网成为一种设施。互联网将像标准设施（如水和电）一样受到规则的管制。很多人支持这项规定，指出互联网不区分“快”车道和“慢”车道的好处。表面上看这一规定只会带来好处，然而，网络中立也是有缺陷的。

反对网络中立的人认为，这是政府干预自由市场的一个实例。这种观点是基于自由放任经济理论，该理论提倡建立没有政府干预的市场。根据这一理论，如果一个公司将要失败，它就应该失败，市场会自行调节。

在网络中立的情况下，互联网服务提供商希望有自由去监管流经其基础设施的互联网流量。它们希望根据内容提供商是否购买更好的接入服务来调节其流量。由于此功能已被FCC禁止，互联网服务提供商损失了不少收入，它们认为这种潜在收入的损失将抑制基础设施的发展，限制其成长，扼杀创新。

我们永远不会知道，互联网服务提供商的这种说法是不是真的。互联网服务提供商正在努力推翻这一规定。因此，等到推翻规定的战争结束后，也许更大的有关网络中立的战争才刚刚开始！

［问题］

1. 本文认为，在政府机构控制的情况下，对网络服务的获取就像其他设施（水和电）一样。你是否认同互联网是一种设施？请解释你的理由。

2. 假设互联网没有网络中立性保护，如

果你是一个新创的电子商务公司的老板，你的企业将由于互联网服务提供商在网络上建立“快”“慢”车道而受到什么损害？

3. 互联网是世界各地的政府、大学、企业和普通人使用的资源，你认为是否应该由某个国家或机构来管理互联网呢？

4. 一些经济学家可能担心FCC介入电信公司和ISP的业务。思考网络中立还会造成什么其他的有害影响（除了收入损失和扼杀了创新的潜力）？

5. Netflix是一家造成网络流量巨大的公司。网络中立将会以什么方式给Netflix提供便利？

Q6-5 云对于你的未来意味着什么？

在你的职业生涯的最初几年云会怎样发展呢？排除一些未知因素，如互联网流量的联邦税或消费者抵触政府对互联网流量的挖掘，云服务将变得更快、更安全、更易用、更便宜。越来越少的组织建立自己的计算基础设施，它们将受益于池化的跨组织的服务器以及云服务提供商带来的规模经济。

但是，深入来看，云计算将会同时带来好消息和坏消息。好消息是，企业可以很容易地以极低的成本获得弹性的资源。这种趋势将使大家都受益，比如iCloud或Google Drive的个人用户、Office 365的小团体用户、使用PaaS的类似于Falcon Security的公司，以及使用IaaS的类似于纳斯达克-OMX（见本章末案例研究）的大型组织。

云的整体规模正在扩大。谷歌的热气球项目（Loon Project）采用飘在高空的热气球为地球上无法上网的地区提供网络服务。而且，谷歌并没有就此止步。它正在让云计算更快。谷歌光纤项目（Google Fiber）的目的是为用户提供1Gbps的互联网连接。这比平均的宽带连接速度快100倍。Comcast公司为了回应谷歌的服务，也宣布提供千兆每秒的服务。

那么，坏消息是什么呢？还记得图表6-2中那个50万平方英尺的苹果Web农场吗？想象一下一个停车场的大小。那个小场地容纳所有的操作人员。据《计算机世界》(*Computerworld*) 报道，那幢楼雇用了50人，他们实行三班制，全天候工作。这意味着在任何时间，该中心由不超过8个人运行。这似乎是不可能的，但是确实如此。请你再一次想一想停车场的大小！

不止像苹果这样的大公司是这样。2015年，所有的城市仍然扶持安装和维护内部电子邮件Exchange及其他服务器的小公司。如果使用像Google Drive或Office 365之类的SaaS产品替换那些服务器，当地的工作职位会发生什么变化？它们都会消失！你可以在协作练习中获得更多关于这个话题的信息。

但是，随着计算基础设施越来越便宜，一定会在某些地方产生新的就业机会。那它们在哪里呢？将有更多基于科技的创新型公司。低成本、具有弹性的云服务使成立小规模创业公司成为可能，比如足球运动员评估公司Hudl（www.hudl.com）以极低的成本访问CDN和其他云服务，以前这功能需要耗费数年去开发，并花费大量美元。你可以去它们的网站测试其响应时间，非常快！

像Falcon Security这样的组织通过将其数据迁移到云上，可以使存储成本降低50%。如果此举成功，Falcon Security公司就可以提高利润率，拥有一个可靠的基础设施，更快速地扩张业务。大公司则能以更大的规模获取收益。所以，云使组织能够更低成本更快地开发出更多的信息系统。因此，这就增加了对知道如何使用和管理信息系统的员工的需求！[4]

还有什么呢？云将促进新类型的工作。在你的职业中，一切都将通过存储在云中的大数据连接到一起。移动系统将会成为标准，而桌面系统将被降级为仅仅创造内容。那又将出现哪些新的机遇呢？

想一想**远程操作系统**（remote action systems），该系统提供了远距离的电脑活动或行为。通过远程操作，该系统将节省时间和差旅费，让没有专家的地方也能使用顶级专家的技能，还能让专家扩展他们的专长。下面是几个例子。

远程诊断（telediagnosis）是医疗专业人员用来诊断农村或偏远地区患者疾病的远程系统。**远程手术**（telesargery）使用远程通信技术连接外科医生和外地的机器人设备。2001年，纽约市的雅克·马雷斯克（Jacques Marescaux）医生进行了第一例横跨大西洋的手术，使远在法国斯特拉斯堡的患者被成功医治。这样的例子目前尚不多见，但在你的一生中将会普遍存在。[5]

其他的远程系统包括**远程电子执法**（telelaw enforcement），例如使用照相机和动作感应设备对闯红灯和超速开罚单的RedFlex系统。总部设在澳大利亚墨尔本南部的RedFlex集团，有87%的收入来自美国，它提供了包括五个组成部分的一站式交通违章信息系统。[6]

许多远程系统是为了在危险的地点提供服务而设计的，如清洁核反应堆或生物污染场所的机器人。而在战争区域，无人机和其他无人操控的军事装备都是使用远程系统的例子。私人安全和执法领域将越来越多地利用远程控制无人机和机器人。你可能会看到Knightscope开发的名为K5的300磅重的机器人的升级版在你的社区里巡逻10年以上。

但是，即使有这些新的机会，也不完全是好消息。纽约的大都会歌剧院可以说是世界上最优秀的歌剧公司。为了看到现场表演，你可能会开车到曼哈顿，将车停在那里，然后打车到林肯中心，花300美元买一张票。你也可以在当地的电影院通过实况转播观看同一场表演，花12美元就能坐到第四排，而且免费停车。通过数字广播，你可以看到演唱者戏服的细节，这是在大都会歌剧院300美元的座位上不可能看到的，而且音质更好。是不是超级棒？那么现在谁还会去看现场表演呢？

远程操控会使当地普通人的价值下降。他们以前会说“嗯，我不是最好的，但至少我在这里”，但现在会因远程操控失去这种价值。1990年，前劳工部长罗伯特·赖克（Robert Reich）在国会工作报告中写道[7]，他坚信提供常规的面对面服务将不会面临外包的风险。这种说法在如今远程操控的世界里已经开始失效。

在这个时代，一流的表演者的价值会增加，甚至成倍增加。400万人观看普通的现场直播；那些参加表演的艺人的经纪人将去协商1 200万美元门票费的分配。一位著名的外科医生或滑冰教练可以更快更好地获得更大的市场，获得更高的报酬。所以，如果你可以在某个领域成为世界上最优秀的人，就行动吧！

但其余的人呢？如果你不是某个领域的世界级专家，就找到一种方法成为不可或缺的人吧。比如：拥有可现场表演的剧院，拥有可远程指导花样滑冰的溜冰场，成为一些远程操控活动的食品供应商。

开发、使用以及管理信息系统来支持这些新的机会也是非常重要的。你将极大地受益于具有 IS 专业知识这一背景。接下来的六章将讨论许多现有的和新的 IS 应用。请继续阅读!

本章的知识对你有何帮助?

云是计算的未来。了解什么是云，企业如何从中受益，并认识到在商务人士职业生涯的最初几年里，了解使用云计算时涉及的安全问题将是商务人士的关键知识。云计算的知识将帮助你预测有价值的新类型的工作。最后，云知识也可以帮助你的组织节省大量的钱，说不定你正坐在私人岛屿上呢！我们将在道德指南中进一步讨论。

道德指南

应用云的利润?

Alliance Partners（虚拟名称）是一家数据经纪公司。有关数据经纪公司的内容将在第 9 章介绍，现在你只需要知道这类公司会从零售商、其他数据经纪公司、政府代理机构和公开渠道获取消费者和其他方面的数据，然后整合成自有的资料文件。Alliance Partners 专门为房地产代理机构获取并分析房地产市场和买卖双方的数据。它每卖一份自有资料给注册的房地产代理机构，就可获得 100 ～ 1 500 美元不等的报酬，报酬的多少取决于代理机构要求的数据量和数据分析类型。

Alliance Partners 现为三个合伙人共有，自 1999 年开展数据代理业务，尽管在世纪之交的互联网泡沫破灭期间处境十分艰难，但是公司挺了过来，业务也做得十分出色，直到 2008 年房地产市场崩盘时收入严重不足。2008 年年底，Alliance Partners 为了降低运营成本以度过经济低迷期，便把数据存储和处理业务从自有网站搬到了云端。云计算的弹性使得公司仅用现有成本的一部分就可以改善数据服务的速度和质量。此外，云的使用令公司精简 65% 的内部硬件支持人员。

公司的三个合伙人每年会面两次，约定审查公司的财务绩效，评估公司的战略，并为公司制定未来六个月以及更长远的规划。在公司的收入严重缩水的 2008 年，他们只能在当地的汉密尔顿酒店的一个小套房里碰面，吃着并不新鲜的甜甜圈，喝着味道淡淡的橙汁。而今年，他们租下了加勒比海的英属维尔京群岛的一个地方。以下是发生在今年会议现场的两名合伙人之间的对话:

“巴特（Bart），我们在这里做什么?”谢利（Shelly）说道。谢利是负责销售和市场的合伙人，她正向公司的执行合伙人巴特表示不满。

“谢利，你什么意思? 你难道不喜欢这里?”

“我当然喜欢这里，我的丈夫也很喜欢。但是我也知道，我们为这个小岛每晚支付 15 000 美元的租金。”谢利一边在手上擦着防晒霜，一边说道。

“我们并没租下整个小岛。”巴特针锋相对地说道。

“当然没有，但是一些员工不得不继续留在这里为我们服务。我们是这里唯一的顾客，也是仅有的非本地人。”谢利继续说道，“这还不是重点。我的意思是我们负担得起这样的消费水平吗？我们为此次会议要花近20万美元。那下次我们会在哪儿会面？月球上的某个度假胜地吗？”

“听着，谢利，我会告诉你Alliance Partners去年的毛利润是74%，它简直就是一棵摇钱树。我们可以在利润中畅游，怎么花都不会嫌快。我们今天的议事日程之一就是确定是否向合伙人分配利润，以及分配额度是100万美元、300万美元还是500万美元。”

“不可以！”谢利很震惊。

“运用云技术，我们把运营成本从原来收入的62%降到现在的9%。我已经尽可能快地把钱投入研发，但是雅各布（Jacob）和他的团队最多只能吸收这么多。我还订了龙虾，特地为你准备了葡萄酒。”

“这真可恶。”

“那你就不要喝葡萄酒了。难道你不想要你的那份分红吗？”巴特说道。

“不想。好吧，我承认我想。但是这太疯狂了，这样不是长久之计。”

“可能确实不是长久之计。但是这些钱现在属于我们。”

讨论题

在回答以下问题时，假设Alliance Partners没有做任何违法的事，及时缴纳联邦、州和当地的所有税项。

1. 请从康德的绝对命令原则角度，分析Alliance Partners的会议花费和预期分红是否不道德。

2. 请从功利主义角度，分析Alliance Partners的会议花费和预期分红是否不道德。

3. 作为芝加哥大学享誉全球的经济学家，米尔顿认为企业高管在不触犯法律和道德规范的前提下，有责任为企业挣尽可能多的钱。[8]

a. 你是否同意这种观点？为什么？

b. 米尔顿把伦理习俗狭义地定义为没有欺诈或者欺骗。根据米尔顿的定义，Alliance Partners的做法是否符合道德原则？

c. 用你自己的话为伦理习俗下定义。

d. 根据你自己定义的伦理习俗，Alliance Partners的做法是否符合道德原则？

4. 你认为以下做法过分吗？解释你的回答：

a. 在为期5天的会议中，三位合伙人和他们的配偶花费了将近20万美元。

b. 公司的毛利润达到74%。

c. 合伙人一年两次分红，额度为100万美元、300万美元或500万美元。如果你认为这种做法过分，请详细说明哪个水平的分红对你来说是过分的。

5. 请描述Alliance Partners目前盈利能力的主要驱动力。

6. 从展示的数据来看，Alliance Partners还可以拿这么多的利润去干什么？

7. 你是否认为挣钱的公司，尤其是像Alliance Partners这样非常挣钱的公司，应对以下事务负有道德义务：

a. 为社会慈善做贡献。

b. 在可能的情况下降低销售单价，赚得合理的利润。

c. 为解决社会环境问题做贡献。

d. 如果可能的话，向所有员工发放大笔奖金，而不仅限于企业高管。

8. 对大部分学生来说，如果年薪可以达到50万美元，将非常富有。对于年薪50万美元的人来说，每六个月获得100万～500万美元的人是富有的。对于每年可以挣得200万～1 000万美元的人来说，亿万富翁是富有的。你认为用什么来区分一个人是否富有？

9. 你认为富有的人是否应对以下事务负有道德义务：

a. 为社会慈善做贡献。

b. 为解决社会环境问题做贡献。

c. 放弃有权获得的政府福利，例如不领取并不需要的社会保障。

指南

从赞歌到诅咒

你丢过手机吗，即使只丢一两个小时？如果有这种情况，每当你想到手机可能永远消失，就可能会回想起丢手机的那种惊慌。由于各种原因，丢失数字化的设备会带来极大的麻烦。手机和笔记本电脑都价值不菲。一想到要花数百甚至几千美元买台新笔记本电脑来代替丢失的设备，你就会非常苦恼。但是，最让人担心的是那些偷窃电子设备的人会想办法获得你设备中的所有数据。

假设你丢了一部手机，你最担心设备中哪方面的数据？是银行账户信息、电子邮件档案、社交媒体账户、照片还是别的什么信息？由于每个人对此的反应不同，这个问题并没有确切的答案。但是，唯一不变的是有人可能在将来获得你的私人信息。让我们沮丧的是，在大多数情况下，罪犯根本不需要盗窃你的手机或者电脑就能得到你的信息。你的数据信息有时很容易在公司存储信息的云端被窃取。你不相信？问问那些经历过2015年2月Anthem医疗保健公司信息泄露事件的人就知道了。

窃取云端信息的可能性

越来越多的数据被存储在云端。为何？因为数据存储成本骤减，互联网的速度越来越快、成本越来越低。1990年，100万晶体管的成本是527美元，1G数据的存储成本是569美元，每秒传输1G数据的成本是1 245美元。[9]但是现在，100万晶体管的成本是0.05美元，1G数据的存储成本是0.02美元，每秒传输1G数据的成本是16美元。

互联网使用者想以更简单的方式获取更多数据。遗憾的是，获取方式的多样化也使黑客更容易窃取数据。

2015年年初，Anthem公司的数据被窃取，大约8 000万顾客的账户信息丢失。[10]黑客窃取像名字、地址、社会保险号以及薪水等敏感性账户数据。任何公开的安全漏洞都会令公众担心，尤其是联想到最近发生在塔吉特和家得宝的安全事件，Anthem公司的顾客在看到更多关于信息窃取的细节时更加生气。Anthem公司最终决定公开：那些丢失的账户信息用纯文本存储，没有加密。这就意味着黑客可以立即在黑市上售卖这些信息，或者达到其他罪恶的目的。

安全专家指责Anthem公司没有对顾客敏感信息进行加密。很多顾客认为Anthem公司疏于对账户记录进行加密，起诉了它。

生意受损还是正常营业？

如果你在Anthem公司的账户数据被窃取，你会怎么想？这一事件会导致你想换另一个医疗保健提供商，还是你认为这种大型数据事故只是数字世界中的一种事实，你更换新的服务提供商也会一样易受攻击？这种数据事故无处不在，问题的本质在于当公司持有你的数据时，你就会被黑客攻击。实际上，在 Anthem 数据事件发生一个月后，Premera Blue Cross 宣布丢失了 1 100 万顾客的数据。这些丢失的数据包括银行账户和医疗数据等更加敏感的信息。[11]

尽管有这些威胁存在，公司也不会把数据从云端拿走。顾客希望能够安心地使用基于网络的服务。但是，公司的安全实践可能把这种不好的事情变成一种竞争优势。实际上，有一天，公司的信息安全声望会比它提供的产品或者服务更有价值。

讨论题

1. 想一想你所使用的所有云服务。你现在的信息容易被窃取吗？
2. 有什么方式可以降低你的信息被窃取的可能性？
3. 这篇文章解释了 Anthem 公司没有对敏感数据进行加密。为什么对数据进行加密会使数据更加安全？
4. 遭遇像塔吉特或者家得宝公司的数据事件，会影响消费者行为吗？怎样影响？
5. 在你现有的工作中，一种更强的安全实践意识是怎样帮助你的？

本章回顾

在本章回顾中，通过回答本章的研究问题来检查你对观点和概念的理解。

Q6－1　为什么对于大部分组织来说云就是未来？

定义了云并对概念中的三个关键词进行了解释。以图表 6－3 为指导，比较了基于云的主机与内部主机。解释了使云计算成为可能的三个因素。解释了术语 SOA、网络服务标准、网络服务，以及何时使用基于云的基础设施会没有意义。

Q6－2　组织如何使用云？

定义了 SaaS，PaaS 以及 IaaS。对每一种服务都举了例子。描述了对于每一种服务最合适的业务环境。定义了 CDN 并解释了其用途以及优势。解释了网络服务如何在内部使用。

Q6－3　Falcon Security 公司应当如何使用云？

指出并描述了 Falcon Security 公司能使用的 SaaS 产品。解释了几种 Falcon Security 公司使用由 PaaS 提供的服务的方法。总结了为什么 Falcon Security 公司不可能使用 IaaS，将如何使用 CDN。

Q6－4　组织应当如何安全地使用云服务？

解释了 VPN 的用途。用广义的术语描述了 VPN 是怎么工作的。定义了术语虚拟并解释了它与 VPN 的关系。定义了私有云。总结了为什么私有云的好处是可质疑的、什么组织将会从这种云中受益。解释了为什么即使是大型组织构建的私有云，也没有可能与公共的云服务相竞争；在什么情况下，私有云可能会对一个组织有意义。定义了 VPC 并且解释了如何且为何一个组织会用 VPC。

Q6－5　云对于你的未来意味着什么？

未来的云会是什么样的？总结了云带来的好消息与坏消息。解释了为什么图表 6－2 会令人感到不安。解释了“云撑起了所有的船”。描述了三类远程操作系统。解释了远程将如何增加专家的价值，减少当地普通人的价值。那些不是专家的人会怎么做呢？

本章中的知识对你有何帮助？

云从根本上改变了企业获取计算基础设施的方式。它让组织分享数据处理、数据存储以及数据通信成本几乎为零带来的优势。就像章首 Falcon Security 公司的故事以及道德指南展示的那样，云对盈利能力有极大的影响。

所以，本章帮助你作为一个商务人士知道得更多，帮助你从事新的可能激动人心的工作，并有可能帮助你的组织节省大量金钱。一个根本的转型正在进行之中，好好利用它！

运用你的知识 ▶▶▶

1. 定义云并且给出你定义中的三个关键信息。使用 Q6－1 中的对比作为指导，对比分析基于云的主机和内部主机的异同点。在你看来，解释使基于云的主机比内部主机更受欢迎的三个最重要的因素。

2. 在 Q6－1 中提到苹果公司在北卡罗来纳州投资了 10 亿多美元。苹果投入巨资，把 iCloud 当作未来的重要部分。使用第 3 章中 Q3－2 讨论的原则从各个方面解释你认为苹果的 iCloud 比其他供应商的产品更有竞争优势的理由。

3. 假设你在 Falcon Security 公司工作，乔尼告诉你她认为那种便宜且灵活的数据存储是不可行的。“或许有这种地方。”她补充说。写一页的备忘录向她解释云工作的原理。在你的备忘录中，要包括云数据处理的标准。

协作练习 ▶▶▶

和你的团队一起建立协作信息系统，可以使用 Google Docs，Dropbox，SharePoint 或者其他工具。不要忘记过程步骤和团队训练。现在，使用信息系统回答下面的问题。

在信息系统服务行业，云引起了巨大的变化。在每个城市，你都会看到当地的独立软件供应商（independent software vendors，ISV）的卡车驶向其客户，为当地客户建立和维修网络、提供服务和软件。你能从卡车上的微软、甲骨文、思科等标识识别公司。近年来，当地的小公司通过建立和维护局域网，给用户的电脑联网，建立服务器，售卖微软 Exchange 许可证，在用户电脑和服务器上安装其他软件等幸存下来，其中一些公司盈利可观。

一旦所有软件安装就绪，这些小公司就会通过解决使用过程中出现的故障、提供软件的更新版本、链接新用户电脑等方式盈利。它们的客户群不同，但是大部分都是 3 ～ 50 人的小公司，这些公司需要收发电子邮件、连接网络或者其他企业层面的软件应用服务（如 QuickBooks）。

1. 使用本章的知识和团队成员的直觉总结云服务给这些独立软件供应商带来的威胁。

2. 假设你的团队经营管理这样一家独立软件供应商。你发现客户越来越多地使用像 Google 的 SaaS 云服务来收发电子邮件，而不是建立当地的邮件服务器。

a. 有什么方式能够避免 SaaS 这样的服务对生意产生影响？

b. 给出问题 a 的答案，并给出三种解决该问题的可行性方案。

c. 你会采用你提出的三种解决方案中的哪一种？说明你的理由。

3. 尽管 SaaS 减少了对邮件和其他当地服务的需求，但是仍有你可提供的可行的服务。写下并描述这些可行的服务。

4. 假设你和你的组员想要建立一种全新的商业模式，一种能在 SaaS 和其他云服务前站稳脚跟的服务模式，而不是想方设法使现有的 ISV 去适应云服务的威胁。环顾学校内外的商家，确认并描述这些商家在云环境下的信息系统需求。

5. 确认问题 4 的答案之后，描述你的新商业模式能提供给这些商家的信息系统服务。

6. 基于问题 3 考虑问题 1 的答案，你是想选择现有的 ISV 去适应这个世界，还是想建立新的商业模式？对比分析两种选择方式的优缺点。

7. 几个世纪以来，不断变化的科技减少了对原有产品和服务的需求，增加了对新产品和服务的需求。但是如今真正新颖的是新科技以快速的步伐进行创造和适应。拿云服务举个例子，想要在这个不断变化的环境中蓬勃发展，商务人士必须就技术表明立场。注意，句子中使用的是蓬勃发展，而不是幸存。

案例研究 ▶▶▶

永远的 FinQloud

1937 年，美国证券交易委员会为证券经纪人和交易者制定了保存记录的规则。美国证券交易委员会关注的是金融交易发生之后，记录不得更改；金融交易记录保留规定的时间；创建索引，以便记录能被轻松查询到。

1937 年，这些规则规定，记录的数据存储在纸上。随着信息系统存储方式的兴起，美国证券交易委员会于 1997 年做了更新，规定这些记录数据可以电子方式存储，但条件是使用只能写入一次但是能读取很多次的存储工具（WORM）。由于 CD 和 DVD 存储工具的出现，这项规定逐渐被金融服务行业接受。

但是，随着技术的发展，交易商和其他金融机构希望使用常规的磁盘来存储交易数据，并且希望美国证券交易委员会能够指导它们如何去做。2003 年 5 月，美国证券交易委员会阐释了交易记录存储在读写媒体上的规定，条件是存储机制包含阻止数据改变的软件程序。

> 如果交易商通过集成硬件与软件控制密码，使用在规定时间内不能被过度擦写或有其他修改的电子存储系统，则不会违反规定的 (f)(2)(ii)(A) 款。规则 17a-4 规定交易商应将记录数据保留一定的时间。在规定时间之外不受不能擦除以及不能重写的限制。
>
> 美国证券交易委员会的阐释中并不包括那些仅减小数据被覆盖或者擦除的风险的存储系统。这些系统能使用软件应用通过授权认证、电子口令或者其他外在安全控制方式来保护电子数据，这些控制方式并没有保证数据是非重写和非擦除的。这些系统采用的外部方式并不能阻止记录被改写或者删除。举个例子，它们可能使用密码来限制获取记录数据的方式。另外，它们也会基于记录的内容创建一个“指纹”。如果记录改变，其相应的指纹就会有所显示，但是原始记录不会被保存。这种能够修改或者消除存储系统上数据的能力使得交易商没有遵守规则 14a-4 (f)。[12]

需要注意的是美国证券交易委员会特别将授权认证、密码口令和手动程序的控制方式排除在外，因为美国证券交易委员会认为这些控制方式可能被误用导致数据修改。美国证券交易委员会将在这项规定中增加细则。举个例子，如果有人想要篡改存储系统软件，就有可能导致数据修改。显然，美国证券交易委员会认定篡改是非法的，但这种情况较少，构不成威胁。

组织机构在遵守规则的条件下开始开发系统。纳斯达克－OMX 集团（NASDAQ OMX）

是一家跨国公司，拥有并运营纳斯达克股票市场和欧洲的8家交易所，在遵守证券交易所规定的条件下研发了一种基于云存储的FinQloud服务。纳斯达克-OMX集团在50多个国家的70多个市场中运营，声称它涉足世界范围内1/10的股票交易活动。[13]

图表6-12展示了FinQloud的基本结构。后端集成了亚马逊S3产品以提供可扩展和灵活的数据。当金融机构向FinQloud提交存储数据，FinQloud将其处理成不能更新、加密的数据，并把这种数据传输给AWS，在AWS中数据再次加密并存储在S3设备上。数据存储在S3上可以被授权用户访问。当研发结束时，纳斯达克-OMX集团声明FinQloud处理和加密数据是符合美国证券交易委员会的规定的。

图表6-12 FinQloud系统的组成

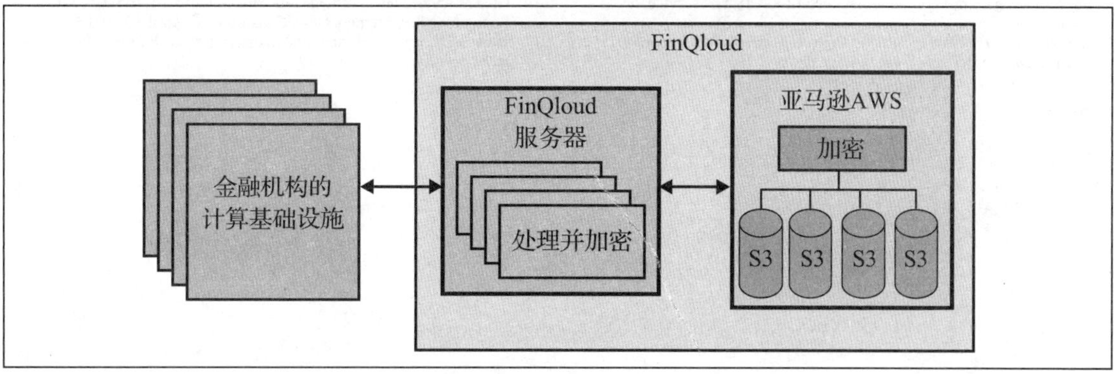

当然，纳斯达克-OMX集团知道这种声明是从自己的利益出发的，所以它雇用了两家独立的公司来证明自己的说法。Jordan & Jordan是一家安全咨询公司，Cohasset Associates是一家文件处理咨询公司。根据《华尔街日报》，两家公司的结论是：当配置合理时，FinQloud符合美国证券交易委员会的要求（规则17a-3），同时也符合商品期货交易委员会的规定。[14]

显然，纳斯达克-OMX集团的顾客只要说明自己已经配置好FinQloud，那么它就可以使用FinQloud产品，审计师将促使它遵守美国证券交易委员会的规定。

[问题]

1. 用自己的话总结对交易商保存记录的要求。

2. 重新阅读美国证券交易委员会2003版的说明。用自己的话解释“集成硬件与软件控制密码”方式和使用“授权、密码或者其他控制”方式的软件应用之间的区别。

3. 在美国证券交易委员会看来，使用集成软硬件的系统造成损害的概率小于使用授权、密码和应用程序等系统造成损害的概率。证明这种观点。

4. 你认同问题3中的观点吗？说明你的理由。

5. 调查Jordan & Jordan（www.jandj.com）和Cohasset Associates（www.cohasset.com）两家公司。如果你是一家金融机构的咨询顾问，你会对机构的声明信任到什么程度？

6. 如果你是一家金融机构的咨询顾问，你会用什么来验证FinQloud遵守美国证券交易委员会的规定及其2003版的说明？

7. 解释到现在为止你在本课程中学到的知识是怎么帮助你理解美国证券交易委员会2003版说明的。如果你要在一家金融机构工作，总结你的知识会从哪些方面帮助你。写下该问题的答案以便将来用于面试。

注释 ▶▶▶

1. Patrick Thibodeau, "Apple, Google, Facebook Turn N.C. into Data Center Hub," *Computerworld*, last modified June 3, 2011, *www.computerworld.com/s/article/9217259/Apple_Google_Facebook_turn_N.C._into_data_center_hub*.
2. M. Prince, "Thoughts on Network Neutrality, the FCC, and the Future of Internet Governance." February 27, 2015, accessed April 10, 2015, *https://blog.cloudflare.com/net-neutrality*.
3. Mike Snider, Roger Yu, and Emily Brown, "What Is Net Neutrality and What Does It Mean for Me?" *USA Today*, February 27, 2015, accessed April 10, 2015, *www.usatoday.com/story/tech/2015/02/24/net-neutrality-what-is-it-guide/23237737*.
4. See, for example, *http://online.wsj.com/article/SB10001424127887323744604578470900844821388.html?mod=itp*, accessed May 2013.
5. Issie Lapowsky, "Video Is About to Become the Way We All Visit the Doctor," *Wired*, April 30, 2015, accessed May 4, 2015, *www.wired.com/2015/04/united-healthcare-telemedicine*.
6. Traffic citation information system is not a commonly accepted term, but providing all five components is essentially IS as a service, or ISaaS.
7. Robert Reich, *The Work of Nations: Preparing Ourselves for Twenty-first Century Capitalism* (New York: Vintage Books, 1992), p. 176.
8. Milton Friedman, "The Social Responsibility of Business Is to Increase Its Profits," *The New York Times Magazine*, September 13, 1970.
9. Gene Marks, "Why the Anthem Breach Just Doesn't Matter Anymore," *Forbes*, February 9, 2015, accessed April 22, 2015, *www.forbes.com/sites/quickerbettertech/2015/02/09/why-the-anthem-breach-just-doesnt-matter-anymore*.
10. Tom Huddleston, "Anthem's Big Data Breach Is Already Sparking Lawsuits," *Fortune*, February 6, 2015, accessed April 22, 2015, *http://fortune.com/2015/02/06/anthems-big-data-breach-is-already-sparking-lawsuits*.
11. Coral Garnick, "Premera Negligent in Data Breach, 5 Lawsuits Claim," *Seattle Times*, March 27, 2015, accessed April 22, 2015, *www.seattletimes.com/seattle-news/premera-negligent-in-data-breach-5-lawsuits-claim*.
12. U.S. Securities and Exchange Commission, "SEC Interpretation: Electronic Storage of Broker-Dealer Records," last modified May 5, 2003, *www.sec.gov/rules/interp/34-47806.htm*.
13. NASDAQ OMX, "NASDAQ OMX FinQloud," accessed May 2013, *www.nasdaqomx.com/technology/yourbusiness/finqloud/*.
14. Greg MacSweeney, "Nasdaq OMX FinQloud R3 Meets SEC/CFTC Regulatory Requirements, Say Consultants," April 15, 2013, *www.wallstreetandtech.com/data-management/nasdaq-omx-finqloud-r3-meets-seccftc-reg/240152909*.

第3部分

使用信息系统获得竞争优势

Using IS for Competitive Advantage

在前六章中，你学习了信息系统的基础知识。在第 7 ～ 12 章，你会运用这些基础知识，了解组织如何利用信息系统来实现自己的战略。在第 3 部分，第 7 ～ 9 章重点介绍信息系统的应用；在第 4 部分，第 10 ～ 12 章着重介绍信息系统的管理。

第 7 ～ 12 章通过一个用于医疗保健行业的基于云的移动应用程序来介绍相关内容。据我们所知，此处描述的系统尚不存在。然而，这极可能是一个很好的创业机会，并且在当今最重要的行业之一展示了最令人兴奋的新兴技术。

下图显示了该系统中涉及的要素：表现记录（performance recording)、集成（integration)、传递（delivery）和评估（evaluation)，即 PRIDE。使用 PRIDE，运动数据从符合 ANT 协议的设备中收集，ANT [1] 协议是由跑步机、固定自行车、心脏监测器、脚垫等锻炼设备实现的个人网络通信协议。使用该协议，数据通过局域网或手机从锻炼设备传输到互联网。然后，运动数据存储在云数据库中。

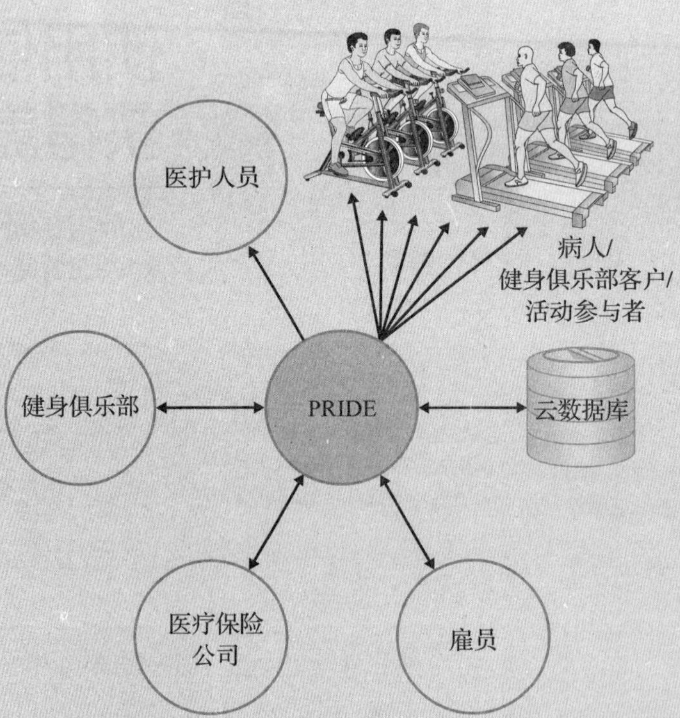

PRIDE：
表现记录、集成、传递和评估

一旦数据存储在云上，个人、医疗保健专业人员、健身俱乐部、医疗保险公司和雇主可以查询和获取运动报告。医生可以确保患者的运动时间合理有效；健身俱乐部可以将运动课程数据与个人运动数据相结合；医疗保险公司可以使用这些数据来调整具有健康生活方式的投保人的政策利率，雇主可以评估他们为改善员工健康所做投资的有效性。

这个系统的原型由心脏外科医生罗梅罗·弗洛里斯（Romero Flores）博士开发，用于他的实践中。该系统很受欢迎，确实对患者康复有帮助。弗洛里斯希望将这个系统推广给其他医生，却失败了。

泽夫·弗里德曼（Zev Friedman）是弗洛里斯博士的病人，也是最早受益于 PRIDE 系统的患者。泽夫在过去的 30 年里通过开办和出售小企业积累了大量财富，他喜欢有关 PRIDE 的体验。因此，有一次在办公室交谈时，泽夫询问系统是如何被接受的。在知道弗洛里斯是一名心脏病专家，而不是商务人士后，他对 PRIDE 没有广泛应用并不惊讶。泽夫认为，如果加大营销力度、加强管理，PRIDE 可能会取得成功。因此，他以少量现金从弗洛里斯手中买下了公司，获得特许权。利用业务关系，他聘请了一位新的总经理贾里德·库珀（Jared Cooper）和一位营销专家尼基·詹森（Nicki Jensen）。他还聘请了在弗洛里斯手下担任技术经理的詹姆斯·吴（James Wu）。贾里德随后聘请了米歇尔·拉塞尔（Michele Russel）担任销售总监。

第 7 章 组织和信息系统

Organizations and Information Systems

PRIDE Systems 的老板泽夫·弗里德曼、总经理贾里德·库珀、营销专家尼基·詹森和信息系统专家詹姆斯·吴周六早上在弗里德曼豪华的房间里开了一个介绍性会议。

寒暄之后，泽夫进入正题。

“弗洛里斯错在这里，医生不会关心运动。”泽夫在说话时环顾四周。

“他们说他们关心。”尼基不确信泽夫是否容忍被人打断，但坐下来倾听不是她的风格。

“人们说什么与做什么是两回事。医生关心药物，关心手术，一些人最关心昂贵的手术。如果他们关心运动，就会有自己的健身俱乐部。”泽夫的语调平和，尼基的打断一点也没有干扰到他。

PRIDE System 的新任总经理贾里德说：“所以我们需要找出谁有疼痛，他们愿意花多少钱。”他喜欢泽夫直率的态度。

“对，弗洛里斯和他的团队证明了这是有效的。你可以使用云计算和所有运动装置和移动设备收集、整合并报告运动数据。所以，我们把它们卖给谁，介绍什么来促使买家购买？”

“我与一些保险公司谈过，它们认为没有前景。”贾里德看着泽夫说。

“没有？为什么没有？”泽夫知道答案，但他想看看贾里德是否也知道。

“他们不喜欢运动，运动并不能预防疾病。运动也许对心脏病和糖尿病等慢性疾病有效果，但对癌症或阿尔茨海默症没有任何效果。这些保险公司认为运动只会引起损伤而带来索赔。”

“你在开玩笑吧。”尼基不敢相信自己的耳朵。

“更糟糕的是，对于它们来说，如果你有好的身体，当你得了癌症或者其他什么疾病时，你能够活得更长。这样，它们所付出的护理费用也会增加。”

“我不敢相信我所听到的！”尼基说出她一直在思考的问题。

“泽夫，我想知道，你认为其中没有任何政府资金？我们可以利用奥巴马医改资金吗？”贾里德看着泽夫说道。

“可能吧。我问问一些朋友。这种钱付款缓慢，而且对报告的要求实在是太高，不值得。但我会看看我能够学到什么，尽管这并不会对我们有直接的帮助。”

“嗯，整个系统都是真正的受益者，包括所有的参与者。”詹姆斯说道。

“年轻人，你可能是正确的。但我问你，一个系统有多少钱？”泽夫温和地说，但私下里他惊讶于詹姆斯的天真。

“嗯，一点儿也没有，弗里德曼先生。”詹姆斯弄明白怎么回事了。

“系统不能成为一个买家，是吗？系统的好处对技术人员可能有意义，但是对银行没有什么意义。”泽夫仍然很温和，但是詹姆斯如坐针毡。

“我明白了，好的。”詹姆斯非常尴尬，有意识地住口了。

"好吧，除了医疗人员，还有雇主、健身俱乐部、设备供应商以及锻炼的人。"贾里德在说这话时数起了他的手指。

"贾里德，看一看那些。我猜雇主可能和保险公司一样有消极的反应，但也许不是，至少在一些方面不是，找出来。"

"好的。"

"如果有必要，你不得不给健身俱乐部展示 PRIDE 是如何增加它们的收入的，对供应商也是如此。"泽夫看着尼基，"那么，尼基，你还有什么要说的吗？"

"嗯，我认为我们应该考虑销售广告，你知道的，将广告放在我们竞争对手的网站，然后点击。"

"继续。"

"一些广告收入模型以使用为基础。正因为如此，我们需要把点击量升上去，我们必须让人们大量使用 PRIDE 系统。可能会借助一些事件进行媒体炒作。"

"我希望这样，但这是真的吗？让我们搞明白。贾里德，你去调查健身俱乐部和雇主。尼基，你丰富一下你在收入方面的点子。詹姆斯，你搞清楚 PRIDE 能否支持在同一场比赛中一万人同时使用。谁还有问题？"

大家四处张望，没人说话。

"好的，我们下周见。"

研究问题

Q7－1　信息系统在不同范围内是如何变化的？
Q7－2　企业信息系统如何解决部门孤岛问题？
Q7－3　CRM，ERP 和 EAI 如何支持企业信息系统？
Q7－4　跨企业信息系统是如何解决企业孤岛问题的？

Q7－1　信息系统在不同范围内是如何变化的？

如图表 7－1 所示，现代组织根据组织单元的范围不同使用四种类型的信息系统。下面介绍每类信息系统。

图表 7－1　信息系统的范围

范围	案例	特点
个人	药品销售人员	单用户；规程非正式；问题孤立；易于管理变更
工作组	医生的合作关系	10～100 个用户；工作组内理解规程；问题解决方案限于工作组内；改变有些困难
企业	医院	100～1 000 个用户；规范化的规程；问题解决方案影响企业；难以改变
跨企业	PRIDE System	1 000 个用户以上；规范化的规程；问题解决方案影响多个组织；难以改变

个人信息系统

个人信息系统（personal information system）是由单个人使用的信息系统。你的 iPhone 或电子邮件账户中的联系管理器是个人信息系统的一个例子。因为这样的系统只有一个用户，程序简单，所以可能不会以任何方式记录或规范化。

个人信息系统的变更很容易管理。如果你以前用 MSN 发送电子邮件，现在转换为谷歌，你不得不将通信录从一个供应商转到另一个，不得不告知联系人你的新地址，但是你控制着改变的时机。你是新系统的唯一使用者，如果需要新程序，你只需要去适应就可以了。而且，如果有问题，你可以自己解决。

图表 7 - 1 使用了药品销售人员的例子。每个人有自己的个人信息系统，来管理医生和其他客户、预约、产品描述和价格、制药公司等数据。所有这些数据独立于其他销售人员存在。

工作组信息系统

工作组信息系统（workgroup information system）是促进一群人活动的信息系统。在医生的合作关系中，医生、护士和员工使用信息系统来管理患者预约，保存患者记录，安排办公程序和设备，并促进其他工作组的活动。

支持一个特定部门的工作组信息系统有时称作**部门信息系统**（departmental information system）。一个例子就是财务部门使用的应付账款系统。其他支持特定业务功能的工作组信息系统称为**功能信息系统**（functional information system）。趋势追踪应用是功能信息系统的一个例子。

工作组信息系统——无论部门的、功能的还是协作的——都具有图表 7 - 1 所示的特征。特别是工作组系统，它支持 10 ～ 100 个用户，所有的工作组成员必须理解他们使用的程序。程序常常在文档中规范化，用户有时接受使用这些程序的培训。

当问题出现时，几乎总是可以在组内解决。如果应付账款中某个供应商的记录重复了，应付账款小组可以修改。如果网店的库存数据库中小部件的数量出现了错误，店面组可以改正。

（注意，一个问题的结果并不是弧立的。因为工作组可以为组织的其他部门提供服务，它的问题在整个组织中产生影响。然而，问题的解决方案通常可以在组内获得。）

企业信息系统

企业信息系统（enterprise information system）是一个跨组织的、支持不同部门人员活动的信息系统。在医院，医生、护士、药房、厨房和其他人使用信息系统来跟踪患者、治疗、药物、饮食、房间分配等。

企业信息系统通常有成千上万的用户。程序被规范化和详细记录，使用者接受正规的程序培训。有时企业系统包括程序的类别，用户是根据专业知识水平、系统以及安全授权的层次来定义的。

在一个企业系统中问题的解决方案常常涉及不止一个部门。企业系统跨越许多部门，并涉及潜在的数以千计的用户，很难改变。想要改变，必须仔细地计划、谨慎地实施，同时需要为用户提供很多培训。有时会给予用户财务激励和其他奖励来促使它们改变。

跨企业信息系统

跨企业信息系统（inter-enterprise information system）是由两个或两个以上的独立组织共享的信息系统。在本章章首介绍的 PRIDE 就是一个由患者、医疗健康服务提供者、健身俱乐部、保险公司和雇主共享的企业信息系统。所有这些组织对个人表现数据的分配、记录或查看都感兴趣。

这样的系统涉及成百上千的用户，问题的解决需要不同的通常独立经营的组织之间的合作。通过会议、合同，有时通过诉讼来解决问题。由于跨度大、复杂、多家公司参与，这样的系统极难改变。自主拥有和运行的信息系统之间必须是交互的。

各级信息系统的发展会因信息孤岛出现问题。下面我们讨论这些问题以及用来解决这些问题的方法。

Q7 - 2　企业信息系统如何解决部门孤岛问题?

信息孤岛（information silo）指相互隔离的信息系统造成的数据孤立情况。在一个组织层面，实体创建满足其特定需求的信息系统时，信息孤岛就会存在。例如，图表 7 - 2 列出了六个常见的部门（工作组）和一些相互支持的信息系统应用。仔细思考片刻，你就会意识到每个应用程序会处理客户、销售、产品和其他数据，但是每个程序使用这些数据的目的不同，存储的数据也可能有所不同。例如，销售程序为客户的采购代理存储联系人数据，而会计程序为客户的应付账款人员存储联系人数据。

图表 7 - 2　公共部门信息系统

部门	应用
市场销售部	• 开发潜在客户 • 趋势跟踪 • 客户管理 • 销售预测 • 产品和品牌管理
运营部	• 订单录入 • 订单管理 • 成品库存管理
制造部	• 库存（原材料、在制品） • 规划 • 调度 • 操作
客户服务部	• 订单跟踪 • 项目跟踪 • 客户支持
人力资源部	• 招聘 • 补偿 • 评估 • 人力资源规划

续前表

部门	应用
会计部	• 总分类账 • 财务报告 • 成本核算 • 应收账款 • 应付账款 • 现金管理 • 预算 • 资金管理

工作组仅开发满足自己的需求的信息系统，这是理所当然的。但是，随着时间的推移，这些独立系统的存在会引起信息孤岛的出现，从而造成许多问题。

信息孤岛的问题是什么？

图表 7-3 列出了存在于市场销售部和会计部之间的信息孤岛以及这些孤岛在工作组层面所造成的主要问题。首先，数据是有冗余的。市场销售部和会计部的应用有各自的数据库，这些数据库存储了部分相同的客户数据。正如你知道的，由于数据存储的成本低，因此数据冗余造成的问题不是存储空间的浪费，而是数据的不一致。市场销售部的应用中客户数据的变更可能需要数天甚至几周才会同步到会计部的数据库中。在这期间，货物将及时送达客户手中，但发票会寄到错误的地址。当一个组织存在不一致的冗余数据时，就意味着**数据完整性**（data integrity）出了问题。

图表 7-3　信息孤岛造成的问题

问题	市场销售部		会计部
数据冗余，数据不一致	Ajax Contruction 目的地：Reno，NV 收票人：Reno，NV		Ajax Contruction 目的地：Reno，NV 收票人：Buffalo，NV
流程脱节	信用额度申请	申请37 800美元 批准32 300美元	客户信用审批
有限的信息和缺乏整合的信息	订单数据 IndyMac是首选客户吗？	？？	付款数据
独立的决策导致组织的低效率	订单数据 IndyMac销售力度成倍增大		付款数据 OneWest付款缓慢
开支增加	以上问题的综合		

另外，当应用被分离之后，业务流程也会脱节。假设某个业务有一条规则：超过 15 000 美元的信用订单应该由应收账款部门提前批准。如果应用被分离，这两个活动将很难保证数据的一致性，批准过程也会变得很缓慢甚至出错。

在图表 7－3 的第二行中，市场销售部想批准 Ajax 的一个 20 000 美元的订单。Ajax 的账户当前负债为 17 800 美元，所以市场销售部需要一个总额为 37 800 美元的信用额度。然而，会计数据库显示 Ajax 的当前负债为 12 300 美元，这是因为应收账款中有一笔 5 500 美元的贷款。根据会计记录，会计部批复了总额为 32 300 美元的信用授权，以满足 20 000 美元订单的需求。

市场销售部却不理解为何只批准了 32 300 美元的信用额度。它根据自己的数据库得知，Ajax 已经负债 17 800 美元，所以如果总的信用授权只有 32 300 美元，难道会计部只批准了 14 500 美元的新订单？为什么？两个部门都想批准这个订单，然而它们不得不通过大量电子邮件和电话进行沟通来解决问题。这个交互流程是脱节的。

相互脱节的活动带来的结果是企业的信息难以整合。例如，市场销售部想知道 IndyMac 是否仍然是一个优先级高的客户，假设这需要对比它的订单历史数据和支付历史数据来决定。但由于信息孤岛的存在，这些数据存储在两个不同的数据库，在其中一个数据库中，IndyMac 是以另一个名称——收购它的 OneWest 银行的名称存储的，数据整合变得非常困难。这使得很容易在几秒钟内做出的回答，往往需要人工花数天的时间处理。

这还会导致另一个后果：效率低。当使用相互分离的应用系统时，决策也是独立制定的。如图表 7－3 的第四行所示，市场销售部决定成倍增大对 IndyMac 的销售力度时，会计部却发现 IndyMac 被联邦存款保险公司取消了抵押赎回权并把它出售给 OneWest 银行，因此延缓了支付。这些信息显然有利于扩大销售人员的视野，但由于缺乏整合的信息，组织的左膀右臂不知道彼此在做什么。

最终，信息孤岛造成组织的成本增加。冗余的信息、脱节的系统、有限的信息和低效率都意味着更高的成本。

组织如何解决信息孤岛问题？

如定义所述，当数据存储于相互独立的系统中时容易产生信息孤岛。解决信息孤岛显而易见的办法就是将数据整合到一个数据库中，并且修正应用（和业务流程）来使用该数据库。如果上述办法不可行或难以实施，那么还有另外一种办法，那就是允许这种分离的情况存在，但需要进行管理以避免相关问题出现。

图表 7－4 中的箭头展示了相邻两个层次的组织之间的解决方案。首先，由工作组信息系统产生的分离的数据在企业级应用程序中被整合。

图表 7－4　信息孤岛作为驱动程序

范围	示例	信息孤岛示例	支持技术
工作组	医生合作关系	医生和医院各自存储患者的数据，存在不必要的重复检查和步骤	功能性应用
		⇩	企业网络上的企业级应用（CRM，ERP，EAI）

续前表

范围	示例	信息孤岛示例	支持技术
企业	医院	医生和药房有同一个患者的不同药方	
		⇩	在云端采用 Web 服务技术的分布式系统
跨企业	跨部门开处方应用	没有信息孤岛：医生、医院和药房共享患者的处方和其他数据	

其次，企业信息系统产生的孤立的数据通过分布式应用（如 PRIDE）在跨企业信息系统中被整合。这些分布式应用可以在单一的云数据库中处理数据，或将异构的、独立的数据库连接起来，以使那些数据库看起来是一个数据库。我们将在 Q7－4 中讨论跨企业信息系统。

现在，为了让大家更好地理解如何解决数据孤岛问题，我们考虑一家医院的企业信息系统。

病人出院的信息系统

图表 7－5 展示了医院的一些部门和患者出院的部分流程。医生通过签发患者出院单来启动这个流程。这个单据传递给相应的护士，护士又触发了药房、患者家属和食堂等的相关活动。某些活动还会反馈给护士。在图表 7－5 中，企业的信息系统（实线）支持出院流程（虚线）。

图表 7－5　企业流程和信息系统的实例

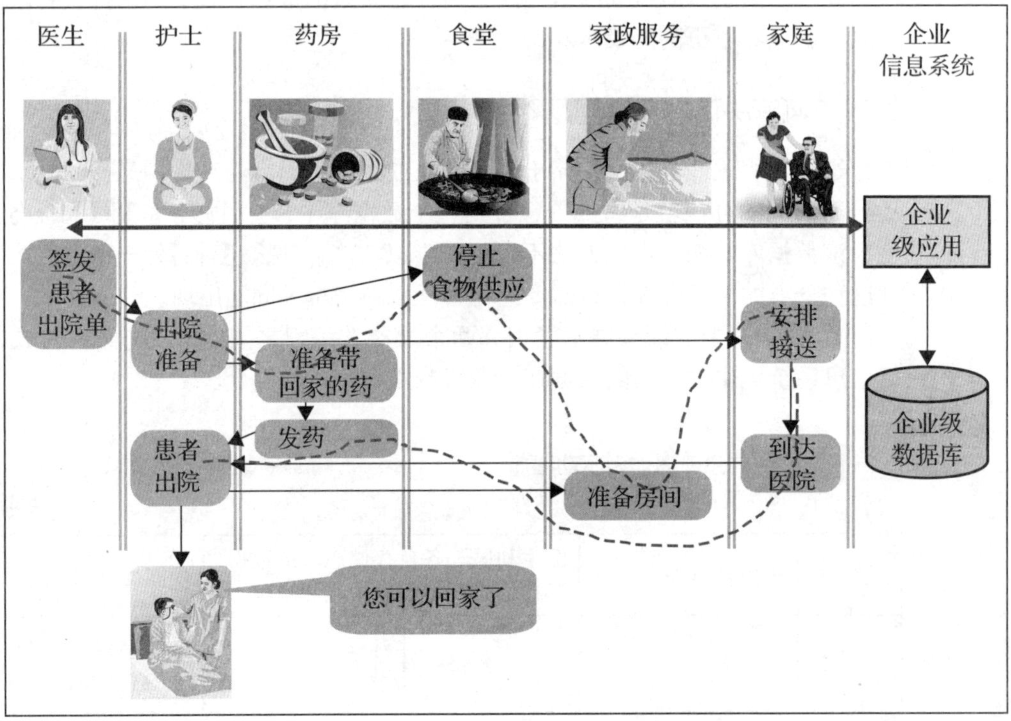

在采用企业信息系统之前，医院已经制定了通过纸质系统和电话来交互信息的流程。每个部门保存各自的记录信息。当实施新的企业信息系统后，医院不仅将数据集成到一个数据库中，而且创建了基于计算机的报告和表单。员工需要从纸质形式的办公系统转向基于计算机的办公系统。他们还将停止使用电话，而由新的信息系统完成跨部门的通知。这些措施带来了实质性变化，大部分组织在转换过程中需要经历一次艰难的磨合。

业务流程再造

20 世纪 80 年代末 90 年代初，在网络技术、数据通信技术、数据库技术发展到一定水平并趋于成熟之前，如图表 7－5 所示的企业信息系统是难以实现的。从那以后，许多组织开始开发企业信息系统。

企业在开发信息系统时意识到，现有业务流程需要改变，可部分使用共享数据库，部分使用新的基于计算机的表单和报告。改变业务流程的一个更重要的原因是，集成数据和企业系统为提高操作效率提供了可能，在此之前这是不可能的。用波特的话说（第 3 章），企业系统使价值链之间的联系更强、更快、更高效。

例如，当医院使用纸质的办公系统时，前一晚午夜，厨房为医院的每个患者准备食物，下一个午夜前是不可能获得出院数据的，因此会有大量食物浪费，成本很高。

使用企业信息系统后，食堂就可以得知全天的出院信息，大量减少食物的浪费。但是应该什么时候通知厨房？一有消息立即通知吗？如果在出院手续办完之前出院被取消了呢？又该由谁去通知厨房？这就存在许多可能性和选择。因此，为了设计新的企业系统，医院需要确定怎样最优地改变流程以充分发挥新系统的能力。这些项目称为**业务流程再造**（business process reengineering），业务流程再造就是通过改变现有的业务流程，设计新的业务流程，更好地利用和发挥新信息系统的优势。

不过，业务流程再造的难度大、进展较慢且成本高昂。业务和系统分析师需要访谈整个组织的关键人员，以确定应用新技术的最佳方式。因为项目复杂，所以需要高水平的成本高的技能，并且要花相当长的时间。早期许多此类项目由于这些原因陷入泥潭，停滞不前。这给某些组织留下了一大堆未完成的系统，造成了灾难性的后果。而员工也不知道他们使用的是新系统还是旧系统，抑或是两者的修订版。

这为三大企业应用程序的出现奠定了基础，接下来我们将讨论这些应用程序。

Q7－3　CRM，ERP 和 EAI 如何支持企业信息系统？

当业务流程再造的需求出现时，大多数组织仍在开发其内部的应用程序。那时，组织意识到自己的需求“太独特”而很难被现成的应用系统或其他替代产品满足。然而，随着应用越来越复杂，内部开发的成本变得难以控制。正如第 4 章谈到的，组织内部开发应用系统之所以如此昂贵，不仅是因为这类系统最初的开发费用高，还因为需要不断地完善以适应需求的变化。

20 世纪 90 年代初，由于企业流程再造的费用与内部开发的费用密切相关，组织开始寄希望于采用获得授权的已有的应用程序。“我们的需求也许不是那么特殊。”

一些供应商很好地利用了这一态度的变化。例如，PeopleSoft 对外销售其基于薪酬管理功能及其他有限功能的人力资源系统的使用许可权；Siebel 对外销售趋势跟踪与管理系统的使用许可权；SAP 对外销售的是一个新系统即企业资源管理系统的许可权。

这三家公司以及许多类似的公司不仅提供软件和数据库的设计，还提供标准化的业务流程。这些**内置流程**（inherent process）预先设计在软件产品中，把组织从昂贵和耗时的业务流程再造中解放出来。而作为协议的一部分，组织可以获得软件使用授权和预先开发好的流程，供应商确保这些流程是基于“行业最佳实践”。

正如你知道的，协议的部分内容太过于理想而难以实现，因为内置流程几乎不可能是一个完美的解决方案，但它对许多组织来说又是难以抗拒的。随着时间的推移，三种企业应用程序应运而生：客户关系管理、企业资源计划和企业应用集成。下面我们逐一讨论。

客户关系管理

客户关系管理（customer relationship management，CRM）系统是一组包含应用、数据库和内置流程的套件。其中，内置流程管理所有的客户的交互，从开发潜在客户到服务客户。与客户每次联系和交易的记录都会存入CRM数据库，CRM系统供应商宣称使用该系统可以使组织以客户为中心。尽管这种说法出于销售的目的而有所夸张，但它确实揭示了CRM包的性质和目的。

图表7-6显示了**客户生命周期**（customer life cycle）的四个阶段：市场营销、客户获取、关系管理和客户损失/流失。市场营销向目标市场发送消息来吸引潜在客户。当潜在客户下了订单，他们就变成了需要支持的客户。另外，客户关系管理过程通过售卖给客户更多的产品来提高现有客户的价值。随着时间流逝，客户不可避免地会流失。当这种情况发生时，客户挽回过程根据客户的价值进行分类，力求挽回高价值的客户。

图表7-6 客户生命周期

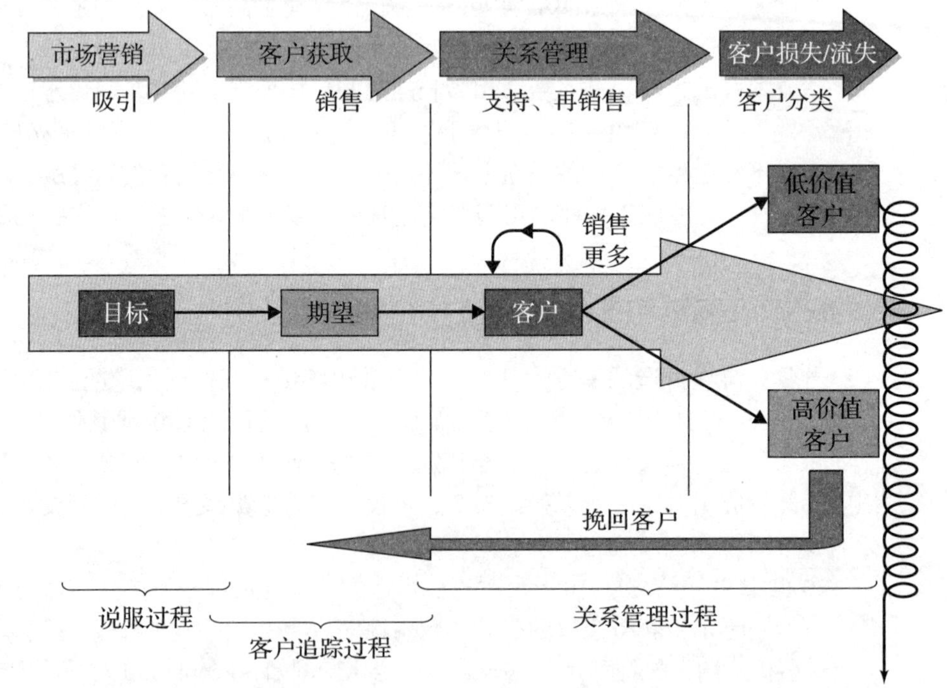

资料来源：Used with permission of Professor Douglas MacLachlan, Michael G. Foster School of Business, University of Washington.

图表7-7展示了CRM应用的主要组成部分。注意各组成部分存在于客户生命周期的每个阶段。如图所示，所有的应用都处理一个共同的客户数据库。这种设计消除了冗余的客户数据，并消除了数据不一致的可能性。这也意味着每一个部门都知道其他部门与客户之间发生了什么。例如，客户支持部门将会知道，不能为一个业务价值为300美元的客户提供劳动价值为1 000美元的支持，但它会为带来数十万美元业务的客户竭尽全力地提供支持。对客户进行整合的结果就是让客户感觉到，自己在与同一个而不是多个实体打交道。

图表7-7 CRM应用

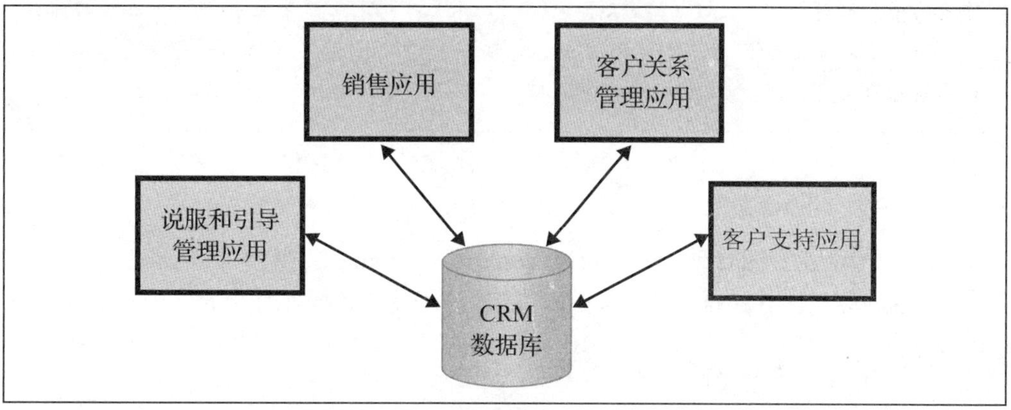

不同的CRM系统之间的主要区别在于它们提供的功能不同。在选择CRM包时，主要任务之一是确定你需要的功能，并能找到一个满足这些需求的系统。也许你在职业生涯中会参与这样一个项目。

工作流问题

根据哈佛医学院、Group Health System首席信息官约翰·哈拉姆卡（John Halamka）所说，“大多数IT问题是工作流问题，而不是软件问题”。[2] 利用第2章的知识，你知道工作流问题或关注效率（成本/交付价值的比率太高）或关注有效性（没有对竞争战略做出贡献）。那么什么是工作流问题？

谁来解决工作流问题？是电脑程序员、网络工程师还是数据库管理员？都不是。到底是谁呢？是具有业务知识的人，如果工作流涉及信息系统，则是那些知识渊博且与技术人员合作愉快的人。

思考一个例子。假设你的大学配有先进的视听设备的教室有限。那些教室经常分配给专注于传统课程并且不用视听设备的教授使用，其他想使用教室的教授会说，他们所用的Learning Catalytics系统正凑合使用低质量、难以可视化的计算机显示设备。

你将如何解决这个问题？修改分配教室的软件吗？如何修改？由谁来决定，又要修改什么？对软件能做哪些修改？这能否通过修复一个工作流来实现？在教授-教室分配流程中是否有一个点，在这点上教授（或系主任）可以安排某个教授在某个教室授课？或者根据整个大学的情况进行分配？抑或关于视听系统的使用已有元数据，不需要任何人提供额外的数据，在分配教室的工作流中可以使用这些数据来分配教室？

谁来开发这些替代品？谁来评估它们？谁与工作流员工一起实施它们？你们，也可能是你。如第12章所述，业务分析师了解业务，理解组织的竞争战略及其实现方法，掌握足够的信息系统技术，能够建模和设计工作流的变更并与技术人员一起工作，在必要时完成信息系统的更改。

要做到这一点，你需要了解：IS 和市场营销，IS 和运营，IS 和财务。

［问题］

1. 用你自己的话解释“大多数 IT 问题是工作流问题，而不是软件问题”的意思。

2. 考虑教室分配问题。简单描述三种方法来解决这个问题。三种方法中哪一种最有效？为什么？

3. 在你的观点中，对于了解 IS 和某领域知识的专业人士的需求是会减少、增加还是保持现状？证明你的回答；上网搜索数据来支持你的主张。

4. 如果你想成为一个了解 IS 和某领域的专家，该领域是什么？上网搜索职业选择的就业前景。

5. 在你毕业前，检查当前的课程计划。为学习 IS 和某领域知识你需要添加什么课程？你会添加这些课程吗？为什么？

企业资源计划

企业资源计划（enterprise resource planning，ERP）是一组套件，包含应用、数据库以及一组内置流程的集合，这些流程将业务操作整合成一个独立连贯的计算机平台。如图表 7－8 所示，ERP 系统包含了 CRM 系统的功能，也包含会计、制造、库存和人力资源应用。

图表 7－8　ERP 应用

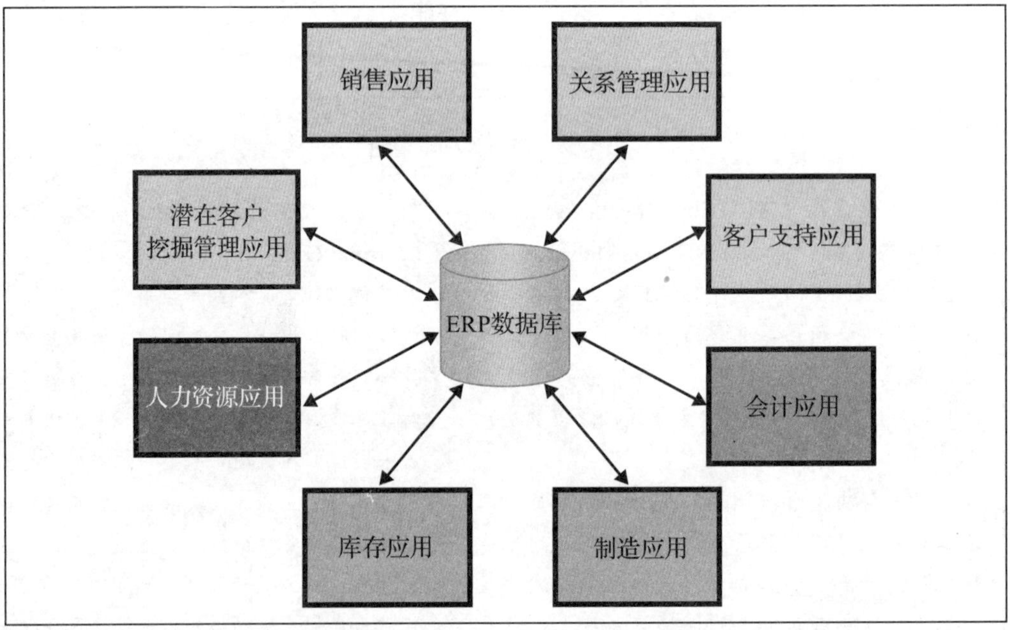

ERP 系统用来预测销售和创建满足这些预测的制造计划和时间表。制造时间表涉及材料、设备和人员的使用，因此需要将库存和人力资源应用程序整合在一起。因为 ERP 包括会计功能，所以所有这些活动自动发布在总账和其他会计应用程序上。

SAP 是 ERP 供应商的全球领袖。除了基础的 ERP，SAP 为特殊用途的定制产品提供特定行业软件包，例如，汽车制造业的 SAP 软件包，其他行业的软件包。

ERP 起源于制造业，有一种明显的制造业风格。然而，它一直适用于医院这样的服务组织和其他组织。

企业应用集成

ERP 系统并不适合每个企业。例如，有的非制造类企业认为面向制造企业的 ERP 系统并不适合它们。即便是制造业公司，有的也发现从现有的系统过渡到 ERP 系统太难。有的公司则对制造应用系统十分满意，并不期望改变它们。

然而，那些不适合使用 ERP 系统的公司仍然存在信息孤岛所带来的问题，一些公司选择使用**企业应用集成**（enterprise application integration，EAI）来解决问题。EAI 是一套软件应用套件，通过提供能将各类应用连接在一起的软件层整合现有的系统。EAI 可以完成如下功能：

- 通过新的软件 / 系统层将系统“孤岛”联系起来。
- 使现有系统可以相互联系并共享数据。
- 提供整合后的信息。
- 促使现有系统改变——保留现有系统的功能，并在此之上提供一个集成层。
- 可以逐步过渡到 ERP 系统。

如图表 7－9 所示，EAI 软件的各层使现有系统之间可以相互联系并共享数据。举例来说，EAI 软件经过配置后，可以自动执行数据转换，实现不同系统之间的数据共享。当 CRM 应用向制造应用系统发送数据时，CRM 系统首先将数据传递给 EAI 软件系统；EAI 程序完成数据转换，并将转换后的数据传递给 ERP 系统。当 ERP 系统要向 CRM 系统传递数据时，执行相反的操作即可。

图表 7－9　企业应用集成的架构

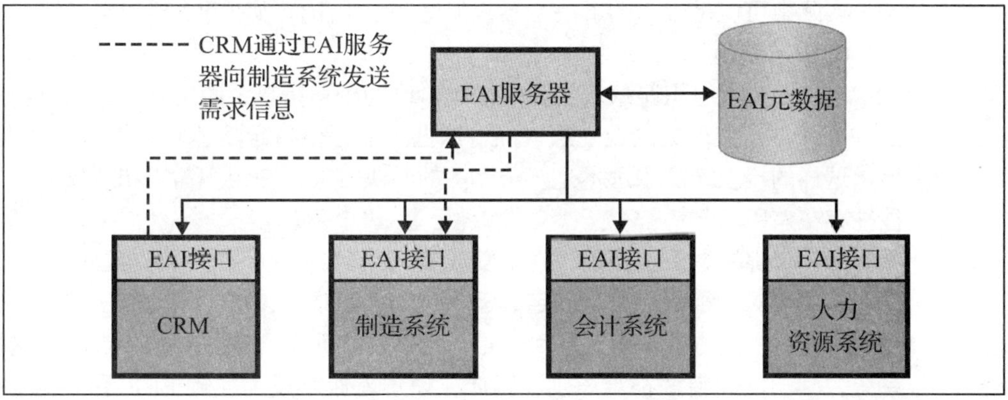

尽管没有一个集中式的 EAI 数据库，但 EAI 软件保留了元数据文件，这些元数据文件描述了数据的格式和存放位置。用户可以通过 EAI 系统获取所需要的数据。在一些情况下，EAI 系统提供“虚拟的集成的数据库”帮用户处理数据。

EAI 系统带来的主要好处是能够使组织使用现有应用，解决许多相互分离的系统所带来的严重问题。转向 EAI 系统所带来的问题远不如转向 ERP 系统那样具有破坏性，但它提供了许多ERP系统的好处。有些组织将开发EAI系统作为实现ERP系统的一个跳板。如今许多EAI系统使用Web服务标准来定义EAI组件之间的交互作用，部分或所有的组件可以转移到云端来处理。

实施和更新企业信息系统的挑战是什么？

实施新的企业系统是有挑战的，难度大、成本高、有风险。企业系统项目的实施超过预算、延迟一年或更久交付是很正常的。除了实施新的ERP系统，许多组织15年前或20年前实施的ERP系统现在需要升级以满足新的需求。如果你在一个已经使用企业信息系统的组织工作，就可能发现自己在从事一项重要的升级任务。无论是实施新系统还是升级旧系统，费用和风险来自五个主要因素：

- 协同管理；
- 需求差距；
- 过渡问题；
- 员工阻力；
- 新技术。

■ 协同管理

企业信息系统不像部门应用系统那样只由一个独立的部门经理负责，企业信息系统没有明确的负责人。以图表7-5所示的出院流程为例，没有专门的出院负责人，出院流程是各个部门（和患者）协同完成的。

在不存在独立主管的情况下，谁来解决那些不可避免的分歧？所有部门最后都会向首席执行官（CEO）汇报，所以在它们之上只有一个老板，但是员工不能直接去找CEO来解决问题，比如让CEO来协调护士和家政服务之间的出院交接工作。CEO根本不会管这些事情。因此，组织需要开发一系列协作管理活动来解决这些流程问题。

通常企业会建立委员会和督导小组来管理企业流程。尽管这是一个有效的解决方案，实际上可能是唯一的解决方案，但这些小组工作效率低、成本高。

■ 需求差距

现在很少有组织愿意从头开始搭建自己的企业信息系统，它们会通过购买许可权的方式获得一些现成的企业级产品，这些产品提供特定功能和特性并包含内置流程。但是这样的授权产品永远不是一个完美的解决方案，在组织需求和授权应用能力之间往往存在差距。

第一个挑战是识别差距。为了发现差距，组织必须同时了解自己的需求和产品的性能。然而对于组织而言，确定其需求是十分困难的，这也是为什么组织更倾向于通过购买许可权的方式获取产品而不是自己开发。而且，像CRM或者ERP这样复杂的系统，其功能和特性很难识别。因此，识别差距就成为实施ERP系统过程中的主要任务。

第二个挑战是在识别出差距后做什么。要么组织改变自己的业务处理方式来适应新的应用系统，要么改变这个应用系统来适应组织的业务处理方式。任何一种选择都有问题。员工会抵制改变，而改变系统的成本又很高。如第4章所述，组织一直致力于应对这些变化，因为应用也一直在改变。此时，组织会选择代价较小的方式来弥补这些差距。

■ **过渡问题**

向一个新的企业系统过渡同样是很困难的。组织必须从相互分离的部门信息系统转向新的企业信息系统，同时又要保证业务继续运营。这就好比在 100 米冲刺时做心脏手术。

这样的转变需要仔细的规划和大量的培训，不可避免地会出现问题。高层管理者知道这个事实，因此要就员工的需求进行沟通，在问题解决后支持新系统的实施。对于所有参与的员工来说，这段时期压力极大。我们将在第 10 章进一步讨论开发方法和实施策略。

■ **员工阻力**

人们抵制变革。变革需要人们付出努力，令人害怕。关于变革阻力的原因以及组织如何应对，已有大量研究成果和文献。在这里，我们总结一些基本原则。

第一点，高层管理者需要与企业员工就组织变革的必要性进行沟通，如果有必要，需要在整个过渡阶段不断重申。

第二点，员工害怕变革是因为变革威胁到他们的**自我效能**（self-efficacies）。自我效能就是一个人在他的工作中获得成功的信念。为了增强员工的信心，企业需要对员工进行培训和指导，使他们能成功地使用新系统。口碑宣传是一个强有力的因素，在某些情况下，可对关键用户提前培训，以建立新系统的良好口碑。此外，用视频展示员工成功使用新系统也很有效。

第三点，从很多方面来看，从新的 ERP 系统受益的主要是会计部门和高级管理人员。许多员工被要求改变其行为来实施 ERP，却不会从中获得任何直接的益处。因此，为使员工改变行为以适应新的系统，需要给予他们额外的激励。正如一位有经验的顾问所说，"没有什么比表扬或者现金奖励更有效"。员工或团队之间为现金奖励而竞争对于引导变革来说是非常有效的。

实施新的管理信息系统可以解决许多问题并带来巨大的效益，同时会节约组织的成本，但心理脆弱的人很难实现。

■ **新技术**

新技术的出现影响所有的信息系统，但它影响企业信息系统主要是因为其重要性和价值。以云为例，因为云计算节约成本，许多企业想把组织系统迁移到云。组织可能需要物理控制它的数据，当迁移到云后，云计算供应商控制数据的物理位置，可能涉及不同的国家和组织。所以，我们需要设计某些形式的混合模型。

也有类似的关于移动技术的评论。员工想要使用移动设备访问甚至修改企业系统数据，但移动设备只是移动的而已，当失去对组织的控制时，企业系统可能会面临巨大的风险，ERP 数据会成为罪犯的攻击目标（见稍后的"指南"专栏介绍的一站式购物）。这些因素并不意味着组织不能在企业信息系统中使用新技术，但是它们会增加企业信息系统的挑战性。

Q7－4 跨企业信息系统是如何解决企业孤岛问题的?

在 Q7－2 和 Q7－3 的讨论中已经向你展示了企业信息系统解决工作组信息孤岛问题的基本方法。在本问题中我们将使用 PRIDE 向你描述跨企业信息系统如何解决企业孤岛问题（图表 7－4 中向下的箭头指向最后一行，展示了这个过渡过程）。

图表 7－10 展示了在医疗保健提供者、健身俱乐部和患者之间存在的信息孤岛。医疗保健提供者留存患者的历史记录并维护锻炼建议记录，锻炼建议记录在图表 7－10 中又被称为锻炼处方。健身俱乐部维护会员、类别、私人教练和锻炼效能数据。在俱乐部中，锻炼效能数据由锻炼设备和俱乐部成员心脏检测器自动收集并存储在一个俱乐部数据库中。在家里，个人通过心脏监听器和设备采集锻炼数据，这些数据通过运动手表记录在移动设备上。

图表 7－10 未使用 PRIDE 系统情况下的信息孤岛

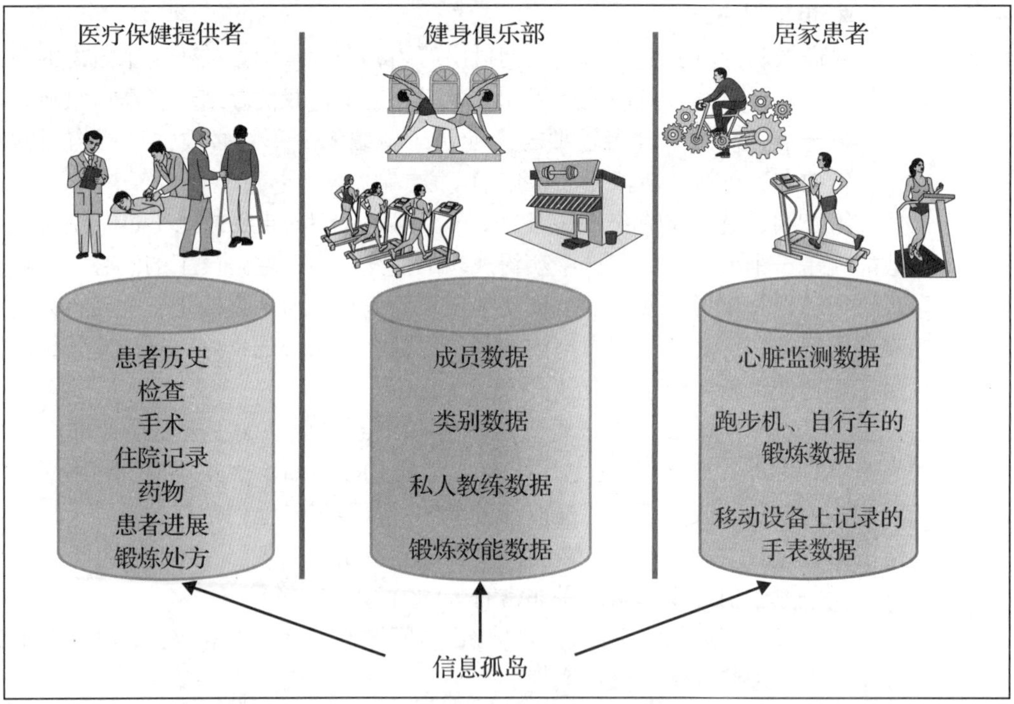

这些锻炼数据的相互分离会产生一系列问题。例如，医生想要获取存储在患者设备和健身俱乐部中的锻炼数据报告，患者也想得到医疗保健提供者提供的锻炼处方数据和他们在健身俱乐部的锻炼数据，健身俱乐部也想获得锻炼处方和居家锻炼数据来与自己的数据进行整合。这三类实体都要整合数据生成各自需要的报告。

图表 7－11 显示了满足这三类参与者需求的一种跨企业信息系统的结构。在这幅图中，云中矩形标签代表了能够本地移动应用、瘦客户端移动应用或二者兼顾。有些应用程序既可以在云端服务器中执行，也可以在移动设备上执行，这些设计决策没有显示。如图所示，这个系统假设所有用户在移动设备上收到报告，但由于涉及大量的键控，医疗保健提供者使用个人电脑提交和管理处方。

正如你所看到的，处方和锻炼数据在 PRIDE 数据库中进行集成。集成后的数据可以通过报表应用程序（见第 9 章）进行处理，以产生和分发报告。

如图表 7－11 所示的系统称为**分布式系统**（distributed systems），因为处理在多个计算机设备上进行。诸如 http，https，html5，css3，JavaScript 和 Web 服务等标准使得程序可以在多种设备上灵活地与云服务器交流，并间接地相互交流。

图表 7-11　跨企业的 PRIDE 系统

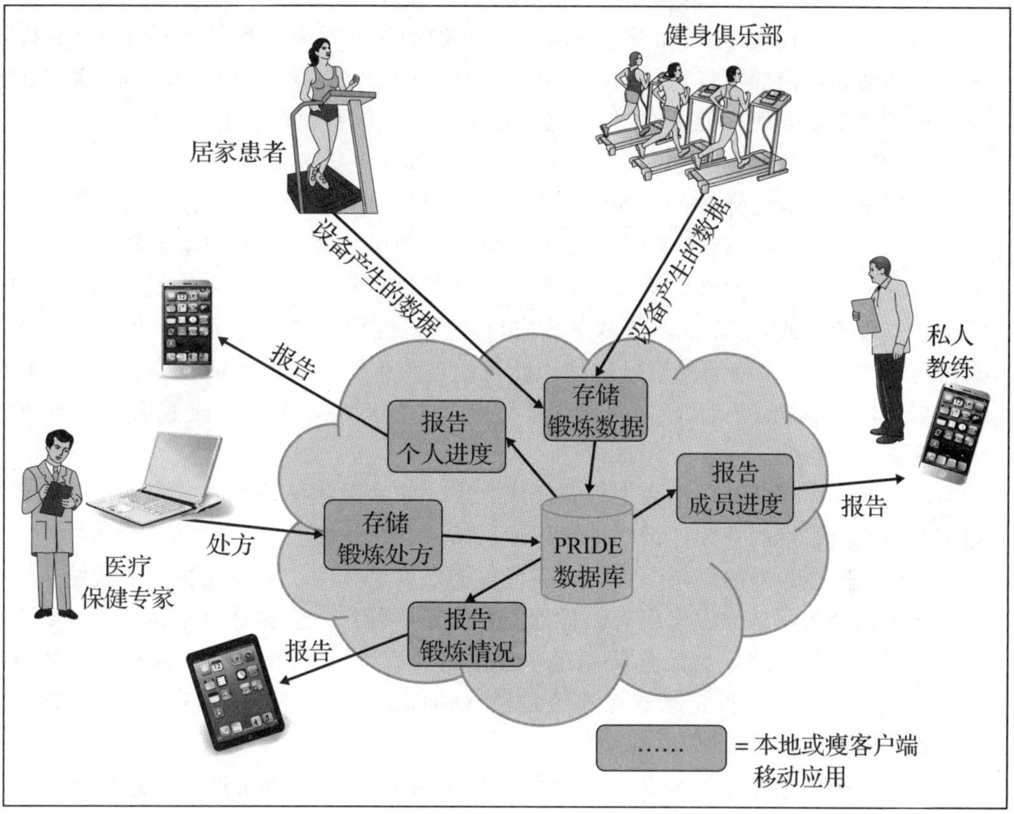

本章的知识对你有何帮助?

本章的知识将会帮助你理解信息系统的层次以及在每一层中存在的问题。它也将帮助你透视你所使用的信息系统，并理解它们如何产生或不产生信息孤岛。你也知道孤岛带来的潜在问题，并且知道在工作组和企业层次上如何解决。以后当你遇到 CRM，ERP 和 EAI 应用程序时，你会知道这样的系统是什么、它们做什么以及在使用和实施时会遇到什么问题。最后，了解 PRIDE 系统如何使用云来支持一个跨企业信息系统，将会给你提供研究其他使用云的应用程序的背景。

道德指南

美元调节

假设你是一个销售人员，你公司的客户关系管理系统预测你们下一季度的销量将大幅降至指标以下。你让你最好的客户增加销售量，但没有人愿意购买更多的商品。

你的老板说，对于所有的销售人员来说，这是一个糟糕的季度。事实上，情况如此糟糕，以至于销售副总裁已经授权新订单有 20% 的折扣。唯一的要求就是客户必须在季度结束前提货，以便让会计登记订单。“美元调节开始，”她说，“得到你所能得到的，要有创意。”

使用客户关系管理系统确定你的主要客户并提出可给予的折扣。第一个客户拒绝增加其库存："我不认为我们可以卖那么多。"

"好吧，"你回复说，"如果我们同意收回你们下个季度没有卖完的库存怎么样？"（这样做，你会增加当前的销售量和佣金，还会帮助你的公司做出季度销售预测。额外的产品很可能会在下个季度收回，但是你想，"嘿，那是过去，这是现在"。）

"好吧，"她说，"但我想让你在采购订单上添加退货选项。"

你知道你不能这样做，否则会计不会将所有的订单登记上去。所以你告诉她，你会发给她一封邮件，上面会有这一内容。这样她增加了订单，会计也登记了全额。

与另一个客户，你尝试第二种策略，不是提供折扣，而是以全价提供商品，但是同意他们下个季度有20%的货款以贷款形式支付。通过这种方式，你可以全价登记。你用如下方式推荐这个提议："我们的市场部使用新奇的电脑系统分析过去的销售状况，我们知道，增加广告会增加销售。所以，如果你现在订购更多的产品，下个季度我们将给你20%的订单返利来支付广告费。"

事实上，你怀疑客户不会把钱花在广告上。它会采用信贷的方式采购更多的商品。这将影响公司下个季度的业绩，但是你可以随后解决这个问题。

即使有这些额外的订单，你仍未完成任务。在绝望中，你决定把产品卖给一个虚构的公司，你说这个公司是你姐夫所有。你建立一个新的账户，当会计打电话给你的姐夫检查信用时，他配合你的计划。之后你卖给这个虚构的公司价值40 000美元的商品，并将商品运送到你姐夫的车库。会计记录这个季度的收入，你最后终于完成了任务。下个季度第一周过后，你姐夫退回商品。

与此同时，你不知道的是，你公司的ERP系统正在安排生产。创建生产计划的程序读取你（和其他销售人员）的销售活动信息时发现产品需求激增。因此，它生成一个时间表，要求增加生产，并安排工人。反过来，生产系统运用库存应用程序安排物料需求计划，为了满足增加的生产计划，增加了原材料的采购量。

讨论题

1. 考虑你写的同意收回产品的邮件。

a. 根据绝对命令原则的观点，你的行为是道德的吗？

b. 根据功利主义的观点，你的行为是道德的吗？

c. 如果那封电子邮件曝光，你认为你的老板会说什么？

2. 关于你提供的"广告"折扣：

a. 根据绝对命令原则的观点，你的行为是道德的吗？

b. 根据功利主义的观点，你的行为是道德的吗？

c. 这种折扣对你公司的资产负债表会有什么影响？

3. 关于你把商品运送到虚构的公司：

a. 根据绝对命令原则的观点，你的行为是道德的吗？

b. 根据功利主义的观点，你的行为是道德的吗？

c. 你的行为合法吗？

4. 描述你的活动对下个季度库存的影响。

5. 抛开伦理和法律问题，在这个例子中，你认为企业系统更多的是一种帮助还是一种阻碍？

指南

一站式购物

在本章中，你已经了解图表 7－3 所示的信息孤岛问题如何通过扩大信息系统的范围来消除：工作组引起的信息孤岛可以通过发展企业信息系统消除，企业信息孤岛可以通过发展跨企业信息系统消除。然而，在此论述中，我们没考虑安全性。

事实上，尽管消除信息孤岛确实有利，但把数据移动到单一的、集中的设备中会造成一个潜在的安全问题。也就是说，骗子可以在一个方便的位置找到他们想要的所有数据。这是一站式购物，所以，数据的完整性可以使组织变得更加脆弱。

另外，把数据集中存放在一个地方使组织关注单一资源的安全措施。信息系统支持的员工不需要管理多个分布式数据库的安全问题，只需要关注单个数据库的安全管理。所以，假定有适当的安全管理，这两个因素相互制衡：若损失的风险较高，那么应对这种损失的安全措施将得到重视，最终降低实际的风险。

考虑在本章章首讨论的像 PRIDE 这样的大规模集成系统如何带来安全问题。首先，基于本指南的目的，我们假设客户隐私得到适当保护，客户只与自己想要的 PRIDE 实体（雇主、健身俱乐部、设备制造商、保险公司和医疗服务提供者）共享数据。

然而，即使有这样的假设，仍然会有重要的隐私和安全问题。客户、私人教练和医疗服务提供者需要查看客户的完整的锻炼数据。这意味着具有竞争关系的私人教练（健身俱乐部）可以查看竞争对手的数据。这是一个问题吗？即使没有风险，这也很有可能被视为一个问题，这种看法可能会限制 PRIDE 系统的销售和使用。

这个例子强调了跨企业信息系统的一些管理问题。这不像是一个企业信息系统，除了跨部门的竞争，每个人都在为同一雇主工作，有相同的激励来保护数据，跨企业信息系统可以将有不同的动机和日程的竞争者联系在一起。这一事实不仅会增加安全性风险，还带走了一种处理安全缺陷的主要方法：规程。在企业系统中有可能建立弥补项目或数据控制安全漏洞的手动规程。然而，在跨企业信息系统中，如果系统用户竞争，他们可能不愿遵守补偿规程。

PRIDE 系统使用云计算会带来另一个重要的安全问题，一个在企业信息系统和跨企业信息系统中都存在的问题。云计算供应商的安全性如何？你存储的重要信息越多，对攻击者来讲越有可能变成攻击目标。最简单的例子是比特币。

2014 年 2 月，当时最大的比特币交易网站 Mt. Gox 丢失了价值 4.6 亿美元的 850 000 个比特币。[3] 随后它宣布破产，它不愿或者不能解释所有的比特币和现金去哪儿了。比特币代表了大型云计算货币体系，它想取代各国货币。这是一个革命性的想法。

Mt. Gox 网站的缺点是，它的本质使其成为一个完美的目标。这是因为它采用集中式分布，可以从任何地方访问，世界各地的黑客可以从网上偷走大笔的钱，所以永远不会停止尝试盗窃。金币很难偷，因为它很沉，而比特币又轻又容易运输。现在，医疗记录、个人身份、财务记录和信用卡信息都是以数字形式存在的。

Mt. Gox 网站的倒闭将引起人们对云存储的安全性的质疑。大多数时候，我们不知道云数据的物理位置，更不用说数据中心的安全性如何、谁在那里工作、有什么程序和政策，等等。我们将在第 10 章继续讨论这个问题，现在，知道这个问题存在即可。

讨论题

1. 总结为什么集中式数据库的安全性风险比信息孤岛的安全性风险高。描述一个可以应对日益增大的风险的因素。

2. 以PRIDE系统为例，解释企业信息系统和跨企业信息系统在保护数据时对个人的激励措施有何不同。两类系统在安全流程的使用上又有何不同？

3. 假设你是一家健身俱乐部的老板，正在接洽PRIDE系统的一个销售人员。他说："PRIDE系统位于一个叫xyz的云设施上。"xyz是一个有信誉的大型公司，如亚马逊、甲骨文、微软或者IBM。你询问数据安全问题，他说："你和我都不了解它们的安全状况，但是肯定比你放在走廊壁橱的服务器中更安全。"你如何回应他？

4. 如果你是健身俱乐部的私人教练，与竞争者共享客户的数据，解释其对你的价值。如果你可以获取竞争者PRIDE系统的客户资料，而这些客户你从来没有接触过，说明其对你的价值。

5. 假设你是健身俱乐部的私人教练，正在接洽PRIDE系统的一个销售人员。他说："我们的系统十分安全，保证没其他人可以看到你客户的数据。"你该如何回应？

6. 假设问题5中的销售人员说："只有像你一样指导同一客户的教练才可以看到你客户的数据。"你该如何验证这句话的正确性？

7. 假设健身俱乐部的一个私人教练使用了一个简单的密码，如*dog*。该俱乐部的一个成员看到教练登录系统，获取了密码，然后盗取了该俱乐部中接受服务的所有客户的数据。

a. 谁应该为数据失窃负责？

b. 如果你是使用简单密码的私人教练，你会如何回应？

c. 如果你是俱乐部老板，你会从数据失窃中学到什么？然后你会如何回应？

d. 如果你是一个参与提供医疗保健服务的人，你会从数据失窃中学到什么？然后你会如何回应？

e. 如果你是使用该系统的一个客户，你会追究谁的责任？为什么？

8. Mt. Gox网站的物理位置在哪里？你的数据存储的物理位置重要吗？为什么？

本章回顾 ▶▶▶

在本章回顾中，通过回答本章的研究问题来检查你对观点和概念的理解。

Q7-1　信息系统在不同范围内是如何变化的？

解释信息系统在不同范围内是怎样变化的。除了本章中的例子，举出四个不同信息范围层次的例子。描述每个例子中信息系统的特征。

Q7-2　企业信息系统如何解决部门孤岛问题？

定义信息孤岛并解释这些孤岛是如何存在的。什么时候孤岛成了问题？命名并描述五个常见的功能应用。描述在这五个应用之中可能出现冗余的数据。总结在工作组和企业层次上，企业系统用来解决信息孤岛问题的方法。定义业务流程再造并解释为什么难度大、成本高。

Q7-3　CRM，ERP和EAI如何支持企业系统？

解释企业内部开发企业信息系统成本高的两个原因。解释内置流程的优势。定义和区分CRM，ERP，EAI，并解释CRM和ERP之间比与EAI之间更相似。描述在实施企业信息系统时五个挑战的来源。描述为什么企业信息系统的管理必须强调协作。解释识别需求差距的两个主要任务。总结过渡到一个企业信息系统的挑战。解释为什么员工抵制变革并描述三种应对的方法。

Q7-4 跨企业信息系统是如何解决企业孤岛问题的?

描述医疗保健提供者、健身俱乐部和个人之间关于患者锻炼数据的信息孤岛。描述信息孤岛引起的问题。解释图表7-11展示的系统如何解决信息孤岛引起的问题。

本章的知识对你有何帮助?

描述你是如何从本章知识中受益的。假设一个面试官问你:"你知道ERP吗?"你该如何回答?如果问题是"云如何帮助组织集成其活动"呢?

运用你的知识 ▶▶▶

1. 以你的大学为例,给出在个人、工作组、企业和跨企业范围内的信息系统的实例。描述三个可能会出现数据冗余的工作组信息系统。解释信息系统的特征是如何与你的例子联系的。

2. 在问题1的回答中,解释三种工作组信息系统是如何产生信息孤岛的。描述信息孤岛可能引起的问题类型。

3. 利用你对问题2的回答,描述一个能够消除信息孤岛的企业信息系统。在实施系统时是否需要流程再造?为什么?

协作练习 ▶▶▶

和你的团队一起建立协作信息系统,可以使用Google Docs,SharePoint或其他协作工具。不要忘记过程步骤和团队训练。现在,使用信息系统回答下面的问题。

某县规划办公室为该县的所有建筑工程颁发建筑许可证、污水处理系统的排放许可证和县级公路通行许可证。规划办公室将许可证颁发给涉及以下项目的业主和建筑商:新的房屋和建筑物的构建项目,包括电力、天然气、管道以及其他公用设施在内的重建项目,以及闲置空间的改建项目(例如将车库改建成居住和工作的场所)。规划办公室也会发放新的或升级的污水处理系统的许可证,提供进入县级公路车道的许可证。

图表7-12展示了该县采用多年的申请许可证的流程。承包商和业主发现这个流程很漫长而且令人失望。首先,他们不喜欢它循序渐进的特点。当一个许可证申请在工程审查流程中通过批准或被拒绝之后,他们才发现还需要卫生部门审查或公路部门审查。每项审查可能要花3周或4周,许可证申请人申请许可时,希望多项审查能够同时执行而不是按顺序进行。而且,许可证申请人和县人力资源部门都会觉得很沮丧,因为他们无法知道某一申请在许可证申请流程中处于哪个位置。承包商会打电话询问通过申请还需要多长时间,而找到其许可证可能就要花上一小时甚至更久。

因此,该县改变了申请许可证的流程,如图表7-13所示。在第二个流程中,收到许可证申请的办公室复印了三份申请副本送给相关的部门。三个部门同时审查许可证;一名员工分析结果,如果没有拒绝的理由,就批准这个许可证申请。

遗憾的是,这个流程也有一些问题。第一,一些许可证申请包括的内容太多,附有多达40～50页的大型建筑图纸。县规划办公室的工作量和复制的费用相当大。

第二,在某些情况下,有的部门没有必要去审阅文档。例如,如果公路部门拒绝了许可证申请,那么工程部门和卫生部门都不需要继续审查。起初,县规划办公室让分析结果的员工在得知申请被有的部门拒绝时取消其他部门的审查来解决这个问题。然而,这一政策不受许可证申请者欢迎,因为一旦一个申请被拒绝了,纠正问题之后,许可证申请会排到队列的最后,重新返回到之前被拒绝的部门。有时这会导致延期5周或6周。

图表 7-12 有序的许可证申请审查流程

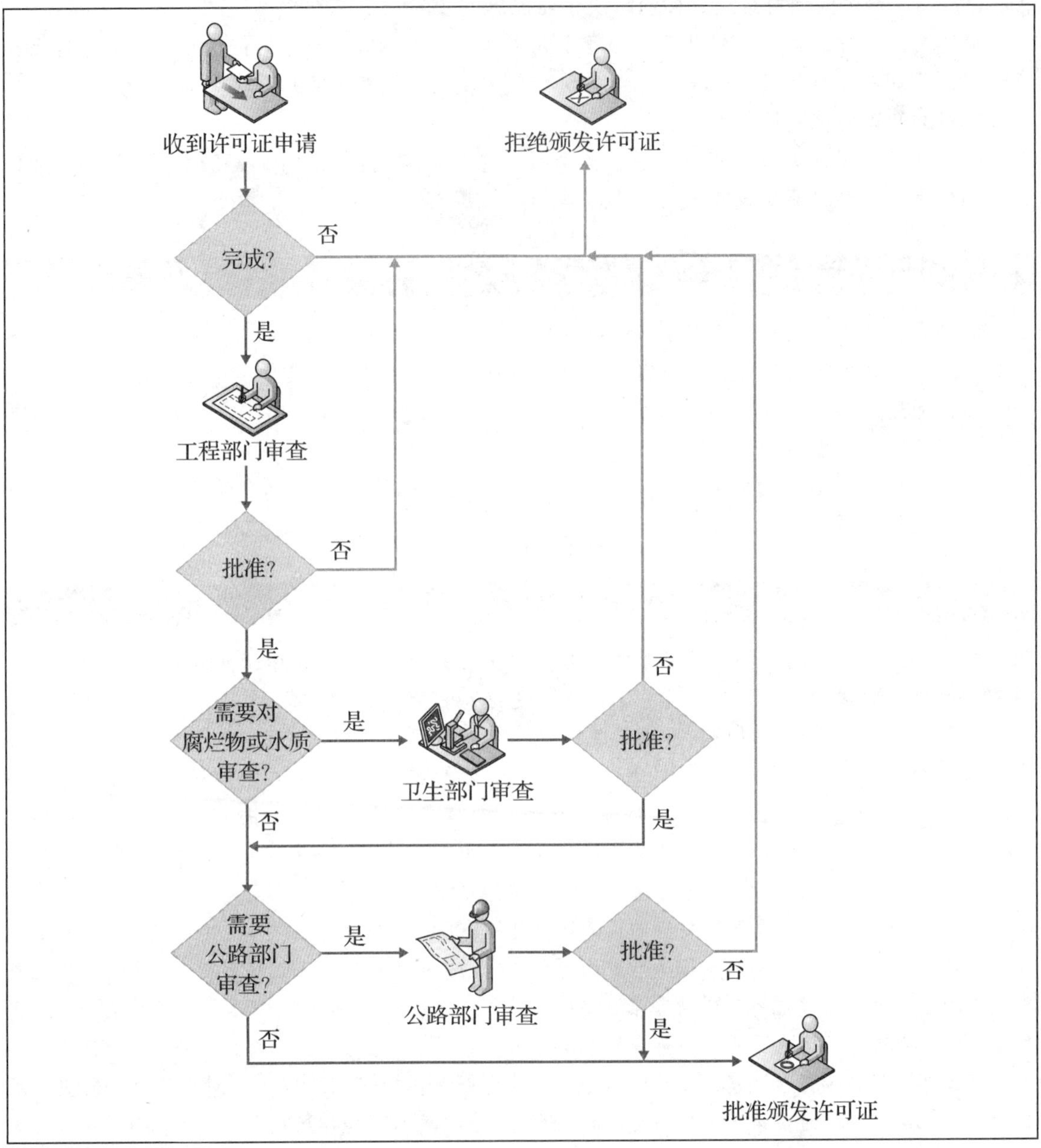

取消审查也不受工作部门的欢迎，因为许可证审查工作不得不重复进行。在一个申请因为另一个部门的拒绝而被取消时，它可能已经快完成该项审查了。当这项申请再次被审查时，先前审查的结果可能已经丢失了。

1. 解释为什么图表 7-12 和图表 7-13 中所示的流程被归类为企业流程而不是部门流程？为什么这些流程没有被认为是跨企业流程？

2. 以图表 7-5 为例，运用基于共享数据库的企业信息系统来重画图表 7-12。解释该系统相对于图表 7-12 中基于纸质的办公系统有何优势？

3. 以图表 7-5 为例，运用基于共享数据库的企业信息系统来重画图表 7-13。解释该系统相对于图表 7-13 中基于纸质的办公系统有何优势？

图表 7-13 并行的许可证审查流程

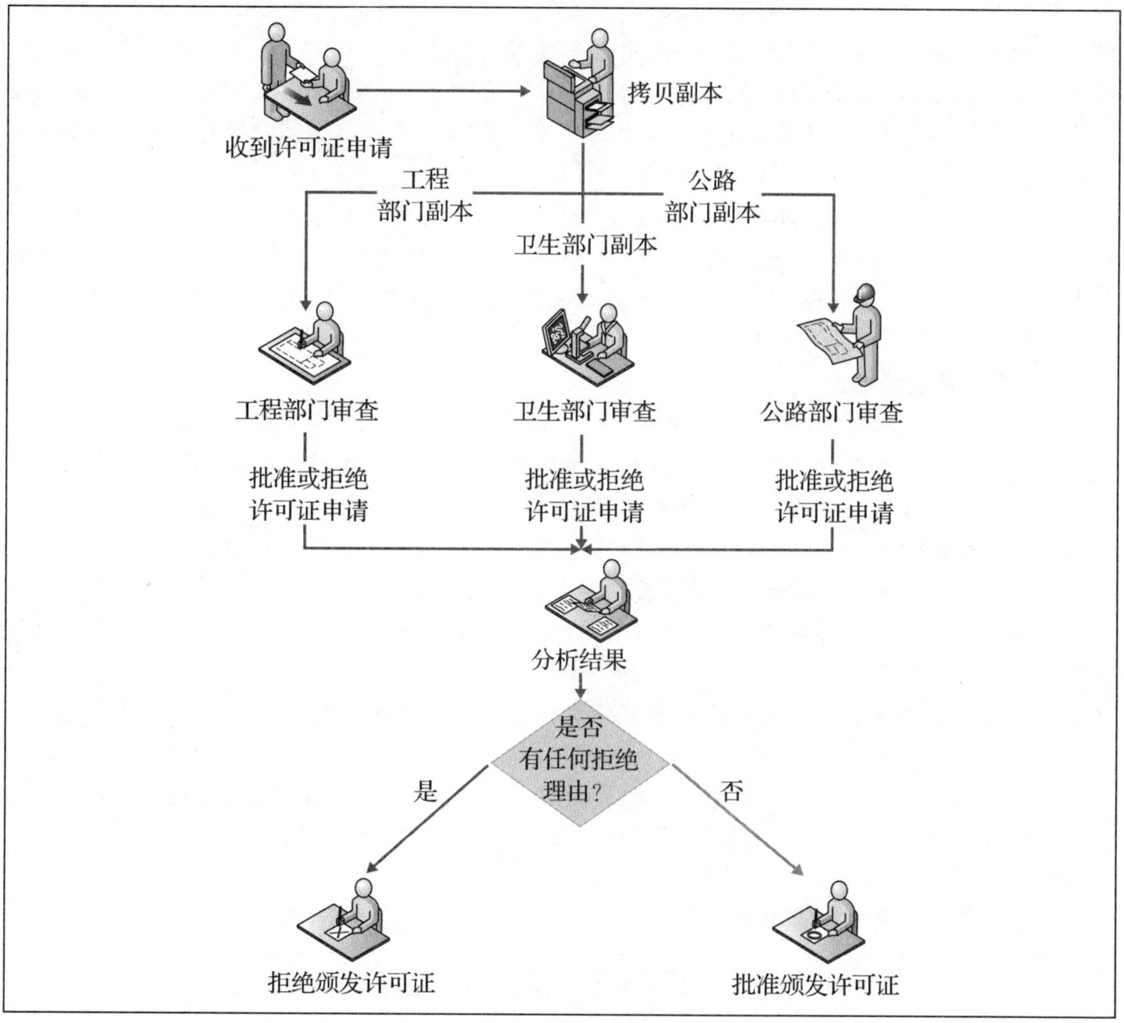

4. 假设该县刚从图表 7-12 所示的系统转变为图表 7-13 所示的系统，在你对问题 2 和问题 3 的回答中，哪一个更好？解释你的回答。

5. 假设你的团队负责实施你在问题 4 的回答中推荐的系统，描述在 Q7-3 中讨论的五种挑战与该实施工作有何关联？解释一下你的团队将怎样应对这些挑战。

案例研究 ▶▶▶

两个跨组织信息系统的故事

《可支付医疗法案》(The Affordable Care Act) 要求建立医疗交流项目，这对于跨组织信息系统的发展是非常有必要的。国家鼓励各州政府为当地居民建立医疗交流项目，但它们如果不这么做，各州的居民可以使用由联邦政府建立的医疗交流项目。大约有一半的州决定使用联邦提供的医疗交流项目。剩下的州建立自己的医疗交流项目（并支持信息系统）。许多并行的开发项目给了我们独特的机会来学习类似项目的经验，这些项目在某些情况下会有截然不同的结果。

以康涅狄格州和俄勒冈州为例，康涅狄格州创建了一个名叫 Access CT 的医疗交流项目。它实现了准时交付且在预算范围之内，这一成功使得马里兰州停止开发自己的系统，而去获得 Access CT 解决方案的授权。[4] 其他州也在考虑获得 Access CT 解决方案的授权。而俄勒冈州创建的名为 Cover Oregon 的医疗交流项目却彻底失败了。尽管花费了美国和俄勒冈州超过 2.48 亿美元，但 Cover Oregon 从来没有使用过。2014 年 5 月，美国联邦检察官办公室在波兰特组织了一个大的陪审团来调查该项目。[5]

为什么两个项目有如此不同的结果？两个州几乎同时启动项目，有同样的范围和目标，有相同的启动资金（Cover Oregon 最终花费了 Access CT 两倍的资金），对完成日期也有相同的要求。这两个州的人口总数没有实质性的区别：康涅狄格州约有 350 万人，俄勒冈州约有 390 万人。是什么导致了不同的结果？

什么是医疗交流项目？

首先，医疗交流项目是一个在线商店，可以给个人和小企业提供健康保险产品。选择医疗保险是一个复杂的过程，有不同的覆盖水平和成本，对于大多数人来说，选择合适的政策是很困难的，也容易使人混淆。因此创建医疗交流项目不仅可以提供医疗保险政策，还可以简化和部分自动化选择过程。医疗交流项目也促进医疗保险公司之间的公平竞争。

除了简化医疗保险的选择，医疗交流项目的另一个目标是帮助消费者浏览复杂的政府援助项目。根据收入、家庭规模和其他情况，一些消费者享有获得医疗保险和一系列政府项目的资格。因此，在使用医疗交流项目时，消费者提供关于收入和家庭情况的数据，医疗交流项目自动联系不同的政府机构来决定消费者的资格。之后，医疗交流项目提供适合特定消费者的保险产品。医疗交流项目向保险公司收取适当的费用。

图表 7-14 显示了一些参与到医疗交流项目中的组织。显然，必须有一个企业信息系统。正如你从本章知道的，项目的开发和管理难度很大，一些州失败也不奇怪。

图表 7-14 组织间医疗交流信息系统

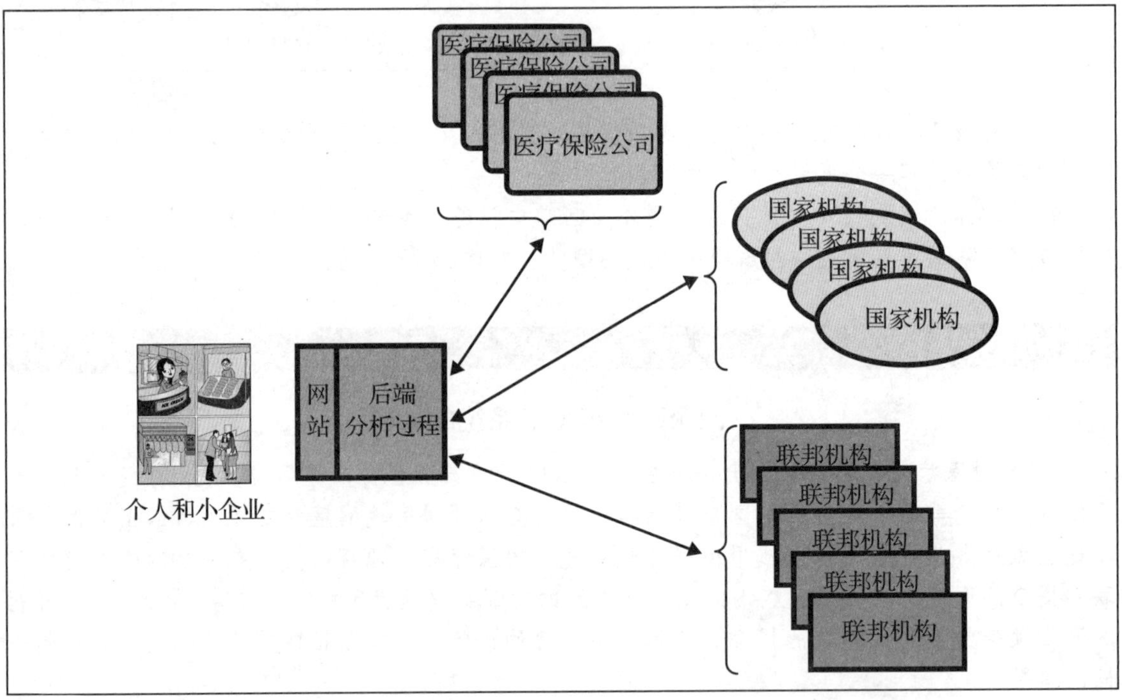

Access CT

Access CT 是一种准公共公司，董事会主席是康涅狄格州副州长南希·怀曼（Nancy Wyman），他从 2012 年夏天开始寻找合适的首席执行官，在全美范围内搜索后确定了 74 名候选人，2012 年 7 月康涅狄格州州长聘用了凯文·库尼汉（Kevin Counihan）。

库尼汉拥有超过 30 年的保险行业工作经验，并且是马萨诸塞州一个医疗系统的关键的参与者，他也是加利福尼亚州一家私人健康交流机构的总裁。[6]

库尼汉拥有市场营销硕士学位，其实力得到证明。他刚被雇用，就召开了一系列新闻发布会，向公众解释项目的本质和目标。在几个月内，他雇用了保险行业的资深员工，包括首席信息官吉姆·沃德利（Jim Wadleigh）。沃德利曾是卫生服务组织 GIGNA 公司应用程序开发主管。[7] 沃德利的主要任务就是招聘和管理外部承包商来开发网站和支持后端代码，并管理信息系统的实施。

2012 年 6 月，Access CT 制定了一个项目计划并开始寻找承包商开发网站，2012 年 9 月，它选择了德勤咨询公司。那时，沃德利说："距系统上线只有 12 个月了，我们期待与它立即展开工作。"[8]

在 7 月 13 日的一次访谈中，一名当地新闻记者问库尼汉："你能按时完成吗？"他说："这个州要及时完成。"[9]

它确实做到了。在联邦规定的最后期限，Access CT 登记了 208 301 位康涅狄格州居民[10]，康涅狄格州已经成为建立州医疗交流项目的典范。

Cover Oregon

俄勒冈州的结果就没那么乐观了。在花费 2.5 亿美元后，医疗交流项目显然是不实用的，董事会决定停止开发，转而使用联邦的系统。[11] 之后，俄勒冈州立法机构雇用了一个独立的公司 First Data，对失败的原因进行调查。[12]

与康涅狄格州不同，俄勒冈州州长和其他官员都没有直接参与该项目。2014 年 1 月，俄勒冈州州长表示，他只是在"10 月底"意识到失败。[13] 这个网站在 2013 年 10 月 1 日开始运行，人们很难相信，3 周之后他才收到失败的消息。可以肯定的是，州长既不是项目经理，也没有委派其他高级官员担任该职。

根据 First Data 公司的调查[14]，项目一开始就走错了方向。Cover Oregon 是一个准独立公司，就像 Access CT 一样，但交流信息系统是由其他的政府机构俄勒冈卫生局（Oregon Health Authority，OHA）开发的。这两个机构的人员参与了地盘之争，对项目需求也有完全不同的理解。这些差异将软件开发人员引入了不断变化、不一致的开发方向。[15]

此外，与 Access CT 不同，OHA 没有雇用一个监理承包商来负责该项目，而是决定自己在软件开发中扮演积极的角色。遗憾的是，该机构遇到了员工流动率高、难以招聘和留住人才等问题。OHA 确实雇用了专业软件开发公司开发主要的软件组件。然而，三个入围者中有两个在最后一刻退出了，剩下的一个默认是获胜者，甲骨文公司就这样成了唯一的供应商。因此，甲骨文可以就时间和材料合同谈判，而不是就特定价格交付物的合同谈判。后来，当问题出现后，在同样的时间和材料的基础上，该机构又为"改变订单"额外支付了数百万费用。OHA 也试图自己编程，但团队没有使用 Oracle 的经验，也缺乏开发人员和管理人员。[16]

具有讽刺意味的是，由于技术项目的前期问题，俄勒冈州立法机构已经要求州雇用一个质量保证承包商 Maximus Corporation 来监督项目。项目一开始，Maximus Corporation 就报告重大的问题，包括控制分散、缺乏明确要求、承包方法不当、项目缺乏规划和进展缓慢。目前尚不清楚这些报告交给了谁，它们有什么用。2013 年 1 月，当 OHA 项目的负责人在收到一系列负面报告之后的又一份负面报告时，她威胁要拒绝支付 Maximus Corporation 的款项。[17]

2013 年 1 月，俄勒冈州居民问 Cover Oregon 项目主管，系统是否可以工作，他回答说："我也不知道。"[18] 可是当迷雾散去时，系统失败了。

[问题]

1. 总结医疗交流项目的目的和预期收益。

2. 解释为什么医疗交流项目需要一个跨组织的信息系统。

3. 利用本章的知识，总结开发跨组织信息系统的困难和挑战。

4. 医疗交流项目必须使用用户的个人数据和机密数据，拟一段文字的政策，规定处理和存储这些数据的责任。

5. 你认为 Access CT 成功的原因是什么？

6. 根据本案例中描述的事实，列出五条你从 Access CT 和 Cover Oregon 项目中汲取的主要经验。

注释 ▶▶▶

1. See *www.thisisant.com*.
2. D. Peak, "An Interview with John Halamka, MD, Chief Information Officer, Harvard Medical School and CareGroup Health System, USA," *Journal of IT Case and Application Research*, 10, no. 1 (2008): 70.
3. Robert Mcmillian, "The Inside Story of Mt. Gox, Bitcoin's $460 Million Disaster," *Wired*, March 3, 2014, accessed June 2, 2014, *www.wired.com/2014/03/bitcoin-exchange*.
4. Office of Congressman John Delaney, "Delaney Statement on Maryland Adopting Connecticut Health Exchange," April 1, 2014, accessed August 27, 2014, *http://delaney.house.gov/news/press-releases/delaney-statement-on-maryland-adopting-connecticut-health-exchange*.
5. Maeve Reston, "U.S. Prosecutors Investigate Oregon's Failed Health Insurance Exchange," *LA Times*, May 21, 2014, accessed May 25, 2014, *www.latimes.com/nation/nationnow/la-na-us-attorneys-office-probes-oregons-health-insurance-exchange-20140521-story.html*.
6. Matthew Sturdevant, "CT Health Exchange Has A New Chief Executive," *Hartford Courant*, June 21, 2012, accessed May 25, 2014, *http://articles.courant.com/2012-06-21/health/hc-health-exchange-ceo-20120621_1_health-insurance-exchange-health-care-victoria-veltri*.
7. Healthcare IT Connect, "Jim Wadleigh," accessed May 25, 2014, *www.healthcareitconnect.com/jim-wadleigh/*.
8. Office of Lieutenant Governor Nancy Wyman, "Health Insurance Exchange Hires Key Technical Consultant," September 27, 2012, accessed May 25, 2014, *http://ct.gov/hix/lib/hix/HIX-DELOITTE-RELEASE.pdf*.
9. Matthew Sturdevant, "Health Exchange Chief Explains How It Will Work," *Hartford Courant*, July 13, 2012, accessed May 25, 2014, *www.courant.com/health/connecticut/hc-health-exchange-20120712,0,4877364.story*.
10. Arielle Levin Becker, "Obamacare Exchange's Final Tally: 208,301 People Signed Up," *The CT Mirror*, April 17, 2014, accessed May 25, 2014, *http://ctmirror.org/obamacare-exchanges-final-tally-208301-people-signed-up/*.
11. Jeff Manning, "Cover Oregon: State Moves to Federal Exchange, but Oracle Technology Lives On," *The Oregonian*, May 6, 2014, accessed May 25, 2014, *www.oregonlive.com/health/index.ssf/2014/05/cover_oregon_state_moves_to_fe.html*.
12. "Cover Oregon Website Implementation Assessment," April 23, 2014, accessed May 25, 2014, *www.oregon.gov/DAS/docs/co_assessment.pdf*.
13. Dusty Lane, "'We Look Like Fools:' A History of Cover Oregon's Failure," *Katu.com*, January 10, 2014, accessed May 25, 2014, *www.katu.com/news/investigators/We-look-like-fools-A-history-of-Cover-Oregons-failure-239699521.html*.
14. "Cover Oregon Website Implementation Assessment."
15. Nick Budnick, "Cover Oregon: Health Exchange Failure Predicted, but Tech Watchdogs' Warnings Fell on Deaf Ears," *The Oregonian*, January 18, 2014, accessed May 25, 2014, *www.oregonlive.com/health/index.ssf/2014/01/cover_oregon_health_exchange_f.html*.
16. Nick Budnick, "Oregon Health Exchange Technology Troubles Run Deep due to Mismanagement, Early Decisions," *The Oregonian*, December 14, 2013, accessed May 25, 2014, *www.oregonlive.com/health/index.ssf/2013/12/oregon_health_exchange_technol.html*.
17. Budnick, "Cover Oregon: Health Exchange Failure Predicted."
18. Ibid.

第 8 章

社交媒体信息系统

Social Media Information Systems

“这一切都与眼球有关。”尼基是 PRIDE Systems 新的营销总监，她正在探索怎样通过网络广告的点击量获得收益。PRIDE Systems 的新主人泽夫·弗里德曼在他们最后一次会议上告诉她去做这件事。

“你这是什么意思？”詹姆斯是公司信息系统经理。当这家公司还属于弗洛里斯博士时，他就在这里工作了。弗里德曼买下这家公司之后，他留用了詹姆斯。

“我的意思是，我们可以知道观看我们广告的眼球数量。”尼基回答。

“当然，这也与点击量有关。”米歇尔是公司新的销售总监。她的工作是说服供应商签订合同，以便广告在公司参与的比赛或者活动中得到展示。

尼基看着詹姆斯。“我们要让尽可能多的人观看我们的广告，并激励他们点击。”

她继续说道：“我们可以让多少人进入一场虚拟比赛？当我们拥有云来连接数据，就可以让人们离开家、健身中心，无论在世界上哪个角落，与其他人比赛。”

尼基加入了讨论，“同一时间可能有 10 000 人，不是吗？”她正在寻找一些信息以帮助她更好地向供应商说明情况。

詹姆斯摇摇头。“可能是这样的，但是我们正想办法超越自己。当时设计 PRIDE 时只支持 8 ～ 12 人的锻炼班，以帮助那些在心脏病或者类似疾病发作之后接受治疗者，现在你告诉他们将变成 10 000 人的大班。我们并没有和系统保持一致。”

尼基之前听过类似的话。“但是我们可以同时容纳 10 000 人，不是吗？”

“理论上是的。但是魔鬼总藏在细节之中……或者在这个案例中，在需求中。你想要什么样的用户体验？你不能把 10 000 个小点放进手机中，来展示人们在比赛中的位置。好吧，让我们来调整自己：当然，我们可以把 10 000 个小点放在手机屏幕上。我们一直都这样做，但是这对所有人来说又有什么意呢？他们只看到模糊一片。”

“当然，我们可以计算出来。为什么我们不只显示排在用户前 5 名左右的人？”

“是的，我们可以。我们可以做任何事，可以创建任何你想要的。你有多少时间和金钱？”詹姆斯试图让声音听起来积极点。

他停顿了一下，继续说：“就像我说的，魔鬼藏在细节中。一个用户前面的人只领先了 0.000 000 05 秒。我们如何显示？把它放大就能显示遥遥领先的人？或者如果前面的人快了 10 分钟呢，怎么办？如果他是领导呢？我们展示什么？一个空白的屏幕？”

“啊，我们能计算出来。这似乎并不是那么难。”

“不，并不是这样的。我们可以做到，就像我们可以在仓库的旧址上建造 20 层的高楼。但是我们不能明天就做，这不是免费的。”

“所以，你想告诉泽夫什么事，詹姆斯？”尼基有点受打击。

“我并不想跟他说什么。他买了一家公司，这家公司拥有一款可以支持 10 人同时训练的软件。现在你俩告诉我这个数字需要乘以 1 000。所有这些都是可行的，这个主意没有什么问题，但是我们现在实现不了。”

“好吧，”尼基继续问，“它要花费多少时间以及金钱？”

“看在老天爷的份上，尼基，让我再试一次。我想要你造一栋20层的高楼以代替现在的。需要多久完工？需要耗费的资金是多少？”

“我不知道。我需要一个建筑师和承包商，我需要知道拆除这栋建筑的成本。”对于詹姆斯的类比，尼基笑着说道。

“好吧。现在你已经有了。”

当米歇尔听到这些，真希望自己没有辞去上一份工作。“好吧，我告诉你们，我不能把一样东西卖给10个人。那太疯狂了。”

“好的，那要是100样东西和10个人呢？你将仍然可以吸引20 000眼球。当然，假设每个人都有两只眼睛，你可能会至少吸引20 000眼球。”詹姆斯在意准确性。

“得了吧，詹姆斯。没有供应商会问我们吸引了多少选手的眼球。”

“你俩停下来，别争了。思考一下，有多少人会在网上参加国际象棋比赛？”

“让我们假设这意味着4只眼睛，好吗？”米歇尔不愿接受詹姆斯的意见。

“别说了，米歇尔。但是这些在线象棋供应商会赚钱。如果我们在10个人比赛前让每个人参加预赛，然后让预赛中的获胜者参加下一轮冠军的争夺呢？我们会一直推进赛事，我们可以在赛事之间出售……”尼基渐渐放低了声音，因为她考虑到这么做的可能性。

研究问题

Q8-1　什么是社交媒体信息系统？
Q8-2　社交媒体信息系统怎样推进组织战略？
Q8-3　社交媒体信息系统怎样增加社会资本？
Q8-4　公司如何从社交媒体中获得收益？
Q8-5　组织如何解决社交媒体信息系统的安全问题？
Q8-6　社交媒体将把我们带往何处？

Q8-1　什么是社交媒体信息系统？

在解决这个问题之前，我们必须理解本章并不想讨论脸书、推特、领英、Instagram、Pinterest或者其他网站的新功能。你可能已经知道这些，此外，它们变化如此之快，你今天学习的内容在你毕业之后可能已过时，在你工作之后就被淘汰。因此，本章着重介绍原理、概念框架和模型，而不是社交媒体服务和技术的变化，在你职业生涯的早期，当你面对社交媒体系统的机遇和风险时，这些知识会有用。

这些知识也将帮助你避免错误。每一天，你都可以听到商人说：“我们在使用推特。”“我们已经把脸书的页面与我们的网站页面连接了。”有人在推出广告以及新闻稿时说：“在推特上关注我们。”这些人应该问的重要问题是：我们为什么要这么做？想变得现代？变得时尚？这些努力值得付出成本吗？他们如何推进组织的策略？

社交媒体（social media，SM）使用信息技术来支持网络用户之间共享内容。社交媒体使人们形成**实践社区**（communities of practice），或者是一群有共同利益的人组成的**社区**（community）。**社交媒体信息系统**（social media information system，SMIS）是一个信息系统，它支持网络用户之间共享内容。

如图表 8－1 所示，社交媒体融合了许多学科。我们将通过讨论 SMIS 及其怎样有助于组织策略来关注图表 8－1 中的管理信息系统部分。如果你决定在 SM 领域做专业的工作，你需要除了计算机科学外所有学科的知识。

图表 8－1　社交媒体融合了许多学科

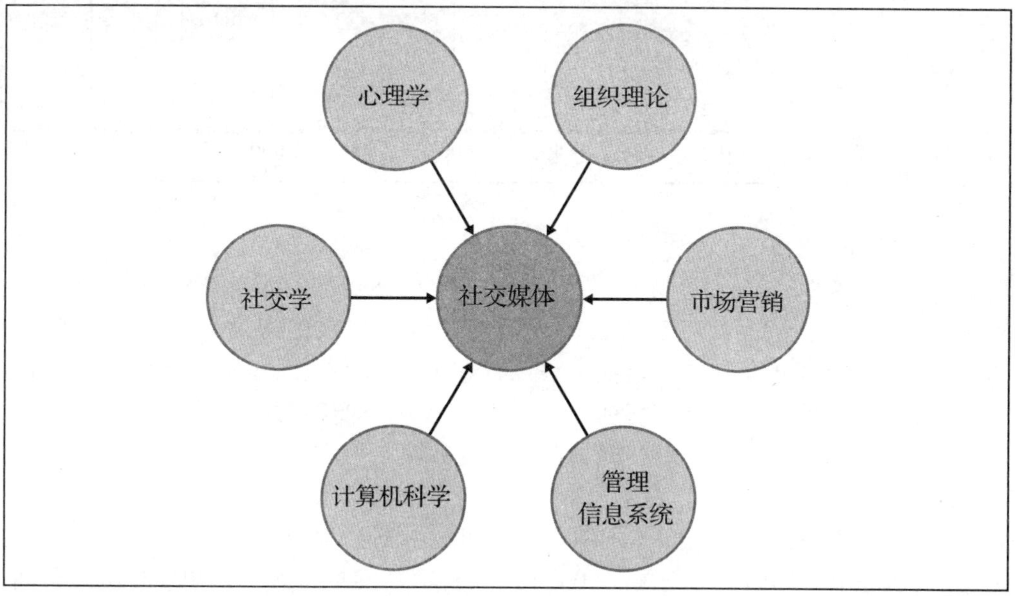

SMIS 的三种角色

在讨论 SMIS 的组成之前，我们首先需要阐明 SMIS 的三个组成单元所扮演的角色：

- 社交媒体供应商；
- 用户；
- 社区。

■ 社交媒体供应商

社交媒体供应商（social media provider）例如脸书、谷歌、领英、推特、Instagram 以及 Pinterest 提供了平台以创造**社交网络**（social network），或者让有共同利益的人之间建立社交关系。社交媒体供应商在过去几年增长迅速。图表 8－2 展示了 2015 年 1 月几家著名的社交媒体供应商的规模；总的来说，它们的活跃用户数量超过了美国人口。[1] 社交媒体的增长令企业、广告商以及投资者产生了极大兴趣。社交媒体供应商与其他竞争者争夺的是客户的关注度以及相关的广告收入。

图表 8-2 社交媒体活跃用户数量

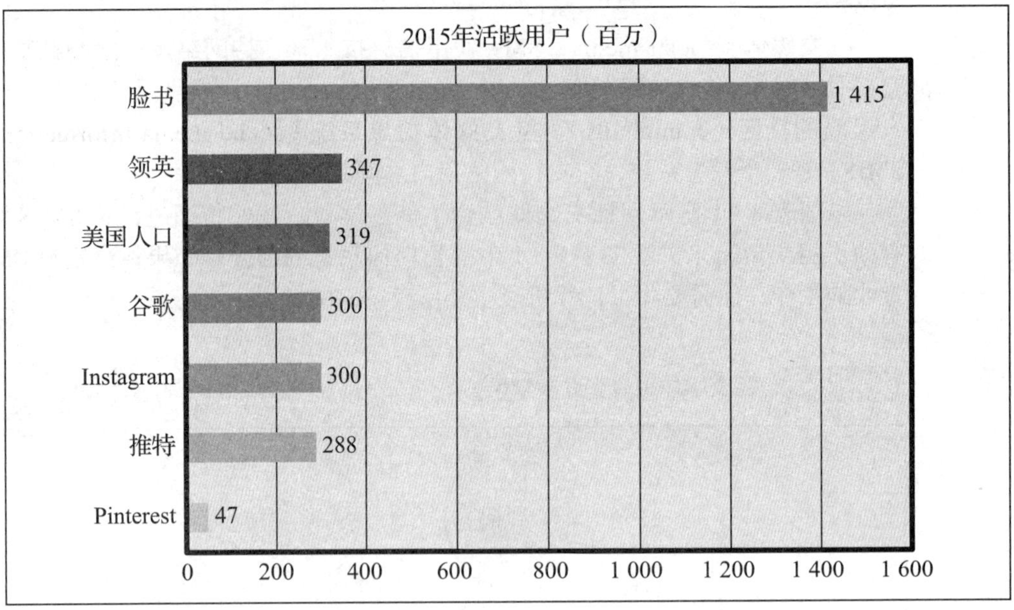

■ **用户**

用户（users）包括个人和组织，他们使用社交媒体网站建立社交关系。正如前面提到的，数以百万计的人定期访问社交媒体网站，并且采用不同的方式访问。2014年年初的一份报告表明，超过73%的人上网使用社交媒体，至少40%的人通过手机使用社交媒体。[2] 社交媒体供应商经常吸引或者将目标定位于特定人群。例如，Pinterest约70%的用户是女性。[3] 在领英上，80%的人年龄在35岁及以上。[4]

组织也是社交媒体的用户。你可能并不认为组织是典型的用户，但的确如此。据估计，77%的《财富》500强企业有活跃的推特账户，70%有脸书页面，69%有YouTube账户。[5] 这些公司雇用员工来维护社交媒体，提升产品，建立关系，并管理图片。

根据组织想怎样使用社交媒体，组织可以是用户、供应商或者兼而有之。较大的组织可以创建和管理自己的内部社交媒体平台，如维基网站、博客和论坛等。在这种情况下，组织将会是一个社交媒体供应商。

■ **社区**

形成社区是一个自然的人类特征。人类学家声称，形成社区有利于人类进步。过去，社区往往基于家庭关系或地理位置。简而言之，住在一个村庄的人形成一个社区。社交媒体社区与它的关键区别在于，它们的形成基于共同利益，超越家族、地理和组织边界的限制。

由于这种超越，大多数人属于几个甚至许多不同的社交媒体用户社区。谷歌认识到这个事实，当它创建圈子时，允许用户将连接分配给一个或多个社区组织。脸书和其他社交媒体应用程序提供商也以相似的方式进行调整。

图表8-3展示了这种情况，从社交媒体网站的角度看，社区A是第一层社区。这一层的用户具有直接关系。用户1依次属于三个社区：A，B和C（这些可以说是

同学圈、专业联系网和朋友圈）。从社交媒体网站的角度看，社区 B 到 E 是第二层社区，因为这些社区之间的关系是以第一层用户为中介的。例如，如果每个社区有 100 个成员，然后社交媒体网站拥有 100 × 100 个第二层成员，有 100 × 100 × 100 个第三层成员。然而，这种说法并不完全正确，因为社区通常会重叠；在图表 8 - 3 中，用户 7 属于社区 C 和 E，因此，这些计算结果表明的是最大值，但不一定是实际的值——用户的数量。

图表 8 - 3　社交媒体社区

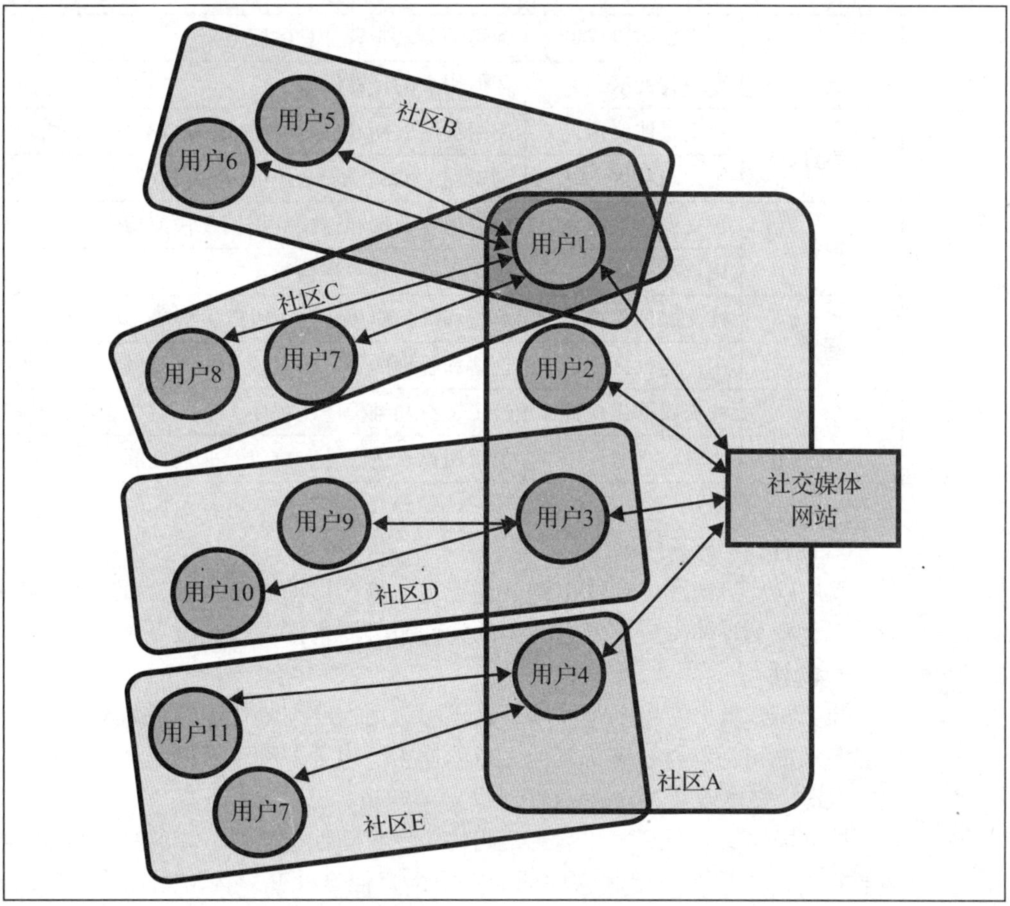

一个社交媒体网站怎样选择社区取决于它的目标。如果网站只是对宣传感兴趣，它需要与尽可能多层的社区产生联系。如果是这样，它将创建一个**病毒钩**（viral hook），这是一些诱因，如奖品或其他奖励，它们通过层与层之间的通信进行传播。然而，如果社交媒体网站的目的是解决一个尴尬的问题，比如修复一个产品的缺陷，它会尽力去限制与社区 A 之间的通信。

关系的本质是通过社区层向组织传递祝福或者诅咒。比如，在社区 A 中，有一个员工将她所在组织中的产品或者服务自豪、真诚而又合法地分享给社区成员。然而，她也可以与跟自己相似的人分享对一些事件最新进展的失望或者不满情绪，可能不经意间与公司的竞争对手的员工分享了私人的或者公司的数据。

如这个例子所示，社交媒体是一种强大的工具。为了好好地使用它，组织必须知道自己的目标和计划。

SMIS 的构成要素

因为 SMIS 属于信息系统，所以 SMIS 具有信息系统的五大构成要素：硬件、软件、数据、程序以及人员。记住 SMIS，考虑图表 8－4 中所展现的每个要素。

图表 8－4 SMIS 的五大构成要素

要素	角色	描述
硬件	社交媒体供应商	弹性的、基于云计算的服务器
	用户与社区	任何用户的计算设备
软件	社交媒体供应商	应用程序、NoSQL 或者其他的 DBMS、分析
	用户与社区	浏览器、iOS、安卓、Windows 10 以及其他的应用程序
数据	社交媒体供应商	存储内容数据和连接数据用于快速检索
	用户与社区	用户生成内容、连接数据
程序	社交媒体供应商	运行和维护应用程序（超出了本章的范围）
	用户与社区	创建和管理内容、非正式、相互复制
人员	社交媒体供应商	员工运行和维护应用程序（超出了本章的范围）
	用户与社区	关键用户、适应性，可以是非理性的

■ **硬件**

用户以及组织通过台式电脑、笔记本电脑和移动设备与社交媒体网站连接。多数情况下，社交媒体供应商通过云中的弹性服务器来提供社交服务。

■ **软件**

社交媒体用户使用浏览器以及客户端应用程序与其他用户进行交流，发送和接收内容，添加和删除与社区或其他用户的连接。用于各种平台的桌面以及移动应用程序包括 iOS、安卓以及 Windows。

社交媒体供应商开发和运营定制的、专有的社交网络应用软件。正如你在第 4 章中学到的，长期支持定制软件的成本很高，但是社交媒体应用程序供应商必须这样做，因为它们的应用程序的特性和功能是其基本竞争战略。它们负担得起，因为它们将开发成本分摊到数百万用户身上。

许多社交网络供应商使用 NoSQL 数据库管理系统来处理数据，尽管传统的 DBMS 产品仍在使用。脸书开始开发自己内部的 DBMS（Cassandra），但后来意识到维护它的代价很高，便捐赠给了开源社区。除了自定义应用程序和数据库，社交媒体供应商也投资于分析软件以了解用户与网站以及应用软件的交互。

■ **数据**

社交媒体数据分为两类：内容数据和连接数据。**内容数据**（content data）是由用户提供的数据以及对数据的响应。例如，你为脸书网站提供了源内容数据，当你的朋友在你的墙上写东西、评论你、标记你或者在你的网站上发布其他东西时，又提供了回复数据。

连接数据（connection data）是有关相互关系的数据。在脸书上，你和朋友的关系就是连接数据。事实上，你喜欢的特定组织也是连接数据。SMIS 的连接数据与网站应用程序的连接数据存在区别。网站和社交网站用户都呈现应答的内容，但只有社交网络应用程序存储和处理连接数据。

社交媒体网站为用户存储以及恢复数据。当网站或者服务器出现问题时，它们必须这么做，而且必须迅速。问题有时相对简单，这是因为 SM 的内容数据和连接数据有相对简单的结构。

■ **程序**

对社交网络用户而言，程序是非正式的、发展的、面向社会的。你做你的朋友们所做的。当你所在社区的成员学习一些新的有趣的东西时，你会复制他们的行为。软件经设计，容易学习和使用。

这就使得使用 SMIS 相对容易，这也意味着有意想不到的后果很常见。最令人不安的例子是对用户隐私的担忧。许多人不会在可公开访问的网站上传他们在门牌号前的合影。其他人却没有这么做。

对于组织来说，社交网络程序更加正式且符合组织的战略。组织通过开发程序来创建内容，管理用户反应，删除过时的或令人反感的内容，从内容中提取价值。例如，建立一个 SMIS 去收集有关产品问题的数据是在浪费资金，除非程序可以从社交网络数据中提取知识。社交媒体组织也需要开发程序来管理风险，如 Q8 - 5 所述。

操作和维护一个社交媒体应用程序超出了本章的范围。

■ **人员**

社交媒体的用户做什么事情，取决于他们的目标和个性。他们以一种特定的方式采取行动以及观察结果。他们可能改变也有可能不改变自己的行为。要注意，社交媒体用户不一定是理性的，至少不是仅看重货币形式。例如，弗农·史密斯（Vernon Smith）研究发现，人们远离自由货币的原因是他们认为别人得到的越来越多。[6]

组织不能太随意。那些在公司中有地位的人认为，组织需要就 SMIS 的用户程序以及社会网络政策进行培训。我们将在 Q8 - 5 中讨论程序与政策问题。

社交媒体正在创造新的职位、新的责任，以及所需的新型培训。例如，如何成为一名优秀的推特用户？是什么成就了一个在“墙”上发布内容的作家？什么样的人应该被雇用做这份工作？他们应该拥有怎样的学历？如何评价这类职位的候选人？你怎样找到这类人？所有的这类问题都将被提出以及解答。

Q8 - 2 社交媒体信息系统怎样推进组织战略？

由第 3 章的图表 3 - 1，你了解了信息系统与组织战略之间的关系。总之，战略决定了价值链，确定了业务流程，从而确定了信息系统。只要价值链确定了结构化的业务流程，如第 7 章中讨论的那样，这个价值链很简单。然而，社交媒体本质上是动态的，它不能用图表设计来表示流，如果这样做，那么图表完成不久，社交媒体就可能已经发生改变。因此，我们需要考虑价值链怎样确定动态过程，从而确定 SMIS 的需求。你将看到，这会从根本上改变社交媒体用户、他们的社区和组织之间的权力平衡。

图表 8－5 总结了社交媒体如何有助于五个主要的人力资源价值链活动和支持活动。考虑图表中的每一行。

图表 8－5 社交媒体在价值链活动中

活动	焦点	动态过程	风险
销售和营销	外部预期	社交 CRM，P2P 销售	失去信用，糟糕的公关
客户服务	外部客户	P2P 支持	失去控制
入站物流	上游供应链供应商	问题解决	隐私
出站物流	下游供应链运货商	问题解决	隐私
制造和运营	外部用户设计，内部制造与流程	用户导向设计，行业关系，操作效率	效率 / 效益
人力资源	职位候选人，员工沟通	寻找员工，招聘，评价网络平台对员工沟通效率的影响	错误，失去信用

社交媒体与销售和营销活动

过去，组织使用结构化的流程和相关的信息系统控制它们与客户的关系。事实上，传统的 CRM 的主要目的是管理客户接触。传统的 CRM 确保组织对客户用一个声音说话，它控制着信息、供应，甚至支持基于每个特定客户的价值得到客户。例如，1990 年，如果你想知道一款 IBM 产品的相关信息，你需要联系 IBM 的当地销售办公室。办公室会将你分类为潜在客户并以这一分类为依据对你收发的与 IBM 人员沟通的文档进行控制。

不同于传统的 CRM，**社交 CRM**（social CRM）是一个动态的、基于社交媒体的过程。组织和客户之间的关系出现在包括创建和处理内容的不断变化的过程中。除了传统的促销形式，员工在组织中创建维基、博客、讨论列表、常见问题、网站的用户评论、注释和其他的动态内容。客户搜索内容，贡献自己的评论和注释，提出更多的问题，创建用户组，等等。因此，使用社交 CRM，每个客户精细地建立他与公司的关系。

社交 CRM 与结构化的、可控的传统 CRM 不同。因为关系离不开联合活动，所以客户拥有的控制权和公司一样多。这个特点对传统的销售经理是不利的，他们想要用结构化的流程控制客户看到听到的有关公司及其产品的信息。

此外，传统的 CRM 关注生命周期价值。客户有可能带来最多的业务并获得最多的关注，对机构的影响也最大。然而，在社交 CRM 条件下，只消费 10 美分但知名的评论家、评论员或者博客主，比一年消费 1 000 万美元的不起眼的顾客要有影响力。这种失衡是传统的销售经理难以理解的。

然而，传统的销售经理很高兴向忠实的顾客提出建议来销售产品。在亚马逊上快速浏览产品和评论，就知道消费者写长的、全面的评论以表达他们对产品的喜好的频率有多高。亚马逊和其他在线零售商也允许读者评价有用的评论。这样，不合格的评论就会谨慎地发表。

今天，许多组织正努力从可控的、结构化的传统 CRM 转变为完全开放的、适应性的、动态的社交 CRM。这一竞争对于那些对信息系统、销售和社交媒体感兴趣的人是极大的工作机会。

社交媒体与客户服务

产品用户都非常愿意互相帮助以解决问题。更重要的是，用户这么做还不需要支付费用。事实上，付款可以扭曲和破坏客户之间的支持。例如，SAP 发现与直接给予个人回报相比，把 SAP Developer Network 捐给慈善组织更好。

那些商业战略涉及向或通过开发者网站销售的组织在基于社交媒体的客户支持方面最早取得最大成功，不足为奇。除了 SAP，微软一直通过其网络合作伙伴促进销售。其 MVP（Most Valuable Professional）项目就是一个给予赞美与荣誉来换取客户提供的客户服务的例子。当然，微软网上的开发者参与进来有商业动机，因为活动帮助他们将服务销售给社区。

然而，用户没有金钱激励也愿意帮助别人。亚马逊网站支持一个叫作 Vine 的项目，通过它可以选择客户向买家社区预发布信息以及新产品的评论。[7] 你需要运用心理学知识解释是什么驱使人们这样做。管理信息系统就提供了这样的平台。

个人对个人的主要风险是容易失去控制。企业可能无法控制个人对个人的内容，出现产品的负面评论以及推荐竞争对手的产品都是有可能的。我们将在 Q8－5 中讨论这些风险。

社交媒体与入站以及出站物流

那些盈利能力取决于供应链效率的公司长期使用信息系统，以在有效性及效率两方面提升结构化的供应链流程。因为供应链紧密集成到结构化的生产流程，所以对动态的不可预测性、自适应过程不能容忍。解决问题是一个例外，社交媒体可用来提供众多解决思路，快速作出评价。例如，日本 2011 年春天的地震给汽车供应链造成了严重破坏，当时日本主要制造商缺乏能源，有时还缺少设备。社交媒体被用来发布消息，消除人们对放射性设备的恐惧，应对不断变化的需求和问题。

以上例子说明，社交媒体社区可以提供更好更快地解决复杂的供应链问题的方案。社交媒体培养网络用户进行内容创作和反馈的习惯，有助于解决问题，如第 2 章所述。

失去隐私是一个重要的风险。解决问题需要公开讨论问题的定义、原因以及解决方案的限制。因为供应商和运货商与许多公司合作，通过社交媒体，你可先于竞争对手解决供应链问题。

社交媒体与制造和运营

运营与制造活动被结构化的过程支配。如果将社交媒体应用于生产线或仓库，其灵活性和自适应性会导致混乱。然而，社交媒体在产品设计中发挥作用，有利于发展供应商关系以及提高运营效率。

众包（crowdsourcing）是社交媒体的动态过程，采用用户参与的方式进行产品设计或产品再设计。例如，eBay 经常征求顾客的反馈意见。正如它的网站所说，“没有比我们的顾客更好的顾问团”。同样，用户指引的设计被用于开发游戏、鞋和其他产品。

自出现以来，社交媒体已广泛应用于由市场产品到终端用户的过程中，以维系

企业对消费者（business-to-consumer，B2C）的关系。现在制造商借助社交媒体成为行业领袖，提升品牌知名度，产生新的**企业对企业**（business to business，B2B）模式。例如，制造商可能会开通一个博客，发布最新的有关工业的新闻、专家访谈以及对新产品创新的评价。它还可以创建一个 YouTube 频道，上传产品评论的视频、工厂的测试以及介绍。同样，脸书和推特账户可能在挖掘消费者的故事、发布新产品、跟随竞争对手方面有作用。零售商将那些积极运用社交媒体的制造商视为行业领导者。

运营中可以使用社交媒体来改善组织内部以及组织与外部消费者的沟通。例如，企业的社交网络服务如 Yammer 可以用来向经理提供关于如何解决内部运营效率低下问题的实时反馈。另外，可以监控公司推特账户，应对产品短缺或者假期新产品需求的峰值。

社交媒体与人力资源

图表 8-5 中最后一行关注的是社交媒体的使用和人力资源问题。如前所述，社交媒体越来越多地用于发现员工前景，招聘候选人，在一些组织中进行候选人评估。

一些组织利用像领英这样的社交媒体网站，以更低的费用快速雇用最好的人。每月花 750 美元，招聘者可以搜索 3.5 亿领英会员以找到完美的候选人。[8] 每月 750 美元对你而言似乎较多，但对企业客户来说就很少了。招聘一个新员工的成本约 4 000 美元。[9] 如果是一个独立的招聘公司，它的成本可能高达新员工工资的 10%。领英也会帮助雇主获得不是找工作而是寻求更合适职位的候选人。一旦录用，雇主可以利用新员工的社交网络雇用更多的候选人。

一家社交形象管理公司 Reppler 报告称，93% 的雇主使用社交媒体来筛选候选人。此外，55% 的受访者称，他们基于候选人在社交网站上的言行重新考虑人选。好消息是，39% 的重新考虑是积极的。坏消息是，61% 的重新考虑是消极的；有拼写或语法错误；提到性、毒品、酒精或枪支。[10]

社交媒体也用于员工沟通，常用的有内部网站 MySite、MyProfile 或其他类似的企业系统。SharePoint 为员工提供了一个地方，以“问我”问题的形式来展示他们的专业知识。当员工寻找内部专家时，他们可以搜寻 SharePoint 以找到发布某个领域专业知识的人。与早期版本相比，SharePoint 2013 极大地扩展了对社交媒体这方面的支持。

社交媒体在人力资源方面的风险与使用像脸书这样的网站形成员工评价时的出错率有关。第二个风险是社交媒体网站变得过于自卫，或者明显地发布不受欢迎的管理信息。研究图表 8-5 可以理解总的框架，组织可以借此通过社交媒体信息系统支持的动态过程来实现其战略。接下来我们转向经济视角，了解一下社交媒体信息系统的价值和使用。

组织的脸书以及机器？

社交媒体对个人来说是有趣的以及娱乐性的，但是对于商务来说呢？

例如，如果你使用脸书功能创建了一个企业社交网络会发生什么？如果每个人都能跟其他人交流，那么组织会变成什么样？这正是 Salesforce.com 所做的，Chatter 应用软件应运而生。

通过社交媒体，Chatter 可连接员工和客户。例如，零售销售人员可以直接与经理就新的促销方案进行沟通以提供即时反馈。Chatter 也可以连接售前支持人员与销售人员、客户服务人员与客户。

Chatter 或其竞争对手 Yammer 使组织的实践社区识别和解决问题比以前更迅速有效。这些社区容易找到所需的专家并组织和招募他们以帮助解决问题。因为项目合作更快速，组织变得更加敏感。事实上，面向内部的实践社区使用了个人在社交媒体中所喜欢的东西以使组织更好。

企业社交媒体才刚刚开始发展，消费者社交媒体则必然成功。但是接下来呢？社交媒体将被用到哪里？那是之前未被考虑的。

多年来，机器帮助促进沟通，但它们并没有真正被视为沟通伙伴。然而，如今我们看到出现了人机交互的应用程序，比如苹果的 Siri、IBM 的 Watson，它们让人类与机器进行自然的交互。这其中的潜力是巨大的。但是机器对机器的通信呢？

这是一个开始——在一个视频中，通用电气首席营销官贝丝·科姆斯托克（Beth Comstock）提到了潜在的创新性应用："我们想用 Chatter 来连接我们的员工、我们的客户和我们的机器。"科姆斯托克的话是否指通用电气的喷气发动机部门将成为社交媒体用户？该部门将分享其飞行数据（天气、空气流速、下降、试验效果等）。其他飞机飞的路线是一样的吗？它们会提交技术评估，如"不接受查理·史密斯的维护，他的工具太粗糙"吗？通用电气喷气发动机部门与服务人员需要就性能以及定期维护对话吗？

从消费者的角度看，机器之间的社交媒体可能有独特的优势。例如，你的车可以与你上班路上的每个红绿灯进行交流以加速通行。你可以不再等红灯！你的车还可以与你的电话、手表以及家（电器、灯、门等）交流，解决那些你认为不可能解决的问题。例如，一旦自动驾驶汽车被广泛使用，将能够与许多不同的设备进行交互。因此，你的自动驾驶汽车从你的健康监测中获得信息：你在 5 小时内没吃过东西。通过你的在线日历，你的车也可能知道，你将在一小时内到小镇上参加一个会议。你的车可以规划路线，让你到达最喜欢的小酒馆，拿起电子优惠券，点你想要的食物，并通过饮食对你的健康信息进行监控，同时让你准时参加会议。

虽然这看起来有点难以实现，但是毫无疑问，社交机器将会改变组织的运营方式以及人们的生活方式。相信这样的改变。

[问题]

1. 访问 www.salesforce.com/chatter 了解 Chatter 的特性和应用。Chatter 是怎样影响价值链活动的？

2. Chatter 是怎样帮助苹果公司创造更好的产品的？

3. 为什么员工、经理、所有者都想使用 Chatter？思考各类人员的情况。

4. 有关社交媒体和机器的一个例子是将机器运行状态数据（例如，速度、温度、燃料的消耗等，这取决于机器的类型）报告给 Chatter 或者其他社交媒体网站。一个组织如何使用通过社交媒体形成的机器、客户和员工的报告？

5. 机器如何使用 foursquare（基于社交网络的位置）？考虑机器间的交互以及人机交互。

6. 机器对机器的社会交往可能导致安全问题或隐私问题吗？如果是，怎样导致的？

Q8－3 社交媒体信息系统怎样增加社会资本？

商业文化定义了三种类型的资本：传统资本、人力资本、社会化资本。卡尔·马克思把**资本**（capital）定义为为了获取未来利润而对资源的一种投资，这种传统的定义中包括厂房、机器、制造设备等类似的东西。**人力资本**（human capital）是为了获取未来利润而对知识和技能的一种投资。学习本课程的过程中，你正在给自己的人力资本投资，你投资金钱和时间获得知识，希望自己和其他人不一样，最终在劳动力市场上获得一个工资溢价。

根据兰·林（Nan Lin）的说法，**社会资本**（social capital）是对社会关系的投资并期望在市场中获得回报。[11] 你可以在你的个人生活中看到社会资本起作用。当你帮助某人获得工作，和某个朋友约会，或者将某个朋友介绍给有名的人时，这些行为加强了你的社交关系。若你一直不依赖别人，拒绝请求别人帮助，或者不花时间与朋友相处，这些行为将削弱你的社交关系。

在你的职业生涯中，当你为了与别人会面、增进彼此之间的关系而出席一个商业活动时，你就在为自己的社会资本投资。类似地，你可以使用社交媒体来增加你的社会资本，比如在领英上推荐或认可某人、喜欢脸书上的一张图片、转发一条微博或者评论 Instagram 中的一张图片。

什么是社会资本的价值

根据兰·林的说法，社会资本通过以下四种方式增加价值。

- 信息；
- 影响；
- 社会资历；
- 个人强化。

首先，社交网络里的关系可以提供机会、替代方法、问题和其他对于商务人士非常重要的因素的信息。在个人层面，这可能会以一个朋友告诉你一个新的工作机会或者给你推荐一个讲授商法的老师的形式出现。作为商务人士，可能涉及一个朋友为你介绍一个潜在的新供应商或者让你知道新的销售领域。

其次，社交网络还可以提供机会去影响你的雇主或者对你的成功非常重要的组织决策者。例如，每周六和你所在公司的 CEO 一起打高尔夫球可能会增加你晋升的机会。这种影响跨越正式的组织结构，例如汇报关系。

再次，和网络中声望很高的人有联系是一种社会资历，你可以享受和自己有关联的那些人的光环。如果他们认为关键客户支持你，就会更加倾向于和你一起工作并且提供更多的资源来支持你。

最后，和社交网络的链接会提升你在一个组织或行业中的专家形象和地位，强化你向这个世界或者你自己定义自我的方式。例如，和银行家、金融从业者、投资者成为朋友可能会强化你作为一个金融专业人士的地位。

如前所述，社交网络是具有共同兴趣的个人之间的社交关系的网络。每个社交网络的价值不同。你与高中朋友的社交网络的价值可能低于你与业务伙伴的网络，但不一定如此。根据亨克·弗拉普（Henk Flap）的报道，**社会资本的价值**（value of social capital）取决于社会网络中的关系数量、这些关系的强度以及由相关人士所控制的资源。[12] 所以，如果你的高中朋友碰巧是马克·扎克伯格、卡梅伦·文克莱沃斯和泰勒·文克莱沃斯，如果你仍然通过高中社交网络与他们保持牢固的关系，那么这个社交网络的价值远远超过你工作中的任何网络的价值。对大多数人来说，当前的专业联系网络提供了最多的社会资本。

因此，当你更加专业地使用社交网络时，要考虑这些指南。通过增加朋友和加强朋友之间的关系来增加你的社会资本。与那些控制着对你而言很重要资源的人成为朋友并且加强和这些人之间的关系，能给你带来更多的社会资本。这样的算计看起来很冷酷，没有人情味甚至有欺骗之嫌。当你将之用于以娱乐为目的的社交网络，或许就是这样的。但是若你使用社交网络是为了专业目的，那么请记住这些。

衡量社交网络是否成功的方法之一是借助像 Klout.com 这样的在线服务。Klout.com 在脸书、推特和其他网站上搜索社交媒体活动，然后得到 Klout 分数，这个分数可测量一个人的社会资本。Klout 分数从 0 到 100 不等；其他人对你提供的内容的回应越多，你的分数越高。而且，很少回应的人的回答比经常回应的人的回答更有价值。[13] 作为一个商务人士，了解什么是社会资本，为什么社会资本有价值，以及如何从中受益很重要。

社交网络怎么给企业增加价值

组织和人一样也有社会资本。从历史的观点讲，组织通过销售人员、客户支持和公共关系来创造社会资本。被知名度高的人认可是一种传统的增加社会资本的方式。

今天，进取的组织维持它们在脸书、推特、领英等网站上的存在感，它们把社交网络的链接放到公司的网站上，客户或者感兴趣的团体留言更容易。

如果想理解社交网络是怎样增加企业价值的，那么你要考虑社会资本的每一个元素：关系的数量、关系的强度和被这些关系控制的资源。

使用社交网络增加关系的数量

在传统商业关系中，一个客户（你）在一个商业组织比如饭馆或者度假酒店有过体验。你或许在社交网络中口头表达过你的观点。如果你是社交网络的**影响者**（influencer），你的观点可能会使其他人的行为或信念发生改变。

然而，这种交流是不可信的或者太简洁了。如果那份体验特别好或者特别差，你很可能对你的朋友讲。但是，你很可能只对你遇到的朋友讲述了最近的经历，你说过的一些事情过几天或者几周就忘了。

但是设想一下，如果你使用社交媒体，以文字、图片和视频向社交网络中的每个人传递你的体验会发生什么。例如，假设你是一位婚礼摄影师，使用社交媒体来扩大你的业务。你请近期的一个客户（用户 1）"点赞"你的脸书页面以及你拍摄的婚礼照片（见图表 8-6）。你还可以在脸书上的客户图片中标记人物。你甚至可以要求客户在微博中宣传她的体验。

客户的社交网络（用户 4 至用户 6）中的所有人都会看到点赞、标签和推文。如果用户 6 喜欢图片，则他们可能被用户 10 至用户 12 看到，这些用户中有一个可能正在寻找婚礼摄影师。使用社交媒体，你扩大了你的社交网络，以到达潜在的你没有其他方式访问的客户。你还使用社交媒体增加与客户建立的关系的数量。根据这些关系的数量、强度和价值，网络中的社会资本将大幅增加。

这种口头宣传的关系销售已经存在好几个世纪，与过去的最大不同在于，社交媒体信息系统让销售规模达到了过去不可能达到的水平。在我们的例子中，如果客户是一个名人，拥有成千上万的追随者，摄影师（你）甚至可能考虑为客户拍摄的婚礼图片付费。以这种方式，社交媒体可以允许用户将社会资本变成金融资本。事实上，一些名人发一条 140 字的微博可获得超过 10 000 美元的酬劳。[14]

图表 8-6　增长的社交网络

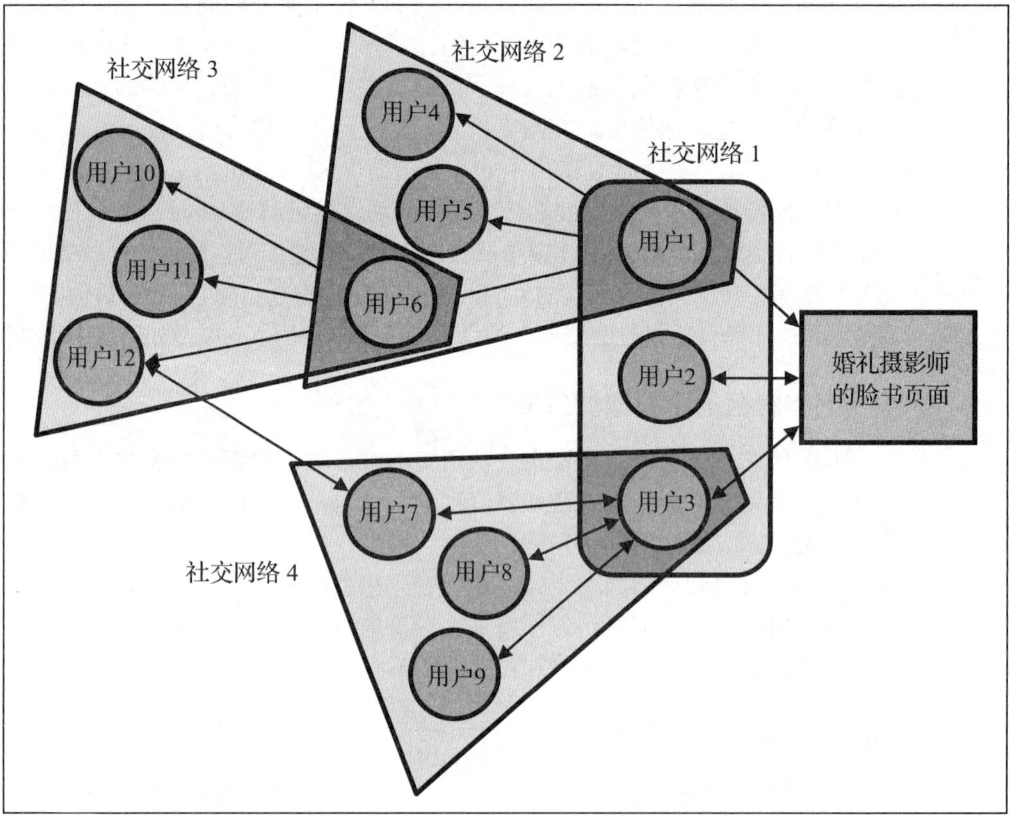

使用社交网络去增加关系的强度

对于一个组织而言，**关系强度**（strength of a relationship）是指关系中的一个实体（个人或者其他组织）将做一些使组织受益的事的可能性。如果你买了一家公司的产品，然后给这个产品写了积极的评论，并且贴出你使用这家公司产品或服务的图片……这类行为会使这个企业与你有很强的关系。

在前面的情景中，摄影师要求客户点赞她的脸书页面和婚礼照片。对于摄影师来说，客户在她的社交网络中拥有的朋友的数量很重要，但同样重要的是关系的强度。客户的朋友会喜欢摄影师的页面和照片吗？他们会转发客户的成功故事吗？如果没有人喜欢摄影师的页面和照片，那么关系的强度较弱。如果所有客户的朋友喜欢摄影师的页面和照片，则客户的社交网络中关系的强度较强。

本杰明·富兰克林在自传中讲述了一个重要的观点。[15] 他说，如果你想加强自己和有权力的人之间的关系，那就求他帮忙。在富兰克林创办公共图书馆之前，他请求有权的陌生人借给他一些珍贵的书。同样，组织可以请求你帮忙来加强你们之间的关系。当你提供了帮助，也就加强了你和组织之间的关系。

传统的资本会贬值，如机器磨损、厂房变旧、技术和电脑过时等。那么社会资本也会贬值吗？关系会因不断使用而耗尽吗？到目前为止，这个答案看起来既肯定又否定。

很清楚的是，求助有权力的人只能得到几次帮助，公司请你发表产品评论、图片或者向你的朋友提供链接等只会成功几次，在某个时间点，这种关系会由于过度使用而恶化。因此，社会资本也会贬值。

然而，频繁的交互增强了关系，因此增加了社会资本。你和一家公司交互得越多，你的承诺和忠诚度就越强，但是只有当双方都看到维系这种关系能带来价值时才会继续频繁地交互。因此，在某个时间点，组织必须做些事情让你觉得继续帮助它是值得的。

社会资本会贬值，但是通过增加交互的价值能改善这种状况，如果一个组织可以促使其关系中的其他方带来影响、信息、社会资历或个人强化，就能增进这些关系。随着时间的推移，保持一种成功的关系会大幅增加关系强度。

使用社交网络和有更多资产的人联系

社会资本价值的第三种测量方法是在关系中控制资产的规模。一个组织的社会资本在一定程度上是与它相关的人的社会资本的函数，最明显的测量方法是关系的数量，拥有 1 000 个忠实的推特粉丝的人通常比有 10 个忠实粉丝的人更有价值。如果 1 000 个粉丝都是大学生，而这家企业的产品是成人尿布，那么粉丝和价值之间的关系是很弱的。而在另一组关系中，10 个粉丝都是退休在家的人，那么这组关系更有价值。

为了说明这一点，图表 8 - 7 显示了美容和时尚类以及美食和烹饪类前五个最受欢迎的 YouTube 频道。[16] 一般来说，频道的观看次数越多，内容创作者的收入就越高。但是，请注意，美食和烹饪频道的收益高于美容和时尚频道。观看次数不是影响收入的唯一因素。由美食和烹饪频道的观看者控制的资源（货币）可能高于美容和时尚频道的观看者。

图表 8 - 7 顶级 YouTube 频道

五大美容和时尚频道	月观看次数（百万）	预计月收入（美元）
Yuya	35.8	41 476
grav3yardgirl	27.7	32 292
Zoella	23.5	27 375
Cute Girls Hairstyles	18.3	21 078
Rclbeauty101	17.8	20 960

五大美食和烹饪频道	月观看次数（百万）	预计月收入（美元）
CharlisCraftyKitchen	29.1	127 777
Mosogourmet	22.9	100 031
CookiesCupcakesandCardio	17.1	79 309
How To Cook That	16.4	77 773
MyCupcakeAddiction	13.5	64 268

资料来源：Adapted from Nat Ives, “What a YouTube Celeb Pulls In,” Adage.com, April 15, 2015, accessed May 5, 2015, *http://adage.com/article/ news/a-youtube-celeb-pulls/298015*.

我们没有计算社会资本的公式，但是这三个因素看起来更应该相乘而不是相加。换句话说，社会资本的价值更应该是以下形式：

社会资本 = 关系数量 × 关系强度 × 实体资源

而不是这种形式：

社会资本 = 关系数量 + 关系强度 + 实体资源

再次说明，不要从字面上理解这些方程，要从这三个因素相乘的意义去理解。

这种社会资本的乘法特性意味着一个网络有海量的关系，但是这些关系拥有的资源很少，那么它的价值会比另一个只有少量关系但掌握大量资源的人组成的网络低。而且，这些资源必须是和组织相关的。学生兜里的零用钱和必胜客有关，和宝马的经销商无关。

这种讨论会把我们带到社交网络实践的边缘。大多数组织忽视了实体资产的价值而简单地和更多的人建立更强的关系。这个领域创新的时机已经成熟了，像ChoicePoint和Acxion这样的数据整合公司每天维护世界各地的人们的详细数据。这些数据很可能被信息系统用来计算和特定用户关系的潜在价值，帮助企业更好地理解其社会网络的价值，指导它们针对特定用户的行为。

敬请期待。存在很多可能性，有些想法——或许是你的——将会非常成功。

Q8-4 公司如何从社交媒体中获得收益？

拥有一个有强大关系的大型社交网络可能不足以确保盈利。例如，脸书拥有超过14亿活跃用户，每天产生45亿个点赞。[17] YouTube拥有超过10亿活跃用户，观看超过60亿小时的视频。[18] 两家公司都拥有非常多的活跃用户。唯一的问题是它们免费提供服务。数十亿乘以零得零。如果一家公司不能从大量用户中获得一分钱，这些用户还很重要吗？

作为一名商学院学生，你知道没有什么是免费的，即使在社交媒体的世界也是如此。处理时间、数据通信和数据存储可能成本很低，但仍然需要花钱。谁将为社交媒体信息系统所需的硬件买单？社交媒体公司，如脸书、推特和领英也需要为员工开发、实施和管理社交媒体信息系统付费。网页的内容来自哪里？我们需要为提供内容的作者支付酬金，但是对读者来说这些内容是免费的。谁来支付费用？

你就是产品

社交媒体已经按照用户期望的方式使用其应用而无须付费。社交媒体公司希望迅速建立一个庞大的用户网络，但为了吸引用户必须提供免费产品。困境就是公司如何从它们的应用、服务或内容中赚钱？

答案是用户即产品。这可能听起来很奇怪，首先，你可能不想将自己视为一个产品。但是试着从公司的角度来看看。当公司做广告时，基本上是付费的。因此，从某种程度上讲，公司正在短期内向广告客户租赁眼球。例如，谷歌会根据目标用户的搜索词、他们访问的网站以及电子邮件的“扫描”投放广告。从本质上说，用户是销售给广告商的产品。正如老话说的，“如果你不付钱，你就是产品”。

社交媒体的盈利模式

社交媒体公司产生收入的两种最常见的方式是发布广告和提供收费的高级服务。例如，在脸书上，创建公司页面是免费的，但点赞的社区收取广告费。

■ **广告**

大多数社交媒体公司通过广告获取收入。例如，脸书 2015 年第一季度收入的 94%（35 亿美元）来自广告。[19] 推特第一季度收入中大约 90%（4.36 亿美元）来自广告。[20] 社交媒体中的广告可以是付费搜索、展示广告或横幅广告、移动广告、分类广告或数字视频广告等多种形式。

谷歌在通过付费搜索结果实现数字广告收入方面领先，其次是 Gmail 和 YouTube。人们似乎没有意识到：如果有人在寻找一辆奥迪 A5 敞篷车，那么这个人可能对奥迪、宝马和梅赛德斯 - 奔驰当地经销商的广告感兴趣。如果有人在 YouTube 上观看足球比赛，最好假设他喜欢足球。不难想象，谷歌是第一个基于用户内容投放目标广告实现大量收入的公司。其他科技公司很快跟进。

广告商喜欢数字广告，因为与传统媒体（例如报纸）不同，用户可以通过点击广告直接作出反应。在《华尔街日报》投放广告，你不知道谁对该广告作出反应，反应有多强烈。但是在报纸的在线版上刊登同一产品的广告，你很快就会知道点击该广告的观看者的百分比以及他们接下来采取的行动。跟踪这些统计信息的能力促进了**点击付费**（pay-per-click）广告模式的发展，广告商可以免费向潜在客户展示广告，然后在客户点击广告时获得收入。

增加广告收入的另一种方法是通过用户贡献提高网站价值。“使用增加值”一词意味着越多的人使用网站，网站的价值越大，访问它的人越多。此外，网站的价值越大，其现有用户反馈的信息就越多。这种现象导致用户评论、博客以及社交媒体的兴起。结果，广告收入增加，因为更多的用户在其喜爱的网站上看到并点击了更多广告。

■ **免费增值**

免费增值（freemium）盈利模式为用户免费提供基本服务，然后向升级或高级的功能收费。例如，领英通过其标准 SaaS（软件即服务）产品的升级来获得收入。截至 2015 年 5 月，普通用户可免费访问领英；个人升级的费用从每月 29 美元到 79 美元不等，提供高级搜索功能，可更好地了解用户个人资料，以及向网络外的领英用户直接发送电子邮件。同样，想要通过领英招聘的企业可以购买一个招聘公司账户，每月支付 120 ～ 750 美元。领英约 19% 的收入来自高级订阅，62% 来自在线招聘，19% 来自广告。[21]

领英的收入流多样化，对波动的广告收入和广告拦截软件的依赖减小。PageFair 的一份报告表明，27.6% 的网络浏览者使用**广告拦截软件**（ad-blocking software）过滤掉广告内容，很少（如果有的话）看到互联网广告。[22] 该报告还指出，在过去一年中，广告拦截软件的使用增长了 69%。因此，如果广告拦截软件的使用变得普遍，那些仅依赖广告收入的社交媒体公司可能会看到其股价暴跌。

其他在社交媒体网站上创造收入的方式包括销售应用和虚拟商品、捐赠、会员佣金或付费用户支付的费用。2012 年，脸书从虚拟商品中获得了超过 8 亿美元的收入。[23]

维基百科在2014年捐赠约5 280万美元。[24]有趣的是，一些社交媒体公司（比如Pinterest）根本不产生任何收入。它们只专注于建立一个庞大的用户网络，然后考虑以后如何赚钱。

正如这些例子所说明的，社交媒体可能是使用价值增加的最终表现。网站连接的实践社区越多，使用网站的人越多，就将激励人们越来越多地返回。因此，社交媒体似乎是下一个巨大的收入来源，但它可能从PC端转移到移动端。

智能设备移动化会减少在线广告收入吗？

从PC转向移动设备提出了另一个与社交媒体相关的有趣问题。具体来说，上一节描述的广告点击盈利模式出现在有大量广告空间的PC设备上。但现在，随着用户越来越多地从PC转向移动设备，特别是小屏幕智能手机，可用的广告空间更少。这意味着广告收入会减少吗？

表面上看，答案是肯定的。根据eMarketer，移动广告支出在2014年增长了100%，达到42亿美元，占数字广告支出总额的29%。[25]到2019年，如图表8-8所示，移动广告支出将达到195亿美元，占数字广告支出总额的70%。然而，移动设备数量的增长远远超过了PC的增长。例如，2014年，全球移动数据流量增长了69%，全球移动设备数量突破70亿。到2019年，移动设备的数量预计达到100亿，这将超过世界人口。[26]思科预测，到2019年，智能手机将占全球移动流量的75%。[27]因此，即使每个移动设备的收入可能低于PC，移动设备的使用数量也可能会缩小收入差距。

图表8-8 移动广告支出

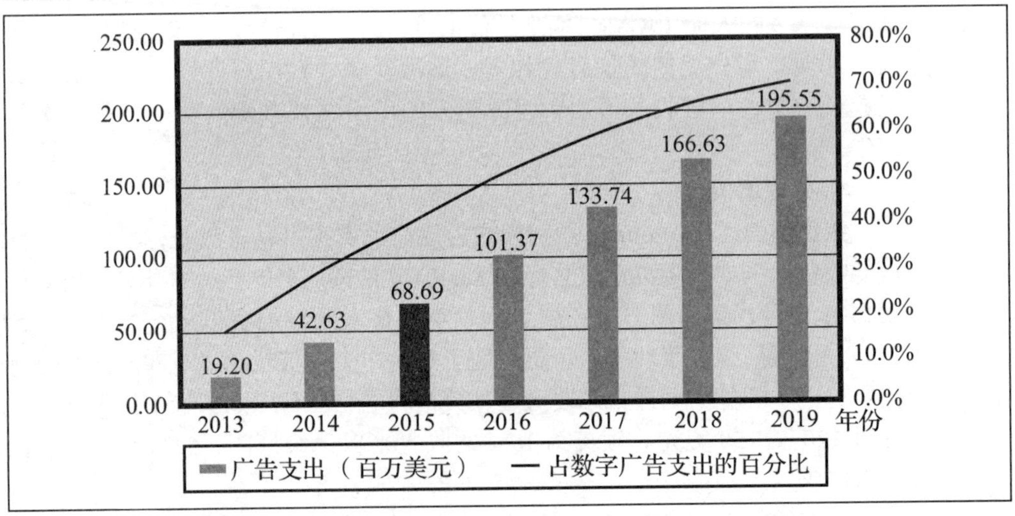

此外，设备的数量并不是全部。根据Marin软件公司的调研数据，智能手机的平均点击率为3.75%，而PC上的平均点击率为2.29%。[28]因此，移动用户更频繁地点击广告，从而产生更多收入。在脸书上的确如此。2015年第一季度，87%的脸书用户通过移动设备访问，其广告总收入的73%来自移动广告。[29]

然而，点击并不是最终的目的。因为广告在移动设备上占据的空间比在PC上大，所以许多移动点击可能是偶然的。转换率测量点击广告的人购买商品、给网站点赞、采取其他广告商所期望的行动的频率。根据 Monetate 的调查，PC 端转换率（3.41%）高于平板电脑（2.86%）和智能手机（0.92%）。平均来看，PC 上的广告点击比移动点击更有效。[30]

点击流数据很容易收集，正如我们所看到的，对它的分析很普遍。例如，可以根据移动设备的类型衡量点击率和转化率。根据 Moovweb 的调查数据，iOS 用户的转换率比安卓用户高，即 1.18% : 1.04%。[31]这是为什么呢？是因为设备吗？是因为广告融入用户体验的方式吗？是因为用户吗？因为 iOS 用户比安卓用户更好奇吗？因为他们有更多的消费收入吗？我们不知道准确答案。

然而，我们可以从这种令人困惑的混乱的数据中得出结论，移动设备不太可能导致 Web/ 社交媒体盈利模式的死亡。用户在那里，兴趣在那里。存在的设计问题是：如何最有效地构建移动环境以获得合法的点击并将之转化。计算机行业要解决设计问题较容易；考虑到移动界面和 USX 的动态变化，在 iOS/ 安卓 /Windows 10 环境中将以主动、有趣和引人注目的方式呈现广告。

Q8－5　组织如何解决社交媒体信息系统的安全问题?

20 年前，大部分组织高度控制公共和内部消息的传递。每次召开新闻发布会、采访、演讲以及做学术报告都需要得到法律和市场部门的预先批准。这种审批流程可能需要几周甚至几个月。

如今，先进的组织已经改变了这个模式。大多数企业鼓励员工参与社区建设，并在这个过程中建立认同感。当然，所有这些都伴随着风险。在这个问题上，我们将讨论社交媒体政策的需求，考虑非雇员用户生成内容带来的风险，以及员工使用社交媒体的风险。

员工沟通风险管理

组织采取的第一步应该是建立并宣传**社交媒体政策**（social media policy），这个政策是对员工权利和义务的声明。你可以在社交媒体网站上找到 100 种不同的政策索引。[32]一般来说，组织的技术性越强，社交政策就越开放、越宽松。令人惊讶的是，美国军方十分认同社交媒体，因为它需要保护分类数据。

英特尔公司首创了开放的、员工信任的社交媒体政策，员工创造的社交媒体内容给英特尔公司带来了更多的经验，其社交媒体政策也不断发展。2015 年其政策的三大支柱是：

- 公开；
- 保护；
- 使用常识。[33]

图表 8－9 展示的是这些政策的进一步发展。政策中有许多不错的建议，蕴含着智慧。

图表 8－9 中的两个方面需要特别注意。一是呼吁透明和真实。一位经验丰富、睿智的商务人士曾经说过这样一句话：“没有什么比真实更实用。”真实可能让人感觉不够方便，但它长期有用。二是社交媒体的使用者和雇主应该公开承认错误。如果你犯了错，不要糊弄，应该道歉并加以改正。社交媒体的世界太开放、太宽泛、太强

大，你无法糊弄了事。

图表 8-9　英特尔公司关于社交媒体参与的政策

公开	透明——使用你的真实姓名和所在公司 真实——如果你有既得利益就说出来 做自己——坚持专业，写下你所了解的东西
保护	不告密 不抨击竞争对手 不要过度分享
使用常识	增加价值——使你的贡献有价值 保持冷静——对于批评的言论，不要生气，也不要回应 承认错误——坦然面对并快速改正

资料来源：Intel Social Media Guidelines, Intel, accessed May 7, 2015, *www .intel.com/content/www/us/en/legal/ intel-social-media-guidelines.html*.

2013 年，IAC 集团公共关系主管贾斯廷·萨科（Justine Sacco）登上飞往南非的一个航班，发送了推文："前往非洲，希望我不要得艾滋病，开个玩笑，我是白种人。"当她到达目的地时已被解雇，她的言论引发了数以千计网民的抨击。

避免这类错误的最佳方式是在用户年度安全培训中加入社交媒体认知模块。社交媒体对于许多用户仍然是新鲜事物。老实说，他们可能不知道这些政策。当手机刚开始流行时，电影院里经常响起手机铃声。随着时间的推移，人们在进入影院前会将手机调为静音。社会需要时间去追赶技术的脚步，而培训可以帮助实现这一过程。

不当内容的风险管理

在任何关系下，都会存在不恰当的、过于负面的评论内容，或者存在其他的问题。在使用社交媒体前，组织需要决定如何处理这些问题。可以任命一位员工专门负责官方组织的社交媒体互动，并创建监督和管理社交媒体互动的流程来解决问题。这可以使组织获取清晰、协调一致的信息。

用户生成内容（user-generated content，UGC）意味着社交媒体网站由用户贡献内容，这是社交媒体关系的本质。下面介绍一些不恰当的 UGC 行为给组织带来负面影响的例子。

■ **外部来源问题**

UGC 问题的主要来源有：

- 垃圾内容和异端邪说；
- 不恰当的内容；
- 不良评论；
- 反抗运动。

当企业参与社交网络或者在网站上开放 UGC 功能时，也将向误入歧途的人开放，他们发布垃圾内容或者与网站建设无关的内容。激进分子还可能使用网络或者 UGC 网站对无关主题发布偏激观点，如 UFO、政府内幕、难以置信的阴谋论等。由于此类内容可能存在，组织应定期监控网站并及时删除不良内容。监控可以由员工或公司（如 Bazaarvoice）完成，这些员工或公司不仅提供收集和管理评级和评论的服务，还可以监控网站中不相关的内容。

不良评论是另一种风险。研究表明，成熟的客户应该知道几乎没有一款产品是完美的。大多数客户在购买产品前就知道了它的缺陷，这样客户就可以判断这些缺陷对于这款应用是否重要。但是，如果每一条评论都是负面的，比如评分为 5 星制，某产品为一颗星，此时公司正在使用社交媒体发布相关内容，在这种情况下就需要采取措施。

反抗运动是不良评论的延伸。2012 年 1 月，麦当劳开展了一个推特活动来宣传客户的故事。几小时内，有一些不满意的顾客回复了负面评论。麦当劳撤销了这个推特标签，几小时内负面评论没有了。为了能够及时响应，麦当劳制定了一个应急方案，以便在所有的社交媒体营销中处理不想要的结果。[34]

■ **社交网络问题的回应**

社交网络风险管理的部分工作是了解潜在问题的来源，以及监控问题内容的区域站点。一旦找到这样的内容，组织就应该做出适当的回应。这里有三种可能性：

- 不做处理；
- 回应；
- 删除。

如果问题内容反映的是对组织产品或服务的合理批评，最好的回应可能是不做处理，将其留下。这样的批评表明这个网站并不是组织的托，包含合法的用户内容。这样的批评也可以作为产品评论的免费来源，对产品的进一步发展有帮助。为了让这些批评言论更有价值，开发团队对此要了解，因此，正如上面所说的，确保发现批评言论并能传递给团队是有必要的。

第二种方式是对问题内容做出回应，然而，这种方式是有风险的。如果这种回应被内容发布者认为是对他的施恩或侮辱，则会激怒社区，带来更强烈的反抗。此外，如果回应是自我辩护，那么公共关系将会受到负面影响。

在大多数情况下，当问题内容已经导致组织必须做出积极的反应时最好保留相关内容。比如，假设一位用户发布了这样的消息：他要等待 45 分钟才能得到客户支持服务，如果组织采取了相应的措施缩短等待时间，那么对这一批评的有效回应就是承认这个问题，并且表明采取了哪些措施来缩短等待时间。

如果合理的、非防御性的回应持续进行，不合理的 UGC 来自相同来源，那么对组织来说最好的方式就是什么也不做。不要和猪摔跤，你们两个都会被泥弄脏，而猪却会乐在其中。相反，应该让社区来约束用户。

删除不恰当的言论，是因为这些内容由异端邪说者发布，与网站无关，或者包含了淫秽或其他不当内容。但是，删除符合规范的负面评论会导致用户的强烈反抗。在社交媒体兴起之初，在脸书上有人批评雀巢使用棕榈油，有人更换了雀巢的 logo，随后雀巢决定删除所有使用修改后的 logo 的用户所发布的内容，这一回应是傲慢、粗暴的，结果导致推特上出现狂风暴雨般的负面消息。[35]

商业中的稳健原则是永远不要向你不想得到回答的事情提问。我们可以将这一原则扩展到社交网络中，坚决不要创办一个会产生你无法有效回应的内容的网站！

■ **社交媒体的内部风险**

组织内部越来越多地使用社交媒体，也带来了新的风险。这些风险可能会对信息安全造成威胁，增加组织的责任，降低员工的生产效率。

首先，使用社交媒体可能直接影响组织保护信息资源的能力。比如，假设一位高层管理者在微博上留下这样的信息："20 年前的今天我在达拉斯结婚"、"高中 1984 班的聚会令人敬畏"或者"记得我是在夏威夷度蜜月"。这些微博信息都为黑客提供了密码重置问题的答案。一旦黑客重置了用户密码，他们就可以进入内部系统。因此，看似无害的评论可能无意间泄露了用于访问组织资源的信息。遗憾的是，事实证明，告诉大家你的出生年月是不明智的，因为你的生日可以用来窃取你的账户。

使用社交媒体的员工可能会无意间泄露知识产权、新的营销活动、未来的产品、潜在裁员、预算困境、产品缺陷及即将进行的合作等信息。这不仅仅是信息的泄露。员工可能安装未经授权的 app，绕过现有的安全方式，使用社交媒体发布内容。更糟糕的是，他们可能在安全性差的社交网站使用公司密码。

其次，员工在使用社交媒体时可能会无意间增加企业的责任。例如，假如同事经常在其智能手机上查看含有可疑情色内容的社交媒体，这个组织可能会在性骚扰诉讼中败诉。如果员工通过社交媒体泄露了信息，其他组织可能面临法律问题。学校、医疗保健提供商和财务机构都必须遵守特定的指南来保护用户的数据，并且避免违反规定。向学生、患者或者客户的微博账户发送消息都会产生法律后果。

最后，社交媒体的使用增加可能会对员工的生产能力造成影响。帖子、推文、图钉、点赞、评论还有回复都需要时间。这些时间是雇主花钱买来的，他却并没有从中受益。《福布斯》指出，64% 的员工每天都会访问与工作无关的网站。对员工生产效率影响最大的社交媒体网站包括 Tumblr（57%）、脸书（52%）、推特（17%）、Instagram（11%）和 SnapChat（4%）。[36]

从员工的角度看，你可能认为损失一点生产力没什么大事。但是从雇主或经理的角度看，他们希望你的生产力稳定在一个水平上。如果你的员工花时间使用社交网络寻找另一份工作、与朋友闲谈或者翻看假期照片，而你支付的薪酬与他们的生产力挂钩，你会介意吗？如果社交网络被用来传播办公室的八卦，并且产生人力资源问题、员工士气问题和可能引发的诉讼呢？聪明的管理者会明白，社交媒体与其他技术一样，也具有两面性。

Q8－6 社交媒体将把我们带往何处？

社交媒体、Web 2.0 时代、企业 2.0 时代带来了很多的变化。企业 3.0 时代是否快要来临了呢？社交媒体会在单个平台上更加统一，还是在许多不同的平台上更加分散呢？我们并不知道答案。但是，令用户体验创新的新型移动设备，加上基于云计算和动态虚拟化的敏捷信息系统，足以保证在未来 10 年将继续发生巨大的变化。

像哈佛大学、微软和星巴克这样的组织对社交媒体十分关注，它们雇用了首席数字官（chief digital officer，CDO），专门负责开发和管理创新性的社交媒体项目。[37]

向后推 10 年，你是所在公司重要的新产品系列（比如智能家电）的营销经理。如何促销产品呢？你的机器会与家庭成员一起在社交媒体上互动吗？生产的冰箱可以在家庭社交媒体上发布孩子在放学后吃了什么吗？你还需要哪些更有创意的方案？

假如 10 年后你成为一名经理。你所在的团队有 10 位成员，其中 3 人向你汇报，2 人向其他经理汇报，另外 5 人为不同的公司工作。公司使用集成了移动视频的 OpenGizmo，通过它，员工和团队可以在博客、维基百科、视频网站等任何能够接触到的社交媒体上即时发布信息。不必再给员工配置工作所需的电脑；自由安全的 BYOD 政策可以让员工使用自己的设备，采用自己独特的方式工作。当然，员工可以在脸书、推特、领英、Foursquare 及其他流行的社交媒体平台上拥有账户，并经常更新内容。

你将如何管理这个团队呢？如果“管理”意味着计划、组织和控制，你将如何在这个新建立的员工圈子中做到呢？如果你和你的组织像英特尔等技术先进的公司那样领导，你将无法切断员工的社交媒体生活，这也不是你想要的。相反，你将会借助员工和合作伙伴的社交行为来推进战略。

在 CRM 方面，供应商可能会无法把控与客户的关系。客户会使用他们可以找到的一切供应商的联系方式来建立关系。这种情况在管理中出现就意味着失去对员工的控制。无论怎样，员工与雇主之间建立关系可能需要 10 年的时间。当然，一个对外开放的环境意味着失去掌控权。

20 世纪 60 年代，当有人想给 Sterling Cooper 公司的唐・德雷珀（Don Draper）发信时，他的秘书将收信地址写为 Sterling Cooper，并在信封底部注明“唐・德雷珀，注意一下”。这封信是给 Sterling Cooper 公司的，顺便也是给唐・德雷珀先生的。

电子邮件的出现改变了这一切。现在，人们会将电子邮件发到 DonDraper@SterhncjCooper.com 或者 Don@SterlingCooper.com。这两个邮箱地址分别是个人和公司的邮箱。

社交媒体的出现又进一步改变了这些。当唐・德雷珀先生创建了自己的博客时，人们可以在他的博客上回复，偶然间会在其博客资料中发现他在 Sterling Cooper 公司工作。简而言之，在短短的 50 年内，人们对组织的关注多于员工转变为对员工的关注多于组织。

这是否意味着组织的时代过去了呢？几乎不可能。它们需要对资产进行升值和保值，组织众多的人员和项目。无序的组织无法实现对 iPad 的构想、设计、开发、生产、营销、销售并且提供售后支持。我们需要组织。

那又怎样呢？也许我们可以从生物学中吸取教训。螃蟹的骨骼在外部。在生物进化后期，鹿的骨骼长在身体内部。随着螃蟹的生长，它们需要经历艰难而重要的过程，那就是褪壳，然后长出新的更大的外壳。处于换壳过渡期的螃蟹很脆弱。而在鹿的生长过程中，身体内部的骨骼随着鹿的长大而长大，不需要蜕皮换壳。说到敏捷性，你觉得是螃蟹还是鹿略胜一筹呢？

在 20 世纪 60 年代，组织就是包裹着员工的外部骨骼。10 年后，组织将融入员工内部，支持人们的外部工作。

移动 + 云 + 社交媒体将为你在未来 10 年拥有打破常规的认知技能带来机遇。

本章的知识对你有何帮助？

你已经知道如何运用脸书、推特和其他社交网站来实现个人目的。通过本章的学习，你了解了如何运用知识来帮助组织。了解了社交媒体信息系统的构成要素，以及组织在其网站首页放置脸书、推特图标时所需做出的承诺。你也了解了组织如何使用社交媒体信息系统，使用五个主要的价值链活动实现组织战略，以及社交媒体信息系统可以增加企业资本。最后，你了解了社交媒体可以带来哪些收益，组织需要如何管理社交媒体风险，以及在不久的将来社交媒体将如何改变我们。

保持这种不断调整的状态。世界一直在变化。当你了解了未来的社交媒体如何发展时，思考一下在组织中应该如何应用，不要只从个人角度考虑。

道德指南

人造的朋友

你刚刚被一家国内服装零售商聘为市场部经理。你的老板明确提出，前一位市场部经理因为无法推动公司的社交媒体活动而被解雇。老板希望快点见到成效。这是你梦寐以求的工作，你不想丢掉。

你读过一个在线故事，这个故事讲的是一个人雇了一些水军关注他的 Instagram 账号。这使粉丝数量快速增加，他就可以向老板报告自己取得了成绩。当然，这些水军并不是真正的粉丝，但如果你的粉丝数量增加了，可能会很容易吸引到一些真正的粉丝。因为人们都喜欢受欢迎的人。

通过搜索，你找到了一个论坛，其用户吹嘘水军都是真实的。你甚至可以在网站（比如 click farms）上看到出售脸书粉丝关注量的广告。你下定决心，花了 100 美元想看看结果如何。接下来的几个星期里，粉丝数量慢慢地增加了 15 000 个，还可以，一点也不差。你可以向老板展示这个结果，虽然这并不是真正的进步，但至少也是一种进步。

你开始查看新朋友的资料，发现很容易识别。他们在姓名处只留了一个字，但是他们的照片、姓名和其他内容看起来很真实。你也会发现你吸引了一些讨厌的垃圾用户，他们会在评论中加入网址和折扣代码信息。这种做法存在一定问题，虽然能使粉丝数量增加，但是这些粉丝并不是真正意义上的粉丝。

接下来会出现粉丝流失。几个月后，Instagram 会删除水军账户，你会一夜之间失去 2 000 个粉丝。但是你仍有大量的虚假粉丝。贾斯丁 · 比伯遭受过更大的打击——一夜之间被删掉 350 万粉丝。[38] 其他的明星也失去了数百万粉丝。你看到这个消息，似乎每个公司、演员、歌手、政客和 Instagram 网红都在掉粉。很快，你有一种不祥的预感，如果你不是唯一一个买粉的人又会怎样呢？

讨论题

1. 你是否会用公司的资金去雇用水军？

a. 根据绝对命令原则，你的行为是否道德？

b. 根据功利主义，你的行为是否道德？

c. 如果你的老板发现公司新增的粉丝和脸书的点赞是假的，该怎么办？

2. 谈一下你对 Instagram 清洗水军账户行动的看法。

a. Instagram 删除粉丝是道德的吗？从绝对命令原则和功利主义两个角度来考虑。

b. Instagram 允许水军存在是道德的吗？从绝对命令原则和功利主义两个角度来考虑。

3. 对 Instagram 或其他社交媒体公司来说，清除水军的难度有多大？

4. 假设一家社交媒体初创公司决定上市，它还没有盈利。每个月的用户数量是对该公司估值的主要手段。

a. 是否有法律义务去探究公司用户中有多少是水军？

b. 是否有道德义务去探究公司用户中有多少是水军？

c. 对投资者来说，是否有方法去探究这家公司有多少水军用户？如何调查呢？

5. 考虑一下为你的公司做广告的广告公司或者社交媒体公司的地位。

a. 假如你的公司基于向用户展示的数量和广告点击数来付费。广告公司是否有道德义务去发现哪些广告是真实用户点击的，哪些是水军？

b. 广告公司向你发布的新产品线推销“点赞”。他说“点赞”的效果与雇用演员拍摄商业电视广告的效果相同。通过付费，广告公司提供“点赞”产品的评论。购买或者销售“点赞”是道德的吗？从绝对命令原则和功利主义两个角度考虑。

指南

数据永存

你曾经告诉过你的朋友一些事情并让他保密吗？大部分人这样做过。遗憾的是，在某些场合下，那些你相信的人会辜负你的信任。他和其他人分享了那些需要保密的信息。如果你有过这样的经历，就会想起被人知道隐私的糟糕感受。

当名人存在 iCloud 上的大量私人敏感照片被黑并在网上疯传时，他们的感觉就是如此糟糕。你可能想知道这怎么会发生呢？网络罪犯是怎么获得他人存储在 iCloud 上的私人数据的呢？

调查发现在苹果“查找我的 iPhone”应用中有一个安全漏洞。苹果没有采取安全措施来限制账户被锁前允许的登录次数，这种措施通常用来防止黑客进行穷举式的登录测试，从而猜出正确密码（参考暴力破解）。[39]

遭到攻击的名人仍试图从互联网上删除他们的私人信息。然而，他们的私人信息永远无法完全删除。更发人深省的是，任何用网络来传输私人信息（例如通过邮件发送东西或把东西上传到社交网络等）的人都可能成为受害者。

隐私？那是什么？

一旦你点击鼠标发送了邮件、上传了照片或分享了视频，你就失去了对这些数据的控制。这些数据可以被复制、分享、再复制。你的数据在到达收件人之前会经很多服务器传输。数据还会存在你使用的 app 所属企业的数据农场中。你永远无法撤回这些信息，一旦传输，几乎不可能删除（在绝大多数情形下不可能）。

你听过“两个人能共守一个秘密，只要其中一个人死了就行”这样的话吧，然而从技术角度讲，“如果其中一个是互联网，二者不可能共守一个秘密”。通过互联网分享的任何东西都会变成数据僵尸，注定在数据空间中永远游荡。

你可能认为只要在值得信任的团体中分享信息和照片就没什么好担心的。遗憾的是，网络世界中有许多网络罪犯，他们有的是时间从企业和普通用户（例如苹果 iCloud 受害者）处窃取数据。

并且，网络罪犯并不是唯一想从你的私人信息中获利的人。企业意识到获取和分析你的言行数据的价值。例如，谷歌扫描你 Gmail 邮件的内容以便向你推送匹配的广告。事实上，谷歌不只关心你的邮件，还关心你搜索的内容、访问的网站和谷歌上的个人简介，以使展示的广告更加相关。[40]

大数据=大财富

同时考虑网络罪犯和企业的行为，我们可以推断出——获取互联网用户的私人信息等同于一大笔财富，这是因为：（1）私人信息可以被罪犯非法获取，并在黑市上卖给其他邪恶的罪犯；（2）私人信息可以被企业合法获取并出售给其他企业。好消息是，类似iCloud照片门等备受关注的隐私泄露事件，让每个人对私人信息在线存储和分享提高了警觉。

例如，皮尤研究中心调查发现，“86%的互联网用户已经采取措施来删除或掩盖其数据指纹——清除cookies，加密邮件，避免使用本人姓名，使用虚拟网络来掩盖IP地址等”。[41]这样的措施值得鼓励，还可以做得更多。与其花时间擦除自己的数字指纹，用户不如从一开始就避免被追踪。在你点击、分享或发送前三思，毕竟数据永存。

讨论题

1. 指南中假设罪犯和企业为了自己的利益都在收集互联网用户的私人信息，但是除了他们还有别人也在努力获取你的信息。你认为雇主在考虑是否雇用申请者时，收集其信息是为了什么？

2. 你可能听过iCloud和索尼被黑的新闻报道，这些事件都导致私人照片和邮件在互联网上被大量传播。但是你能回忆起入侵者被绳之以法的消息吗？如果没有，你认为是什么导致了这样的情况发生？

3. 被盗或被入侵的设备同样会被用来获取你的私人信息。即使私人信息被删除了也不可避免。在网上搜索关于恢复被删除文件的软件信息。普通删除能够从你的设备上永久删除文件吗？能恢复吗？怎样恢复？

4. 花几分钟考虑一下你的上网习惯。你发布在现实生活中会引起争议的邮件、言论或照片了吗？是否有一些言论你不想让未来的雇主看到？你的邮件或网络言论可能会如何影响你的人生？

本章回顾

在本章回顾中，通过回答本章的研究问题来检查你对观点和概念的理解。

Q8-1　什么是社交媒体信息系统？

定义社交媒体、实践社区、社交媒体信息系统、社交媒体供应商以及社交网络。提出并描述了三种SMIS组织角色。解释了图表8-3中的元素。针对SMIS的三种组织角色分别解释了SMIS的五大构成要素的本质。

Q8-2　社交媒体信息系统怎样推进组织战略？

总结了社交媒体是怎么为销售和市场、客户支持、入站物流、出站物流、制造和运营以及人力资源做贡献的。为每种活动提出了社交媒体的风险。定义了社交CRM和众包。

Q8-3　社交媒体信息系统怎样增加社会资本？

定义了资本、人力资本以及社会资本。解释了四种社会资本增值的方法。提出了决定社会资本的三大因素并解释了它们“更多的是相乘而不是相加”的关系。定义了影响因素并描述了你如何使用社交媒体来增加社交关系的数量和强度。

Q8-4 公司如何从社交媒体中获得收益?

定义了货币并描述了为什么社交媒体公司很难获得利润。给出了社交媒体公司是怎么从广告和服务附加费中获取利润的例子。定义了点击付费、转换率和免费增值。定义了广告屏蔽并解释了它是如何伤害网络公司盈利能力的。总结了移动设备的增长是如何影响收入的。解释了为什么关于移动设备限制广告收入的担心是过度反应。

Q8-5 组织如何解决社交媒体信息系统的安全问题?

提出并描述了两个社交媒体风险的源头。描述了社交媒体政策的目的，并总结了英特尔的指导原则。描述了一个社交媒体可能出现的失误（其实在文中提到不止一种失误）并且解释了最明智的反应是什么。提出了关于用户生成内容的问题的四种来源，提出了三种可能的应对方式，并给出了每种方式的优势和劣势。解释了内部使用社交媒体可能产生信息安全、增加组织责任以及员工生产力方面的风险。

Q8-6 社交媒体将把我们带往何处?

描述了社交媒体的使用正在改变当今世界。总结了管理10年后的员工可能遇到的挑战。描述了本章建议采取的应对措施。介绍了自20世纪60年代开始，邮件地址的改变是怎么改变商界中员工和组织的关系的。解释了螃蟹和鹿的差异与这种改变的关系。

本章的知识对你有何帮助?

你知道如何使用脸书和推特。本章解释了每个问题将会怎么帮助你以及你的雇主。总结社交媒体带给你（未来的管理者）的挑战和机遇。

运用你的知识 ▶▶▶

1. 根据你点赞过的（或者想要点赞的）公司的脸书页面，对Q8-1中提到的SMIS网格的五大构成要素进行填充。尽可能替换在网格的描述栏中有关脸书、你点赞的公司、你以及你认识的用户的词。比如，如果你和你的朋友通过安卓手机连入脸书，那么记录下这个特殊的设备。

2. 提出一个你想要去工作的公司。在Q8-2列出的每个领域中，尽可能多地描述这个公司如何使用社交媒体，包括社区类别、具体的重点、涉及的进程、风险和其他任何评论。

a. 销售和市场

b. 客户服务

c. 入站物流

d. 出站物流

e. 制造和运营

f. 人力资源

3. 访问www.lie-nielsen.com或者www.sephora.com。在你选择的网站中找到关于社交网络的站点。这些站点是怎么将其社会资本与你分享的呢？这些站点是怎么尝试让你与它们分享你的社会资本的呢？描述你选择的公司的社交网络的商业价值。

协作练习 ▶▶▶

和你的团队一起建立协作信息系统，可以使用Google Docs，SharePoint或其他协作工具。不要忘记过程步骤和团队训练。现在，使用信息系统回答下面的问题。

推特于2013年11月7日IPO（首次公开募股），是史上最大的科技IPO之一。如今，这家社交媒体巨头的股票每股达到44.9美元，估值达到250亿美元。[42] 对于一家没有盈利的公司而言，这已经很不错了。事实上，推特在上市前一个季度亏损了7 000万美元！一家不盈利的公司怎么会值250亿美元呢？

分析家认为像图表8-10展示的科技公司应该基于潜在的成长力、用户基础、用户参与度以及市场大小来定价。这就造成亚马逊、Instagram以及Pinterest在上市时也是没有盈利的。

图表8-10 科技公司的估价

科技公司	市值（亿美元）	市盈率
苹果	7 216.3	16.96
谷歌	3 689.2	25.82
脸书	2 195.1	75.63
亚马逊	1 982.4	N/A
Netflix	342.0	147.31
领英	253.5	N/A
推特	246.8	N/A

传统公司	市值（亿美元）	市盈率
通用电气	2 722.3	N/A
沃尔玛	2 517.3	15.45
威瑞森	2 028.0	20.88
丰田	2 169.2	12.91
英国石油	1 268.8	34.17
强生	2 771.1	17.48
福特	616.5	19.44

传统IPO的定价聚焦于企业的盈利能力。这就意味着投资者看中收入、利润、资产、债务和新产品。图表8-10显示了几家著名的公司的市盈率（P/E）。回答下面的问题：

1. 比较图表8-10中的科技公司和传统公司的市盈率。注意有些科技公司具有非常高的市盈率（低市盈率是好的，高市盈率是不好的）。有些公司因为没有盈利而没有市盈率。列出这些科技公司有很高的市盈率的原因。这些股票的价格真实地反映盈利了吗？为什么？

2. 识别那些你认为被低估的科技公司股票（不限于图表8-10列出的公司）。设计一个由你认为会盈利的科技公司的股票构成的投资计划。证明你关于这些股票的风险和回报的决定是正确的。

3. 为这些股票创立一个免费的在线组合（比如借助Yahoo！ Finance），并跟踪这个投资组合的运作。报告其表现。

4. 对于科技股票的过度估值会不会导致网络2.0时代发生1999—2001年那样的崩溃？为什么？用几段话来总结你们的讨论。

案例研究 ▶▶▶

塞多那市

亚利桑那州的塞多那市是一个拥有 1 万人的小城市，它被科科尼诺国家森林公园环绕。它的海拔为 4 500 英尺，远远高于菲尼克斯和图森的山谷城市，但比弗拉格斯塔夫的海拔低 2 000 英尺。这种海拔使塞多那市有冬暖夏凉的温和气候。塞多那市被壮观的红 / 橙砂岩石以及令人惊叹的红岩峡谷包围。

20 世纪 30—50 年代，超过 60 部电影在这个美丽的城市取景，其中大部分是西部电影。如果你看过黑白的西部老电影，它很可能就拍摄于塞多那市。著名的电影有《关山飞渡》(Stagecoach)、《荒漠怪客》(Johnny Guitar)、《天使与魔鬼》(Angel and the Badman)，以及《决斗犹马镇》(3:10 to Yuma)。

据 VisitSedona.com 透露，许多在塞多那市旅游的人认为这里宁静而充满活力，特别是在某些称为“旋涡”的地方。

“旋涡地区能量集中，便于祈祷、冥想、精神 / 身体治疗，探索你的灵魂和神的关系。这些既不是电，也不是磁。”[43]

科学仪器对该地测量后也未发现任何已知能量类型的异常，然而有不同宗教信仰的人相信塞多那市有什么东西能够促进精神修炼。塞多那市比其他同等规模的城市有更多的教堂，包括天主教堂、不同派别的新教教堂、后期圣徒（摩门教）教堂、当地犹太教堂和新时代的塞多那市创意生活中心。

因为地处国家森林公园的中部，塞多那市被数百英里的远足小路环绕；你每天徒步远足，一年都可能走不完所有的路线。该地区是十二十三世纪美国原住民的家园，附近有许多悬崖住宅和其他传统建筑。

作为一个相对年轻的现代城市，塞多那市不像新墨西哥州的圣塔菲或陶斯那样有文化历史。但是，这里有一个以特拉克帕克为中心的新兴艺术社区，这是一个建于 20 世纪 80 年代的与墨西哥城同名的购物区。

和许多旅游目的地一样，这里也有压力。粉红吉普车游览队每天都带着喧闹的游客经过想要冥想的精神修炼者的“旋涡”。由于其与好莱坞的过去，塞多那市是许多洛杉矶人的家园，在当地的健康食品商店，有可能看到穿着紧身裤和刚买的 Rodeo-Drive 凉鞋、戴着珠宝的 50 多岁的金发女郎与一位打领带、穿着衬衫、摇着白灰色马尾辫的老年男嬉皮士争抢仅剩的一磅有机芦笋。

新兴的艺术界想要严肃一些；上城的游客想享受吉普车的刺激和玛格丽塔的乐趣（我们希望是这个顺序）。徒步旅行者想要参观岩画，而自然保护者却不想暴露这些地点的位置。寻求精神指导的人希望在寂静中启蒙，而当地人想要免受所有人的打扰，只要他们的财产价值逐年增长。与此同时，Lear Jets 和 Citation 等私人飞机带着互相认识的好莱坞名人从位于七峡谷度假村的家飞进飞出。城市中的企业希望有稳定的全年收入，而不是太多的竞争。

基于这一切，让我们假设塞多那市商会刚刚聘请你担任社区社交媒体的第一任经理。商会希望你在当地企业发展社交媒体网站时提供建议和帮助，并能够管理它们的社交媒体。

［问题］

1. 在脸书上搜索亚利桑那州的塞多那市。查看塞多那市的各种页面。使用本章的知识和你的个人社交媒体经验，评估这些页面，并列出每个页面正面和负面的特征。就如何改进提出方法和建议。

2. 在另一个社交媒体供应商（如推特、领英和 Pinterest）那里重复问题 1。如果你愿意，也可以选择其他社交媒体提供商。

3. 商会的目的是为社区中的所有企业营造一个健康的商业环境。鉴于此，你根据问题 1 和问题 2 的回答以及本章的知识，制定 7 ～ 10 条指南，供当地企业开发社交媒体时参考。

4. 塞多那市有很多存在潜在冲突的社会团体。为商会提供使用社交媒体帮助管理冲突的三种方式，以维持健康的商业环境。

5. 查看图表 8－5，说明每个主要价值链活动的重点是如何与商会相关的，如果有不相关的，解释原因。你的答案中要明确商会的客户是谁。

6. 基于你对问题 5 的回答，以及你管理商会社交媒体的责任，说明图表 8－5 中的内容是如何指导你创建社交媒体网站的。

7. 根据你对这些问题的答案，为自己写一份工作描述。

8. 为这个练习写两段文字的总结，你可以在未来的求职面试中，用该例子来展示社交媒体在商务中的角色以及起到的作用。

注释 ▶▶▶

1. Shea Bennett, "Pinterest, Twitter, Facebook, Instagram, Google+, LinkedIn—Social Media Stats 2014," All Twitter on MediaBistro.com, January 20, 2014, accessed June 17, 2014, *www.mediabistro.com/alltwitter/social-media-stats-2014_b54243*.
2. Pew Research Internet Project, "Social Networking Fact Sheet," Pew Research, February 27, 2014, accessed May 5, 2015, *www.pewinternet.org/fact-sheets/social-networking-fact-sheet/*.
3. John McDermott, "Pinterest: The No-bro Zone," Digiday.com, February 20, 2014, accessed May 5, 2015, *http://digiday.com/platforms/why-pinterest-is-still-a-predominantly-female-platform/*.
4. Quantcast, LinkedIn.com profile, accessed May 5, 2015, *www.quantcast.com/linkedin.com*.
5. Amy Gesenhues, "Social Media Use Growing Among Fortune 500 List with 77% Tweeting & 70% on Facebook," Marketing Land, July 23, 2013, accessed May 5, 2015, *http://marketingland.com/fortune-500-companys-social-media-use-on-the-rise-52726*.
6. Vernon Smith, *Rationality in Economics: Constructivist and Ecological Forms* (Cambridge, UK: Cambridge University Press, 2007), pp. 247–250.
7. "About Customer Ratings," Amazon.com, accessed July 30, 2013, *www.amazon.com/gp/help/customer/display.html/ref=hp_200791020_vine?nodeId=200791020#vine*.
8. LinkedIn Talent Solutions, "Recruiter," accessed May 5, 2015, *http://business.linkedin.com/talent-solutions/products/recruiter.html*.
9. Erika Welz Prafder, "Hiring Your First Employee," Entrepreneur.com, accessed May 26, 2014, *www.entrepreneur.com/article/83774*.
10. Jobvite Inc., "2014 Social Recruiting Survey," Jobvite.com, August 2014, accessed July 23, 2015, *https://www.jobvite.com/wp-content/uploads/2014/10/Jobvite_SocialRecruiting_Survey2014.pdf*.
11. Nan Lin, *Social Capital: The Theory of Social Structure and Action* (Cambridge, UK: Cambridge University Press, 2002), Kindle location 310.
12. Henk D. Flap, "Social Capital in the Reproduction of Inequality," *Comparative Sociology of Family, Health, and Education*, Vol. 20 (1991), pp. 6179–6202. Cited in Nan Lin, *Social Capital: The Theory of Social Structure and Action* (Cambridge, UK: Cambridge University Press, 2002), Kindle location 345.
13. The Klout Score," *Klout*, accessed May 5, 2015, *http://klout.com/corp/score*.
14. SponsoredTweets.com maintains a list of celebrities, number of their followers, and their price for a sponsored tweet (*https://app.sponsoredtweets.com/tweeters*).
15. Founding father of the United States. Author of *Poor Richard's Almanac*. Successful businessman; owner of a chain of print shops. Discoverer of groundbreaking principles in the theory of electricity. Inventor of bifocals, the potbelly stove, the lightning rod, and much more. Founder of the public library system and the U.S. postal service. Darling of the French court and salons and, now, contributor to social network theory!
16. Nat Ives, "What a YouTube Celeb Pulls In," Adage.com, April 15, 2015, accessed May 5, 2015, *http://adage.com/article/news/a-youtube-celeb-pulls/298015*.
17. Dan Noyes, "The Top 20 Valuable Facebook Statistics," Zephoria.com, June 13, 2014, accessed July 7, 2014, *http://zephoria.com/social-media/top-15-valuable-facebook-statistics/*.
18. "YouTube Press Statistics," YouTube.com, accessed May 5, 2015, *www.youtube.com/yt/press/statistics.html*.
19. Josh Constine, "Facebook Has Mixed Q1 Earnings with Miss on $3.54B Revenue, Beat on $0.42 EPS, User Growth Up to Hit 1.44B," TechCrunch.com, April 22, 2015, accessed May 5, 2015, *http://techcrunch.com/2015/04/22/facebook-q1-2015-earnings*.
20. Twitter Inc., "Twitter Reports First Quarter 2015 Results," Twitterinc.com, April 28, 2015, accessed May 5, 2015, *https://investor.twitterinc.com/results.cfm*.
21. LinkedIn Corporation, "LinkedIn Announces First Quarter 2015 Results," *LinkedIn Investor Relations*, April 30, 2015, accessed May 5, 2015, *http://investors.linkedin.com*.
22. Sean Blanchfield, "Adblocking Goes Mainstream," *PageFair*, August 2014, accessed May 5, 2015, *http://blog.pagefair.com/2014/adblocking-report*.
23. Brittany Darwell, "27M Users Bought Virtual Goods Using Facebook Payments in 2012; Zynga's Influence on Revenue Further Diminishes," InsideSocialGames.com, February 1, 2013, accessed July 7, 2014, *www.insidesocialgames.com/2013/02/01/27m-users-bought-virtual-goods-using-facebook-payments-in-2012-zyngas-influence-on-revenue-further-diminishes/*.
24. Wikimedia Foundation, "2013–2014 Annual Plan Questions and Answers," WikimediaFoundation.org, accessed June 19, 2014, *https://meta.wikimedia.org/wiki/Wikimedia_Foundation/Annual_Report/2013-2014*.
25. eMarketer, "Mobile Ad Spend to Top $100 Billion Worldwide in 2016, 51% of Digital Market," eMarketer.com, April 2, 2015 accessed May 6, 2015, *www.emarketer.com/Article/Mobile-Ad-Spend-Top-100-Billion-Worldwide-2016-51-of-Digital-Market/1012299*.
26. Cisco, "Cisco Visual Networking Index: Global Mobile Data Traffic Forecast Update, 2013–2018," Cisco.com, February 3, 2015, accessed May 6, 2015, *www.cisco.com/c/en/us/solutions/collateral/service-provider/visual-networking-index-vni/white_paper_c11-520862.pdf*.
27. Ibid.
28. Marin Software, "Mobile Search Advertising Around the Globe: 2014 Annual Report," MarinSoftware.com, March 2014, accessed May 6, 2015, *www.marinsoftware.com/resources/whitepapers*.
29. Facebook Inc., "Facebook Reports First Quarter 2015 Results," Facebook.com, April 22, 2015, accessed May 6, 2015, *http://investor.fb.com/releasedetail.cfm?ReleaseID=908022*.
30. Monetate, "Ecommerce Quarterly EQ4 2014: The Gift of Personalization," Monetate.com, February 2015, accessed May 6, 2015, *www.monetate.com/resources/research/#ufh-i-48179143-ecommerce-quarterly-q4-2014*.

31. Moovweb, "Android vs iOS, Are iOS Shoppers More Valuable than Android Shoppers," Moovweb.com, December 9, 2014, accessed May 6, 2015, *www.moovweb.com/blog/android-vs-ios*.
32. Ralph Paglia, "Social Media Employee Policy Examples from Over 100 Organizations," July 3, 2010, *Social Media Today*, accessed May 7, 2015, *http://socialmediatoday.com/ralphpaglia/141903/social-media-employee-policy-examples-over-100-companies-andorganizations*.
33. Intel Social Media Guidelines," *Intel*, accessed May 7, 2015, *www.intel.com/content/www/us/en/legal/intel-social-media-guidelines.html*.
34. Marissa Brassfield, "McDonald's McDStories Twitter Promotion Sparks Huge Backlash," *Foodista*, last modified January 24, 2012, *www.foodista.com/blog/2012/01/24/mcdonalds-mcdstories-twitter-promotion-sparks-huge-backlash*.
35. Bernhard Warner, "Nestlé's 'No Logo' Policy Triggers Facebook Revolt," *Social Media Influence*, March 19, 2010, accessed August 27, 2014, *http://socialmediainfluence.com/2010/03/19/nestles-no-logo-policy-triggers-facebook-revolt/*.
36. Cheryl Conner, "Who Wastes the Most Time at Work," *Forbes*, September 7, 2014, accessed June 24, 2014, *www.forbes.com/sites/cherylsnappconner/2013/09/07/who-wastes-the-most-time-at-work/*.
37. Jennifer Wolfe, "How Marketers Can Shape the Chief Digital Officer Role," *CMO.com*, March 21, 2013, accessed June 21, 2014, *www.cmo.com/articles/2013/3/20/how_marketers_can_shape.html*.
38. Rex Santus, "Justin Bieber Dethroned as King of Instagram in Massive Follower Purge," *Mashable*, December 19, 2013, accessed April 2, 2015, *http://mashable.com/2014/12/19/instagram-purge*.
39. Mohit Kumar, "Apple Patches 'Find My iPhone' Vulnerability Which May Caused Celebrities Photo Leak," *The Hacker News*, September 4, 2014, accessed April 24, 2015, *http://thehackernews.com/2014/09/apple-patches-find-my-iphone.html*.
40. Google, "Ads in Gmail," *Gmail Help*, accessed April 26, 2015, *https://support.google.com/mail/answer/6603?hl=en*.
41. Lee Rainie, Sara Kiesler, Ruogu Kang, and Mary Madden, "Anonymity, Privacy, and Security Online," September 5, 2013, *The Hacker News*, accessed April 26, 2015, *www.pewinternet.org/2013/09/05/anonymity-privacy-and-security-online*.
42. Olivia Oran and Gerry Shih, "Twitter Shares Soar in Frenzied NYSE Debut," November 7, 2013, *Reuters*, accessed May 28, 2014, *www.reuters.com/article/2013/11/07/us-twitter-ipo-idUSBRE99N1AE20131107*.
43. Sedona Chamber of Commerce, accessed August 19, 2013, *www.visitsedona.com/article/151*.

第9章 商务智能系统

Business Intelligence Systems

在和尼基一起回办公室的路上，詹姆斯问：“尼基，你中午吃什么？”

“产自中国的五香牛肉，你呢？”

“来自中国的锅贴。”

“那地方有很多美食，我应当和你一起去。嗨，詹姆斯，我在考虑你是否可以帮我一个忙。”

“我会尝试一下，什么事情？”

“我们会追踪每届动感单车比赛项目的冠军和亚军，向他们销售产品，我们取得了难以想象的成功。”

“哦，比赛。参赛者想在下一场预赛中取得优势？”

“是的，但是我知道如果我们能够以某种方式联系到私人教练的话，我们可以做得更好。或许可以追踪失败者，这些人在预赛中失败了。我想把他们介绍给一个教练，然后我们获得一些介绍费……或者抽取一定的培训费。”

“好的，听起来很合理。那么，你要我怎样帮你？”

“那些赛车手住在哪里？他们在哪儿？他们集中在一个区域吗？我的意思是，我们不想把一个住在明尼阿波利斯的教练介绍给一个住在圣迭戈的赛车手。”

“当他们登记参赛信息时，我们可以问问他们的住址？”

“或许可以，我们可以说需要将地址用于我们展示的某种地图。他们或许挺喜欢这个。但是我不想问一些会令他们比赛分心的事。”

“我们可以用他们的IP地址。这可以告诉我们他们所用的自行车在哪里……尽管不大可能在他们居住的地方。”

“我并不想知道他们睡觉的地方，而是想知道他们锻炼的地方，这就足够了。”

“如果他们正在旅游呢？”

“我不在乎……大部分人不会。我也不太确定我需要什么，我知道这会让你发疯。”

“这是操作的事情，在BI中很典型。”

“什么是BI？”

“商务智能。数据分析，在你看到第一个问题的答案之前，你不知道要问的第二个问题。”

“好吧，确实是！这就是我现在的情况。”

“假设我们这样做，我会抽取一堆数据，或许5 000名比赛者，利用相连的IP来定位，然后我会汇总到Excel表中提供给你。”

“好，然后呢？”

“你可以从州、城市和邮政编码等维度来查看数据，看能得出什么结论。”

“为什么你不问我预算问题？”

“我或许会，但这部分很简单，我们已经得到数据，我可以交给你一份Excel。我只有一个用户：你。因此我不必优化界面、写文档、制定开发流程等。另外，你是一个相当聪明的用户。”

“谢谢夸奖……”

“另外，如果你以比较疯狂的方式处理数据，想利用数据为用户建立一些东西，或者做一些较重要的数据挖掘，设定一个数据集市，这样的话，你需要拿出一些钱作为我的预算。”

“你的意思是利用Excel做这些事情仅仅是尝试。”

“是的，但是你喜欢这个味道。”

“希望比五香的好。”

“再见。”

“什么时候我可以得到报告？”

“星期五？”

“那么快？”

“这只是尝试，尼基。”

研究问题

Q9-1　企业怎么利用商务智能系统？

Q9-2　商务智能过程中三个主要的活动是什么？

Q9-3　企业怎么使用数据仓库和数据集市来获得数据？

Q9-4　处理商务智能数据的三种技术是什么？

Q9-5　有哪些商务智能发布途径可供选择？

Q9-1　企业怎么利用商务智能系统？

商务智能系统（business intelligence（BI）system）是处理业务和其他数据来分析过去的表现和做预测的信息系统。由BI系统所确认的模型、关系和趋势称为商务智能。作为信息系统，BI系统包括五个构成要素：硬件、软件、数据、程序和人员。BI系统的软件部分称为**商务智能应用**（BI application）。

在日复一日的运营下，公司产生了大量的数据。例如，美国电话电报公司（AT&T）产生了1.9兆通话数据，谷歌的数据库存储了超过33兆记录。[1] 商务智能被掩埋在这些数据中，BI系统的作用就是将它提取出来，有需求的人可以得到这些数据。

如图表9-1所示，BI系统的源数据可以是公司自己的业务数据库，可以是社交媒体信息系统产生的社交数据，可以是公司购买的数据，还可以是员工的知识。BI应用处理数据来产生供知识型员工使用的商务智能。正如你所学的那样，这个定义包括报告应用、数据挖掘应用、大数据应用、知识管理应用。

图表 9-1 商务智能系统的结构

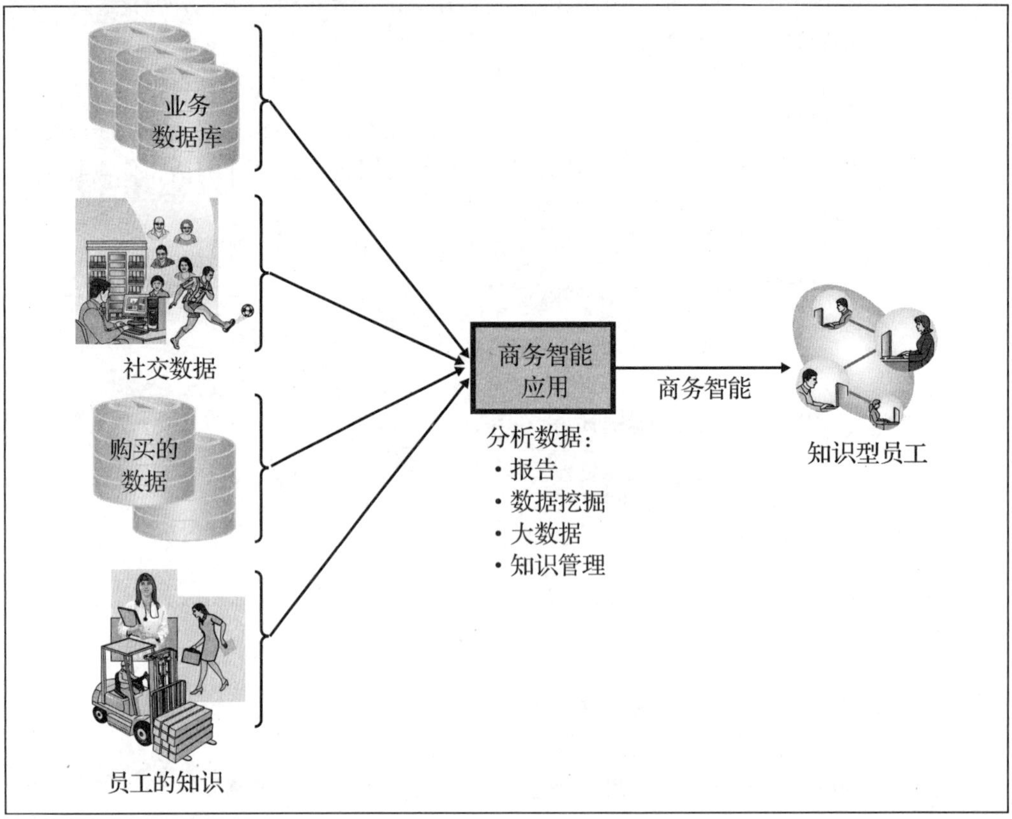

组织怎么利用商务智能?

如图表 9-2 所示，组织可以把商务智能用于四个协作任务。由图表的第一列可知，商务智能只用于报告。私人教练可以利用 PRIDE 来了解客户怎么使用新系统。在分析数据时，员工或许没有明确的目的，只是浏览一下，为未来非特定的目的做铺垫。在本书第 1 ～ 6 章研究的 Falcon Security 公司中，马特奥也许只想知道相对于预测，公司现在的销量是怎样的；他也许没有特定的目的，只想知道现在的状况。

图表 9-2 商务智能应用案例

任务	PRIDE System 公司案例	Flacon Security 公司案例
项目管理	PRIDE System 的比赛客户和当地健身俱乐部之间建立伙伴关系	地域扩张
解决问题	我们怎么才能通过比赛增加广告收益？	如何通过重新设定无人驾驶路线节省成本？
决策	哪些比赛产生最高的广告收益？开发更多更好的比赛。	哪些无人机和设备需要维护？
报告	应以怎样的方式使用 PRIDE 系统？	与销售预测相比，实际销售情况如何？

再看图表9-2，一些经理利用BI系统来做决策。PRIDE System可以把BI用于比赛项目中来决定有哪些特点的比赛产生最大的效益，然后举办更多此类比赛。Falcon Security公司可以利用BI分析飞行失败情况，来决定什么时候保养无人机，什么时候关联摄像机设备。

（顺便说一下，一些作者把BI系统仅仅定义为辅助决策系统，在这种情况下，他们将较老的术语决策支持系统作为制定决策的BI系统的同义词。我们在这里以更广的视角将图表9-2中所有的四个任务包括进来，避免和术语决策支持系统相混淆。）

解决问题是商务智能应用的另外一个例子。关键是对事情本来的情况和应当是怎样的有不同的感知。商务智能可以用于确定事情的本来情况，也可以确定事情应当是怎样的。如果收益低于预期，PRIDE System可以利用商务智能来了解改变哪些因素能获得更多的观众和更高的广告收益。Falcon Security公司可以利用商务智能来决定重新设定无人机飞行路线是否能够节约成本。

最后，商务智能可以用于项目管理。PRIDE System可以支持项目，与当地健身俱乐部建立伙伴关系。当Falcon Security公司想扩展新的地理区域时，可以利用商务智能来确定哪些区域是最有利的。

如图表9-2所示，回顾这些任务的层次结构。决策需要报告；解决问题需要决策（和报告）；项目管理需要解决问题（以及决策和报告）。

商务智能的典型应用是什么？

这部分总结了商务智能的三个应用，让你产生一种什么都是可能的感觉，因为商务智能和一个相关的概念大数据是现在的热门话题。在网上搜索会获得大量的相似案例，学完本章之后，搜索更多你感兴趣的应用。

■ 识别购买模式的变化

大部分学生都了解到商务智能可以预测购买模式。亚马逊使得“购买……的顾客也会购买”这个短语广为人知；现在当我们买东西时，会期望电子商务应用向我们推荐其他可能购买的东西。在本章的后面，你会学到一些用于推荐的相关技术。

但是，更加有趣的是识别购买模式的变化。零售商知道，那些生命中重要的事件可以导致客户改变所买的东西，在短时间内对新的品牌形成忠诚度。因此，当人们开始从事第一份工作、结婚、生孩子或者退休，零售商都想知道。在商务智能兴起之前，商店会阅读当地的报纸了解毕业、结婚和生孩子的消息，然后发送广告，那是一个缓慢、劳动密集型、成本高的过程。

塔吉特公司想先于报纸得到信息，从2002年开始，它启动了一个项目——通过购买记录来识别某人是否怀孕。应用商务智能技术处理这些销售数据，塔吉特公司能够根据洗涤剂、维生素和其他产品的购买模式可靠地预测顾客的怀孕情况。当塔吉特发现这个购买模式后，发送纸尿裤和其他婴儿产品的广告给这个顾客。

塔吉特公司的这个方案有效果——对一个已经怀孕但没有告诉任何人的年轻人而言很好。但她开始收到婴儿产品广告时，她的父亲向当地塔吉特商店的经理投诉。当这位父亲了解到他的女儿确实怀孕时，他反过来向塔吉特公司道歉。[2]

■ 商务智能在娱乐中的应用

亚马逊、Netflix、Pandora、Spotify和其他的媒体公司产生了数以亿计字节的用户的媒体偏好数据。利用这些数据，基于BI分析结果确定情节、人物和演员，亚马逊开始制作自己的视频和电视剧。[3]

基于客户的观看模式，Netflix 决定购买《纸牌屋》（House of Cards），主演是凯文·斯贝西（Kevin Spacey）。类似地，Spotify 处理用户的听歌习惯数据来决定某区域内用户听得最多的几个乐队的歌曲。利用这些数据，Spotify 给著名的乐队和其他音乐团队推荐最好的演出城市。[4]

在市场营销专业人员中流行的一句格言是“购买者是骗子”，意思是他们说要购买某件东西，结果购买了其他的东西。这个特点使市场焦点团队的效率降低。商务智能产生于看、听和租赁习惯等数据，可以确定人们实际想要什么，而不是他们所说的。这能否使数据挖掘者（比如亚马逊）成为新的好莱坞？我们拭目以待。

■ **及时就医报告**

Practice Fusion 公司以医疗报告起家，在医生为患者做检查时提供注射通知服务。当医生输入数据时，软件分析患者的病历，如果确实需要注射，它就会建议医生在检查的过程中开出处方。这似乎是有效的。在四个月的研究期间，其医生使用了推荐服务的患者相比对照组中其医生没有使用此服务的患者，处方中的疫苗多出 73% 以上。[5]

这项服务对医生是免费的。Practice Fusion 的费用由制药公司默克支付。虽然 Practice Fusion 的软件推荐的许多药品并不是默克公司销售的，但是软件仍然推荐了很多这样的药品。因此，这个服务处于医学伦理的边缘。一个制药公司是否应当开发一个软件来“免费”推荐它的产品给医生？另外，Practice Fusion 的软件有多公正？

暂且不考虑伦理问题，Practice Fusion 公司提供了一个极好的数据挖掘案例，并及时报道出来。在你的职业生涯中，或许会看到许多销售辅助手段的例子。

以现在数据产生的速度和近乎为零的处理成本，我们可以确定会有更多的商务智能创新应用产生。关注它们，也许会为你带来有趣的职业机会。

给出这些案例之后，下一步会介绍实施商务智能的过程。

Q9-2 商务智能过程中三个主要的活动是什么？

图表 9-3 展示了商务智能过程中三个主要的活动：采集数据、分析数据和发布结果。这些步骤和图表 9-1 中的 BI 元素是直接相关的。**数据采集**（data acquisition）是获取数据、清洗数据、关联数据、整理数据和编目源数据的过程。稍后我们将展示一个简单的数据采集案例，在 Q9-3 中会详细讨论数据采集。

图表 9-3 商务智能过程中的主要活动

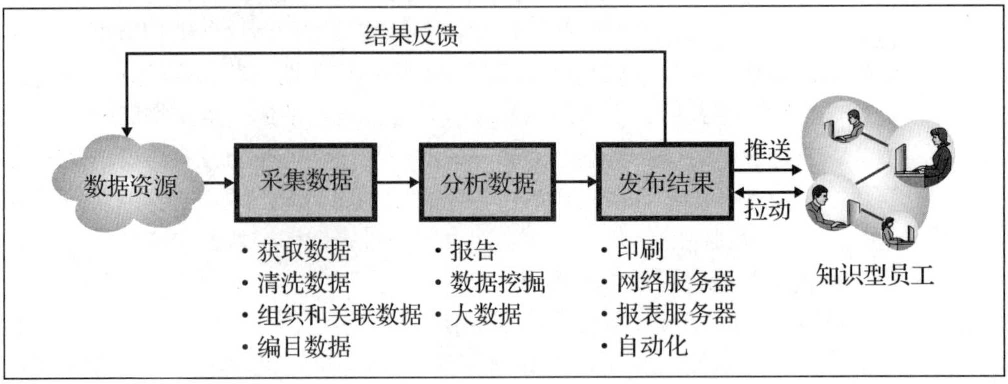

BI 分析（BI analysis）是产生商务智能的过程。BI 分析的三个基本分类是报告、数据挖掘和大数据。稍后，我们会阐述一个简单的报告系统的例子，在 Q9－4 中详细讨论 BI 分析的三个分类。

发布结果（publish results）是指交付商务智能给需要的知识型员工。**推送发布**（push publishing）是指分发商务智能给用户，不需要用户提出任何需求。**拉动发布**（pull publishing）需要用户索要 BI 分析结果。发布的方式包括印刷和通过网络服务器发布内容，专用的网络服务器称为报表服务器，BI 分析结果会自动发送到其他的程序中。我们会在 Q9－5 中进一步讨论这些发布选项。

现在，为了更好地理解 BI 分析的三个阶段，思考商务智能应用的一个案例。

利用商务智能发现候选部件

3D 打印可以让客户打印所需要的零部件，而不必从零售商或者经销商那里预订。一个大型自行车零部件经销商想走在这个需求变化的前面，决定研究销售零部件的 3D 打印文档而非零部件的可行性。相应地，公司组建了一个团队查看过去的销售数据来决定它应当销售哪些零部件的设计文档。之后，公司需要确认符合条件的零部件，计算这些零部件带来的潜在收益。

为了解决这些问题，这个团队从信息系统部门提取了销售数据，并存储在 Microsoft Access 之中。该团队创建了五个能够满足这个新项目要求的零部件标准。公司需要零部件满足：

1. 由特定的供应商提供（开始只有部分供应商同意销售零部件设计文档）。
2. 被一些大客户购买（个人和小公司可能没有 3D 打印机或者没有相关的专业知识）。
3. 频繁预订（大众化的产品）。
4. 预订的数量少（3D 打印不适合大规模生产）。
5. 设计简单（容易进行 3D 打印）。

这个团队知道第五个标准比较难评估，因为公司并没有存储有关零部件复杂性的数据。经过讨论，为了简化和便于操作，团队决定用零部件的重量和价格来代替，其假设是“如果零部件不是很重或者成本很高，零部件或许就不复杂”。最后，团队决定按这种方式开始研究。团队要求信息系统部门提取的数据中包括零部件重量。

■ 采集数据

如图表 9－3 所示，采集数据是 BI 过程的第一步。为满足团队的数据要求，信息系统部门提取了业务数据，制作了如下两张表：

销售表（客户名称、联系方式、职务、账单年份、订单数量、单位、收入、来源、零件编号）

零部件表（零件编号、装运重量、供应商）

这两张表的样本数据如图表 9－4 所示。当团队成员查看这些数据时，对所需要的数据进行汇总，实际上并不是销售表中所有列的数据都需要。他们惊奇地发现数据被分至不同的账单年份，但是他们本来就计划汇总这些年的物品销售量，因而并不影响他们的分析。

■ 分析数据

团队的第一步是将两张表中的数据合并至一张表，包含销售数据和零部件数据。

因为团队已经选择了一些供应商（这些供应商同意为 3D 打印提供设计文档）进行合作，筛选出了这些供应商的名称，如图表 9－5 所示。在这个 Access 数据库查询中，订单提取表中的零部件编号和零部件数据表中的零部件编号间的连线表示，两张表中的行可以按照零部件编号的匹配情况进行合并。

图表 9－4　提取数据样本：订单提取表和零部件数据表

Island Biking	John Steel	Marketing Manager	2014	14	59	$438.81	Internet
Island Biking	John Steel	Marketing Manager	2014	21	55	$255.96	AWS
Island Biking	John Steel	Marketing Manager	2015	4	11	$85.55	Internet
Kona Riders	Renate Messne	Sales Representative	2012	43	54	$349.27	Internet
Kona Riders	Renate Messne	Sales Representative	2013	30	53	$362.45	Internet
Kona Riders	Renate Messne	Sales Representative	2014	1	2	$14.34	Internet
Lone Pine Crafters	Jaime Yorres	Owner	2015	4	14	$108.89	Internet
Lone Pine Crafters	Jaime Yorres	Owner	2015	2	2	$15.56	Internet
Lone Pine Crafters	Jaime Yorres	Owner	2016	2	2	$15.56	Internet
Moab Mauraders	Carlos Gonzále	Accounting Manager	2015	2	4	$4,106.69	Internet
Moab Mauraders	Carlos Gonzále	Accounting Manager	2015	3	7	$7,404.18	Internet
Moab Mauraders	Carlos Gonzále	Accounting Manager	2015	2	6	$6,346.44	Internet
Sedona Mountain Trails	Felipe Izquierd	Owner	2015	6	7	$73.46	Internet
Sedona Mountain Trails	Felipe Izquierd	Owner	2015	3	7	$39.14	Phone
Sedona Mountain Trails	Felipe Izquierd	Owner	2015	3	9	$74.59	Phone
Sedona Mountain Trails	Felipe Izquierd	Owner	2014	5	20	$153.00	Phone
Sedona Mountain Trails	Felipe Izquierd	Owner	2012	3	8	$37.14	Phone
Sedona Mountain Trails	Felipe Izquierd	Owner	2013	1	0	$89.30	Internet
Sedona Mountain Trails	Felipe Izquierd	Owner	2013	6	20	$73.13	Phone
Sedona Mountain Trails	Felipe Izquierd	Owner	2012	4	8	$67.41	Internet
Flat Iron Riders	Maria Anders	Sales Representative	2013	7	22	$11,734.25	Internet
Flat Iron Riders	Maria Anders	Sales Representative	2015	2	1	$595.00	Internet
Flat Iron Riders	Maria Anders	Sales Representative	2014	10	29	$16,392.25	Internet
Flat Iron Riders	Maria Anders	Sales Representative	2015	20	32	$12,688.80	AWS

（a）订单提取表

Part Data

ID	PartNumber	Shipping Weight	Vendor	Click to Add
9	200-219	7.28	DePARTures, Inc.	
22	200-225	3.61	DePARTures, Inc.	
23	200-227	5.14	DePARTures, Inc.	
11	200-207	9.23	DePARTures, Inc.	
28	200-205	4.11	DePARTures, Inc.	
29	200-211	4.57	DePARTures, Inc.	
10	200-213	1.09	DePARTures, Inc.	
37	200-223	3.61	DePARTures, Inc.	
45	200-217	1.98	DePARTures, Inc.	
2	200-209	10.41	DePARTures, Inc.	
3	200-215	1.55	DePARTures, Inc.	
47	200-221	10.85	DePARTures, Inc.	
42	200-203	3.20	DePARTures, Inc.	
17	300-1007	2.77	Desert Gear Supply	
13	300-1017	9.46	Desert Gear Supply	
50	300-1016	4.14	Desert Gear Supply	
27	300-1013	2.66	Desert Gear Supply	
8	300-1008	10.13	Desert Gear Supply	
30	300-1015	5.96	Desert Gear Supply	
15	300-1014	10.18	Desert Gear Supply	
7	300-1009	3.76	Desert Gear Supply	
6	300-1011	6.41	Desert Gear Supply	
43	300-1010	10.87	Desert Gear Supply	
31	300-1012	9.08	Desert Gear Supply	
1	500-2035	9.66	ExtremeGear	
41	500-2030	4.71	ExtremeGear	
40	500-2040	9.92	ExtremeGear	

（b）零部件数据表

资料来源：Microsoft Corporation.

图表 9-5　链接订单提取表和筛选的零部件数据表

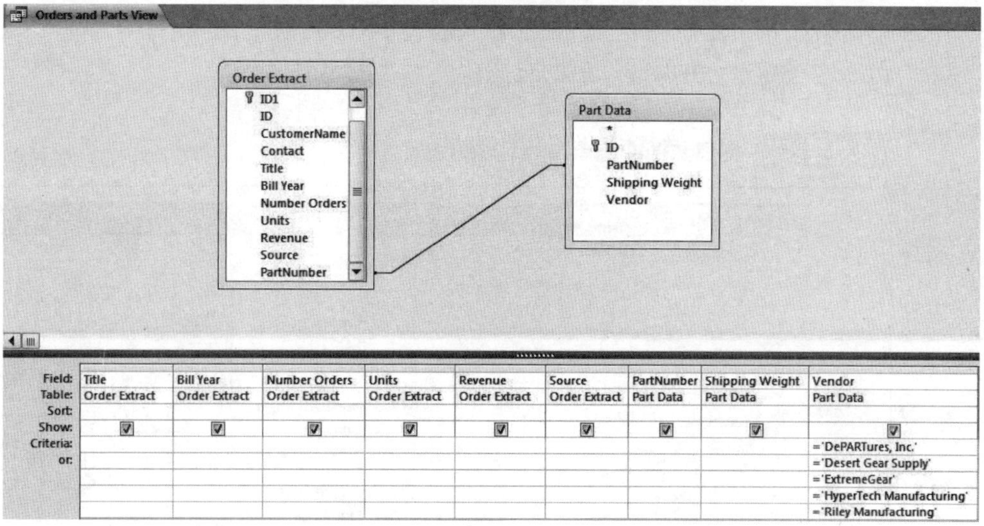

资料来源：Microsoft Corporation.

查询的结果如图表 9-6 所示，注意，有一些缺失和有问题的值。许多行缺少联系方式和职务的数据，“单位”一列中有的数值为零，联系方式和职务数据的缺失不是问题。因为团队成员已有联系方式，不需要这些数据。但是单位为零的数值是有问题的。在某些情况下，团队需要调查这些数值的意义，可能修改这些数据或者删除这些行。虽然数据有错误，但团队决定进行数据处理。在 Q9-3 中，你会了解到，由于一些原因，在数据提取中存在问题数据很常见。

图表 9-6　订单和零部件查阅数据样本

Orders and Parts View

CustomerName	Contact	Title	Bill Year	Number Orders	Units	Revenue	Source	PartNumber	Shipping Weight	Vendor
Gordos Dirt Bikes	Sergio Gutiérrez	Sales Repres	2011	43	107	$26,234.12	Internet	100-108	3.32	Riley Manufacturing
Island Biking			2012	59	135	$25,890.62	Phone	500-2035	9.66	ExtremeGear
Big Bikes			2010	29	77	$25,696.00	AWS	700-1680	6.06	HyperTech Manufacturing
Lazy B Bikes			2009	19	30	$25,576.50	Internet	700-2280	2.70	HyperTech Manufacturing
Lone Pine Crafters	Carlos Hernández	Sales Repres	2012	1	0	$25,171.56	Internet	500-2030	4.71	ExtremeGear
Seven Lakes Riding	Peter Franken	Marketing Ma	2009	15	50	$25,075.00	Internet	500-2020	10.07	ExtremeGear
Big Bikes			2012	10	40	$24,888.00	Internet	500-2025	10.49	ExtremeGear
B' Bikes	Georg Pipps	Sales Manage	2012	14	23	$24,328.02	Internet	700-1680	6.06	HyperTech Manufacturing
Eastern Connection	Isabel de Castro	Sales Repres	2012	48	173	$24,296.17	AWS	100-105	10.73	Riley Manufacturing
Big Bikes	Carine Schmitt	Marketing Ma	2009	22	71	$23,877.48	AWS	500-2035	9.66	ExtremeGear
Island Biking	Manuel Pereira	Owner	2011	26	45	$23,588.86	Internet	500-2045	3.22	ExtremeGear
Mississippi Delta Riding	Rene Phillips	Sales Repres	2012	9	33	$23,350.25	Internet	700-2180	4.45	HyperTech Manufacturing
Uncle's Upgrades			2012	9	21	$22,212.54	Internet	700-1680	6.06	HyperTech Manufacturing
Big Bikes			2010	73	80	$22,063.92	Phone	700-1680	6.06	HyperTech Manufacturing
Island Biking			2012	18	59	$22,025.88	Internet	100-108	3.32	Riley Manufacturing
Uncle's Upgrades			2011	16	38	$21,802.50	Internet	500-2035	9.66	ExtremeGear
Hard Rock Machines			2012	42	57	$21,279.24	Internet	100-108	3.32	Riley Manufacturing
Kona Riders			2012	11	20	$21,154.80	Internet	700-1880	2.28	HyperTech Manufacturing
Moab Mauraders			2012	6	20	$21,154.80	Internet	700-2180	4.45	HyperTech Manufacturing
Lone Pine Crafters			2012	35	58	$21,016.59	Internet	100-106	6.23	Riley Manufacturing
Big Bikes	Carine Schmitt	Marketing Ma	2010	9	36	$20,655.00	Internet	500-2035	9.66	ExtremeGear
East/West Enterprises			2011	14	60	$20,349.00	Internet	100-104	5.80	Riley Manufacturing
Jeeps 'n More	Yvonne Moncada	Sales Agent	2012	47	50	$20,230.00	AWS	500-2030	4.71	ExtremeGear
East/West Enterprises			2009	14	60	$20,178.15	AWS	500-2035	9.66	ExtremeGear
Lone Pine Crafters			2012	20	54	$20,159.28	Internet	100-106	6.23	Riley Manufacturing
Lone Pine Crafters	Carlos Hernández	Sales Repres	2012	1	0	$20,137.27	Internet	500-2030	4.71	ExtremeGear
Lazy B Bikes			2012	21	29	$19,946.78	AWS	700-1580	7.50	HyperTech Manufacturing
Eastern Connection	Isabel de Castro	Sales Repres	2012	42	173	$19,907.06	Phone	100-105	10.73	Riley Manufacturing
Lazy B Bikes			2012	8	30	$19,724.25	AWS	700-1580	7.50	HyperTech Manufacturing

资料来源：Microsoft Corporation.

图表 9-6 中的数据已经按第一个标准进行筛选，团队只考虑来自特定供应商的

零部件。对于下一个标准，团队成员需要决定怎么识别较大的客户。为此，他们创建了如图表 9-7 所示的查询，汇总每个客户的收入、单位和平均价值。图表 9-8 的查询结果显示，他们决定仅考虑总收入超过 200 000 美元的客户；他们修改了查询，仅包括这些客户，并将修改后的查询命名为“大客户”。

图表 9-7　创建数据汇总查询

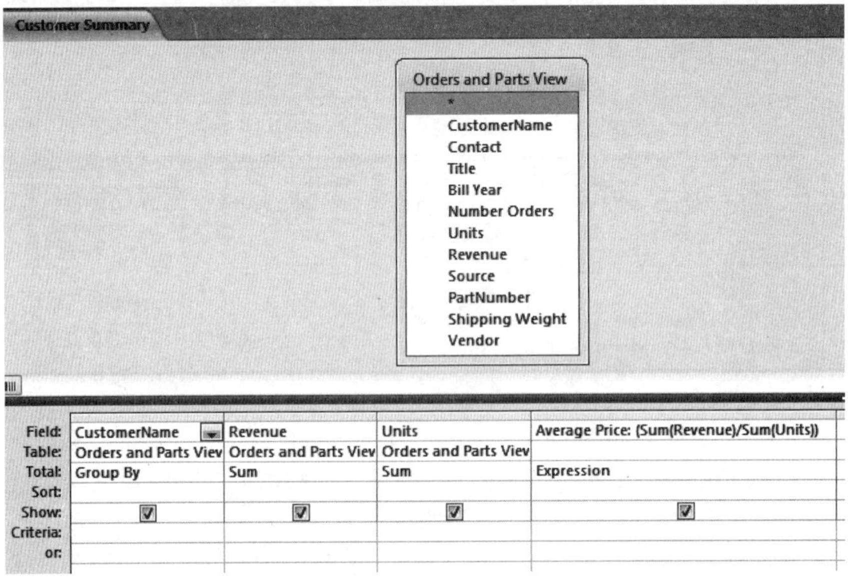

资料来源：Microsoft Corporation.

图表 9-8　客户汇总

Customer Summary

CustomerName	SumOfRevenue	SumOfUnits	Average Price
Great Lakes Machines	$1,760.47	142	12.3976535211268
Seven Lakes Riding	$288,570.71	5848	49.3451963919289
Around the Horn	$16,669.48	273	61.0603611721612
Dewey Riding	$36,467.90	424	86.0092018867925
Moab Mauraders	$143,409.27	1344	106.7033234375
Gordos Dirt Bikes	$113,526.88	653	173.854335068913
Mountain Traders	$687,710.99	3332	206.395855432173
Hungry Rider Off-road	$108,602.32	492	220.736416056911
Eastern Connection	$275,092.28	1241	221.669848186946
Mississippi Delta Riding	$469,932.11	1898	247.593315542676
Island Biking	$612,072.64	2341	261.457770098249
Big Bikes	$1,385,867.98	4876	284.222310233798
Hard Rock Machines	$74,853.22	241	310.594267219917
Lone Pine Crafters	$732,990.33	1816	403.629038215859
Sedona Mountain Trails	$481,073.82	1104	435.755269474638
Flat Iron Riders	$85,469.20	183	467.044808743169
Bottom-Dollar Bikes	$72,460.85	154	470.52502012987
Uncle's Upgrades	$947,477.61	1999	473.975794047024
Ernst Handel Mechanics	$740,951.15	1427	519.236962438683
Kona Riders	$511,108.05	982	520.476624439919
Lazy B Bikes	$860,950.72	1594	540.119648619824
Jeeps 'n More	$404,540.62	678	596.667583185841
French Riding Masters	$1,037,386.76	1657	626.063224984912
B' Bikes	$113,427.06	159	713.377735849057
East/West Enterprises	$2,023,402.09	2457	823.525474074074
Bon App Riding	$65,848.90	60	1097.48160833333

资料来源：Microsoft Corporation.

下一步，团队成员讨论了频繁购买的含义，决定包括平均一周预订一次或者一年大概预订 50 次的物品。可以从图表 9 - 9 的查询中看到，他们把这个标准设定为订单数量。为了选择预订数量少的零部件，他们首先计算订单的大小（单位 / 订单数量）并创建为一列，设定标准为平均值必须小于 2.5。后两个标准是零部件不太贵和重量较轻。他们决定选择每单位价格（收入 / 单位）小于 100 和装运重量小于 5 磅的零部件。

图表 9 - 9　零部件标准设计

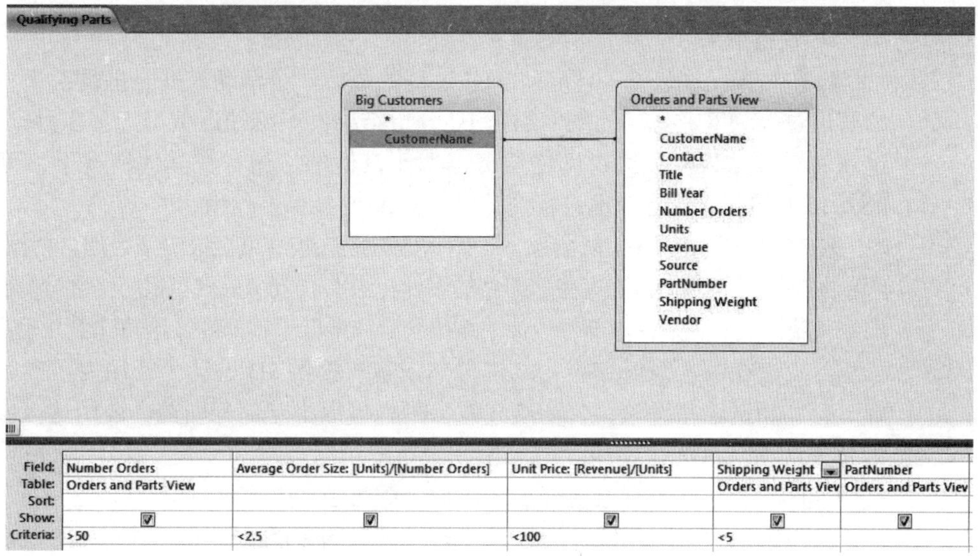

资料来源：Microsoft Corporation.

这个查询的结果如图表 9 - 10 所示。公司销售的所有零部件中只有这 12 个符合团队制定的标准。

图表 9 - 10　零部件查询结果

Qualifying Parts

Number Orders	Average Order Size	Unit Price	Shipping Weight	PartNumber
275	1	9.14173854545455	4.14	300-1016
258	1.87596899224806	7.41284524793388	4.14	300-1016
110	1.18181818181818	6.46796923076923	4.11	200-205
176	1.66477272727273	12.5887211604096	4.14	300-1016
139	1.0431654676259	6.28248965517241	1.98	200-217
56	1.83928571428571	6.71141553398058	1.98	200-217
99	1.02020202020202	7.7775	3.20	200-203
76	2.17105263157895	12.0252206060606	2.66	300-1013
56	1.07142857142857	5.0575	4.57	200-211
73	1.15068493150685	5.0575	4.57	200-211
107	2.02803738317757	6.01096405529954	2.77	300-1007
111	2.07207207207207	6.01096434782609	2.77	300-1007

资料来源：Microsoft Corporation.

下一个问题是这些零部件带来多大的收入。为此，团队成员创建了一个查询，链接所选的零部件及过去的销售数据。结果如图表 9 - 11 所示。

图表 9-11 所选零部件的销售历史

Revenue Potential

Total Orders	Total Revenue	PartNumber
3987	$84,672.73	300-1016
2158	$30,912.19	200-211
1074	$23,773.53	200-217
548	$7,271.31	300-1007
375	$5,051.62	200-203
111	$3,160.86	300-1013
139	$1,204.50	200-205

资料来源：Microsoft Corporation.

■ 发布结果

发布结果是图表 9-3 所示的 BI 过程的最后一个活动。在一些情况下，这意味着需要通过互联网或者其他的网络把 BI 分析结果发布给知识型员工。在另一些情况下，这意味着该结果可以通过网络服务器用于其他的应用。在其他情况下，可制作 PDF 或者 PPT 和同事或者经理进行交流。

在这个例子中，在团队会议上，团队成员把这些结果汇报给了经理。根据图表 9-11 所示的结果来判断，销售这些零部件的设计在潜在收入中只占了很小一部分。公司销售零部件可获得最低收入；零部件设计的定价会相应地低于零部件，这意味着几乎没有收入。

尽管潜在收入很低，公司或许仍然向客户提供 3D 设计。公司为了向客户表示友好，可能赠送这些设计；公司这么做会牺牲掉很小一部分利益。公司这么做也可以视为公关行动，目的在于展示公司站在最新的制造技术的前列。公司也许推迟考虑 3D 打印，因为公司并没有发现许多客户预订满足条件的零部件。

当然，也存在团队成员选择了错误的标准的可能。如果有时间，对他们来说改变标准并重复分析是有很大的诱惑力的。但这个过程会产生滑坡效应。他们会不断修改标准，直到获得想要的结果，这将导致研究有很大的偏差。

这再一次指出了信息系统中人员的重要性。当团队设定和可能修改标准时，团队的决策很弱，硬件、软件、数据和查询生成的过程只有很小的价值。商务智能仅像人们创造它时那么聪明。

记住这个例子，我们现在仔细考虑图表 9-3 中的每个活动。

Q9-3 企业怎么使用数据仓库和数据集市来获得数据？

虽然利用业务数据可以形成基本的报告和执行简单的分析，但不推荐这么做。由于安全和控制方面的原因，信息系统专业人员并不希望由分析师处理业务数据。如果一个分析师有一个失误，就可能给公司的业务造成严重的打击。另外，为了保证事务处理的速度和可靠性，业务数据是结构化的。但业务数据很少支持 BI 分析。最终，BI 分析需要对数据做相当大的处理；业务服务器上的 BI 应用会显著降低系统的性能。

由于这些原因，许多组织提取数据进行 BI 处理。对于小型组织，提取的数据或许如 Access 数据库那么小。但是，大型组织会专门成立一个小组来管理和运行一个**数据仓库**（data warehouse），数据仓库是管理组织的 BI 数据的一个设备。数据仓库的作用如下：

- 获取数据；

- 清洗数据；
- 组织和关联数据；
- 编目数据。

图表 9－12 展示了数据仓库的组成部分。程序读取业务数据和其他数据，为 BI 处理提取、清洗和准备这些数据。利用数据库管理系统把这些准备好的数据存储在一个数据仓库数据库中，这个数据仓库数据库和组织的业务数据库管理系统是不同的。例如，一个组织会在处理业务时使用 Oracle 数据库，但是在数据仓库中会使用 SQL Server 数据库。其他的组织在处理业务时使用 SQL Server 数据库，但是在数据仓库中使用统计软件包提供商所提供的数据库管理系统如 SAS 或者 SPSS。

图表 9－12　数据仓库的组成部分

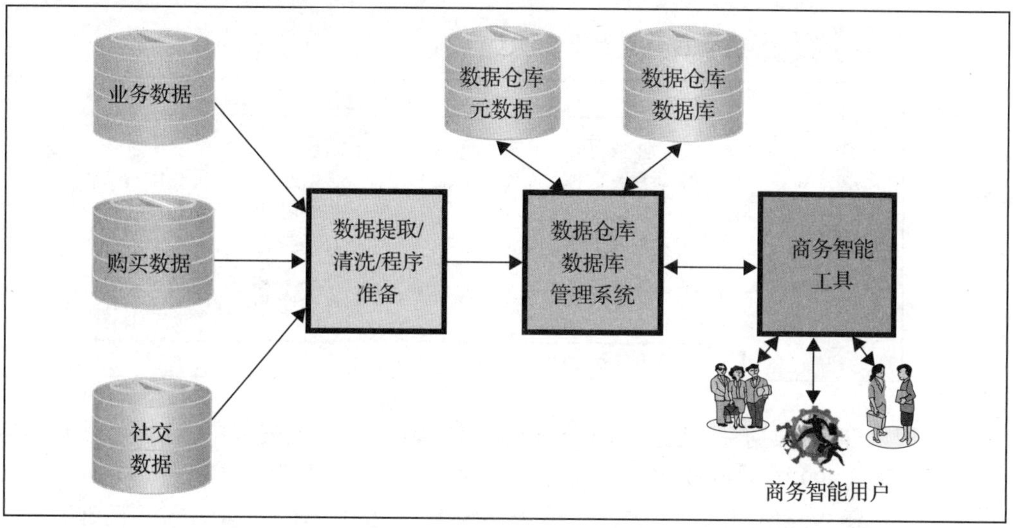

数据仓库包括从外部购买的数据。从个人的立场来说，购买其他组织的数据并不用特别担心。但是，一些公司选择从数据提供商（如 Acxiom 公司）处购买客户的数据（例如婚姻状况）。图表 9－13 列出了一些可以购买的数据。令人惊奇（从个人的观点来看令人害怕）的大量数据是可以获得的。

图表 9－13　可以购买的客户数据举例

- 姓名、地址、电话
- 年龄
- 性别
- 种族
- 宗教信仰
- 收入
- 学历
- 选民登记
- 房屋所有权
- 车辆
- 杂志订阅
- 兴趣爱好
- 目录订单
- 婚姻状况、生命阶段
- 身高、体重、头发和眼睛颜色
- 配偶姓名和生日
- 孩子姓名和生日

元数据涉及的数据——来源、格式、假设和限定条件以及数据的其他实际情况——存储在数据仓库元数据库中。数据仓库管理系统为 BI 应用提取和提供数据。

商务智能用户和图表 9－1 中的知识型员工是不同的。商务智能用户一般是数据分析专家，而知识型员工常常是非专业的 BI 分析结果用户。负责银行贷款审批的员工是知识型员工，但不是 BI 用户。

业务数据的问题

大部分业务数据和购买数据存在的问题影响它们对商务智能的有用性，图表 9－14 列出了主要的问题。首先，虽然数据是成功操作的关键，必须是完整准确的，但不太需要的数据不必这样。例如，一些系统在订购过程中统计人口信息。这些数据并不是填写订单、发货和付款所需要的，质量会变差。

图表 9－14　源数据可能出现的问题

- 脏数据
- 丢失数据
- 数据不一致
- 数据未整合
- 错误的粒度
  - —太小
  - —不够小
- 太多数据
  - —太多属性
  - —太多数据点

问题数据称为**脏数据**（granularity）。例如，B 代表客户性别，213 代表客户年龄。再如 999-999-9999 代表美国电话号码，“gren”表示一个零部件的颜色，WhyMe@GuessWhoIAM.org 代表邮箱地址。图表 9－6 中单位的值为零就是脏数据。从 BI 的目的来看，所有这些值都是有问题的。

源数据包含丢失的元素。图表 9－6 中的联系方式就是一个典型的例子。订单中没有联系方式也是可以发货的，有许多丢失数据导致数据的质量不同。对于购买的数据，大部分数据供应商都会声明，它们所销售数据中每个属性缺失数据的比例。一个组织为了某些用处购买这些数据，有一些数据比没有数据要强。特别是一些数据项的值很难获得，比如家庭中的成年人数量、家庭收入、房屋类型、主要收入者的学历。但是也需要小心，对于一些 BI 应用，即便缺失或者错误的数据很少，也会使分析出现严重的偏差。

图表 9－14 中的第三个问题是数据不一致，随着数据的不断收集，数据不一致十分常见。例如，当一个电话的区号改变时，一个客户的电话号码就会在区号修改前后不一致。同样，零件编码可以改变，销售地区也可以改变。在研究中，在数据可以使用之前，为了数据的一致性需要对数据重新编码。

一些数据不一致是业务活动的性质造成的。一个基于网络的订单输入系统可以被客户在世界各地使用，当网络服务器记录订单的时间时，使用到时区了吗？服务器的系统时间和客户的行为分析是不相关的。协调通用时间（格林尼治标准时间）也是没有意义的。网络服务器的时间必须调整为客户所在的时区时间。

另外一个问题是数据未整合。一个特别的 BI 分析需要的数据可能来自一个 ERP 系统、一个电子商务系统和一个社交网络应用。分析师希望将组织的数据和购买的数据结合在一起。这样的数据采集可能具有在主键 / 外键关系中未显示的关系。在数据仓库中以某种方式整合这些数据是数据仓库中员工的职责。

数据还具有粒度上的错误，**粒度**（granularity）是指数据所呈现出来的详细的程度。粒度可以很精细或者很粗糙。对于前者，假设我们想分析图片的位置和控制订单输入网页。从点击流数据中可以获得用户的点击行为，但是这些数据包括用户在这个网页上的所有行为。在订单流的中间是点击消息、邮件、即时聊天和天气预报的数据。虽然所有的浏览数据对我们研究客户的行为都是有帮助的，但是如果我们想要知道所有的客户对屏幕上的广告位置的反应，数据量就会很大。为此，数据分析师必须舍弃数百万的点击数据。

数据也可能会很粗糙。例如，一个区域销售额的文件不能用来研究区域中某个商店的销售额，一个商店的总销售额不能用来决定商店中特定商品的销售额。相反，我们需要获得足够精细的数据来产生低层次的报告。

一般来说，数据的粒度精细比粗糙要好。如果粒度太精细，通过汇总和合并可以使数据变粗糙。这是团队对图表 9 – 6 中的销售数据所做的操作。以年份记录的销售数据对于团队的需求来说太详细，因此团队对这些年的数据做了汇总。但是，如果粒度太粗糙，就没有办法把数据细分。

图表 9 – 14 中列出的最后一个问题是有太多的数据。如图表 9 – 14 所示，要么有太多的属性，要么有太多的数据点。回想一下第 5 章中的讨论，表中可以有很多行或者列。

有太多数据的第一种情形：太多的属性。假设我们想知道影响客户对促销的反应的因素。如果我们合并内部的数据和购买的数据，就会有 100 多个数据属性需要考虑。我们怎样从中选择？在一些情况下，分析师可以忽略他们不需要的列。但是在更加复杂的数据挖掘分析中，很多数据属性是有问题的。因为有一个现象被称为维度灾难，数据属性越多，越容易建立一个适合样本数据的模型，这样模型用于预测时就会非常糟糕。还有其他充分的理由来减少数据属性的数量，在数据挖掘中最重要的一个活动是有效且高效地选择数据属性。

有太多数据的第二种情形是有太多的数据点——数据有太多行。假设我们想分析 CNN.com 网站的点击流数据。网站每个月的点击量有多少？亿万次！为了有意义地分析这些数据，我们需要减少数据的数量。解决此问题的一个很好的方案是统计抽样。在这种情形下，组织应主动提供数据。

数据仓库 vs. 数据集市

数据集市（data mart）是数据的集合，比数据仓库规模小，用来满足特定的部门或者业务的功能区。为了理解数据仓库和数据集市的不同，可把数据仓库看成是供应链中的一个分销商。数据仓库从数据制造者（业务系统或者其他的资源）中得到数据，清洗和处理数据，把数据放在货架上，因此而得名。处理数据仓库的数据分析师擅长数据管理、数据清洗、数据转换、数据关联等。但是在某个特定的业务功能中，他们常常并不是专家。

如果数据仓库是供应链中的分销商，那么数据集市就像供应链中的零售商店。数据集市中的用户从数据仓库获得与特定业务功能相关的数据。这样的用户没有数据仓库员工所拥有的数据管理专长，但他们是特定业务领域知识渊博的分析师。

图表 9 – 15 说明了这些关系。在这个例子中，数据仓库从数据生产者手中提取部

分数据，然后把数据分发给三个数据集市。第一个数据集市用来分析点击流数据，以设计网页。第二个数据集市用来分析商店的销售数据，确定哪些产品适合一起购买。这个信息用来培训销售员以最好的方式向客户追加销售商品。第三个数据集市用来分析客户订单数据，以减少从仓库中分拣商品的劳动力。例如，像亚马逊这样的公司努力整理它的仓库来减少分拣商品的成本。

图表9-15 数据集市示例

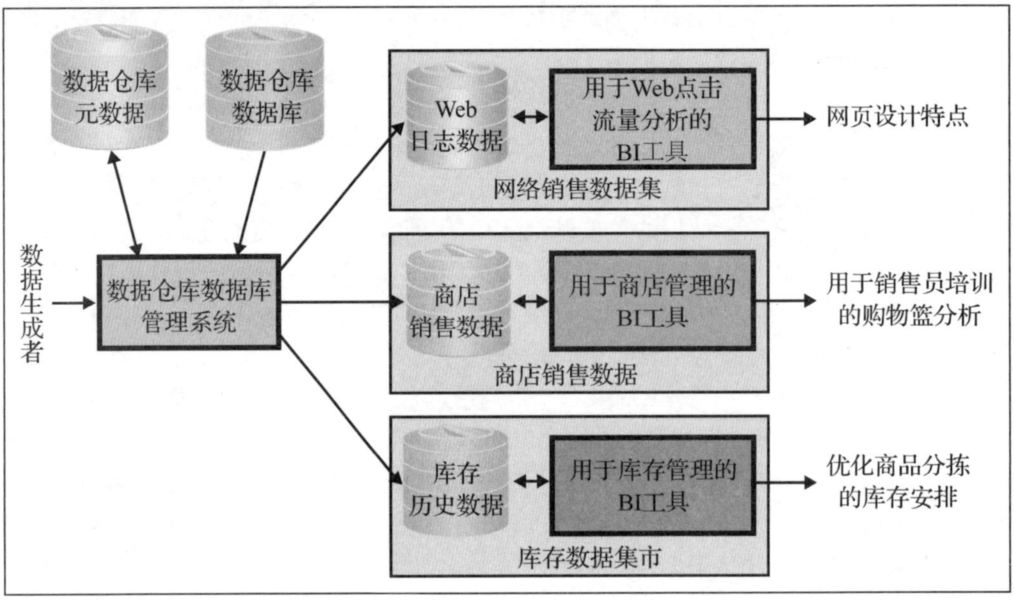

你可以想象，创建和管理数据仓库和数据集市、雇用工作人员的成本很高。只有财力雄厚的大公司才担负得起如图表9-12所示的一个系统。小型组织运营这个系统的一个子集，但是它们必须想办法解决数据仓库能够解决的基本问题，即使这些方法是非正式的。

Q9-4 处理商务智能数据的三种技术是什么？

图表9-16总结了三种基本的BI分析类型的目标和特点。一般来说，报告分析用来创建关于过去业绩的信息，然而，数据挖掘主要用来大量分类和预测。也有例外的情况，这些陈述都是合理的经验法则。大数据分析用来发现数据中的模型和关系，这些数据产生于像社交媒体网站或Web服务器日志等来源。如图表9-16所示，大数据技术也包括报告和数据挖掘。考虑每种类型的特点。

图表9-16 三种BI分析类型

BI分析类型	目标	特点
报告	创建关于过去业绩的信息	通过整理、分类、汇总、筛选和格式化来处理结构化数据
数据挖掘	分类和预测	利用复杂的统计技术来发现模型和关系
大数据	在大数据中发现模型和关系	大量、高速和多样性迫使组织使用MapReduce技术，一些应用也使用报告和数据挖掘

报告分析

报告分析（reporting analysis）是整理、分类、汇总、筛选和格式化结构化数据的过程。**结构化数据**（structured data）是按行和列的形式构成的数据。大部分时候在关系型数据库中结构化数据意味着数据表，但是也可以指电子数据表。

Q9－2 中的零部件分析是报告分析的一个例子。另一个类型的报告是**异常报告**（exception report），指当一些事情超过预定义的边界时所产生的报告。Q9－1 中讨论的及时注射推荐就是异常报告的一个例子。

在过去，报告需要打印出来，因此是静态的。但是随着可移动系统使用量的增加，很多报告可以是动态的。

数据挖掘分析

数据挖掘（data mining）应用统计技术从数据中发现模型和关系，用于分类和预测。数据挖掘技术产生于统计学、数学、人工智能和机器学习等学科的结合。

大部分数据挖掘技术很复杂且很难应用，但是这些技术对组织而言是有价值的。一些业务人员（特别是财务和营销人员）在使用过程中已经成为这方面的专家。事实上，对于这些深入了解数据挖掘技术的业务人员来说，现在有很多有趣的和有价值的职业。

数据挖掘技术分为两大类：无监督的和有监督的。下面分别介绍。

■ 无监督数据挖掘

在**无监督数据挖掘**（unsupervised data mining）中，分析师在分析之前不用创建一个模型或者假设，而是对数据应用数据挖掘技术，观察结果。利用这种方法，分析师在分析后提出假设来解释发现的模型。

应用最普遍的一种无监督技术是**聚类分析**（cluster analysis）。通过聚类分析，利用统计技术可识别实体中具有相似特征的群体。聚类分析最常见的一个应用是从客户订单和人口统计数据中发现相似的客户群体。

例如，假设通过聚类分析发现了两个非常不同的客户群体。一个群体的平均年龄是 33 岁，拥有一台笔记本电脑、两部安卓手机、一个 iPad、一个 Kindle 阅读器，驾驶昂贵的 SUV 汽车，倾向于购买昂贵的儿童娱乐设备。另一个群体的平均年龄是 64 岁，拥有别墅，打高尔夫球，购买昂贵的葡萄酒。这一分析还发现两个群体都购买了高档的儿童服装。

这些发现仅通过数据分析获得。现有的模型和关系并没有先验模型。在分析结束后，由分析师建立假设来解释为什么两个群体都购买高档的儿童服装。

■ 监督数据挖掘

通过**监督数据挖掘**（supervised data mining），数据挖掘人员在分析之前建立一个模型，利用统计技术处理数据来估计模型的参数。例如，一家通信公司的营销专家认为，手机在周末的使用情况取决于用户的年龄和用户拥有此手机号的月份数。数据挖掘分析师会进行一项分析来估计用户和启用号码时间的影响。测量一组变量对其他变量产生的影响的分析称为**回归分析**（regression analysis）。手机号的一个样本的分析结果如下：

$$\text{周末手机使用分钟数} = 12 + (17.5 \times \text{用户年龄}) + (23.7 \times \text{启用号码月份数})$$

利用上式，分析师可以预测周末手机使用时间。

正如你在统计学课程中学到的，解释模型的质量需要相当多的技巧。回归分析工具可以创建一个方程式，如上所示。方程式能否很好地预测手机使用情况，取决于许多统计因素如 *t* 值、置信区间和相关统计技术。

大数据

大数据（BigData）是一个用来形容具有数量庞大、速度较快和类型繁多等特点的数据采集的术语。从数量来看，大数据是指数据集的规模至少是 1PB，通常更大。一个包含美国某一天的所有谷歌搜索数据的数据集在规模上是大数据。另外，大数据具有较快的速度是指数据产生的速度很快。这些谷歌搜索数据仅仅是一天产生的。在过去，产生这么多数据需要几个月或者几年。

■ MapReduce

大数据数据量大、速度快且类型多，不能利用传统的技术来处理。**MapReduce** 是一个利用成千上万的计算机来并行工作的技术。其基本原理是将大数据分为很多小的部分，成百上千的独立的处理器搜索这些数据中有趣的东西。这个过程称为 Map 阶段。在图表 9－17 中，例如，一个数据集包含谷歌的搜索日志，被分为很多小的部分，每个独立的处理器被指示搜索和统计搜索关键词。当然，该图表中只展示了数据的很小一部分；你可以看到以 H 开头的关键词的一部分。

图表 9－17 MapReduce 过程汇总

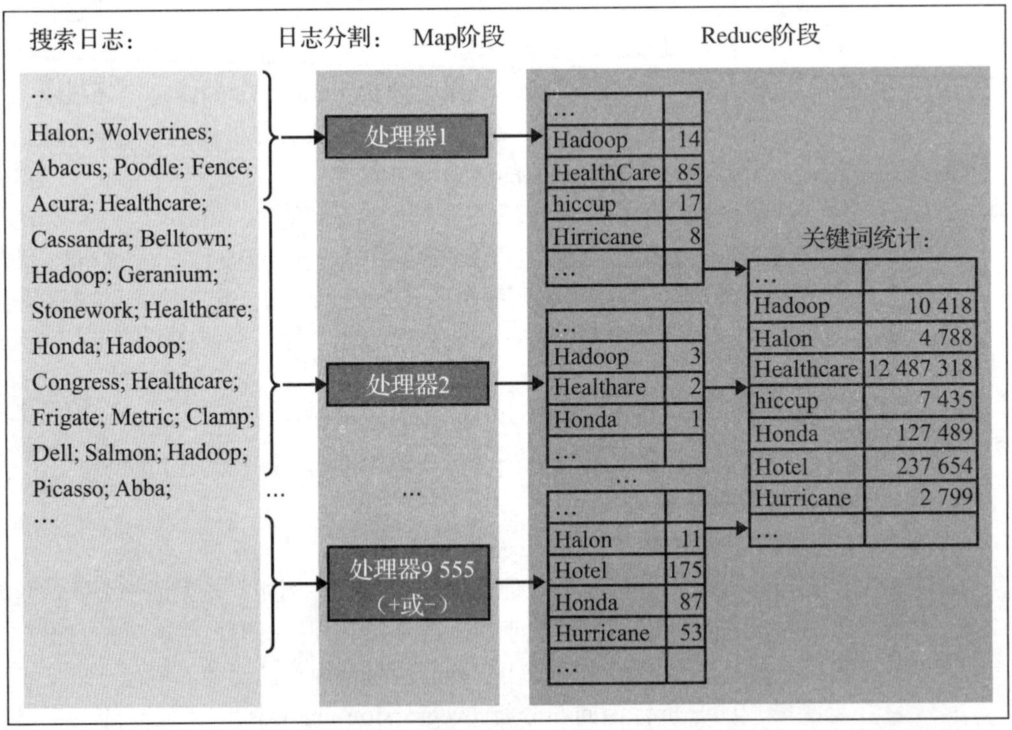

随着处理器完成搜索，所有结果被合并到一起，这一过程称为 Reduce 阶段。最后得到某一天搜索的所有术语的列表及每个术语的统计数。这个过程比这里描述的复杂得多，但这是这个原理的要点。

你可以浏览 Google Trends 来查看 MapReduce 的应用。你可以得到某个术语或某些术语的搜索数量的趋势线。图表 9－18 比较了词语 Web2.0 和 Hadoop 的搜索趋势。在 www.goole.com/trends 网站上输入术语 Big Data，BigData 和 data analytics，看看为什么现在是了解它们的时机。

图表 9－18　术语 Web2.0 和 Hadoop 的谷歌趋势图

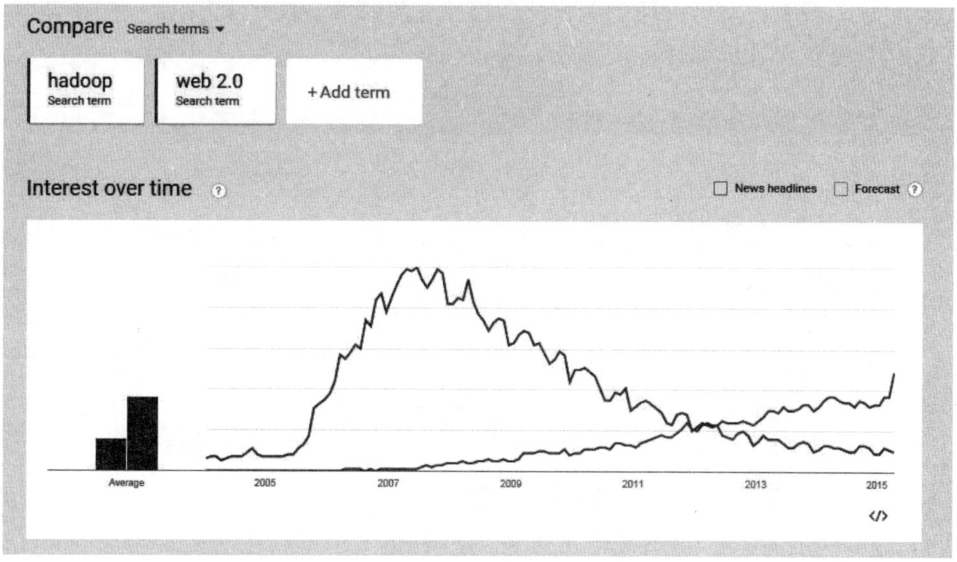

资料来源：Google and the Google logo are registered trademarks of Google Inc. Used with permission.

■ **Hadoop**

Hadoop 是由 Apache 基金会[6]支持的一个开源项目，管理数千台电脑来运行 MapReduce。Hadoop 推动发现和计算谷歌搜索术语，但是谷歌用户使用自己的 MapReduce 版本来做这些。

Hadoop 最初是 Cassandra 的一部分，但是 Apache 基金会把它分离出来成为自有产品。Hadoop 是用 Java 编写的，最初在 Linux 上运行。一些公司在自我管理的服务器群上运行 Hadoop，另一些公司在云端运行 Hadoop。亚马逊支持 Hadoop 作为其 EC3 云计算服务的一部分。微软在它的 Azure 平台上提供 Hadoop，作为一项服务并称之为 HDInsight。Hadoop 包括称为 **Pig** 的查询语言。

目前，需要使用较高的技术技巧来运行和使用 Hadoop。从这些年其他技术的发展来看，很可能高水平的、容易使用的产品将会在 Hadoop 上运行。目前，需要了解的是编程专家需要使用 Hadoop；但是，你或许会参与规划大数据的研究或者解释结果。

大数据分析包括报告和数据挖掘，但是，大数据具有数据量大、速度快、数据类型多等特点，远远超过了传统的报告和数据挖掘。

无论分析使用的是报告、数据挖掘还是大数据技术，最终的结果分发到合适的用户手中才有价值。下面将介绍这个主题。

Q9-5 有哪些商务智能发布途径可供选择？

因为BI的结果具有价值，它们需要在正确的时间分发到正确的用户手中。在这个问题中，我们将讨论可选择的主要的发布途径、BI服务器的功能、Web服务器的一个特殊类型。

BI发布方案的特征

图表9-19列出了BI发布的四个可选方案。静态报告是BI文档，在创建时形成，没有改变。打印的销售分析报告是静态报告的一个例子。在BI环境下，大部分静态报告通过PDF文档发布。

图表9-19 BI发布方案

服务器	报告类型	推送选项	需要的技术水平
电子邮件或者协作工具	静态	手动	低
Web服务器	静态 动态	通告/RSS	静态的低 动态的高
SharePoint	静态 动态	通告/RSS	静态的低 动态的高
BI服务器	静态 动态	通告/订阅RSS	高

动态报告（dynamic reports）是指BI文档可以在需要时进行更新。用户在Web服务器上得到的目前的销售分析报告就是一份动态报告。在大部分情况下，在交付给用户报告时，发布动态的报告需要BI应用访问数据库或者其他数据资源。

BI如何用于证券交易？

20世纪70年代以来，一直有传言说大型计算机会在华尔街附近的普通办公室用于对智能股票交易进行分析。它们发挥作用了吗？谁知道呢？如果你发现美元对欧元汇率的下降影响了3M公司的股票价格，你会公布吗？不会，你会交易股票，并希望没有人注意到这种相关性。如果你的对冲基金开发出一个模型失败了，你会公布吗？不会。由于缺乏数据，无法对基于模型的交易的成败进行研究（也不可能这样做）。

然而，众所周知，像苏联物理学家亚历山大·米格达尔（Alexander Migdal）这样的交易员，通过他创办的一家高频交易公司赚了数百万美元。[7] 这家公司和其他类似的公司从成百上千的自动化交易中赚取小额利润。[8] 遗憾的是，这些高频交易给市场造成很大的压力，导致2007年和2008年股市崩盘。[9] 如果稍微控制一下，这样的交易仍然可以继续。

批评者认为，市场上有太多的干扰因素，任何可靠的预测分析都无法发挥作用。例如，影响3M股票价格的因素有：全球汇率、油价、整个股票市场、最近的专利申请、即将到期的专利、员工和客户的推文、产品缺陷——这样的例子不胜枚举。没有哪个模型可以解释如此复杂的情况。

可以做到吗？

如今，一类新的定量研究正利用大数据和商务智能来分析大量的来源广泛的数据。这些应用可以用来建立和评估投资战略。Two Sigma公司（www.twosigma.com）走在这类定量分析的前沿。该公司称，它分析了大量的数据，包括公司财务报表、公司发展的新闻、推特上的活动、天气预报和其他数据。通过这些分析，它开发和检验了投资战略。[10]理论上，它们可以模拟影响像3M公司股票的所有因素。

Two Sigma公司实施了以下五步：

1. 获得数据；
2. 建立模型；
3. 评估模型；
4. 分析风险；
5. 下单交易。[11]

有效吗？Two Sigma和其他公司声称有效。我们很期待。

我们可以提出一个重要的观点：对于普通投资者来说，在股市好转前买入股票或者在股市下跌时卖出股票，从来都不是一件简单的事，一些人会说永远不可能做到。但是今天如果你这样做，你不仅要打败市场，还要和Two Sigma公司、拥有数百名博士和大量计算机的公司、大量类似的公司竞争。对于大多数人来说，Vanguard公司创始人约翰·博格尔（John Bogle）所言是正确的：买指数基金，投入你6%的资金，30年之后将增长近6倍。

［问题］

1. 考虑两个上市公司：苹果和阿拉斯加航空公司。列出10个影响这两只股票价格的因素。这些因素可能不同。

2. 选择问题1中的一个公司，简述你选择的10个因素怎么影响股票的价格。

3. 对于问题2中你回答的这些因素，列出用以测量每个因素的数据来源。在处理这些数据时大数据起到什么作用？

4. 如果你有问题3中的数据，你将怎么做来决定每个因素对股票价格的影响大小？你将采用哪些BI技术？

5. 假设你已经使用BI回答了问题4，并且现在有一个有关10个因素怎样影响股票价格的模型，你怎么确定模型的优劣？你怎么知道你选择的这10个因素是正确的？

6. 假设可以获得所需要的数据，建立一个预测股票价格准确率为51%的模型。这是一个有用的模型吗？你需要什么来使这个模型变得有效？

7. 假设你误判了你的模型，它的准确率只有49%，将会发生什么？

8. 总结你从这个练习中学到了什么。

图表9-19中每个服务器的拉动选项是一样的。用户登录网站，点击链接（或者打开邮箱），然后获得报告。因为对于四类服务器而言，拉动选项都是一样的，所以没在图表9-19中显示。

推送选项因服务器类型不同而变化。对于电子邮件或者协作工具，推送是手工完成的；一些人认为，一个经理、一个专家或者一个管理人员写一份邮件，将报告作为一个附件（或者链接到协作工具的URL），发送给对这份报告感兴趣的用户。对于Web服务器和SharePoint，用户可以创建通告或者订阅RSS，当内容创建或者修改时，到某个时间点、在特定时间段内，获得推送内容。SharePoint的工作流也可以推送内容。

BI服务器扩展通告/RSS的功能来支持用户**订阅**（subscriptions），用户可以要求获得特定时间表或者对某个事件的回应的BI分析结果。例如，用户可以订阅每天的销售报告，要求每天早上发送。或者用户在服务器上发布新的结果时请求交付销售报告，或者销售经理在他的区域销售额超过100万美元时收到销售报告。

创建一个发布应用程序的技术可高可低。对于静态的内容，只需很少的技术。BI作者创建内容，发布者（通常是同一个人）把内容附加到电子邮件上或者放在

Web或SharePoint站点。发布动态的BI更加困难。发布者需要建立一个数据库，以便访问文档。在有Web服务器的情况下，发布者需要开发程序或者让程序员编程。在有SharePoint和BI服务器的情况下，程序代码并不是必需的，需要创建动态的数据连接，这个任务并不适合技术上胆小的人。你需要超出本课程的知识来开发动态的BI方案。如果你选修了一些信息系统课程或者主修信息系统，你应当能够做到。

BI服务器的两个功能是什么？

BI服务器（BI server）是一种Web服务器应用，主要用来发布商务智能。Microsoft SQL Server Report Manager（Microsoft SQL Server Reporting Services的一部分）是目前最有名的此类产品，除此之外还有其他的产品。

BI服务器有两个主要的功能：管理和交付。管理功能维护经授权向用户分配BI结果的元数据。BI服务器跟踪有价值的结果，授权哪些用户可查看这些结果，追踪向这些用户提供结果的日程。根据可获得结果的改变和用户的进出，BI服务器可调整分配。

如图表9-20所示，任何BI服务器需要的全部管理数据都存储在元数据中。当然，这些数据的复杂性取决于BI服务器的功能。

图表9-20 一般的商务智能系统的组成部分

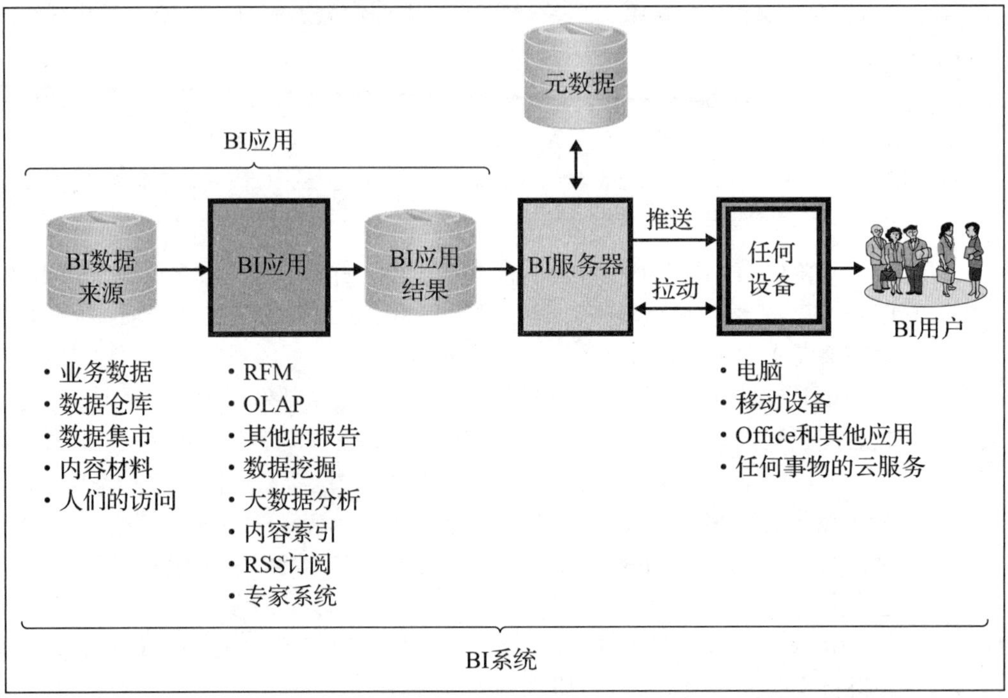

BI服务器利用元数据来决定在什么时间将什么结果发送给哪些用户。今天，期望BI结果可以发送到任何设备。在实践中，这些设备包括电脑、移动设备、像Microsoft Office这样的应用以及云服务。

本章的知识对你有何帮助?

作为未来的商务人士，你会发现商务智能是一项重要的技能。根据普华永道会计师事务所的调查研究，50% 的美国 CEO 认识到在数据分析（商务智能）中数字技术的高价值。80% 的公司称数据挖掘和分析对组织具有战略重要性。[12] 2014 年，高德纳公司（Gartner）发现 CEO 认为数字化营销（商务智能的核心）是技术投资的首要任务。投资公司估计营销技术的支出将从 2014 年的 120 亿美元增长到 2026 年的 1 200 亿美元。你将会了解，商务智能是这种营销技术的最关键的技术支持。[13]

本章向你介绍了这个越来越重要的商业学科的基础。你了解了 BI 分析的三个阶段，也学习了获取、处理和发布商务智能的常见技术。这些知识让你能够想象创新性地利用你公司产生的数据，了解这些应用的缺点。在 PRIDE Systems 公司的例子中，本章学到的知识会帮助你了解正在产生的数据的可能应用。如果 PRIDE 成为拥有数百万用户的成功产品，你会了解到大数据技术可以用来分析每分钟的锻炼数据。然而寻找一个有价值的 BI 应用取决于你！

道德指南

看不见的网络狗仔

数据代理（data broker）或者**数据聚合器**（data aggregator）是从公共记录、零售商、互联网 cookie 供应商、社交媒体追踪器和其他来源获得和购买消费者数据及其他数据，形成商务智能并出售给企业和政府的公司。Datalogix 和 Acxiom 是两家非常优秀的数据代理公司。

数据代理拥有大量的数据。据《纽约时报》报道，到 2012 年 6 月，Acxiom 已使用 23 000 个服务器来处理 5 亿消费者的 50 万亿笔交易数据。对于某些消费者，甚至存储了超过 15 000 个数据点。[14]

数据代理如何处理这些数据呢？如果你只在有很大的折扣时才会在周五晚上在线买一份比萨，那么数据代理或者数据代理的客户就会在周五早晨给你发比萨优惠券。如果你经常在当地的杂货店用客户忠诚度卡购物如大袋的薯片，数据代理或者数据代理的客户就会寄给你薯片优惠券或者其他经常与薯片一起购买的零食。正如 Q9 - 1 中讨论的，如果你突然开始购买某些乳液和维生素，数据代理就会知道你怀孕了。

美国联邦法律对于收集和使用医疗和信贷数据有非常严格的限制，对于其他数据则没有限制。理论上，数据代理可以让你查看关于你的数据，但是实际上很难学会如何请求获得数据。此外，这个过程很折磨人。最后，公布的数据仅限于诸如姓名、电话号码、现在及以前的地址等无害的数据。[15] 如果没有一种简单的方法来查看你所有的数据，将很难验证其准确性。

然而更大的担忧是如何处理数据。这些公司使用何种数据分析技术？这些技术的准确性和可靠性如何？如果数据代理对你在周五晚上买比萨做出了错误预测，谁会在乎？但是如果数据代理做出了错误预测，认为你是个恐怖分子，就糟糕了。数据代理对这些问题保持沉默。

讨论题

1. 使用康德的绝对命令原则来评估道德行为：假设你的行为是一个普遍规律。作为实验，如果你愿意在《纽约时报》发布你的行为，那么你的行为符合绝对命令原则。

a. 考虑这个实验的逆方向。如果你不愿意在《纽约时报》发布你的行为，这是不道德的吗？（或者考虑另一种说法：当且仅当你愿意在《纽约时报》发布你的行为时，你的行为才是道德的。）

b. 考虑问题 a 中的答案，如果数据代理不愿意说出它收集了何种数据、如何处理数据，可以认为其行为是不道德的吗？解释你的答案。

2. 利用购买的目标市场数据来进行商务智能分析似乎是无害的。是吗？从绝对命令原则和功利主义的角度评估以下情况。

a. 从遗传因素、习惯、缺乏教育或者其他因素来看，有些人容易吃过多的垃圾食品。关注这部分细分市场的垃圾食品销售数据，数据代理或者数据代理的客户使得肥胖现象增加。它们的行为是道德的吗？

b. 数据代理声称它们可以根据消费者行为数据可靠地推测消费者的种族。假设它们确定某个少数族裔相比其他种族更容易上大学。相应地，它们会更加关注针对这个群体的大学准备材料、奖学金、大学申请等的营销。随着时间的推移，这个群体将被引导至积极的决策中（假设上大学是积极的），其他种族则不会。这种行为区分种族了吗？这是道德的吗？

3. 假设数据代理准确地识别出你的奶奶沉迷于在线游戏。通过商务智能得知此类游戏玩家很可能会在线赌博。数据代理将你奶奶的数据提供给了一个在线赌博供应商。奶奶输掉了所有的积蓄，包括为你存的大学学费。

a. 数据代理的行为是道德的吗？

b. 假设数据代理说："看，这不关我们的事，是我的客户——在线赌博供应商——造成了这个问题。"数据代理的说辞能避开伦理问题吗？

c. 假设在线赌博供应商说："看，这不关我们的事，是你奶奶自己的事。我们提供了公平诚实的比赛。如果你奶奶喜欢玩获胜率很低的游戏，要阻止她。"假设你的回答是游戏公司利用获胜率很低的游戏提供了情感上的回报。数据代理的说辞能避开伦理问题吗？

4. 1974 年的《隐私法案》禁止美国政府存储公民的多种类型数据。然而，法案没有禁止它从数据代理那里购买商务智能。如果政府购买了基于禁止存储的数据的商务智能服务，政府的行为是道德的吗？从绝对命令原则和功利主义的角度来回答。

指南

语义安全

安全是一个非常棘手的问题，风险每年都在变大。我们不仅拥有更加便宜、快速的电脑（记住摩尔定律），还拥有更多数据、更多用于报告和查询数据的系统，以及更方便、快捷、广泛的通信。我们在云上拥有物理上不受我们控制的组织数据。所有这些增加了隐私或者私人信息被泄露的可能。

访问安全很难做到：我们如何知道签名是梅甘·乔的人是真的梅甘·乔？我们使用密码，但是密码文件可能被盗。暂且不谈这个问题，我们需要知道梅甘是否拥有合适的权限。假设梅甘在人力资源部门工作，她有权访问其他员工的个人和隐私数据。我们需要设计一个报告系统，以便梅甘可以访问支持她工作的所有数据，而不包括其他数据。

同时，传输系统必须是安全的。对于任何入侵者来说，BI 服务器都是一个明显诱人的目标。有人可以闯入并更改访问权限。黑客可以冒充别人来获得报告。应用服务器帮助授权用户更快地获取更多的信息。但如果没有正确的安全报告，未经授权的用户可以轻松入侵。

所有这些问题与访问安全有关。安全的另一个维度——**语义安全**（semantic security）同样非常严重且有更多问题。通过发布不受保护的独立的报告和文档的组合，语义安全关注未发布的受保护信息。数据三角也是指这个现象。

举一个课堂的例子。假设我分配一个小组项目，我要公示每一个小组的名单以及分配到每个小组中的学生名单。在作业完成并且打分之后，我把成绩公示在网上。由于大学的隐私政策，我不能按学生姓名或编号来公布分数。你们要做的就是把第5讲与第10讲的成绩整合成一个清单。你可能会说，这个例子中的成绩无关紧要，毕竟，这只是作业成绩。

回到人力资源部门梅甘的例子。假设梅甘需要评估员工薪酬。首席运营官认为，员工的工资待遇一直以来都不一致，而且部门之间的薪酬差距非常大。因此，首席运营官授权梅甘接收一份包含薪资总额和入职日期清单的报告，一份包含部门及其平均薪资清单的报告。

这些报告与她的工作相关，看起来无伤大雅。但是梅甘意识到她可以利用报告中决定个人薪资的信息，这些信息是她之前没有权限获取的。她的收获如下。

与所有员工一样，她拥有权限访问门户网站上的员工目录。利用这份目录，她可以获得每个部门的员工清单，利用报告－授权系统，她将部门人员清单和平均薪资报告结合起来。现在她有了每个部门的员工名单和部门平均薪资。

梅甘的雇主欢迎新员工来到公司。公司每周会发布关于新员工的文章。文章中对每位新员工给予赞美并且鼓励老员工欢迎新员工。

然而梅甘有其他的想法。报告是在门户网站上发布的，她可以拷贝电子版。这是份Acrobat报告，利用Acrobat的查询功能，她很快就获得了员工名单及其雇佣日期。

她对这些报告进行研究并给出了解释。在7月21日那周，公司发出三份录用通知，薪资分别是：35 000美元、53 000美元、110 000美元。她同时在新员工报告中看到，一个营销策划主管、一个产品测试工程师和一个接待员在同一周被雇用。公司不可能给一个接待员提供110 000美元的薪资，这更可能是营销策划主管的薪资。因此，她现在知道（推测）出这个人的薪资。

接下来，回到部门报告，在员工目录中她看到营销总监属于营销策划部门。该部门只有3名员工，平均薪资是105 000美元。经计算，她知道另外两个人的平均薪资是102 500美元。如果她能找到其中一人的雇佣日期，就能知道两个人的薪资。

你明白了吧。梅甘仅拥有两份用于工作的报告。然而，她结合所有这些报告中公开的信息，就可以推测出一些员工的薪资。这些薪资信息是她本不应该知道的。这是一个语义安全问题。

讨论题

1. 用你自己的话解释访问安全和语义安全的区别。

2. 为什么报告系统增大了语义安全问题的风险？

3. 一个组织如何在由于语义安全问题带来的意外损失中保护自己？

4. 一个组织有哪些法律责任来应对语义安全问题？

5. 假设语义安全问题是不可避免的。保险公司可以有新的产品吗？如果有，描述这个保险产品。如果没有，解释原因。

本章回顾 ▶▶▶

在本章回顾中，通过回答本章的研究问题来检查你对观点和概念的理解。

Q9-1 企业怎么利用商务智能系统？

给出了商务智能和BI系统的定义。解释了图表9-1中的各个元素。举了一个例子说明组织怎么把商务智能用于图表9-2中的四项协作任务。

Q9-2 商务智能过程中三个主要的活动是什么？

描述BI分析过程中的三个主要活动。总结零部件分销公司的团队怎么利用这些活动来产生BI结果。

Q9-3 企业怎么使用数据仓库和数据集市来获得数据？

描述数据仓库和数据集市的要求和功能。指出数据仓库的各个组成部分并描述其功能。列出和解释在数据挖掘和复杂的报告所用到的数据中出现的问题。利用供应链的例子来描述数据挖掘和数据集市的不同之处。

Q9-4 处理商务智能数据的三种技术是什么？

描述三种主要技术的名称。陈述每种技术的目标和特点。给出结构化数据的定义。概述数据挖掘。解释监督数据挖掘和无监督数据挖掘的区别。指出报告分析和数据挖掘的区别。描述大数据的特点。描述MapReduce怎样工作，解释Hadoop的用途。

Q9-5 有哪些商务智能发布途径可供选择？

发布商务智能所使用的四类服务器是什么？说明静态报告和动态报告的不同之处。解释术语订阅。描述为什么生成动态报告比较困难。

本章的知识对你有何帮助？

总结本章的知识并解释未来作为一个商务人士你怎么利用它。解释你的知识对PRIDE项目的用处，描述大数据和PRIDE的一个应用。

运用你的知识 ▶▶▶

1. 用自己的话解释Q9-2中的销售分析团队怎么实施他们设定的五个标准。在回答时利用Q9-2中的数据和图表。

2. 在Q9-2中销售分析团队创建了一个查询，连接筛选的零部件和过去的销售数据（选中零部件的销售历史）。解释为什么查询的结果并没有让人看到销售零部件设计的希望。鉴于这些结果，团队需要考虑改变标准吗？如果需要，怎么做？如果不需要，为什么？

3. 根据选中的零部件在销售历史中的查询结果，列出三个公司可以采取的行动。推荐这些行动中的一个，并证明你的推荐。

协作练习 ▶▶▶

和你的团队一起建立协作信息系统，可以使用Google Docs，SharePoint或者其他协作工具。不要忘记过程步骤和团队训练。现在，使用信息系统回答下面的问题。

如果你未阅读本章末的案例研究，请先阅读。不可否认，第三方cookie为在线卖家提供了优势。它们增加了用户收到接近自己兴趣的在线广告的可能性，因此，第三方cookie也可以为用户提供服务。但其代价是个人隐私吗？如何应对？和你的团队合作，回答以下问题：

1. 总结第三方cookie的创建和处理方法。cookie应该不包含个人的身份数据，解释这些数据怎么被轻松获取。

2. 很多浏览器的特征、外接程序和其他工具会阻止第三方cookie。寻找阻止第三方cookie的网页，填入你的浏览器的名称和版本。阅读指示，并总结你查看一个特定的网站产生的cookie的过程。

3. 在很大程度上，广告为免费使用网络内容甚至网站本身付费。由于担心个人的隐私，很多人阻止了第三方cookie，这会使广告收益受损。和你的团队讨论这会怎么影响脸书和其他依靠广告收入的公司的估值。讨论这会怎样影响由《福布斯》或者其他的免费在线内容提供商提供的在线内容的传递。

4. 许多公司都和第三方cookie有利益冲突。一方面，这些cookie可以帮助产生利润，向网络内容支付费用。另一方面，侵犯用户的隐私可能变成公关灾难。如你从问题2的答案中了解的，浏览器包括阻止第三方cookie的选项。但是，在大部分情况下，这些选项在浏览器安装时是默认关闭的。讨论为什么会这样。如果站点在安装第三方cookie前需要获得你的许可，你怎么确定是否授权？列出你们团队认为你会实际使用的标准（和你们团队认为你应当怎么做相反）。评估该政策的有效性。

5. 第三方cookie的处理是隐蔽的，我们不知道在幕后会怎么使用我们的行为数据。因为有这么多cookie，涉及很多参与者，即使这些描述是可用的，也很难理解可能性。如果你的隐私被七家独立的公司的互动所损害，哪一家应该承担责任？为客户总结这些事实的后果。

6. 总结第三方cookie对客户的好处。

7. 考虑你学到的所有关于第三方cookie的知识，你的团队认为需要对第三方cookie做些什么？可能的回答是：a. 什么也不做；b. 需要网站在安装第三方cookie前询问用户；c. 需要浏览器阻止第三方cookie；d. 需要浏览器默认阻止第三方cookie，但是允许用户进行选择；e. 其他。在你的团队中讨论这些选择。验证你们的推荐。

案例研究 ▶▶▶

安装信息记录截取程序

cookie是网站存储在电脑中的数据，用于记录电脑和你的交互。cookie可能包括许多数据，例如你最后一次访问的日期（不管你最近是否登录）或者你和网站交互的一些事情。cookie也可以在数据库的一个或者更多表中包含一些关键值，该数据库被服务器公司用来保存你过去的交互记录。在这种情况下，当你访问一个站点时，服务器利用cookie的值来查找你的历史。这些数据包括你过去的购买记录、部分未完成的交易，或者你想要的网页外观和数据。大多数时候，cookie可以减少你和网站的交互。

cookie数据包括cookie所有者的网站的URL。例如，当你访问亚马逊时，它会要求你的浏览器在你的电脑上放置一个cookie，包括它的名字www.amazon.com。你的浏览器会这么做，除非你关掉它。

第三方cookie（third-party cookie）是由你访问的站点以外的站点创建的cookie。这样的cookie以多种方式生成，但是最常见的情形出现在网页包含多个来源的内容时。例如，亚马逊设计它的网页，使一个或者多个部分包含广告服务公司 DoubleClick 提供的广告。当浏览器构建你的亚马逊网页时，它会联系 DoubleClick 来获得这部分内容（在这个案例中是广告）。当它对内容做出回应时，DoubleClick 会命令你的浏览器存储 DoubleClick 的 cookie。这个 cookie 就是第三方 cookie。一般来说，第三方 cookie 不包含用于识别特定用户的名称或者任何值。相反，它们包括所交付内容的 IP 地址。

当浏览器创建 cookie 后，DoubleClick 会在自己服务器上的日志中记录这些数据，如果你点击广告，它会把这一事实记录到日志中，当 DoubleClick 展示一条广告时会重复记录。cookie 的有效期由 cookie 的创建者设定，可以持续很多年。因此，随着时间的推移，DoubleClick 和其他第三方 cookie 的所有者将拥有它们展示的内容、点击的广告、交互之间的时间间隔等历史数据。

但是 DoubleClick 的机会更大。DoubleClick 不仅和亚马逊有协议，还和其他公司（比如脸书）有协议。如果脸书上包含任何 DoubleClick 的内容，DoubleClick 将会在你的电脑上放置另一个 cookie。这个 cookie 和放置在亚马逊上的不一样，但是两个 cookie 都有你的 IP 地址和其他数据，这些数据足以和第二个 cookie 联系起来，因为第二个 cookie 和第一个 cookie 有相同的来源。因此，DoubleClick 在两个网站上都有你对广告反应的数据记录。随着时间的推移，cookie 不仅会包含你对广告的反应的数据，还包含你浏览各种投放了广告的网站的模式。

你或许想了解你有多少第三方 cookie。火狐浏览器有一个叫作 Lightbeam 的可选择功能，可以追踪和抓取你电脑上的 cookie。图表 9－21 展示了一些 cookie，随着用户从一个站点转移到另一个站点，电脑上出现各种网页。如你看到的那样，在图表 9－21（a）中，浏览器启动时并没有 cookie，在浏览 www.msn.com 后，图表 9－21（b）中展示了 cookie。此时，已经有 8 个第三方 cookie。在浏览第 5 个站点后，有 27 个第三方 cookie；在浏览第 7 个站点后，已经有 69 个 cookie，如图表 9－21（c）和（d）所示。

收集浏览器行为数据的是什么公司？如果你把鼠标放在其中一个 cookie 的上方，Lightbeam 会在右侧的数据列中重点显示。如图表 9－21（d）所示，在浏览第 7 个站点后，DoubleClick 链接了所有的 16 个站点，但是只有其中 7 个站点的用户可以浏览。因此，DoubleClick 链接一些用户并不知道的站点，并且是在用户的电脑上。检查右侧的链接列。用户浏览了 MSN、亚马逊、MyNorthwest 和《华尔街日报》，但谁是 BlueKai 和 Rubiconproject？或许用户从来就没有听说过它们；但是，显然它们认识用户。

第三方 cookie 产生大量的日志数据。例如，假设一个公司如 DoubleClick 向一台电脑一天之内展示了 100 条广告。如果它向 1 000 万台电脑展示广告（可能），一天就产生 10 亿个日志记录，一年将产生 3 650 亿个日志记录。这是真正的大数据。

存储基本上是免费的，但是公司如何合理地处理所有的数据？它们如何解析日志来发现你的电脑的日志记录？它们如何把同一个 IP 地址的不同 cookie 整合到一起？它们如何分析这些记录来确定你点击了哪条广告？它们如何描绘广告中的不同特点以确定哪个特点对你更重要？答案是你在 Q9－4 中所学的并行处理。利用 MapReduce 算法，它们把任务分配给数千台处理器并行工作。然后它们聚合这些独立的处理器所得的结果，转移到分析的第二个阶段，再次这么做。在 Q9－4 中你了解的开源项目 Hadoop 常用于这个过程。亚马逊把 Hadoop MapReduce 作为 EC3 的一部分提供。亚马逊为自己建立 Hadoop MeapReduce，现在为什么不租出去？

图表 9-21　第三方 cookie 的增长

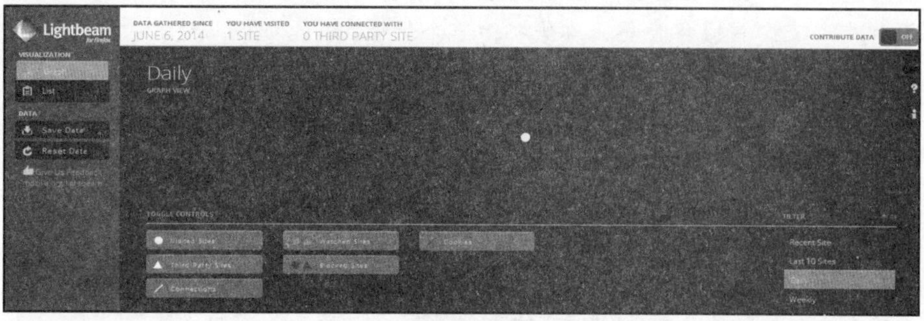

（a）开始时的显示

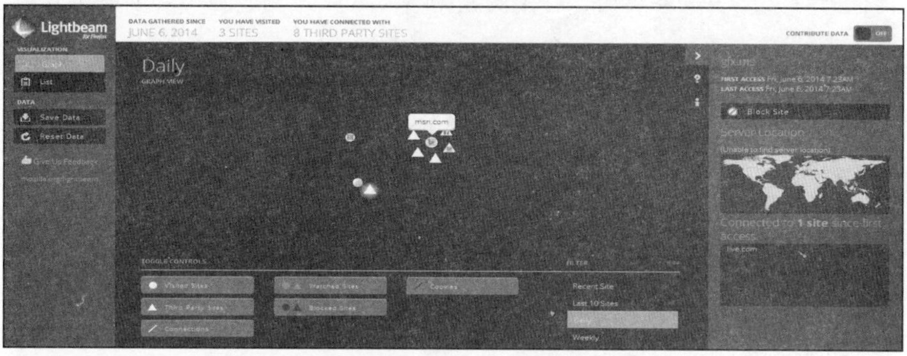

（b）访问 MSN.com 和 Gmail 邮箱之后

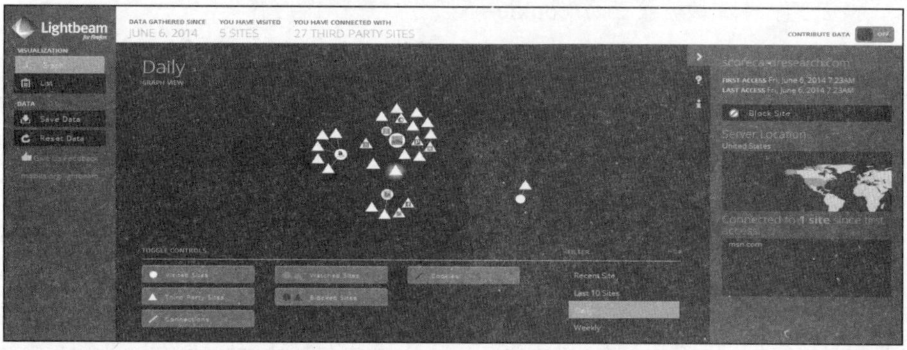

（c）浏览 5 个站点获得 27 个第三方 cookie

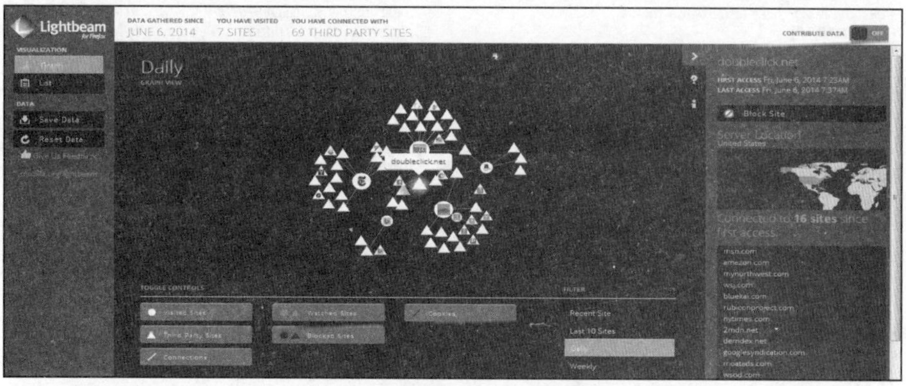

（d）DoubleClick 链接的站点

资料来源：Mozilla Foundation.

［问题］

1. 用你自己的话解释第三方 cookie 是怎么创建的。

2. 假设你有一家广告服务公司，你维护为某个供应商（比如亚马逊）的网页提供的广告的 cookie 数据日志。

a. 你如何利用这些数据来确定哪些广告最好？

b. 你如何利用这些数据来确定哪些广告形式最好？

c. 你如何利用过去的广告记录和广告点击来决定将哪些广告发送给特定的 IP 地址？

d. 你如何利用这些数据来确定你在问题 c 的回答中所用到的技术的效果？

e. 你如何利用这些数据来确定一个特定的 IP 地址被多个用户使用？

f. 面对其他的广告服务公司，你拥有的这些数据给你带来了哪些优势？

3. 假设你有一家广告服务公司，你有为所有客户（亚马逊、脸书等）的网页提供广告的 cookie 数据日志。

a. 概括一下你如何处理 cookie 数据来关联一个特定的 IP 地址的日志记录。

b. 当你有这些附加数据时，解释问题 2 中你的回答会怎么改变。

c. 描述你如何利用日志数据确定不断寻找最低价格的用户？

d. 描述你如何利用日志数据确定不断寻找最新流行趋势的用户？

e. 解释为什么像问题 c 和 d 提到的应用只能使用 MapReduce 或者类似的技术。

4. 第三方 cookie 本身并不包含将你标识为特定人的数据。但是，亚马逊、脸书和其他的第一手 cookie 供应商知道你是谁，因为你注册过。只要它们中的一个向广告服务商泄露你的身份信息，你的身份就可以和你的 IP 地址联系起来。那么，广告服务商及其潜在客户都会知道你是谁。你担心你的隐私被第三方 cookie 侵犯吗？解释你的答案。

注释 ▶▶▶

1. Nipun Gupta, "Top 10 Databases in the World," May 4, 2014, accessed April 2, 2015, *http://csnipuntech.blogspot.com/2014/05/top-10-largest-databases-in-world.html.*
2. Charles Duhigg, "How Companies Learn Your Secrets," *The New York Times*, last modified February 16, 2012, *http://www.nytimes.com/2012/02/19/magazine/shopping-habits.html?_r=2&hp=&pagewanted=all&.*
3. Alistair Barr, "Crowdsourcing Goes to Hollywood as Amazon Makes Movies," *Reuters*, last modified October 10, 2012, *www.reuters.com/article/2012/10/10/us-amazon-hollywood-crowd-idUSBRE8990JH20121010*
4. Martin U. Müller, Marcel Rosenbach, and Thomas Schulz, "Living by the Numbers: Big Data Knows What Your Future Holds," *Der Spiegel*, accessed July 31, 2013, *www.spiegel.de/international/business/big-data-enables-companies-and-researchers-to-look-into-the-future-a-899964.html.*
5. Elizabeth Dwoskin, "The Next Marketing Frontier: Your Medical Records," *Wall Street Journal*, March 3, 2015, accessed April 3, 2015, *www.wsj.com/articles/the-next-marketing-frontier-your-medical-records-1425408631?mod=WSJ_hpp_MIDDLENexttoWhatsNewsFifthhttp.*
6. A nonprofit corporation that supports open source software projects, originally those for the Apache Web server, but today for a large number of additional major software projects.
7. Bradley Hope, "5 Things to Know about High Frequency Trading," *Wall Street Journal*, April 2, 2014, accessed April 2, 2015, *http://blogs.wsj.com/briefly/2014/04/02/5-things-to-know-about-high-frequency-trading/.*
8. Bradley Hope, "How Computers Troll a Sea of Data for Stock Picks, *Wall Street Journal*, April 2, 2015, accessed April 2, 2015, *www.wsj.com/articles/how-computers-trawl-a-sea-of-data-for-stock-picks-1427941801?mod=WSJ_hp_RightTopStories.*
9. Scott Patterson. *The Quants*. (New York: Crown Business, 2011).
10. *www.twosigma.com/about.html*, accessed April 2, 2015.
11. Bradley Hope, "How Computers Troll a Sea of Data for Stock Picks, *Wall Street Journal*, April 2, 2015, accessed April 2, 2015, *www.wsj.com/articles/how-computers-trawl-a-sea-of-data-for-stock-picks-1427941801?mod=WSJ_hp_RightTopStories.*
12. Pricewaterhouse Coopers. *2015 US CEO Survey*, accessed April 3, 2015, *www.pwc.com/us/en/ceo-survey/index.html.*
13. Mary K Pratt, "Data in a Blender," *CIO*, April 1, 2015, p. 12.
14. Natasha Singer, "Mapping, and Sharing, the Consumer Genome," *The New York Times*, last modified June 16, 2012, *www.nytimes.com/2012/06/17/technology/acxiom-the-quiet-giant-of-consumer-database-marketing.html.*
15. Lois Beckett, "What Data Brokers Know About You," *RealClearTechnology*, last modified March 8, 2013, *www.realcleartechnology.com/articles/2013/03/08/what_data_brokers_know_about_you_326.html.*

第 4 部分

管理信息系统

Information Systems Management

第 4 部分涉及信息系统安全、开发和资源的管理。我们从安全开始讨论，因为它如今非常重要。随着互联网、系统的互联互通以及组织间信息系统的兴起，一个组织的安全问题也成为互联组织的安全问题。你会在第 10 章开篇看到它对 PRIDE 的影响。

虽然你作为未来的管理者很容易理解信息系统安全的重要性，但你可能很难理解为什么需要了解信息系统的开发。作为商务人士，你将成为开发项目的客户。你只有拥有基本的开发过程知识，才能评估已完成的工作的质量。作为管理者，你可以为信息系统开发分配预算和发放资金。你需要拥有可以让自己成为这些项目的积极参与者的知识。

最后，你需要了解资源的管理方式，以便更好地与信息系统部门建立联系。信息系统经理有时看起来很死板，过度保护信息系统资产，但通常他们担心是有重要原因的。你需要了解信息系统部门的观点，并了解你作为组织中信息系统资源用户的权利和责任。掌握这些知识是当今商务人士成功的关键。

第 10 章
信息系统安全
Information Systems Security

詹姆斯和米歇尔正在与 San Diego Sports 的安全经理萨姆·艾德（Sam Ide）进行视频会议。San Diego Sports 是一家大型体育器材供应商，米歇尔打算参与该企业的竞标。艾德的工作是确定 PRIDE Systems 能否提供一个可接受的安全水平。米歇尔已经多次亲自考察 San Diego Sports。San Diego Sports 公司要求与销售人员之外了解 PRIDE Systems 安全知识的人交流。于是，米歇尔邀请詹姆斯一起参加和艾德的视频会议。

“萨姆，我让我们公司的信息系统经理詹姆斯一起参加这个视频会议。你可以提出你关心的问题，詹姆斯来回答。”

“詹姆斯，谢谢你抽时间跟我交谈。”

“很高兴来参加这次会议。”

“我们在 SDS（San Diego Sports）……我们都是这么称呼自己的……SDS 一直都很关注安全问题，近期塔吉特和 Adobe 公司遇到了麻烦，我们的高级管理团队要求我们更加小心。很明显，犯罪分子已经攻击跨组织的系统，所以我们与所有的业务伙伴协作来解决安全问题。”

“明白，萨姆。尽管如此，现在不谈论你们的系统和我们的系统之间的任何联系。我的理解是，我们只想对 San Diego Sports 介绍主要的广告和促销活动。”詹姆斯有些兴趣。

“谢谢你，詹姆斯，我也是这么想的。我们不想成为市场中有重大安全问题的公司，这正是原因之一。”

“明白了，你有具体问题需要我去解决吗？”

“确实有，米歇尔已经向我解释了你们安全系统的基本内容。她也提到，由于你们的系统最初设计用来存储医疗数据，已经深入考虑设计安全。”萨姆像在读笔记。

“是的。”詹姆斯回答时向米歇尔不断点头。

“你能不能向我介绍一些具体细节。”

“当然可以，不过你有技术背景吗？”詹姆斯不确定要提供给他多少细节。

“我不是开发人员，但我作为系统分析师参与了许多系统的开发。”其实，萨姆的技术水平比他说的还要高。

“太好了！我们可以深入聊一下，如果你觉得太深了，请告诉我。”詹姆斯在交谈时未表现出一点儿谦虚。

“好的。”

“每个用户负责自己数据的分发。起初，用户的数据并未共享。但是，我们提供了一个简单实用的用户界面，可以让用户改变自己的安全设置。”

“对，米歇尔告诉过我这些。那你们是怎样实现的呢？”萨姆想要了解更多。

“因为我们有成千上万的用户，我们把所有的隐私设置存储在数据库中，并且详细制定数据库的安全措施。如果你想深入了解的话，我一会儿可以进入那个数据库。”詹姆斯想聚焦于 PRIDE 的细节。

“好的，请继续往下说。”

“事实证明参与者有多对多的关系。例如，一个参与者可能属于多个健身俱乐部，当然，一个健身俱乐部也可以与多个参与者有联系。同样，参与者可能与多家保险公司有联系，每家保险公司也可以跟多个参与者有联系。你懂我的意思吗？”

“懂了，你继续说。”萨姆很好奇。

“所以，如你所知，基于多对多的关系，我们创建了交叉表或桥接表。在这张表中，我们存储每个人的安全偏好，以及他与所属机构的联系。”

米歇尔这时插了一句，“萨姆，我看看能否打开一张表。你在屏幕上能看到吗？”

“等一下，正在加载中。看见了。”

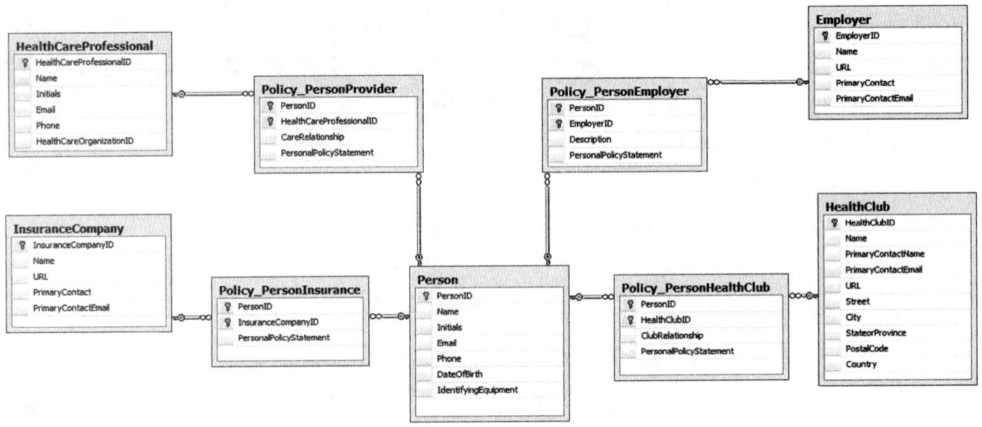

资料来源：Microsoft Corporation.

詹姆斯继续说：“好的，每个参与者的数据存储在中央位置的 Person 表中。实际上，我们存储了比这里显示的更多的数据，但这张表会让你明白我们所做的。允许的安全机制存储在交叉表的 PolicyStatement 属性中，这个值一般默认为空。但是，假如有人想与他人比如健身俱乐部共享私人数据，他就可以指定所想要共享的内容，我们将这一决定的结果存储在 PolicyStatement 属性中。我们所有的代码都使用这个属性的值来限制数据的访问。”

“有意义，这是一个很好的设计。但是有关 SQL 嵌入呢？”

“很好的问题！这里有四种类型的访问授权：None（不允许），这是默认的；Non-identifying（非标识）；Summary（摘要）；Full Access（完全访问）。后面两种类型涉及个人的身份，表中给出了这四个单选按钮和用户选择，这里并没有 SQL 嵌入的地方。”

会议持续了 15 分钟。萨姆似乎对詹姆斯的回答很满意。随后，詹姆斯和米歇尔一起走回自己的办公室。

“詹姆斯，这是我跟他最好的一次会面，虽然他对我有些不耐烦，但他跟你的交互真的很好。”

“米歇尔，我很高兴你对此很满意。我不知道他在想什么，但他的问题很好，这些问题我们已经考虑了很多。”

“嗯，詹姆斯，你很擅长解释。有没有考虑进入销售领域？”

“不，米歇尔。但是我会把这看作一种赞美。”

“再次感谢。”

研究问题

Q10－1 信息系统安全的目标是什么？
Q10－2 计算机安全问题有多大？
Q10－3 你应该如何应对安全威胁？
Q10－4 组织应该如何应对安全威胁？
Q10－5 技术防护措施如何抵御安全威胁？
Q10－6 数据防护措施如何抵御安全威胁？
Q10－7 人员防护措施如何抵御安全威胁？
Q10－8 组织应该如何应对安全事故？

Q10－1 信息系统安全的目标是什么？

信息系统安全是一种权衡。从某种意义上说，这是安全与自由之间的权衡。例如，组织可以通过剥夺用户自主选择密码的自由，强迫他们选用安全性高的密码来增加信息系统的安全性。

另一种信息系统安全的观点，也是本章所重点关注的，就是成本和风险之间的权衡。理解这种权衡的本质，我们首先进行安全威胁 / 损失场景的描述，然后讨论安全威胁来源。按照这个理解，我们来阐明信息系统安全的目标。

安全威胁 / 损失

图表 10－1 说明了如今个人和组织需要面对的安全问题的主要元素。**威胁**（threat）是指个人或组织非法地寻求获取或修改数据或其他 IS 资产，而没有获得所有者的许可，通常所有者并不知晓。**漏洞**（vulnerability）使个人或组织的资产受到威胁。例如，你在网上买东西，会提供你的信用卡数据，数据在互联网上传播很容易受到攻击。**防护措施**（safeguard）是个人或组织为阻止资产受到威胁而采取的措施。图表 10－1 显示的防护措施并不总是有效，尽管有防护措施，一些威胁还是达到了目的。最后，**目标**（target）是威胁所需的资产。

图表 10－1 威胁 / 损失

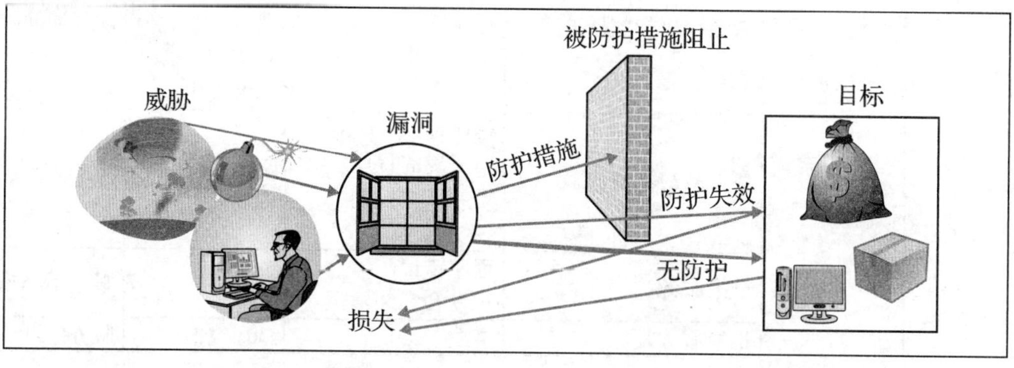

图表 10－2 显示了威胁 / 目标、漏洞、防护措施和结果的例子。前两行中，黑客

（威胁）想要用你的银行登录凭证（目标）来访问你的银行账户。如果你点击邮件中的链接，你就会被引导到与银行网址看起来一模一样的钓鱼网站。钓鱼网站通常不使用 https 协议。如图表 10－2 的第一行显示，如果你总是使用 https 而非 http 访问银行的网站（在 Q10－5 中讨论），那么你就在使用一个有效的保障来成功地应对威胁。

图表 10－2 威胁/损失示例

威胁/目标	漏洞	防护措施	结果	说明
黑客想盗取你的银行登录凭证	黑客创建了一个与你的网上银行网站几乎完全相同的钓鱼网站	仅使用 https 访问网站	无损失	有效的防护
员工将敏感数据发布到公共 Google+ 群组	对不安全群组的公共访问	无	丢失登录凭证	无效的防护
		密码 程序 员工培训	丢失敏感数据	无效的防护

但是，如果像图表 10－2 的第二行中所描述的，你没有使用 https，访问的似乎是银行网站（一个不安全的地址），那么你将没有任何防护。结果你的登录凭证被快速记录并出售给其他犯罪分子。

图表 10－2 的最后一行显示了另一种情形。一名员工在工作中获取了敏感数据，并把它们传到他认为只是工作用的 Google+ 群组上。然而，这名员工错把数据传到一个公共组上。在数据敏感、对群组的公共访问存在漏洞的情况下，应该有避免损失的防护措施。首先，员工需要使用密码来获取敏感数据并加入专门的工作组。其次，雇主应规定禁止员工不能上传机密数据到任何公共网站，比如 Google +，但是这些规定往往不为人知或被忽视。最后，对所有员工加强培训。如果员工忽视这些规定，那么所有这些保障措施都是无效的，会令数据暴露在众目睽睽之下。

威胁的来源是什么？

图表 10－3 总结了安全威胁的来源。列显示的是威胁类，行显示的是损失类。

图表 10－3 安全问题及其来源

		威胁		
		人为错误	计算机犯罪	自然灾害
损失	未经授权的数据披露	程序错误	假托 网络钓鱼 欺骗 嗅探 黑客攻击	恢复期间披露
	错误的数据修改	程序错误 不正确的程序 无效账户控制 系统错误	黑客攻击	不正确的数据恢复
	过失服务	程序错误 开发和安装错误	篡夺	服务不当恢复
	拒绝服务	事故	Dos 攻击	服务中断
	基础设施损失	事故	盗窃 恐怖活动	财产损失

■ **人为错误**

人为错误包括员工和非员工造成的意外问题。例如，员工误解操作流程而不小心删除了客户记录。又如，员工在备份数据库的过程中无意间安装了旧的数据库并覆盖了现有数据库。这类问题还包括错误地编写应用程序和错误地设计程序。最后，人为错误还包括物理事故，比如，驾驶叉车从计算机房穿墙而过。

■ **计算机犯罪**

第二类威胁是计算机犯罪。这类威胁包括员工和前员工故意破坏数据或其他系统组件，还包括黑客入侵系统，病毒和蠕虫感染计算机系统。计算机犯罪还涉及恐怖分子和那些为了钱财闯入系统的犯罪分子。

■ **自然事件和灾害**

自然事件和灾害是第三种类型的安全威胁。这类威胁包括火灾、洪水、飓风、地震、海啸、雪崩和其他自然灾害。这类威胁引起的问题不仅包括能力和服务的初始损失，而且包括恢复如初所要付出的代价。

有哪些类型的安全损失?

五种安全损失：未经授权的数据披露、错误的数据修改、过失服务、拒绝服务以及基础设施损失。下面逐一介绍。

■ **未经授权的数据披露**

未经授权的数据披露就是应该得到保护的数据却受到威胁被获取。它可以由人为错误导致，比如有人无意间违反政策发布数据。例如，大学部门管理员将学生姓名、身份证号码和成绩上传到公共场所，此时姓名和成绩的发布就违反了国家法律。又如，员工不知情或不小心，把专用数据发布给竞争对手或媒体。维基解密就是未经授权披露的典型例子。图表10－2的第三行描述的情形是这样的例子。

搜索引擎的普及成为另一个无意泄露信息的根源。搜索引擎可以获取公司员工放在网上的受限数据，导致这些专有或受限数据错误地发布。

当然，专有和私人数据也可能被恶意地发布和获取。**假托**（pretexting）就发生在有人冒充别人行骗之时。一个常见的骗局是打电话的人假装是信用卡公司员工，声称在检测信用卡号码的有效性：“我在检测您的万事达卡号码，号码前四位是5491，您能核对剩下的号码吗?”万事达卡的号码都是以5491开头，打电话的人试图窃取一个有效的号码。

网络钓鱼（phishing）是获取未经授权的数据的类似技术，它通过邮件来窃取信息。**网络钓鱼者**（phisher）假装成合法的公司，发送电子邮件获取机密数据，如私人账户、社会保障号、账户密码等。

欺骗（spoofling）是另一种冒充别人的形式。如果你冒充你的教授，你就欺骗了你的教授。IP欺骗就是入侵者使用另一个网站的IP地址伪装成其他网站。电子邮件欺骗是网络钓鱼的同义词。

嗅探（sniffing）是拦截计算机通信的技术。在有线网络中，嗅探需要物理连接到网络。在无线网络中，则不需要这样的连接。例如，沿街扫描是指仅使用具有无线连接功能的电脑通过一个区域，就能搜索到未受保护的无线网络。它们可以监测和拦截未加密的无线网络上的流量。你随后将了解到，即使是受保护的无线网络也容易受攻击。间谍软件和广告软件是另外两种嗅探技术，本章稍后讨论。

其他形式的计算机犯罪包括**黑客攻击**（hacking），黑客入侵电脑、服务器或者网络，窃取诸如客户列表、产品库存数据、员工数据，以及其他专有和机密数据。

最后，人们在从自然灾害中恢复过来时可能不经意间泄露数据。恢复期间，每个人都专注于恢复系统能力，可能会忽视正常的安全防护措施。比如，“我需要一份客户数据库备份”这样的请求在灾难恢复时受到的审查远比在其他时间少得多。

■ **错误的数据修改**

在图表 10－3 中，第二种类型的安全损失是错误的数据修改。例如，错误地加大了客户的折扣，错误地修改了员工的工资、假期或年度奖金。其他的例子包括在公司网站或门户网站上发布错误信息，比如错误的价格变动信息。

错误的数据修改发生在出现人为错误，比如员工不正确地执行程序或者设计的程序出错时。这需要系统进行适当的内部控制，在处理财务数据或控制库存时，公司应该确保职责明确并且相互制衡。

最后一种由人为错误引起的错误数据修改是系统错误。第 5 章讨论的更新丢失问题就是一个例子。

计算机罪犯可以入侵计算机系统，未经授权修改数据。例如，黑客可以入侵系统，转移人们的账户余额或下订单运送货物到未经许可的地区和客户。

最后，错误的灾后恢复操作会导致错误的数据修改。错误的操作可能是无意的，也可能是恶意的。

■ **过失服务**

第三种类型的安全损失是过失服务，这是错误的系统操作导致的结果。过失服务可能包括错误的数据修改，还可能包括系统将错误的货物发给客户，或者将某客户的货物发给其他客户，客户计费不准确，或将错误的信息发送给员工。人们由于程序性错误而无意中导致过失服务。系统开发人员可能编写错误的程序或者在安装的过程中出现硬件、软件和数据的错误。

计算机罪犯入侵计算机系统，将合法的程序更换为自己的未经授权的程序时，就出现了**篡夺**（usurpation）。此时会关闭合法的程序，非法程序监视、窃取和操纵数据，或企图达到其他目的。过失服务可能在自然灾害之后的恢复期间，因不恰当的修复操作导致。

■ **拒绝服务**

第四类损失是**拒绝服务**（denial of service，DoS）。它是由于程序中的人为错误或程序缺失而产生的。例如，人们由于启动一个计算资源消耗大的程序而无意中关闭 Web 服务器或企业网关路由器。OLAP 应用程序使用业务 DBMS 而消耗非常多的 DBMS 资源，以至于订单录入事务无法进行。

计算机罪犯可能启动一次有意的 DoS 来攻击 Web 服务器。例如，黑客使用数以百万计的虚假的服务请求占据服务器，使它不能为合法请求提供服务。此外，计算机蠕虫可以将极大的人工流量渗透到网络中，以至于合法流量无法通行。最后，自然灾害引起系统失效，从而导致拒绝服务。

■ **基础设施损失**

很多时候，人为事故造成基础设施损失，这是最后一类损失。例如推土机割断光缆管线，地面减震器撞上一台 Web 服务器。

盗窃和恐怖事件也会造成基础设施损失。例如，心怀不满的被解雇的员工可能带走公司数据服务器、路由器或其他关键设备。恐怖事件也会导致厂房和设备的损失。

自然灾害是基础设施损失的最大威胁。火灾、洪水、地震或类似的事件会毁坏数据中心及其拥有的一切。

你可能想知道为什么图表 10－3 中未包括诸如病毒、蠕虫和特洛伊木马。答案是病毒、蠕虫和特洛伊木马是导致问题产生的技术。它们会引起 DoS 攻击，或者用于引起恶意的、未经授权的数据访问或数据丢失。

最后，出现了一种新的威胁形式。**高级持续性威胁**（Advanced Persistent Threat，APT）是一个复杂的、可能长时间运行的计算机黑客组织。它由大规模的、资金充足的类似于国家政府的组织构成。APT 可能参与网络战，扮演网络间谍。例如，2014 年，美国司法部起诉一个名为“APT1”的小组，称有 5 人参与窃取美国公司知识产权，美国一家安全公司 Mandiant 公布了一份关于 APT1 在 7 年时间里入侵近 150 名受害者的报告，详细描述了 APT1 的工具、策略和程序。[1] 另外，一个名为“Deep Panda”的 APT 组织被法律专家认定为涉及 8 000 万人的 Anthem 医疗数据泄露事件的幕后黑手。如果你在军事或情报机构工作，那么你肯定会关注 APT，除非你是身在其中。

信息系统安全的目标

如图表 10－1 所示，威胁可以被阻止，如果不能被阻止，也可以采取防护措施降低损失。但是，防护措施的创建和维持成本非常高。防护措施也会因为把简单问题复杂化而降低工作效率，甚至增加额外劳动力支出。信息安全的目标是在风险损失和安全支出之间找到合适的平衡。

商务人士需要仔细考虑这种平衡。在个人生活中，你肯定要使用杀毒软件。你也可能会使用其他防护措施，这些你将在 Q10－3 中了解。还有一些防护措施，比如删除浏览器的 cookie，但这会使你的电脑用起来更加不方便。这些防护措施是否值得采用呢？这需要你自己评估其中的风险和收益。

在组织中也有类似的评论，尽管组织需要更系统性地处理这个问题。底线是不能将未来置于未知境地，而没有仔细分析并据此采取行动。在安全问题面前，请平衡自己的生活和事业。

Q10－2　计算机安全问题有多大？

我们不知道因为计算机安全威胁而产生的金融和数据损失是多少。当然，人为错误造成的损失是巨大的，但是很少有组织计算这些损失，公布情况的就更少了。然而，Risk Based Security 的安全报告称 2014 年是创纪录的一年，3 014 起安全事故使 11 亿条个人记录受损。一些更引人注意的涉及用户账号的数据泄露事件包括：家得宝的 5 600 万条信息泄露，摩根大通的 8 300 万条信息泄露，eBay 的 1.45 亿条信息泄露。[2] 此外，索尼有超过 100 TB 公司数据遗失，苹果公司 iCloud 上数百名人的裸体照片遗失。大多数用户记录被盗（83%）是由锁定目标企业的外部黑客所致。而这些仅是新闻报道的大公司的估计损失。

自然灾害导致的损失更是巨大到无法计算。例如，2011 年大地震导致日本制造企业关闭，并沿着供应链系统波及远东乃至欧洲和美国。人们只能想象日本企业在恢复信息系统时的巨大开支。

此外，没有人知道计算机犯罪的成本。第一，没有标准计算犯罪代价。DoS 攻击的代价是否包括员工损失的时间、失去的收入或由于客户流失而失去的长期收入？假设员工遗失一台价值 2 000 美元的笔记本电脑，其损失是否包括数据的价值？是否包括更换设备和重新安装软件的时间成本？如果有人窃取了下一年度的财务计划，如何衡量计划被竞争对手得到的代价？

第二，有关计算机犯罪成本的所有研究都是基于调查。不同受访者的解释不同，一些组织不报告其所有的损失，还有一些组织根本不报告计算机犯罪的损失。没有标准的定义和更准确的收集犯罪数据的方式，我们不能依赖于任何特定的估计。我们最多能做的是，在假定各类受访者使用相同的方法情况下，通过比较每年的数据寻找趋势。

图表 10－4 显示了 5 年的调查结果。[3] 这是受惠普的委托，由专门研究计算机犯罪的咨询机构 Ponemon Institute 执行的。它显示的是六起最严重的攻击的平均成本，以及它们在所有攻击事件中所占的百分比。没有假设检验的显著性水平，很难确定差异是否随机，或许是吧。然而，从数据的表面价值来看，计算机犯罪成本增加大多是恶意的内部人员所为。这种类型攻击的数量略有减少，但这种攻击的平均成本在增加，并有可能是显著的（见图表 10－5）。显然，内部人员越来越爱偷窃。另外，这项研究表明内部人员可以是员工、临时人员、承包商或者业务合作伙伴。其他类别攻击的平均成本略有下降。

图表 10－4　按类型划分的攻击的成本及百分比（六种成本最高的类型）

	2010 年	2011 年	2012 年	2013 年	2014 年
拒绝服务	NA	187 506(17%)	172 238(20%)	243 913(21%)	166 545(18%)
恶意入侵	100 300(11%)	105 352(9%)	166 251(8%)	198 769(8%)	213 542(8%)
基于网络的攻击	143 209(15%)	141 647(12%)	125 795(13%)	125 101(12%)	116 424(14%)
恶意代码	124 083(26%)	126 787(23%)	109 533(26%)	102 216(21%)	19 500(23%)
网络钓鱼和社会工程	35 514(12%)	30 397(9%)	18 040(7%)	21 094(11%)	45 959(13%)
被盗设备	25 663(17%)	24 968(13%)	23 541(12%)	20 070(9%)	43 565(10%)

资料来源：Based on Ponemon Institute. 2014 Cost of Cyber Crime Study: United States, October 2014, p. 12.

图表 10－5　计算机犯罪成本

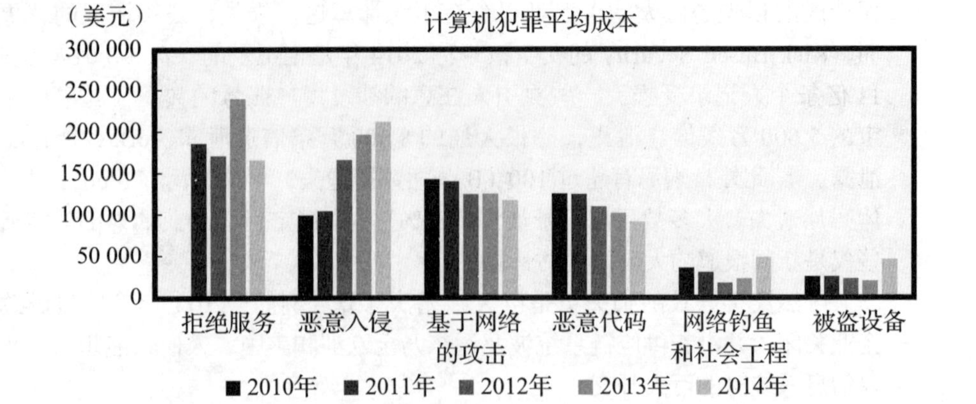

资料来源：Based on Ponemon Institute. 2014 Cost of Cyber Crime Study: United States, October 2014, p. 12.

除此之外，Ponemon Institute 还调查了各类损失的资产价值。研究发现，业务中断是最高的计算机犯罪的损失，占 2014 年价值损失的 38%。信息丢失是第二高的损失，占比为 35%。设备损失和损害只占价值损失的 4%。显然，价值在于数据，而非硬件！

展望未来，Ponemon Institute 的另一项独立研究表明[4]，78% 的受访者认为疏忽或粗心的员工不遵守安全政策会对组织构成重大风险。其他令人担忧的问题包括个人设备连接到公司网络（68%）和员工在工作中使用基于商业云的应用（66%）。

2014 年计算机犯罪研究报告中还包括不同安全策略影响企业价值损失的深入分析。组织花越多的钱建立安全措施（这些内容会在 Q10－4 至 Q10－7 中讨论），就会越少受到计算机犯罪的影响，损失也越小。安全措施会发挥作用！

如果你在网络上搜索“计算机犯罪统计”，会发现大量类似的研究报告。一些报告是基于可疑的抽样，似乎是为了推销安全防护产品或观点。你在阅读时要注意。

Ponemon Institute 2014 年的研究报告提出：

- 恶意的内部人员是日益严重的安全威胁。
- 业务中断和数据丢失是计算机犯罪的主要价值损失。
- 受访者认为，有过失的员工、连接到公司网络的个人设备和使用基于商业云的应用构成重大安全威胁。
- 安全防护措施有作用。

Q10－3　你应该如何应对安全威胁?

正如 Q10－1 的结尾所述，个人信息系统的安全目标应该是在风险损失和防护成本之间寻求有效的平衡。然而，很少有人把安全当回事，更不会花很低成本进行安全防护。

图表 10－6 列出了推荐的个人安全防护措施。首先，你要重视安全。你现在不能发现破坏你的电脑的企图，尽管它们确实存在。

图表 10－6　个人安全防护

- 认真对待安全问题
- 创建强密码
- 使用多个密码
- 通过电子邮件或 IM 发送没有价值的数据
- 从计算机中删除高价值信息
- 清除浏览历史、临时文件和 cookie（CCleaner 或其他）
- 定期更新杀毒软件
- 向同事表明安全问题
- 遵循组织的安全指令和指南
- 考虑所有业务计划的安全性

遗憾的是，你的安全受到威胁的第一迹象可能是你的信用卡有虚假支出，或者朋友抱怨收到从你这里发出的电子邮件。计算机安全专家运行入侵检测系统去检测攻击。**入侵检测系统**（intrusion detection system，IDS）是一种在另一台计算机上尝试扫描或访问计算机或网络的计算机程序。IDS 日志可以记录每天成千上万的攻击尝试。如果这些是来自国外的尝试，除了使用合理的防护措施，你没有其他可做的来应对。

如果你决定把计算机安全当回事，你可以采取的最重要的防护措施就是创建和使用复杂的密码。在第 1 章我们讨论了该方法。总而言之，不使用任何语言的任何单词作为密码的组成部分。你要使用包含大小写字母、数字和特殊字符的密码。

这种非单词密码对于暴力破解攻击仍显得力不从心。**暴力破解攻击**（brute force attack）就是用穷举的办法尝试破解所有可能的组合字符。安全研究员约翰·波扎兹德斯（John Pozadzides）估计，破解包含大小写字母的 6 位密码需要大约 5 分钟。破解含有大小写字母、数字和特殊字符的 6 位密码则需要 8.5 天。破解只有大小写字母的 10 位密码需要 4.5 年，破解含有字母、数字和特殊字符的 10 位密码则需要近 200 万年。破解只有字母的 12 位密码需要 300 万年，而破解 12 位的混合密码将花数亿年。[5] 当然，这些估计都假设密码不包含任何语言的单词。底线就是，你使用没有单词的 10 位或更长密码，其中混用字母、数字、特殊字符。

除了使用长而复杂的密码，你还应该在不同的站点使用不同的密码。如果你的密码被盗，就不会失去所有的账户。确保你在重要网站（比如你的银行网站）上使用非常复杂的密码，并且不把这些密码用于不重要的网站（比如你的社交网络）。一些网站把重点放在创新产品上，却未将相同的资源用于保护你的信息。你一定要用合适的密码来保护你的信息。

永远不要在电子邮件或即时通信上发送诸如密码、信用卡数据或其他有价值的数据。本章多次强调，大多数电子邮件和即时通信不受加密保护（见 Q10 - 5），你应该假设你在电子邮件或即时通信中写的任何东西都有可能第二天在《纽约时报》头版找到。

使用安全的 https 连接，只从信誉良好的在线供应商处购买商品。如果供应商不支持 https（在浏览器的地址上寻找 https：//）用于交易，就不要从这里购买。

你可以从自己的电脑中移除高价值信息以减少损失。现在，对于未来成为商务人士的你，要养成离开办公室时不带存有你不需要的数据的笔记本电脑或其他设备的习惯。一般来说，专有数据应存储在服务器或可移动设备上，而不应随身携带。（微软公司 Office 365 软件使用 https 与 SharePoint 传输数据，你可以使用它或者其他类似的应用程序在公共场所处理文档，比如你旅行时在机场使用。）

浏览器自动存储你的浏览历史和临时文件，该文件包含敏感数据，比如你浏览的站点、你购买的商品、你的账户名和密码，等等。浏览器还存储 cookie，它是你访问网站时浏览器接收的小文件。cookie 可以让你不需要每一次都重新登录，从而更方便地访问网站，加快处理过程。然而，cookie 也包含敏感的安全数据。最好的办法就是从你的电脑中删除你的浏览历史、临时文件和 cookie，并且将你的浏览器设置为禁用它们。

CCleaner 是一个免费的开源产品，它能将所有这些数据彻底地安全删除（http：//

download.cnet.corn/ccleaner/）。然而，在使用 CCleaner 前，你应该给电脑做个备份。

要在改善安全性和成本之间取得平衡，删除和禁用 cookie 不失为一个很好的办法。安全性大幅提高后，你的电脑用起来可能不那么方便了。你要做出理性的决定，而不要忽视数据的风险。

我们将在 Q10－5 阐述杀毒软件的使用。一旦你成为商务人士，请运用图表 10－6 中最后三点。向你的同事，尤其是那些你管理的同事，表明你对安全问题的关注和重视。你也应该遵循组织的安全指令和指南。最后，在业务计划中重视安全问题。

Q10－4 组织应该如何应对安全威胁?

Q10－3 讨论了你作为个体应对安全威胁的方式。在组织中，需要采取更广泛和更系统的方法。高级管理层需要考虑两个关键安全职能：安全政策和风险管理。

首先，高级管理人员必须建立全公司的安全政策。例如，数据安全政策阐明对采集有关客户、供应商、合作伙伴和员工的数据的组织立场。至少，政策应该做出如下规定：

- 组织存储什么敏感数据。
- 是否与其他组织共享数据。
- 员工和其他人如何获得副本存储的数据。
- 员工和其他人如何请求更改不准确的数据。

这一政策的细节取决于是政府组织还是非政府组织，是公开持有还是私人持有，还取决于组织所处的行业、管理人员和员工的关系以及其他因素。作为新员工，如果在员工培训时没有讨论公司安全政策，那么你应该寻找公司安全政策。

其次，高级管理人员制定安全政策的作用是管理风险。风险一直都存在，因此管理风险意味着主动平衡风险和成本。这种平衡因行业和组织而异。金融机构常是盗窃的目标，必须大力投资安全保障措施。而保龄球馆不太可能成为目标，除非它在电脑或移动设备上存储信用卡数据（作为安全政策的一部分，这一决定似乎是不明智的，不仅对保龄球馆如此，对大多数小型企业亦如此）。

为了权衡之下做出合理的决定，组织需要创建一个想要保护的数据和硬件的清单，然后评估应对每一个潜在威胁的防护措施。图表 10－3 有助于理解威胁的类别和频率。假定已列出清单和威胁，组织需要决定自己可承受多大的风险。换句话说，组织愿意实施什么样的安全防护措施。

使用安全防护措施保护信息资产就好比购买汽车保险。购买汽车保险之前，你需要确定你的车价值几何，遭受损失的可能性，以及你能承受多大的风险。然后，你通过购买保险来将一些风险转移到保险公司。不是仅仅买份保险，还要组织实施各种防护措施来保护数据和硬件的安全性。

轻松记住信息系统防护措施的办法是根据信息系统的五个要素进行分类，如图表 10－7 所示。一些防护措施涉及计算机硬件和软件，一些涉及数据，还有一些涉及工作程序和人员。在接下来的三个问题中，我们将考虑技术防护、数据防护和人员防护。

图表10-7 与五个构成要素相关的安全防护措施

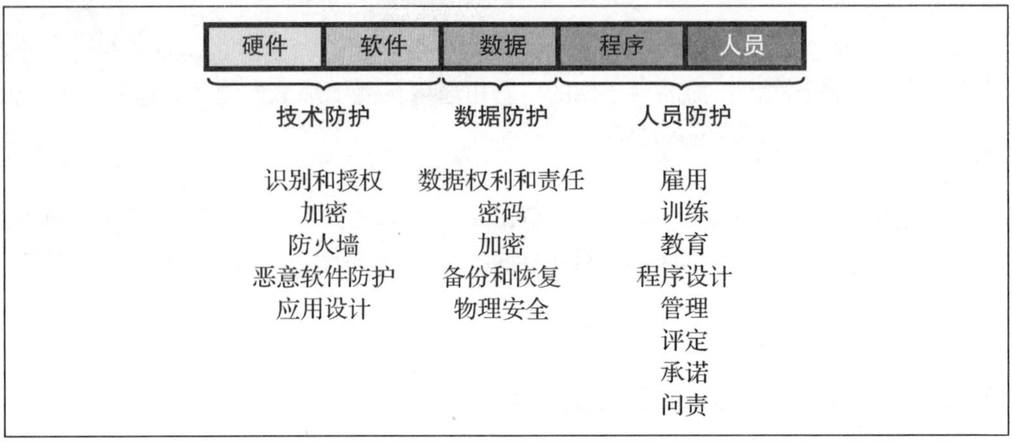

2014年黑帽大会的新内容

黑客、安全专家和政府部门每年会在拉斯维加斯参加一个重要的安全会议：黑帽大会。黑帽大会迎合了黑客、安全专家、公司以及政府实体的需求。

每年，演讲者会简述如何黑掉一些东西。演示者会展示如何利用硬件、软件、协议以及系统的弱点。某个议题可能会向你展示如何破解你的智能手机，而另一个议题可能会向你展示如何清空ATM的现金。

会议鼓励公司修复产品缺陷，并且为黑客、开发商、制造商和政府部门搭建教育论坛。以下是2014年黑帽大会的亮点。

丹·吉尔的主题：黑帽大会最受关注的活动是In-O-Tel公司CISO丹·吉尔（Dan Geer）的主旨演讲。In-Q-Tel是一家风险投资公司，投资于支持中央情报局和美国智能社区的使命的技术。在谈话中，吉尔讨论了10条政策建议，他认为这些建议会极大地提高信息安全。[6]他的一些更值得关注的政策建议包括：

1. 强制性的安全漏洞报告类似于疾病控制和预防中心的报告。

2. 软件制造商需要对代码可能带来的损害负责，这源于它们放弃代码或允许用户查看源代码并选择删除他们不想运行的代码。

3. 互联网服务提供商（ISP）如果检查发送的数据，就需要对通过其网络的有害内容负责。如果它们不检查用户的数据，它们仍然可以作为共同的载体受到保护。

4. 保证个人的“被遗忘权”的欧盟法律是适当和有利的。

端到端加密电子邮件：雅虎的CISO亚历克斯·斯塔莫斯（Alex Stamos）透露，到2015年消费者将能够通过雅虎电子邮件使用端到端加密邮件。[7]这意味着，只有原始消息的发送方和最终接收方能够阅读它。对于大多数与会者来说，这一声明是此次会议的亮点，这是恢复个人隐私的第一步。爱德华·斯诺登（Edward Snowden）揭露，政府和科技行业巨头之间有同谋关系，其目的是监控消费者，这对于与会的安全专家和公民来说仍很新鲜。

黑客的智能之物：黑帽大会上更吸引人眼球的是黑客的智能之物，比如智能手机、电视、网络摄像头、恒温器和汽车。安全研究人员查理·米勒（Charlie Miller）和克里斯·瓦拉塞克（Chris Valasek）研究了24种不同汽车的潜在弱点。[8]他们发现汽车的无线功能（例如蓝牙、Wi-Fi和蜂窝连接）以及糟糕的内部系统架构可能允许黑客通过看似无害的功能（比如汽车收音机）访问自动驾驶功能。

另一位安全研究人员耶稣·莫利纳（Jesus

Molina）谈到一家酒店的安全漏洞。[9] 在酒店，莫利纳发现他能够通过反向设计一个名为 KNX/IP 的家庭自动化协议控制 200 多个房间的灯、恒温器、电视机和百叶窗。这些情况说明了公司开发安全软件的重要性。惠普针对智能设备漏洞的一项研究指出，测试的智能设备中有 70% 使用未加密的网络服务，六成的设备容易受到 XSS（跨站点脚本）和弱证书的攻击。[10]

[问题]

1. 强制报告漏洞如何使系统更安全？

2. 丹·吉尔建议，软件制造商在放弃软件或者通过开放源代码而免除责任后，应对软件造成的损害承担责任。这对微软有何影响？

3. "被遗忘权"规则会如何影响谷歌或脸书之类公司的在线业务？

4. 谁会受到端对端加密电子邮件的侵害？

5. 为什么智能设备中的漏洞十分重要？

Q10-5　技术防护措施如何抵御安全威胁？

技术防护（technical safeguard）涉及信息系统的硬件和软件两个部分。图表 10-8 列举了主要的防护措施。下面逐一讨论。

图表 10-8　技术防护

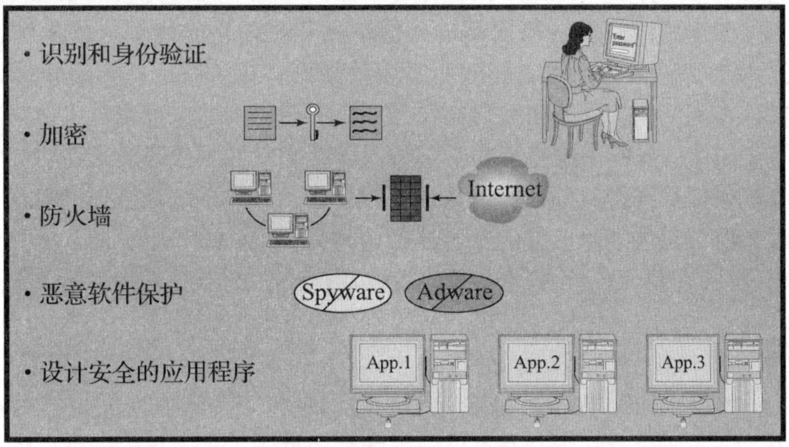

识别和身份验证

如今每个信息系统都应该要求用户登录时提供用户名和密码。用户名确定用户身份（**识别**（identification）的过程），而密码用于对该用户进行身份验证（**验证**（authentication）的过程）。

密码有重要的弱点。尽管一再提醒（不要让这种事情发生在你的身上！），但用户仍经常分享他们的密码，并且许多人选择无效、简单的密码。事实上，威瑞森 2014 年的一份报告提到，"密码、用户名、电子邮件、信用卡/借记卡和金融账户信息，以及社会安全号码正以惊人的速度被破坏，危及全国消费者的身份"。[11] 因为这些问题，一些组织选择使用智能卡和生物特征身份验证，而非密码认证。

■ **智能卡**

智能卡是塑料卡，类似于信用卡。不同于信用卡、借记卡和 ATM 卡带有磁条，智能卡包含一个微芯片。微芯片不仅携带比磁条多得多的数据，而且包含识别身份的数据。智能卡的用户需要输入**个人识别码**（personal identification number，PIN）进行身份验证。

■ **生物特征身份验证**

生物特征身份验证（biometric authentication）使用个人生理特征，如指纹、面部特征、视网膜扫描对用户进行身份验证。生物认证提供了强大的身份验证，但是设备昂贵。通常，用户也抵制这种识别验证，因为他们觉得自己被侵犯了。

生物特征身份验证现在处于早期应用阶段。这种方式非常有效，可能会在未来广泛使用。立法机构将来有可能通过立法来规范生物特征数据的使用、存储和保护等。想了解更多的生物识别技术，请访问 http：//searchsecurity.Techtarget.com。

注意，身份验证方法分为三类：你知道的（密码或 PIN），你拥有的（智能卡），你本人的（生物特征）。

多个系统的单一登录

信息系统经常需要来自多个方面的身份验证。例如，当你登录个人电脑，需要进行身份验证；当你访问所在部门的局域网时，也需要验证；当你进入广域网时，还需要验证；当你访问数据库数据时，数据库管理系统将再次对你进行身份验证。

在这些访问中，每次都输入用户名和密码是一件烦人的事情。你可能需要记住五六个密码来访问你工作时所需要的数据。在所有这些网络中传递你的密码是不妥的。在网络中，你的密码传播得越广，受到侵害的风险就越大。

如今的操作系统有能力对你进入网络和其他服务器进行身份验证。你登录本地计算机，提供身份验证数据，从那刻起，你的操作系统验证你的身份以访问一个网络或服务器，它也能验证你的身份让你访问另一个网络和服务器。因为这样，你的身份和密码在你的本地计算机之外开了许多后门。你选择密码时请记住这一点！

加密

加密（encryption）是在存储或通信中将明文转换为加密的难以理解的文本的过程。许多研究专注于开发难以破解的**加密算法**（encryption algorithms）（加密数据的一系列程序）。常用的方法有 DES，3DES 和 AES。你想知道更多内容，可上网搜索。

密钥（key）是用来加密数据的一串比特。之所以称为密钥，是因为它解锁消息。实际上它采用二进制，用数字或字母表示，不过这中间使用了加密算法。它不是像你的公寓钥匙一样的有物理意义的东西。

加密报文，计算机程序使用加密方法（如 AES）结合密钥（如“Key”这个词）将明文报文（如“secret”这个词）转换成一段加密的报文。加密后的报文（“U2Fsd GVkX1 + b637aTP80u + y2WYlUbqUz2XtYcw4E8m4=”）看起来就像一段乱七八糟的字符。解码（解密）报文与此类似，密钥用来将编码（加密）的报文恢复为原来的文本。**对称加密**（symmetric encryption）使用相同的密钥来编码和解码。**非对称加密**（asymmetric encryption）使用两个密钥，一个密钥用来编码报文，另一个密钥用来解码报文。相比非对称加密，对称加密更简单、更快捷。

非对称加密的一个特殊版本是**公共密钥加密**（public key encryption），在互联网上使用。在这种方法中，每个网站有对报文编码的公共密钥和对报文解码的私有密钥。在解释其工作原理前，可以考虑下面的类比。

假设你送给朋友一个打开的密码锁（例如，它可以用于你健身房的储物柜）。假如你是唯一知道这个锁的密码的人。现在，假定你的朋友用这个密码锁把东西锁在一个柜子里。现在，无论是你的朋友还是其他任何人都无法打开柜子。你的朋友就把这个上锁的柜子给了你，你可以使用密码打开柜子。

公共密钥就像密码锁，而私有密钥就像密码。你的朋友使用公共密钥对报文进行编码（上锁），而你使用私有密钥对报文进行解码（开锁）。

现在，假设我们有两台通用的计算机 A 和 B。假设 B 想要给 A 发送一封加密报文。要做到这一点，A 向 B 发送其公共密钥（相当于前述类比中，A 给 B 发送一个打开的密码锁）。现在，B 使用 A 的公共密钥对报文加密，将编码过的报文返回给 A。此时，除了 A 以外，无论是 B 还是其他任何人都无法解码该报文。这就像一个加了密码锁的柜子。A 接收到编码报文，使用其私有密钥（前述类比中的密码）解锁或解密此报文。

再次说明，公共密钥就像打开的密码锁。计算机 A 会向任何一台计算机发送这样的锁，只要它请求与 A 通信。但 A 从来不会向任何计算机发送其私有密钥（密码）。私有密钥应保持私有。

在互联网上使用的最安全的通信协议称为 **https**。通过 https，数据使用**安全套接层**（Secure Sockets Layer，SSL）协议，也称**传输层安全协议**（Transport Layer Security，TLS）进行加密。SSL/TLS 将公共密钥加密和对称加密结合使用。

其基本思想是：对称加密快速，优先选择。但是双方（即你和网站）不共享对称密钥。于是，双方共享公共密钥加密的相同的对称密钥。一旦你们都有这个密钥，就可使用对称加密通信。

图表 10－9 总结了你与网站安全通信时 SSL/TLS 的工作原理。

图表 10－9　https 的本质（SSL 或者 TLS）

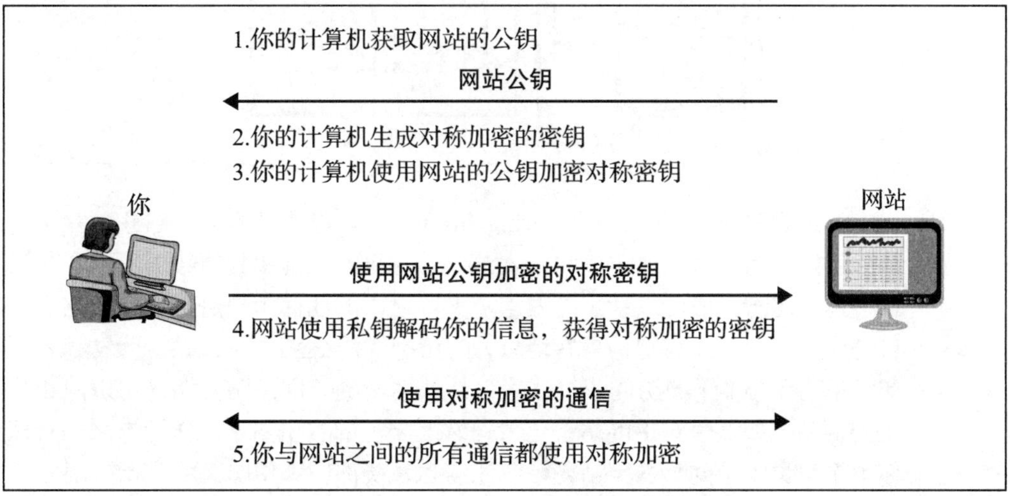

1. 你的计算机获得连接 Web 站点的公共密钥。
2. 你的计算机生成对称加密密钥。

3. 你的计算机使用公共密钥对该密钥进行加密，并将它发送给 Web 站点。

4. Web 站点使用其私有密钥对接收的对称密钥进行解码。

5. 此后，你的计算机和 Web 站点之间通信使用对称加密。

在会话结束时，你的计算机和安全站点丢弃密钥。使用此策略，大量的安全通信使用更快的对称加密。而且，因为密钥在很短的时间间隔内使用，被发现的可能性较小。

使用 SSL/TLS 可以安全地发送诸如信用卡号和银行余额等敏感数据。可以肯定的是在浏览器中你看到的是 https：//，而非 http：//。大多数浏览器有额外的插件或组件（如 HTTPS Everywhere），它可以强制使用 https 连接。

防火墙

防火墙（firewall）是防止未经授权的网络访问的一种计算机设施。防火墙可以是一台专用计算机，也可以是通用计算机或路由器上的一个程序。从本质上说，防火墙就是过滤器。它可以进行多种方式的通信过滤，包括网络流量来自哪里，发送的数据包是什么类型，数据包的内容是什么，以及数据包是否为授权连接的一部分。

组织通常使用多个防火墙。**边界防火墙**（perimeter firewall）位于组织网络的外部，它是互联网流量遇到的第一个设置。除了边界防火墙，一些组织在其网络中使用**内部防火墙**（internal firewall）。图表 10－10 显示使用边界防火墙来保护组织的所有电脑，使用第二道内部防火墙保护局域网。

图表 10－10 多个防火墙的使用

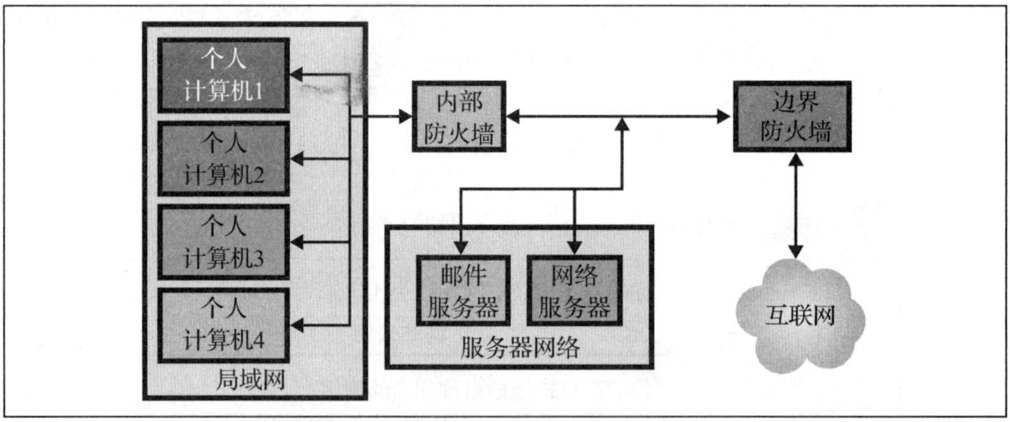

包过滤防火墙（packet-filtering firewall）检查消息的每个部分，并决定是否让这部分通过。为了做出决定，它检查源地址、目的地址和其他数据。

包过滤防火墙可以禁止外人与防火墙之内的任何用户进行会话。它们可以禁止来自特定网站（例如已知的黑客地址）的访问。防火墙还可以禁止合法但不受欢迎（例如竞争对手电脑）的访问或过滤来自外部地址的访问。防火墙还可以阻止员工访问特定的网站，如竞争对手网站、色情网站或流行的资讯网站。作为未来的管理者，如果你不希望员工访问某些网站，可以让信息系统部门利用防火墙进行限制。

包过滤防火墙是最简单的一类防火墙。其他防火墙在更复杂的基础上进行过滤。如果你学习了数据通信课程，就会对此有所了解。现在，你知道防火墙可以帮助保护组织的计算机免受未经授权访问的侵害就可以了。

没有防火墙保护的计算机不应该连接到互联网。许多互联网服务提供商为客户提供防火墙。从本质上讲，防火墙是通用的。大型组织往往自己增补防火墙。大多数家庭路由器包括防火墙，微软的 Windows 操作系统有内置的防火墙。第三方组织也有防火墙产品。

恶意软件防护

在图表 10－8 中，我们关注的下一个技术防护措施针对的是恶意软件。**恶意软件**（malware）是包括病毒、间谍软件和广告软件等在内的一类软件。

病毒（virus）是一种能自我复制的计算机程序，最终会消耗计算机的资源。此外，许多病毒也采取不必要的和有害的行动。导致不必要的行动的程序代码称为载荷。**载荷**（payload）可以删除程序或数据，悄无声息地修改数据。

特洛伊木马（Trojan horses）是伪装成有用的程序或文件的病毒。这个名称来源于特洛伊战争中用来装运士兵进城的巨大木马。典型的木马像一款电脑游戏、一个 MP3 音乐文件，或其他有用而无害的程序。

蠕虫（worm）是一种通过互联网或其他计算机网络自主传播的病毒。蠕虫的传播速度比其他类型的病毒快，因为它们可以自我复制。与非蠕虫病毒必须等待用户使用第二台计算机共享文件不同，蠕虫积极利用网络进行传播。有时，蠕虫传播如此之快，会造成网络过载和崩溃。

间谍软件（sypware）程序在用户没有相关知识或未经允许的情况下被安装在计算机上。间谍软件在用户未知的情况下停留在后台，观察用户的操作，监测电脑的活动，向发起组织报告用户的活动。一些恶意的间谍软件称为击键记录器（key logger），可捕捉按键来获取用户名、密码、账号和其他敏感信息。还有一些间谍软件支持市场分析，观察用户的行为、浏览的网站、查看和购买的产品，等等。

广告软件（adware）类似于间谍软件，也是未经用户许可安装的，也留在后台观察用户的行为。大多数广告软件是良性的，没有恶意行为，也不窃取数据。然而，它观察用户的行为并产生弹出式广告。广告软件也会改变用户的默认窗口，或者修改搜索结果并转换用户的搜索引擎。

勒索软件（ransomware）是恶意软件，会阻止访问系统或数据，直到给攻击者钱。某些形式的勒索会加密数据，阻止你运行应用程序，甚至锁定你的操作系统。

图表 10－11 列出了一些广告软件和间谍软件的征兆。越来越多的恶意软件被安装，这些征兆会随着时间的推移慢慢变化。当这些征兆出现在你的计算机上，使用反恶意软件程序删除间谍软件或广告软件。

图表 10－11 间谍软件和广告软件的征兆

- 系统启动缓慢
- 系统性能低下
- 出现许多弹出式广告
- 浏览器主页有可疑的变化
- 任务栏和其他系统的界面有可疑的变化
- 硬盘活动异常

■ **恶意软件防护**

幸运的是，使用恶意软件防护措施可以避开大多数恶意软件。

1. 在你的电脑里安装反病毒和反间谍程序。信息技术部门会有一系列推荐（或要求）的程序可用来达到这个目的。如果你自己选择一个程序，应从有信誉的供应商处购买。在购买之前查看相关评论。

2. 经常用反恶意软件程序检查你的电脑。应该至少一周检查一次。当你发现恶意软件代码时，使用反恶意软件程序移除它。如果代码不能被移除，联系你的信息技术部门或者反恶意软件供应商。

3. 更新恶意软件的定义。存在于恶意软件代码中的定义模式应该经常下载。反恶意软件供应商不断更新这些定义，你应该及时下载。

4. 打开已知来源的附件。即使打开已知来源的附件也要小心翼翼。安装了合适的防火墙之后，电子邮件就成为从外部入侵用户电脑的唯一通道。

大多数反间谍软件程序检查电子邮件附件是否有间谍软件代码。所有用户应该养成这样的习惯：从不打开未知来源的附件。另外，如果你收到一封已知来源但意料之外的邮件，或者已知来源但主题可疑、有拼写错误、语法蹩脚的邮件，在确认来源之前不要打开附件。

5. 从合法的来源及时更新软件。遗憾的是，所有的程序都有安全漏洞。供应商一旦发现会迅速修复，但这些修复往往是不彻底的。要及时将补丁安装到操作系统和应用程序中。

6. 只浏览声誉好的网站。当你打开一个网页时，一些恶意软件可能自行安装。你可以使用 Web of Trust（WOT）浏览器插件来帮助你了解哪些网站可能有害。最近，恶意软件作者已经为合法网站上的横幅广告付费，在广告中嵌入恶意软件。你点击一次就会被感染。

设计安全的应用程序

图表 10－8 中最后的技术防护措施是安全程序设计。如你在本章章首案例中了解的，米歇尔和詹姆斯在设计 PRIDE 时考虑了安全性；PRIDE 在数据库中存储用户隐私设置，并且开发应用程序，以便在发布锻炼报告中的数据之前首先读取隐私设置。最有可能的是，PRIDE 将设计其程序，以便私人数据由服务器上的程序处理；该设计意味着，只有在创建或修改这类数据时，数据才会在互联网上传输。

顺便说一下，当用户将 SQL 语句输入应该输入名称或其他数据的表中时，就会发生 **SQL 注入攻击**（SQL injection attack）。如果程序设计不当，它将接受此代码，并将其作为所发出的数据库命令的一部分。这就可能导致不当的数据泄露、数据损坏及损失。设计良好的应用程序将使这种注入无效。

作为未来的用户，你将不会自己设计程序。但是，你应该确保为你和你的部门开发的信息系统都考虑了安全性，将之作为开发应用程序的要求之一。

Q10－6　数据防护措施如何抵御安全威胁？

数据防护（data safeguard）保护数据库和其他的组织数据。要从两个方面加强数据防护。数据管理（data administration）指的是制定数据政策、确保数据标准的组织功能。

数据库管理（database administration）是与某个特定数据库有关的功能。企业资源计划、客户关系管理、制造资源计划等数据库都有数据管理功能。数据库管理开发程序等来确保多用户处理有序进行，控制数据库变化，保护数据库。数据库管理的概述见第 5 章。

建立数据防护措施的过程中涉及数据管理和数据库管理，如图表 10－12 所示。首先，数据管理应定义数据政策，如“我们不会与其他组织分享客户识别信息”。其次，数据管理和数据库管理要一同明确用户使用数据的权利和责任。最后，这些权利应由至少通过密码验证的用户账户强制执行。

图表 10－12 数据防护

- 定义数据政策
- 明确使用数据的权利和责任
- 权利由通过密码验证的用户账户强制执行
- 数据加密
- 备份和恢复程序
- 物理安全

组织应该通过编码的形式将敏感的数据存储起来加以保护。这种加密方式使用一种或多种密钥，类似于数据传输加密。然而，存储数据的一个潜在问题是，密钥可能会丢失，心怀不满或被解雇的员工可能会破坏它。由于这种可能性，在对数据加密时，最好有加密密钥的备份。这一安全措施有时称为密钥托管（key escrow）。

另一种数据防护措施是定期进行数据库内容的备份。在远离组织的地方，至少应存储一些远程备份。另外，IT 人员应定期检查，以保证备份有效以及有效恢复的程序存在。不要以为做了备份，数据库就得到了保护。

物理安全是另外一种数据防护措施。运行数据库管理系统的计算机和存储所有数据的设施应该放在上锁的地方，并且控制进入。否则，它们不仅会成为窃取的对象，而且会成为破坏的对象。为了更好地防护，公司应对进入的人员、时长和原因进行监管。

当组织将数据库放在云上时，图表 10－12 所示的防护措施都应写进云服务合同。

Q10－7 人员防护措施如何抵御安全威胁？

人员防护（human safeguard）涉及信息系统中的人员和程序。一般来说，当获得授权的用户遵循恰当的程序使用和恢复系统时，人员防护得以实现。要限制获得授权的用户访问，就需要有效的身份验证方法和谨慎的用户账号管理。此外，合适的安全程序应作为信息系统的一部分来设计，应培训用户使之重视这些程序并掌握使用方法。在本部分，我们将考虑针对员工的人员防护的进展。根据 Q10－2 中讨论的计算机犯罪调查，恶意的内部人员犯罪的频率及犯罪成本一直在上升。这一事实使得防护措施更为重要。

对员工的人员防护措施

图表 10－13 列出了针对员工安全的考虑。下面一一讨论。

图表 10－13 针对内部员工的安全政策

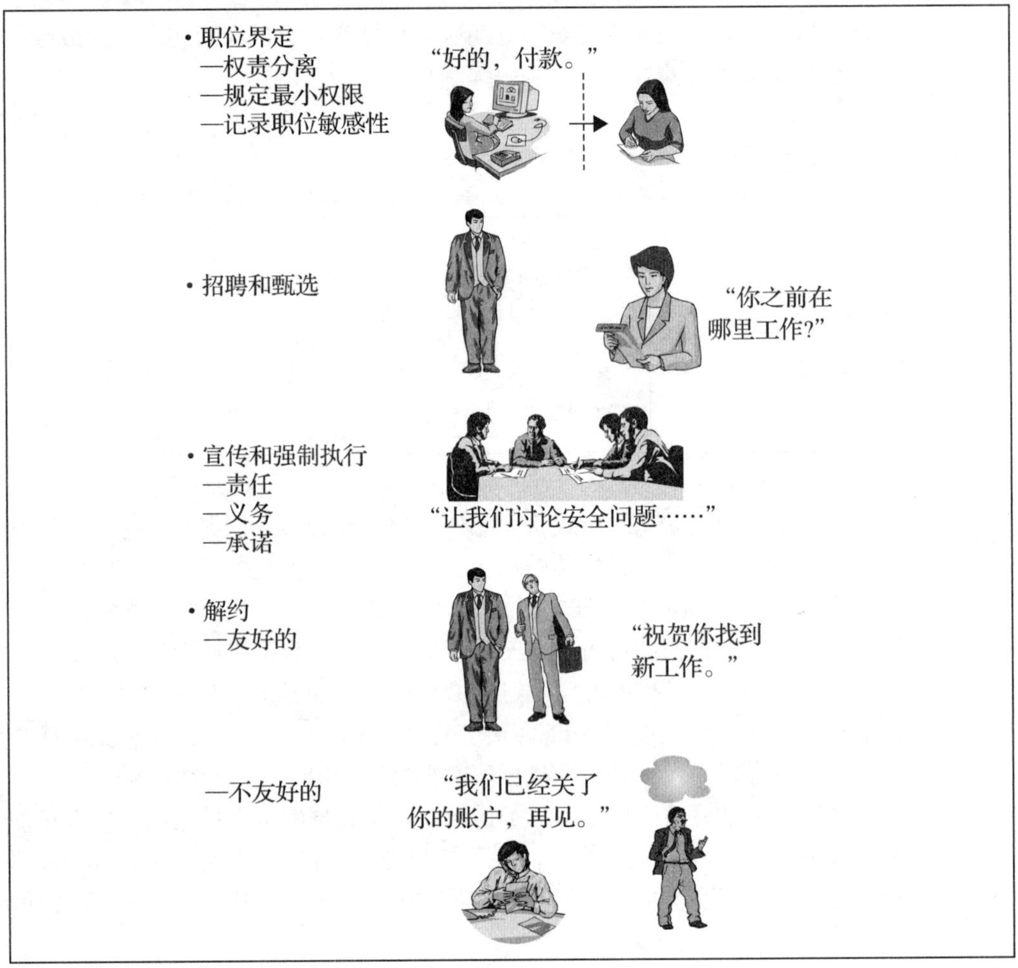

■ 职位界定

有效的人员防护始于对工作任务和职责的定义。一般来说，职位描述应该明确权责分离。例如，不允许有人既审批开支又填写支票。应该由一个人负责审批，由另一个负责支付，由第三人负责报账。同样，在库存上，不应该一个人既能撤销库存又能从库存中移除物品。

在给出了恰当的职位描述后，可以通过用户账号来明确用户工作中的最小权限。例如，若用户的职位描述中不包括修改数据，就授予他只读权限。同样，用户账号应阻止用户访问其职位描述中没有涉及的数据。因为语义安全问题，即使是看似无害的数据访问也需要加以限制。

最后，应该记录每个职位的安全敏感性。有些职位涉及高度敏感的数据（如员工薪酬、销售配额、专利营销或技术数据），有些职位则不涉及敏感数据。记录职位的安全敏感性有助于员工按照风险和损失对自己的活动进行优先排序。

■ **招聘和甄选**

在招聘过程中应考虑安全问题。当然，如果所招聘的职位不涉及敏感数据且不访问信息系统，那么对信息系统安全性的审查要求就很低。然而，如果职位涉及高敏感性的数据，应广泛访谈、查看推荐信进行背景调查。也请注意，安全审查不仅适用于新员工，而且适用于晋升至敏感职位的老员工。

■ **宣传和强制执行**

不能指望员工遵守他们不知道的安全政策和程序。因此，员工需要了解安全政策、程序以及所要负的责任。

从新员工培训开始就应安排安全培训，此时会介绍一般性的安全政策和程序。一般的培训必须根据职位的敏感性和责任的变化扩充内容。晋升的员工应该接受与新职位相适应的培训。在员工完成必要的安全培训之前，公司不应提供用户账户和密码。

强制执行涉及三个相互依赖的因素：责任、义务和承诺。首先，公司应该清楚地界定每个职位的安全责任。安全程序的设计应该保证员工对其安全违规负责。在关键数据丢失时，可以通过安全程序确定损失是如何发生的，应由谁负责。最后，安全程序应该支持安全承诺。应定期检查员工的行为，管理者应该对不履行承诺者进行处罚。

管理者的态度至关重要，如果他们身体力行，十分关心安全问题，员工就会更好地履行承诺。如果管理者将密码写在员工布告栏上、在走廊上说出密码，或者忽视物理的安全程序，那么员工的安全意识和安全承诺将会受到影响。要注意，要确保安全，需要持续加强管理，经常提醒至关重要。

■ **解约**

对于员工解约，公司也必须建立安全政策和程序。许多员工离职时是友好的，这一般发生在员工退休或者寻找另一份工作时。人力资源政策应该确保系统管理员在员工离职前收到通知，这样他们就可以删除其账户和密码。他们需要处理加密数据的密钥，并且执行其他的安全要求。

不友好员工的解约可能较难处理，因为他们会试图采取恶意或有害的行为。在这种情况下，系统管理员可能需要在他被解雇之前删除其账户和密码，也可能需要采取其他行动以保护公司的数据资产。例如，一个被解雇的销售人员可能试图把公司的机密客户和预期销售数据带走，以便将来在另一个公司使用。在解雇员工之前，雇主应提前采取措施保护数据。

人力资源部门应该意识到提前将员工解约信息通知信息系统管理员的重要性。没有通用的政策，信息系统部门应该基于员工的基本情况做出评估。

针对非员工的人员防护

由于业务需要，可能需要对临时人员、供应商、合作伙伴（合作伙伴的员工）以及公众开放信息系统。虽然对临时人员可以进行核查，但为了降低成本被简化了。在大多数情况下，公司无法核查供应商及合作伙伴。当然，对公众根本就无法核查。安全培训和合规测试中也存在类似的限制。

在有临时人员、供应商和合作伙伴的情况下，合同应该使安全措施与数据及信息系统资源的敏感性相适应。公司应对供应商和合作伙伴进行适当的核查和安全培训。合同中应列出对特定的工作十分重要的安全责任。公司应该提供拥有最小权限的账号和密码并尽快删除。

这种情况不同于公众使用网站和其他开放信息系统。要使公众用户对安全违规负责非常困难且费用很高。一般来说，阻止公众威胁的最好的防护措施是加强网站或其他设施以应对尽可能多的攻击。**强化**（hardening）网站是指采取非常措施来降低系统的脆弱性。强化后的网站使用特殊版本的操作系统，锁定或消除操作系统中应用程序不需要的特性和功能。强化实际上是技术防护，但我们在这里把它作为保护公众用户最重要的安全措施。

最后要指出，企业与公众和合作伙伴的关系不同于与临时人员和供应商的关系。公众和合作伙伴使用信息系统获得收益。因此，防护措施需要保护这些用户免受公司内部安全问题的影响。一名心怀不满的员工恶意改变网站上的价格可能对公众用户和合作伙伴造成损害。正如一名 IT 经理所说，“相对于保护我们自己免受他们的伤害，更需要保护他们免受我们的伤害”。这就是图表 10 - 7 中第五条准则的扩展。

账户的管理

管理用户、密码和帮助台的政策和程序是另一个重要的人员防护措施。

■ 账户管理

账户管理涉及创建新的用户账号、修改现有的账号权限和移除不需要的账号。信息系统管理员负责执行这些任务，但用户有责任告知管理员对此的需求。为此，信息系统部门应该建立标准程序。作为一个未来的用户，你可以尽早将变更账号的通知发给信息系统部门员工以增进关系。

不再需要的账号的存在是一种严重的安全威胁。信息系统管理员不知道什么时候应该删除账号，这需要用户和管理者发出通知。

■ 密码管理

密码是进行身份验证的主要手段。无论是访问用户的计算机，还是授权访问其他网络和服务器，密码都很重要。因为密码的重要性，美国国家标准和技术研究所（National Institute of Standards and Technology，NIST）建议要求员工签署如图表 10 - 14 所示的声明。

图表 10 - 14 账户示例确认形式

> 我在此承认个人收到了系统密码与下面列出的用户身份号。我知道我有责任保护密码，我将遵守所有应用系统安全标准，不会将我的密码泄露给任何人。我也深知，在使用密码遇到任何问题或当我有理由相信我的私有密码被盗时，我必须向信息系统安全人员报告。

资料来源：National Institute of Standards and Technology, Introduction to Computer Security: The NIST Handbook, Publication 800–812.

在创建一个账号时，用户应立即将初始密码改为自己的密码。事实上，构建良好的系统会要求用户在首次使用时修改密码。

另外，用户应该经常更换密码。一些系统要求每三个月更换一次密码或者更为频繁。用户抱怨这样做太麻烦，但是经常更换密码不仅可以降低密码丢失的风险，而且降低了密码泄露导致的损害。

一些用户创建两个密码，来回切换。这种方式会导致密码的安全性过低，而且一些密码系统不允许用户使用最近用过的密码。用户可能认为这种方式很麻烦，但是很重要。

■ **帮助台政策**

过去，帮助台存在严重的安全风险。倘若用户忘记了他的密码，就会打电话给帮助台，请工作人员告诉自己密码或重置密码。用户通常会抱怨："没有它，我不能得到这份报告！"

帮助台工作人员面临这样的问题：他们没有办法确定这是不是真正的用户，也许有人伪装成用户在交谈。这令他们陷入了困境：如果他们不以某种方式提供帮助，帮助台会被认为是"无用的"。

为了解决这些问题，许多系统给帮助台工作人员提供了用户身份验证的手段。通常，帮助台信息系统拥有真正的用户才会知道的问题的答案，如用户的出生地、母亲的姓名，或一个重要数字串的最后四位。更改密码时，相关的通知会以电子邮件的形式发送给用户。正如你所了解的，电子邮件是以明文形式发送的，所以新密码不用电子邮件形式发送。如果在你没有提出重置密码请求的情况下，收到密码重置的通知，应立即联系信息技术安全部门，可能有人要破坏你的账号。

所有的帮助台措施都会降低安全系统的强度，如果员工的职位非常敏感，他们的账号可能会产生极大的漏洞。在这种情况下，用户可能只是运气不好。他的账号将被删除，他必须重新申请。

系统程序

图表10-15显示了正常操作、备份和恢复等方面的程序。每一个信息系统都有这些类型的程序。例如，订单录入系统会有每一种程序，例如网店系统、库存系统，等等。标准化程序的定义和使用可以减少计算机犯罪的可能性以及其他内部人的恶意行为。这也保证了系统的安全政策的执行。

图表10-15 系统程序

	系统用户	操作人员
正常操作	使用系统完成工作任务，保持安全性与敏感性相适应	运行数据中心设备，管理网络，运行Web服务器，并完成相关的操作任务
备份	为系统功能受损做准备	备份网站资源、数据库、管理性数据、账号和密码数据以及其他数据
恢复	在出现错误时完成工作任务，知道在系统恢复中要完成的任务	利用备份数据恢复系统，在恢复的过程中发挥帮助台的作用

程序为用户和操作人员而开发。对于用户，公司应该为其正常操作、备份和恢复

开发相应的程序。作为未来的用户，你应首先关注用户程序。正常使用的程序应该为适应信息系统的敏感性提供安全保护。

备份程序用于发生故障时建立数据的备份。操作人员需要管理备份系统数据库和其他系统数据，部门人员需要备份自己电脑的数据。值得思考的问题是："如果我明天丢了电脑或移动设备会发生什么？""如果有人在机场安检时扔了我的电脑会发生什么？""如果我的电脑被偷了会发生什么？"员工应该确保备份了自己的电脑上关键的业务数据。信息系统部门可通过设计备份程序并使备份设施可用来提供帮助。

最后，系统分析员应该开发系统恢复程序以应对出现的问题。比如，当关键系统无法使用时，部门将如何处理事务？关键信息系统无法使用，可客户想要下订单，生产商想从库存中删除商品，部门将如何应对？一旦系统恢复使用，停机期间的业务活动将如何导入这个系统，如何恢复服务？系统开发人员应该能够提出并回答这些问题，开发相应的程序。

安全监控

安全监控是我们所要考虑的最后的人员防护措施。重要的监控功能包括活动日志分析、安全测试、调查安全事故并吸取教训。

很多信息系统程序会产生活动日志。防火墙会产生其活动的日志，包括列出所有丢弃的数据包、渗透的企图和防火墙内未经授权的访问企图。DBMS会产生登录成功和失败的日志。Web服务器会产生网络活动的日志。个人电脑的操作系统会产生登录日志和防火墙活动日志。

这些日志对组织没有任何价值，除非有人研究它们。因此，一个重要的安全功能是分析这些日志来发现威胁模式、成功和不成功的攻击，以及安全漏洞的证据。

今天，大多数大型组织积极地调查它们的安全漏洞。组织可能会使用Tenable的Nessus或IBM的Security AppScan工具来评估它们的弱点。许多公司创建**"蜜罐"**（honeypot），这是吸引计算机罪犯攻击的错误目标。对入侵者来说，蜜罐看起来像一个特别有价值的资源，如一个未受保护的网站，但事实上唯一的网站内容是可以确定入侵者IP地址的程序。之后该组织可以使用免费的在线工具——如DNSstuff——来跟踪IP地址，确定攻击者。[12]如果你在技术上注重细节并有好奇心，那么在这个领域成为安全专家就像在犯罪现场调查一样激动人心。要了解更多，请查看DNSstuff或Security AppScan。你也可以参考《应用信息安全》（*Applied Information Security*）第2版。[13]

另一个重要的监控功能是对安全事故进行调查。问题是怎么发生的？是否已经制定防护措施来防止此类问题再次发生？这个事故是否表明安全系统的其他部分有漏洞？从事故中可以学到什么？

安全系统处于动态的环境中。组织结构不断变化，公司被收购或出售，或者合并。新系统需要新的安全措施。新技术改变了安全状况，新威胁出现。安全人员必须不断地监控情况并判断现有的安全政策和安全措施是否完善。如果需要更改，安全人员需要采取适当的行动。

与质量管理一样，保障安全也是一个持续的过程。没有能表明系统或公司处于安全的最终状态。相反，公司必须持续地监控安全。

Q10-8 组织应该如何应对安全事故?

安全计划的最后一个组成部分是事故应对。图表 10-16 列出了主要因素。首先，每个组织都应该有事故应对方案，将之作为安全计划的一部分。任何组织都不应该等到资产已经丢失或受损再决定怎么做。方案应该包括员工如何应对安全问题，他们应该联系谁，他们应该向谁报告，以及他们可以采取什么措施来减少进一步的损失。

图表 10-16 事故应对因素

- 适当的计划
- 集中报告
- 特殊响应
  - 速度
  - 准备费用
  - 不让问题更糟
- 演练

考虑一个例子，比如病毒。事故应对方案规定员工在发现病毒时应该怎么做、联系谁、做什么。方案应该规定，员工应该关掉电脑并从物理上断开网络。方案还应该明确无线电脑的用户应该做什么。

方案应提供所有安全事故的集中报告。这些报告使组织能够确定自己是受到了系统攻击还是这仅是一起孤立的事故。集中报告也可以让组织了解存在的安全威胁，积极采取行动，并把专业知识应用于解决安全问题。

当事故发生时，应对速度是非常重要的。事故持续的时间越长，代价就越大。病毒和蠕虫可以非常迅速地在组织的网络传播，此时快速响应将有助于减小损失。为此，需要做充分的准备。事故应对方案应该明确关键人员及其非工作时间的联系方式。应当培训这些关键人员，让他们知道事故发生时该去哪里、做什么。没有充分的准备就会有风险，即使是善意的行为也会使问题变得更糟。同时，事故发生后可能会谣言四起，见多识广、受过训练的人员会控制这样的谣言。

最后，组织应该定期演练。不然，员工对事故应对方案没有切身体验，并且方案本身可能存在的缺陷不会显露出来。

本章的知识对你有何帮助?

本章的知识可以帮助你和你所在的组织意识到针对计算机的安全威胁。你和组织必须权衡风险的损失和应对措施的代价。你已明白可以而且应该雇用人员来保护自己的设备和数据。你已知晓组织应该如何应对安全威胁。本章向你介绍了技术防护、数据防护和人员防护，总结了组织应该如何应对安全事故。

再一次强调：最重要的是创建和使用强密码!

道德指南

攻击智能的东西

你可能已经注意到汽车的电视广告的一个趋势。许多汽车制造商将重点放在以技术为中心的特殊性能上。现在最流行的附加功能之一是把你的汽车变成一个网络热点。当然，允许你的朋友使用车载 Wi-Fi 更新他的社交软件听起来非常酷。但是增加汽车的这种功能可能会带来一些意想不到的风险。如果你的乘客使用 Wi-Fi 访问你的刹车系统怎么办？

物联网

你可能已经听说过物联网，或者有关的想法，比如物体连接到互联网后，就可以与其他设备、应用程序或服务进行交互。许多公司正努力研究利用新的“智能”产品的可能性，这些产品在很少或没有用户干预的情况下能够自动与其他设备交流和交换数据。开发新的上网设备已成趋势，有人估计，到 2020 年物联网设备的数量大约会是 260 亿。[14]

但所有这些新的智能设备可以用来干什么？例如，实现家庭自动化。有了新的上网设备，家庭自动化市场快速增长，诸如恒温器、烟雾探测器、灯泡、监控摄像头、门锁等智能设备得到普及。[15] 这些设备允许房主远程监控家里的温度，开关灯，或者远程照看小狗，借助摄像头喂食。所有这些功能看起来像是一个好主意并且可以为日常生活提供便利，但也有人提出，为每个设备接入互联网的趋势可能是冒险的，甚至是危险的。[16]

互联网的威胁

你可能已经知道一些类型的网络安全威胁。如果你在某个晚上收听晚间新闻，会听到世界各地的数据被盗事件，从大型企业、政府内部人员泄露敏感信息到网络攻击。

如果你的个人数据遇到安全威胁呢？黑客可以攻击存储在你的智能手机上的数据吗？考虑要保护家里 10 台、20 台或 30 台上网设备的安全的情形。你将为冰箱购买杀毒软件或为恒温器配置防火墙吗？

随着越来越多的设备可通过某种形式的网络使用，用户将不得不权衡使用它们的优点和缺点。让这些设备更好的同时也会使它们更容易受到攻击。确实如此，智能恒温器会节省你的金钱。但它一旦染上病毒呢？你会只把它当作一个恒温器来用吗？

讨论题

1. 假设你的公司生产智能空气净化器，它能过滤并分析空气中的成分，同时将这些数据发送到公司总部，形成在线报告呈现给使用者。

a. 假定每位用户使用在线报告前都必须签订相关的协议，那么售卖你所收集的这些数据是道德的吗？请从绝对命令原则和功利主义两个角度考虑。

b. 假设一家保险公司想从你那里购买数据，了解哪些用户的空气净化器记录了烟雾。将这类数据卖给该公司是道德的吗？请从绝对命令原则和功利主义两个角度考虑。

c. 假设执法机关要求你提供所有报告有非法毒品的家庭的数据，如果你告诉客户你被迫将这些数据提供给警察，你将失去许多生意。那么，向用户隐瞒这一信息是道德的吗？请从绝对命令原则和功利主义两个角度考虑。

2. 假设你的公司生产智能冰箱，它能准确地告诉你冰箱里有什么，提醒你什么时候该去采购哪一类食物，同时将这些数据发送到公司总部，形成在线报告以便给用户使用。

a. 假定每位用户使用在线报告前都必须签订相关的协议，那么售卖你所收集的数据是道德的吗？请从绝对命令原则和功利主义两个角度考虑。

b. 广告商想要买你的数据，以便根据用户的需求制作相应的食品广告，与此同时，保险公司、投资方、新闻媒体、执法机关、政府部门、医疗公司也想向你购买这些数据，将这些数据卖给这些公司或机构是道德的吗？请从绝对命令原则和功利主义两个角度考虑。

指南

EMV 如何解决数据泄露问题

你最近有出国旅行吗？如果有的话，你可能注意到外国的许多零售商现在更希望你使用 EMV 芯片加密技术付款。EMV 是 Europay、万事达及维萨三家公司的首字母缩写，它们最先应用这项技术。[17] 如果你购物时没有 EMV 卡，那你可能不得不出示你的护照，用其他的方式付款了。

EMV 技术让公司变得更安全，因为这意味着公司不再需要存储信用卡数据以防黑客攻击。EMV 技术改变了卡片的认证方式，传统的磁条卡认为拥有这张卡就拥有这个账户，EMV 技术则是通过卡片内嵌的芯片验证信用卡的真伪，通过用户输入的 PIN 号（签名）来验证信用卡持有者的身份，如果没有信用卡和 PIN 号，即使账户数据被盗也无法进行支付，EMV 技术让信用卡诈骗变得越来越难。

让我们来看看一起数据泄露事件，分析 EMV 技术能为你做些什么。

家得宝公司的数据泄露事件

家得宝公司在 2014 年发生了一起重大的数据泄露事件，丢失了 5 600 万用户的信用卡记录及 5 300 万用户的电子邮箱信息。[18] 塔吉特公司和摩根大通公司也发生过同样的事，分别丢失了 9 800 万账户数据和 8 300 万账户数据。这三家公司发生数据泄露的时间间隔不到一年，这些事件使得数据泄露一时间成为热点话题，也让网络犯罪在美国公司中的普遍性和严重性日益明显。

黑客首先从第三方平台获取相关证书，利用该证书进入家得宝公司的内网，然后将恶意程序散布到销售点（POS）终端，从 POS 终端的存储器中随机抓取信用卡数据，最后将这些信用卡数据整合并发送出去。

在了解数据泄露的详细情况后，分析人员发现家得宝公司一直在使用旧版的防病毒软件，POS 终端与中央服务器之间也没有加密技术。不过，虽然防病毒软件不是最新版，但病毒签名文件（用来检测特殊病毒）更新了，因此，黑客所使用的恶意程序可能是最新的且不可侦测。另外，缺乏加密技术也没有直接导致数据被盗，毕竟信用卡数据是直接从 POS 系统中被盗，而不是在中央服务器的数据传输中被窃取的。[19]

真正的安全隐患在于获得 POS 系统中残留的信用卡数据，而这一隐患是可以通过 EMV 芯片加密（或芯片签名）技术来防范的，因为信用卡数据不再存储在存储器中，在使用 EMV 技术时，只处理交易中的 ID 号。如果家得宝及其用户使用了 EMV 技术，那么黑客是不可能使用恶意程序获取信用卡数据的。

采用 EMV 技术的动机

EMV 芯片加密技术在西欧（99.9%）、加拿大（84.7%）、亚洲（71.4%）广泛采用，在美国却只有 0.3% 的交易是通过智能芯片卡付款的。[20] 结果，全世界约 50% 的信用卡盗窃案发生在美国，主要是因为美国是全球为数不多的仍在使用传统磁条卡进行支付的国家之一。

但好消息是，美国的一些主要的信用卡发行机构、大型银行已经宣称在 2015 年 10 月采用芯片加密技术。也就是说，如果某些商家由于 POS 终端不支持 EMV 技术而导致用户的信用卡被诈骗，它要承担一定的责任。不过，EMV 技术在带来收益的同时也增加了成本，在采用 EMV 技术后，每张信用卡的成本将从 0.25 美元上升到 1.25 ～ 2.5 美元[21]，而每张信用卡的升级版读取器的成本将从 20 美元上升到 40 ～ 100 美元。到 2015 年底，美国大约有 5.75 亿张新信用卡将分发到持卡人手中。

讨论题

1. 为什么基于 EMV 芯片加密技术的信用卡比传统的磁条卡更安全？

2. 文中提到的数据泄露事件（家得宝、塔吉特、摩根大通）是否影响了你对网络攻击和网络犯罪的认知？你是否采取某些行动来保护你的系统和数据呢？

3. 文中说到家得宝的防病毒软件过时，与该软件对应的病毒签名文件却更新了。请解释一下为什么安全专家会认为旧版的防病毒软件并不是造成数据泄露的主要原因？

4. 家得宝数据泄露事件中的网络罪犯从自助结账 POS 系统中窃取了残留数据，窃取残留数据是什么意思呢？

5. 当这样的大型数据泄露事件发生后，受害公司通常会被提起法律诉讼。你认为从法律角度而言，受害公司是否应当为保障用户数据安全负责？为什么？

本章回顾 ▶▶▶

在本章回顾中，通过回答本章的研究问题来检查你对观点和概念的理解。

Q10－1　信息系统安全的目标是什么？

定义威胁、隐患、防护及目标，各举一个实例。列出三类威胁和五类安全损失，并为图表 10－2 中的三行给出不同的实例，同时总结图表 10－3 中单元格里的各个要素。解释为什么计算机犯罪的真实成本难以计算，并解释信息系统安全的目标。

Q10－2　计算机安全问题有多大？

解释为什么在一般情况下，难以得知计算机安全问题的严重性，尤其是计算机犯罪的严重性。列出解决该问题的不同途径，并解释其含义。

Q10－3　你应该如何应对安全威胁？

解释图表 10－6 中每一条措施的含义，定义 IDS 并解释为什么使用 IDS 程序是更有效的，说出最基本的原因。定义穷举法，总结强密码的特点。解释身份信息和密码除了用于登录你的电脑还能用来做什么。定义 cookie，并解释为什么在计算机安全交易中使用像 CCleaner 之类的程序比较好。

Q10－4　组织应该如何应对安全威胁？

给出并说明高级经理应当采取的两种安全措施。总结安全政策的内容，并解释它对风险管理有什么意义。总结当组织平衡风险与成本时应当采取的步骤是什么。

Q10－5　技术防护措施如何抵御安全威胁？

列出五种技术防护措施。定义身份标识和身份验证，描述三类身份验证方式，并解释

SSL/TLS 是如何工作的。定义防火墙并列出它的用途。定义恶意程序，列举其中的六类，并给出六条措施来应对这些恶意程序。解释为什么恶意程序是非常严重的问题，并说明 PRIDE 是怎样进行安全设计的。

Q10－6 数据防护措施如何抵御安全威胁？

定义数据管理和数据库管理，并说明它们的不同点，列出一些数据防护措施。

Q10－7 人员防护措施如何抵御安全威胁？

总结图表 10－12 所示每类活动中的人员防护措施，总结有关非雇员情况下的人员防护措施。从三个维度描述账户管理措施，并解释为什么系统程序可以作为人员防护措施。解释安全监控技术。

Q10－8 组织应该如何应对安全问题？

总结当组织面临安全问题时应该采取哪些措施。

本章的知识对你有何帮助？

总结你从本章中学到的知识，并说明它对你成为更好的企业家和更好的职员有什么帮助。从上面选出一条作为你的行动准则，然后就开始行动吧！

运用你的知识 ▶▶▶

1. 征信机构每年都会向你免费提供一份信用报告，但大多数信用报告都不会显示你的信用得分，主要显示与信用得分相关的详细信息，通过以下某个公司的网站来免费获取你的信用报告：www.equifax.com，www.experion.com，www.transunion.com。

a. 你需要查看自己信用报告中的明显问题，而报告中的其他问题可适当检查。上网搜索如何以最佳的方式审查自己的信用记录，并进行总结。

b. 如果你发现信用报告中存在问题，你该怎么做？

c. 定义身份盗用，上网搜索如果某个人认为自己是身份盗用的受害者，那他应该采取的最佳措施是什么？

2. 假设你在机场弄丢了手提电脑，你该怎么办？存在硬盘里的数据对你来说很重要吗？如果电脑里存有敏感或专利数据，事情是不是就变得麻烦了呢？在什么情况下你应该向你的新上司汇报这件事？

3. 假设你让你的老板注意到 Q10－1 中讨论的安全威胁问题及 Q10－4 中提到的安全防护问题，她说："真有意思，再跟我详细说说。"为了准备这次会议，你决定列出以下几个讨论点。

a. 简要说明 Q10－1 中提到的每类威胁。

b. 解释这五种安全损失是如何与安全防护措施相联系的。

c. 分别举出两到三种技术防护措施、数据防护措施及人员防护措施，并进行说明。

d. 简要说明 Q10－4 中提到的安全措施。

e. 列出与身为员工的你有关的几类安全程序。

f. 列出你所在的部门与救灾规划有关的几类程序。

协作练习 ▶▶▶

和你的团队一起建立协作信息系统，可以使用 Google Docs，SharePoint 或其他协作工具。不要忘记过程步骤和团队训练。现在，使用信息系统回答下面的问题。

本练习的目的是评估当前的计算机犯罪情况。

1. 上网搜索计算机犯罪及与之有关的其他术语，给出你们团队认为最近六个月内最严重的五起计算机犯罪事件，对于每一个例子，总结其损失及细节，并说明哪些安全措施是无效的。

2. 上网搜索“计算机犯罪统计”，找出除 Q10－2 中提到的 Ponemon 调研外的其他两种调研。

a. 说明每种调研使用的方法，并给出该方法的优缺点。

b. 比较这两种调研和 Q10－2 提到的调研中使用的数据，找出它们的不同。

c. 根据你的知识和经验，解释为什么会有不同。

3. 登录 www.ponemon.org/blog/ponemon-institute-releases-2014-cost-of-data-breach-global-analysis，下载报告（及最近的相关报告）。

a. 总结与安全措施相关的调研及组织使用的其他调研方式。

b. 对该研究结论中与组织安全措施的实施效果相关的情况进行总结。

c. 你们同意该研究的结论吗？为什么？

4. 假设你的老板要你写一篇组织应该怎么应对计算机安全问题的报告，结合本章的知识及问题 1 与问题 2 中的答案，为你的报告做一个 PPT，PPT 中应当包括以下内容：

a. 关键术语的定义；

b. 有关威胁的总结；

c. 有关安全措施的总结；

d. 当前计算机犯罪的走向；

e. 应对计算机安全问题，高级经理应该怎么做；

f. 应对计算机安全问题，公司各级管理者应该怎么做。

案例研究 ▶▶▶

塔吉特公司遇袭

2013 年 12 月 18 日，塔吉特公司宣布丢失了 4 000 万用户的信用卡和借记卡数据。不到一个月，它又称有 7 000 万用户的账户数据被盗，包括用户的姓名、电子邮箱、住址、手机号等信息。

在这两起数据泄露事件中，有些数据被重复盗用，因此，最终共有 9 800 万用户受到影响[22]，占全美 3.18 亿人口（包括儿童及没有信用卡者）的 31%，这也是美国史上最大的数据泄露事件。

这些数据是在 2013 年 11 月 27 日至 12 月 15 日的节假日，从塔吉特零售商店的销售点（POS）系统中盗取的，如果在此期间你曾在塔吉特零售店购物，那么你的数据很可能被盗了。下面简要解释一下攻击者如何盗取如此庞大的数据。

他们是怎么做的？

攻击者首先使用鱼叉式网络钓鱼的方法侵入塔吉特公司的第三方供应商——Fazio Mechanical Services[23]，然后安装了一款名叫 Citadel 的恶意程序，来采集敲键次数、登录证书及 Fazio 用户的截图数据。[24] 接着，使用从 Fazio 中盗取的证书进入塔吉特公司的门户网站（服务器），通过该服务器获得进入塔吉特公司内网的权限。

进入公司内网后，攻击者便对内部 Windows 文件服务器进行攻击，通过该服务器，攻击者使用 POSRAM 木马（BlackPOS 的一种变形体）的恶意程序从 POS 终端获取用户数据。BlackPOS 恶意程序是由一位来自俄罗斯圣彼得堡的 17 岁少年开发的，可以通过地下网站以大约 2 000 美元的价格购买。[25]

塔吉特公司内网中的用户数据不断地从 POS 终端传送到数据提取服务器，进一步流出公司内网，传到俄罗斯、巴西、迈阿密的外部服务器中，再从这些外部服务器中采集这些数据，在黑市售卖（如图表 10－17 所示）。

图表 10－17　塔吉特公司数据泄露过程

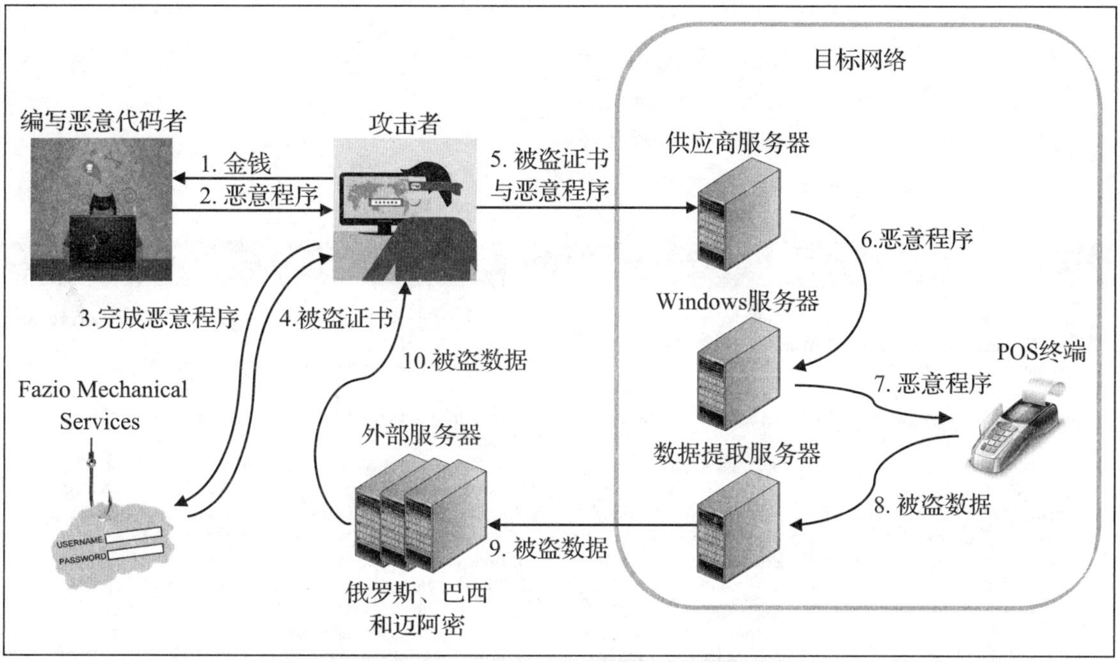

收益与损失

对于攻击者而言，他们的收益是巨大的。据估计，攻击者将 200 万份信用卡数据以每份 26.85 美元的价格售卖，总利润达 5 370 万美元。[26] 而这仅需要几周的时间。逐利是本次事件的主要动机，会怂恿更多人进行数据盗窃。

另外，塔吉特公司的损失要远超攻击者的收益。公司被迫升级支付终端来支持具有芯片加密技术的信用卡（防止利用被盗数据仿制信用卡），花费超过 1 亿美元。2015 年，塔吉特公司就数据泄露事件中的赔偿问题起诉银行，最终败诉，花费超过 1.6 亿美元。此外，它还需要支付高额的保险费、诉讼费、消费信贷监控费及监管部门的罚款。

塔吉特公司面临顾客信任的丧失及收入的下滑（那一季度损失 46%），分析师认为该公司的直接损失高达 4.5 亿美元。[27] 公司辞退了首席信息官贝丝·雅各布（Beth Jacob）及首席执行官格雷格·斯特恩哈菲尔（Gregg Steinhafel），并支付了 1 600 万美元。[28]

数据泄露不只影响了塔吉特公司。各大媒体就塔吉特公司数据泄露事件的报道铺天盖地，加速了磁条卡转向智能芯片卡的进程，2015 年有望实现。这意味着 8 亿张支付卡及 1 400 万个 POS 终端更新换代，总花费高达 70 亿美元。[29]

令人欣慰的是，通过使用基于 EMV 技术的智能卡，每年因信用卡诈骗造成的损失将减少 100 亿美元，同时也能减少由黑客操纵的信用卡盗窃案的发生，因为如果没有信用卡，即使得到信用卡数据也无济于事。

如同交通事故，数据泄露发生后才会引起人们的重视。数据泄露对塔吉特公司的影响极大，因为它需要升级基础设施，更换内部系统，还要招聘首席信息安全官。[30]

未来是否会发生更严重的数据泄露？各大机构对此做好准备了吗？从以往的经验来看，这些机构要等到事情发生后才会有所准备。

［问题］

1. 为什么攻击者要使用鱼叉式网络钓鱼的方法侵入塔吉特公司的供应商？
2. 解释第三方供应商是如何削弱组织的整体安全性的。
3. 描述数据是如何从塔吉特公司被窃取的。
4. 一个组织的数据损失在多大程度上会影响到其他组织？
5. 解释为什么大型组织对攻击者而言更具诱惑力。
6. 为什么智能芯片卡能减少此类事件的发生？
7. 为什么数据泄露前塔吉特公司没有聘请首席信息安全官？

注释 ▶▶▶

1. Mandiant (2013), "APT1: Exposing One of China's Cyber Espionage Units," February 18, 2013, accessed August 26, 2015. *http://intelreport.mandiant.com/Mandiant_APT1_Report.pdf*.
2. Risk Based Security, "2014 Data Breach Trends," February 2015, *RiskedBasedSecurity.com*, accessed May 8, 2015, *www.riskbasedsecurity.com/reports/2014-YEDataBreachQuickView.pdf*.
3. Ponemon Institute, 2014 Cost of Cyber Crime Study: United States. October 2014.
4. Ponemon Institute, "2014 Global Report on the Cost of Cyber Crime," October 2014, accessed August 26, 2015 *http://www.ponemon.org/library/2014-global-report-on-the-cost-of-cyber-crime*.
5. John Pozadzides, "How I'd Hack Your Weak Passwords." One Man's Blog, last modified March 26, 2007, *http://onemansblog.com/2007/03/26/how-id-hack-your-weak-passwords/*. When Pozadzides wrote this in 2007, it was for a personal computer. Using 2013 technology, these times would be half or less. Using a cloud-based network of servers for password cracking would cut these times by 90 percent or more.
6. Dan Geer, "Cybersecurity as Realpolitik," *Black Hat USA 2014*, accessed April 1, 2015, *www.blackhat.com/us-14/video/cybersecurity-as-realpolitik.html*.
7. Violet Blue, "Yahoo CISO: End-to-End Mail Encryption by 2015," *ZDNet.com*, August 7, 2014, accessed April 1, 2015, *www.zdnet.com/article/yahoo-ciso-end-to-end-mail-encryption-by-2015*.
8. Andy Greenberg, "How Hackable Is Your Car?," *Wired.com*, August 6, 2014, accessed April 1, 2015, *www.wired.com/2014/08/car-hacking-chart*.
9. Danielle Walker, "Black Hat: Researcher Demonstrates How He Controlled Room Devices in Luxury Hotel," *SC Magazine*, August 6, 2014, accessed on April 1, 2015, *www.scmagazine.com/black-hat-researcher-demonstrates-how-he-controlled-room-devices-in-luxury-hotel/article/365038*.
10. Hewlett-Packard Development Company, *Internet of Things Research Study*, September 2014, accessed April 1, 2015, *http://h20195.www2.hp.com/V2/GetDocument.aspx?docname=4AA5-4759ENW* .
11. *Verizon 2014 Data Breach Investigations Report*, accessed June 2014, *www.verizonenterprise.com/DBIR/2014/*.
12. For this reason, do *not* attempt to scan servers for fun. It won't take the organization very long to find you, and it will not be amused!
13. Randall Boyle and Jeffrey Proudfoot, *Applied Information Security*, 2nd ed. (Upper Saddle River, NJ: Pearson Education, 2014).
14. P. Middleton, P. Kjeldsen, and J. Tully, J. "Forecast: The Internet of Things, Worldwide, 2013," November 18, 2013, accessed April 18, 2015, *www.gartner.com/doc/2625419/forecast-internet-things-worldwide*.
15. *https://nest.com/works-with-nest/*.
16. J. Markoff, "Researchers Show How a Car's Electronics Can Be Taken Over Remotely," *The New York Times*, March 9, 2011, p. B3.
17. Accessed July 24, 2015, *www.chasepaymentech.com/faq_emv_chip_card_technology.html*.
18. Brian Krebs, "Home Depot: Hackers Stole 53M Email Addresses," *Krebs On Security*, November 7, 2014, accessed April 28, 2015, *http://krebsonsecurity.com/2014/11/home-depot-hackers-stole-53m-email-addreses*.
19. Mathew Schwartz, "Analysis: Home Depot Breach Details: Why Anti-Virus Didn't Stop POS Malware Attack," *Bank Info Security*, September 16, 2014, accessed April 28, 2015, *www.bankinfosecurity.com/analysis-home-depot-breach-details-a-7323/op-1*.
20. Accessed July 24, 2015, *www.paypal.com/webapps/mpp/emv*.
21. Tom Groenfeldt, "American Credit Cards Improving Security with EMV, At Last," *Forbes*, January 28, 2014, accessed April 28, 2015, *http://www.forbes.com/sites/tomgroenfeldt/2014/01/28/american-credit-cards-improving-security-with-emv-at-last*.
22. Ben Elgin, "Three New Details from Target's Credit Card Breach," *Bloomberg Business*, March 26, 2014, accessed June 23, 2015, *www.bloomberg.com/bw/articles/2014-03-26/three-new-details-from-targets-credit-card-breach*.
23. Brian Krebs, "Target Hackers Broke In via HVAC Company," *KrebsonSecurity.com*, February 5, 2014, accessed June 23, 2015, *http://krebsonsecurity.com/2014/02/target-hackers-broke-in-via-hvac-company*.
24. Chris Poulin, "What Retailers Need to Learn from the Target Data Breach to Protect Against Similar Attacks," *Security Intelligence*, January 31, 2014, accessed June 23, 2015, *http://securityintelligence.com/target-breach-protect-against-similar-attacks-retailers/#.VYngl_lVikr*.
25. Swati Khandelwal, "BlackPOS Malware Used in Target Data Breach Developed by 17-Year-Old Russian Hacker," The Hacker News, January 17, 2014, accessed June 23, 2015, *http://thehackernews.com/2014/01/BlackPOS-Malware-russian-hacker-Target.html*.
26. Brian Krebs, "The Target Breach, by the Numbers," *KrebsonSecurity.com*, May 6, 2014, accessed June 23, 2015, *http://krebsonsecurity.com/2014/05/the-target-breach-by-the-numbers*.
27. Bruce Horovitz, "Data Breach Takes Toll on Target Profit," *USA Today*, February 26, 2014, accessed June 23, 2015, *www.usatoday.com/story/money/business/2014/02/26/target-earnings/5829469*.
28. Fred Donovan, "Target Breach: A Timeline," *FierceITSecurity.com*, February 18, 2014, accessed June 23, 2015, *www.fierceitsecurity.com/story/target-breach-timeline/2014-02-18*.
29. Dick Mitchell, "The EMV Migration Will Be a Rough, Risky Ride," *PaymentSource.com*, January 14, 2015, accessed May 23, 2015, *www.paymentssource.com/news/paythink/the-emv-migration-will-be-a-rough-risky-ride-randstad-exec-3020311-1.html*.
30. Dune Lawrence, "Target Taps an Outsider to Revamp IT Security After Massive Hack," *BusinessWeek*, April 29, 2014, accessed June 23, 2015, *www.businessweek.com/articles/2014-04-29/target-turns-to-an-outsider-for-cio-bob-derodes-to-revamp-it-security-after-massive-hack*.

第 11 章
信息系统管理
Information Systems Management

“我曾经与他共事过，但不是在安卓项目中。”詹姆斯·吴和贾里德·库珀在讨论亚马逊手机外包在印度发展的利弊。

“但这是一个手机应用程序吗？”贾里德相信詹姆斯做事，但他想了解外包风险。

“对，在苹果的 iOS 系统上。我对他在安卓上开发没有把握。”

“告诉我你知道的关于这家伙的信息吧。”

“他的名字是阿吉特·拜尔德（Ajit Barid）。至少这是他公司的名字。”詹姆斯看起来有点不好意思。

“那不是他的名字吗？”

“我不知道。也许吧。你知道阿吉特·拜尔德意味着什么？”他开始微笑。

“不知道，是什么意思？”

“无所不能。”

“嗯……这不可能是他母亲给他起的名字吧……或者她是个先知。詹姆斯，这使我很紧张。我不知道在印度做生意的事。他如果带着我们的钱跑了怎么办？”贾里德已经开始做业务了。

“嗯，他交货时我们才付款……或不付那么多。但我和他曾有愉快的合作经历，他最近的游戏开发项目不错。”

“印度业务外包还有很长的路要走，如果他把我们的代码或想法给别人呢？如果我们在他的代码中发现了一些可怕的漏洞，而他不见了呢？我们找不到他来解决问题呢？如果他已经得到 2/3 款项，然后失去了兴趣，或者为别人的项目工作了呢？”贾里德顺势分析。

“我同意，所有这些都是风险，在这里发展，会让你付出四到六倍精力。”詹姆斯开始在白板上列出风险。

“嗯，这是我的经验，在生活中只有付出才会有所得……”

“你想让我找些本地开发商外包？”詹姆斯认为找本地开发商是一个很糟糕的选择，仍希望贾里德认同他们达成的决定。

“不，我的意思是，我不这么认为。你见到他了吗？”

“在一次会议上，当时他在海得拉巴的工厂为微软工作。他为网络云平台编程。iPad 推出后，他离开微软创办了自己的公司，那时我雇他开发 iOS 的 app。”

“结果好吗？”贾里德想被说服。

“是的，那是他的第一笔业务……他必须为我们做好。”

“你怎么认为？你想做什么？”

詹姆斯想了想，说：“我认为最大的风险是他的成功。你知道，得到好评的餐厅往往会有新顾客蜂拥而至，然后厨房就崩溃了。”

“难道他现在没有足够多的员工吗？”

“是的，我知道他是个优秀的开发人员，但我不知道他是不是个优秀的经理。”

“好吧，还有别的吗？”

“安卓的开发与iOS不同，他在iPad上用的是iOS。缺乏安卓开发经验，可能是另一个风险。”

“那钱呢？”

“就像我说的，我们签订协议，在情况不明前不会付出太多。”

“你还担心什么呢？”贾里德想把詹姆斯的担忧都摆到桌面上。

“时间损失。他也许会分心，不完成程序，或雇他人去做却未完成。到9月份，我们发现，虽然我们还没有支付什么钱，但我们损失了时间。”

“我不希望是这样的结果。”

“我也是，”詹姆斯答道，他将时间风险添加到列表中。

“你认为我们应该咬紧牙关，招聘自己的程序员吗？”

“不，不行！成本太高了，我们也没有这么多业务让他们忙。无论如何，我既没有时间管理软件项目，也没钱雇人。”詹姆斯肯定地说。

“从长期来看呢？”

“也许吧。我们得看看是否有预算，长期开发需要什么。这是很大的一步。我们需要现在没有的基础设施，比如测试设备，还要雇用开发人员、质量评价人员和经理。如果我们要让PRIDE Systems取得成功，就要这么做。但不是现在。”

“那怎么办？”贾里德的语调表明他想结束谈话。

詹姆斯总结道：“让我完成需求文档，然后从阿吉特或本地开发商那里得到建议和报价，之后再做决定。但有一个问题……”

研究问题

Q11-1 信息系统部门的职能和组织结构是怎样的？

Q11-2 组织如何计划使用信息系统？

Q11-3 外包的优缺点是什么？

Q11-4 你在信息系统方面的权利和职责是什么？

Q11-1 信息系统部门的职能和组织结构是怎样的？

信息系统（IS）部门[1]的主要职能如下：

- 使用信息系统制定组织的目标和战略规划。
- 管理外包关系。
- 保护信息资产。
- 开发、操作和维护组织的计算基础设施。
- 开发、操作和维护应用程序。

我们将在本章Q11-2和Q11-3讨论前两个功能。防护功能是第10章的主题，最后两个功能对于信息系统专业人士是非常重要的，对于商务人士并非如此，我们在本章中不会考虑这些。首先考虑信息系统部门是如何组织的。

信息系统部门是如何组织的?

图表 11－1 展示了高层管理团队内部典型的报告关系。像你在管理课程中所了解的，组织结构的变化依赖于组织的规模、文化、竞争环境、行业和其他的因素。规模较大的组织往往会设置独立的部门，由相应的主管来管理每个部门。而规模较小的组织会将一些部门合并，图表 11－1 中的组织结构就是一个典型的例子。

图表 11－1 典型的高层汇报关系

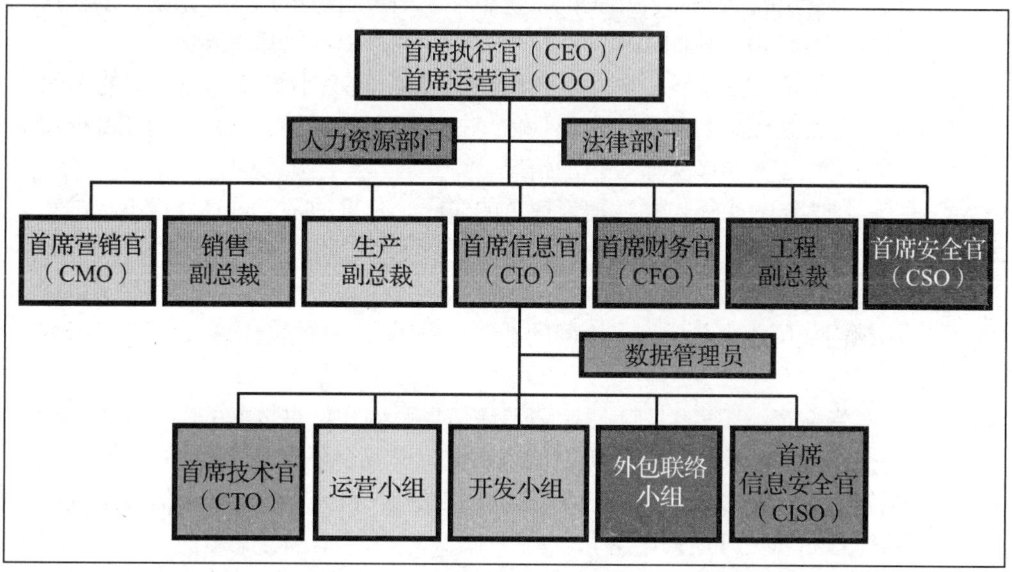

在不同的组织中，IS 部门的主管职位是不同的。一个典型的职位是**首席信息官**（chief information officer，CIO），另外一些常见的职位包括信息化副总裁、信息化服务中心主任，较少见的职位是计算服务中心主任。

在图表 11－1 中，首席信息官和其他高级主管一样向首席执行官（chief executive officer，CEO）汇报工作，有时这些主管会向首席运营官（chief operating officer，COO）汇报工作，首席运营官再向 CEO 汇报工作。在一些企业中，首席信息官向首席财务官（chief financial officer，CFO）汇报工作。当信息系统以会计和财务活动为核心时，上述组织结构更为合理。而当信息系统的核心是与财务不相关的业务活动（如生产业务）时，如图表 11－1 所示的组织结构更为合理。

IS 部门的结构在不同的组织中是不同的。图表 11－1 描绘了一个包括四个小组的典型的 IS 部门以及一个数据管理员的职能。

大多数 IS 部门都设有一个技术办公室，负责调查新的信息系统技术并决定组织能否从信息技术中获益。例如，如今许多组织正在调查社交网络和弹性云计算，规划如何更好地利用这些信息技术来实现业务目标。在组织内部往往有一个人来担任首席技术官（chief technology officer，CTO），并负责领导一个技术小组。首席技术官应能识别并挑选出适合组织的新想法、新能力和技术产品，因此 CTO 需要具备丰富的信息技术知识和想象力，能够创新组织的应用程序。

图表 11－1 中显示的另一个小组是运营小组，该小组管理组织内部的计算基础设施，包括个人计算机、内部服务器群、网络和沟通媒介。小组的成员包括系统和网络

的管理员。稍后你会了解到，运营小组的一个重要职能就是监控用户的系统使用体验并回复用户提出的各种问题。

IS 部门的第三个小组是开发小组。这个小组负责设计和创建新的信息系统流程并维护现有的信息系统。（我们将在第 12 章中了解，在信息系统中，维护意味着解决老的业务问题或者调整现有的信息系统来支持新的业务功能。）

开发小组的规模和结构取决于程序是不是在组织内部开发。如果不是，这个部门将主要包括与业务用户一起工作的系统分析员、实施人员以及供应商，来负责安装授权的软件并配置与软件相关的系统组件。如果组织自行开发系统，那么这个部门会包括程序设计员、检测工程师、技术文档工程师和其他开发人员。

IT 部门的最后一个小组负责外包联络。这个小组负责与外部的其他公司商谈系统外包的协议，具体的内容包括信息技术设备的提供、软件应用和其他服务。你将在本章后面了解更多关于外包的情况。

图表 11 - 1 还包括数据管理员的职能。其目的是通过建立数据标准和数据管理策略，来保护企业内部的数据和信息资产。

如图表 11 - 1 所示，IS 部门的结构会发生许多变化。在规模较大的组织中，运营小组内部可能会包括许多不同的部门，有时会为数据仓库和数据集市设立一个独立的小组。

当你查看图表 11 - 1 时，请记住信息系统和信息技术的不同之处。信息系统的用途是帮助组织实现业务目标。信息系统包含五个要素，而信息技术仅仅是技术，它包括产品、工艺、流程和基于计算机技术的设计。IT 必须置于信息系统的结构中，才能够让组织更好地去使用。

信息安全官

塔吉特公司在丢失 9 800 万个客户资料后，创建了一个新的 C 级安全职位以防止这类事件再次发生。[2] 许多组织自大规模数据泄露事件发生后，就设置了类似的安全职位。**首席安全官**（chief security officer，CSO）管理组织的所有资产的安全，包括设施和设备、员工、知识产权和数字资产等。CSO 直接向首席执行官汇报。首席信息安全官（chief information security officer，CISO）要保障组织的信息系统和信息安全。CISO 直接向 CIO 报告。

这两个职位都涉及员工的管理，要求有很高的外交技巧。无论是 CSO 和 CISO，既没有管理其活动的直接权力，也不能直接命令强制执行组织的安全程序。他们需要教育、鼓励甚至说服组织的管理者执行安全程序（在第 10 章讨论）。

与信息系统相关的工作职位有哪些？

信息系统行业包括许多有趣并且薪酬高的工作。许多学生在最初接触管理信息系统课程时认为，信息系统行业的就业选择仅限于程序员和技术工程师。如果你了解信息系统的五个要素，就能够理解为什么上述观点是不正确的。信息系统的数据、流程和人员等要素都需要具备较强人际沟通技巧的专业人士。

图表 11 - 2 总结了信息系统行业的主要工作职位。除了计算机技术人员和全程质量检测（QA）工程师，其他的职位都需要应聘者具有大学学历。除了程序员和全程质量检测工程师，其他的职位都要求应聘者拥有丰富的业务知识。在大多数案例中，

成功的专业人士往往拥有商科学历背景。同时，大多数的职位要求应聘者具备较强的语言表达和写作技能。包括信息系统在内的业务活动是社会化的活动。

图表 11-2　信息系统行业的工作职位

职位	职责	知识、技能、需求特征
IT 业务分析师	与企业领导者和规划者开发流程和系统，实现业务战略和目标	掌握企业制定计划和战略的知识，能处理好细节问题，有较强的人际沟通能力
系统分析员	了解用户业务上对系统的需求，设计岗位职责和工作流程，并进行系统测试	较强的人际沟通技巧，熟悉业务和技术知识
程序员	设计并编写计算代码	逻辑思维能力和设计技巧，精通某种计算机编程语言
全程质量检测工程师	设计检测方案，编写自动化的测试脚本并进行测试	逻辑思维能力，基本的编程技巧，突出的组织能力，关注细节
技术文档工程师	撰写程序文档、帮助手册、工作岗位和流程描述以及培训手册	较强的学习能力，较强的写作能力，高水平的口头沟通技巧
技术支持工程师	帮助用户解决问题，提供培训	人际沟通技巧，了解软件产品，有耐心
网络管理员	管理、维护、安装并调试计算机网络	诊断技巧，熟悉通信技术和产品
IT 顾问	计算机编程，测试，数据库设计，通信和网络，项目管理，安全和风险管理，策略规划	较强的学习能力，企业家精神，人际沟通技巧，较强的抗压能力，工作方面的特定知识
技术销售人员	销售软件、网络、通信设备并提供咨询服务	较强的学习能力，熟悉产品，极专业的销售技巧
IT 项目经理	启动、计划、管理、监控和结束项目	管理和沟通技巧，掌握技术知识，较强的组织能力
IT 经理	启动、计划、管理、监控和结束大型复杂的项目	较强管理和沟通技巧，批判性思维，较强的技术能力
数据库管理员	管理和保护数据库	联络技巧，熟悉数据库技术知识
商务智能分析师	在项目上与跨职能团队合作，分析组织数据	较强的分析、演示、协作、数据库管理和决策能力
首席技术官	为首席信息官、高层管理团队和项目经理提供新技术方面的建议	较强的学习能力，较强的交流技巧，精通 IT 知识
首席信息官	管理 IT 部门，高层管理团队的成员之一，与其他高层管理者就 IT 和信息系统方面进行沟通	极强的管理技巧，精通业务知识，较强的商务评估能力，较高的沟通水平，较强的协调力
首席信息安全官	管理信息系统安全程序，保护组织的信息系统和信息，管理信息系统安全人员	对安全威胁、防护、新的安全威胁趋势有深入了解，出色的沟通和外交技能，优秀的管理者

图表 11－2 中讨论的职位的平均薪酬的近似范围如图表 11－3 所示。[3] 2013 年美国社会保障局规定美国普通工人的平均薪酬是 28 031 美元。[4] 首席技术官、首席信息官和首席信息安全官的薪酬高于这些职位，因为他们需要更多年的经验。

图表 11－3 信息系统行业的薪酬

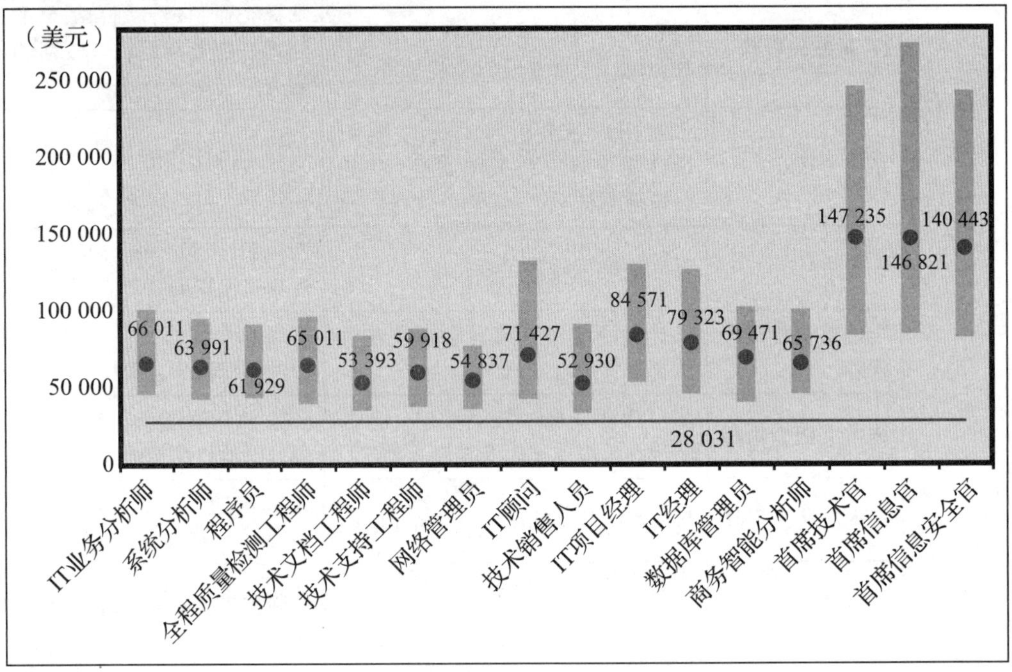

大多数职位的薪酬水平浮动较大。薪酬水平较高的员工往往拥有丰富的业务知识和经验，大多在大型公司工作并参与较大的项目。[5] 你不要期待刚工作就成为薪酬水平较高人员之一，要注意到，所有的薪酬水平都是为美国的职位设置的，并且用美元来计算。

在除技术职位以外的大多数职位中，业务方面的专长能够为你加分。如果你有时间，修双学位是一个不错的选择。一些比较常见的成功的双学位包括：会计和信息系统、市场营销和信息系统、管理和信息系统。

Q11－2 组织如何计划使用信息系统？

我们开始讨论 IS 的规划功能。图表 11－4 列出了主要的 IS 规划功能。

图表 11－4 IS/IT 的使用规划

- 信息系统与组织战略一致，随着组织变化保持一致
- 与中高层管理者沟通IS/IT问题
- 信息系统部门开发和实施优先事项
- 赞助指导委员会

信息系统与组织战略一致

信息系统的作用是帮助组织实现目标。为此，所有的信息系统必须与组织的竞争战略一致。

回忆第 3 章的四种竞争战略。前两种战略是组织可以在一个行业或行业细分市场中成为成本最低者。另外两种战略下，一个组织可以在整个行业或行业细分市场中实现产品或服务差异化。无论采取哪种组织战略，首席信息官和信息系统部门都必须保持警惕，使信息系统与组织战略一致。

保持 IS 的方向和组织战略之间的一致性是一个持续的过程。如果战略发生改变，如组织要与其他组织合并，部门要被出售，信息系统就要随之变化。

然而，遗憾的是，IS 基础设施是不可再造的。改变一个网络需要时间和资源。整合不同的信息系统应用程序速度更慢、成本更高。这一事实往往不被行政部门重视。没有一个令人信服的首席信息官，信息系统可能被视为组织的拖累。

与中高层管理者沟通 IS/IT 问题

最近的观察引出了图表 11－4 的第二个规划功能。首席信息官是行政人员中在 IS 和 IT 问题方面有发言权的人物。首席信息官在问题解决方案、建议和新举措的讨论过程中提供 IS 视角。

例如，在考虑合并时，公司关注信息系统的集成是非常重要的，在评估并购可能性时就要考虑。很多时候，这些问题都没有考虑就已达成交易。延迟考虑是错误的；集成的成本需要计入购买的经济性。在高层次讨论中让 CIO 参与是避免这类问题的最好办法。

信息系统部门开发和实施优先事项

图表 11－4 中下一个规划功能关注的是优先级。首席信息官必须确保与整个组织的战略相一致的优先事项的开发，然后通知 IS 部门。与此同时，首席信息官还必须确保部门评估建议和项目，在这些优先事项中采用新技术。

技术是诱人的，特别是对 IS 专业人员而言。首席技术官可能声称："把我们的所有报告服务移到云上，我们可以做到……" 问题是，CIO 必须不断地询问这些新的可能性是否与企业的战略和方向一致。

因此，CIO 不仅要提出和传达这些优先事项，还要实施。IS 部门必须尽早评估每一个建议，关注这些建议是否与组织的目标及战略一致。

此外，没有哪个组织能实现每一个好主意。与组织的战略相一致的项目必须优先考虑。IS 部门员工的目标必须是在时间和资金有限的条件下，尽可能开发最合适的系统。

对优先事项深思熟虑并明确传达是十分重要的。

赞助指导委员会

图表 11－4 中最后一个规划功能是赞助指导委员会。**指导委员会**（steering committee）由从事主要业务的高级经理组成，他们和 CIO 一起设置信息系统优先级并在信息系统的主要项目和备选方案中做出选择。

指导委员会在信息系统和用户之间搭起了沟通的桥梁。指导委员会、信息系统人员可以与用户社区讨论潜在的信息系统计划和方向。同时，指导委员会为用户提供了一个论坛来表达他们的需求、挫折，以及 IS 部门的其他问题。

通常，IS 部门负责确定指导委员会的日程安排、会议议程并主持会议。首席执行官和其他行政人员确定指导委员会的成员。

Q11-3 外包的优缺点是什么?

外包（outsourcing）是指雇用其他组织来提供服务的过程。外包是为了节约成本、获得专业知识和留出管理时间。

现代管理学理论之父彼得·德鲁克曾经说过：“你的副业可能是别人的主业。”例如，在一些公司里，员工的自助餐厅是一个“副业”——经营餐厅不是主业。谷歌想在全球搜索、移动计算硬件和应用程序上领先，这些均由不断增加的广告收入作支持。它可不想因为高质量的员工自助餐厅而闻名。按照德鲁克的观点，谷歌最好将这一服务外包给一家专业的食品服务公司。

因为食品服务是那家公司的“主业”，所以它有能力以适当的价格提供更高质量的食品。通过雇用这样的公司，可以使谷歌公司从考虑如何管理自助餐厅中摆脱出来。食品质量、厨师排班、购买餐具、废物处理等相关问题都不需要考虑。谷歌可以专注于搜索、移动计算和广告收益的增长。

詹姆斯适合这份工作吗

你为什么需要知道信息系统管理？当然，如果你是信息管理专业的，你需要知道未来所在部门的职责和组织结构。但是，如果你是会计专业、营销专业或管理专业的，你为什么需要知道信息系统管理呢？

作为信息系统部门服务的未来的用户，这将有助于你知道标准和政策的推动因素。如果你是一位经理，这方面的知识将帮助引导 IS 部门员工的行为。让我们进一步深入思考。假设你为 PRIDE Systems 公司工作。泽夫在从弗洛里斯那里购买该公司时带来了詹姆斯。如果泽夫有一些关于系统的疑虑，请你帮助他。泽夫可能会说“你认为詹姆斯了解他的工作吗?”或者“詹姆斯是我们的合适人选吗?”

如果你有这样的任务，怎么进行？回答以下问题将对你有帮助。

［问题］

1. 陈述新的信息系统部门的主要职能。解释与 PRIDE Systems 有关的本章提到的每一个职能的含义。

2. 假设詹姆斯聘请阿吉特，到目前为止，他的工作都做得很好。即使如此，泽夫是 PRIDE Systems 的所有者，而你是一个关键的员工，可能对这个决策的风险感到紧张。描述这些风险。评估它的重要意义。解释使用离岸承包商的决定如何影响你对詹姆斯的评估。

3. 假设詹姆斯决定使用云供应商来提供 PaaS 功能。解释这意味着什么，以及它如何反映詹姆斯的能力。

4. 基于詹姆斯的决定（问题 1～3）回答以下问题。

a. 运营小组的职能和目标是什么（参见图表 11-1）?

b. 开发小组的职能和目标是什么？这个小组需要什么样的职位描述?

c. 外包联络小组的职能和目标是什么?

d. 假设詹姆斯没有明确需要一个 CTO，这是个错误吗?

5. 给出问题 1～4 的答案，针对泽夫的问题“选择詹姆斯是对的吗”，你的反应是怎样的?

信息系统外包

很多公司选择将其信息系统的一部分活动外包出去。图表 11－5 给出了典型的原因。考虑每一组主要原因。

图表 11－5　信息系统外包服务常见的原因

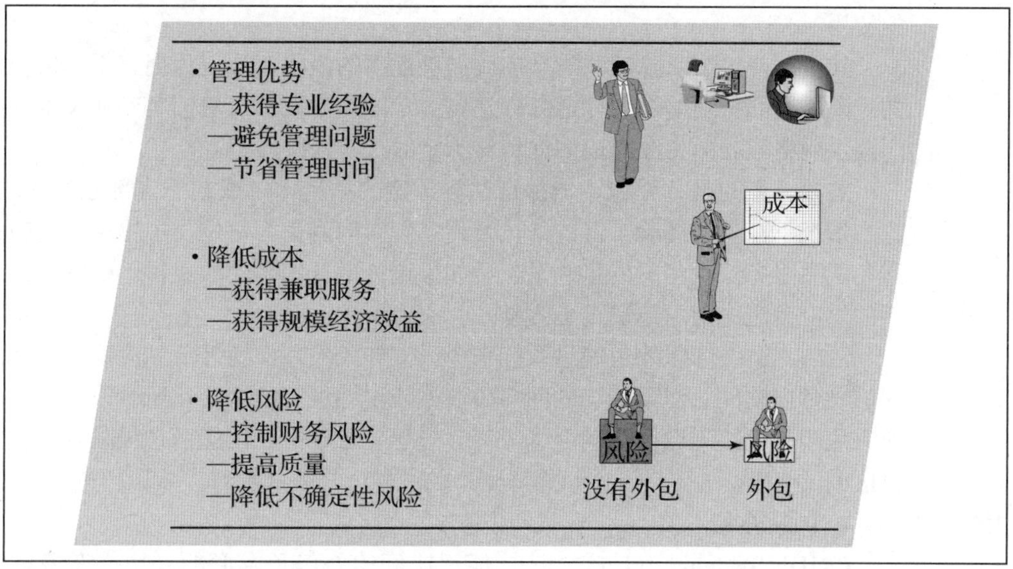

■ **管理优势**

首先，外包是获取专业知识的简单方法。你将在第 12 章了解到，PRIDE Systems 公司要一个 Xbox 原型，但是没人知道该设备的编码细节。外包是简单快速地获取专业知识的方法。

外包的另一个原因是避免管理问题。在 PRIDE Systems 公司，建立大型的开发和测试团队可能超出了公司的需求，需要詹姆斯和贾里德具备管理技能。外包的开发职能可让他们节约获取专业知识的成本。

同样，一些公司选择外包是为了节省管理时间，减少为此投入的精力。在 Falcon Security 公司，托希奥有能力来管理一个新的软件开发项目，但他可以选择不投入时间。

注意，管理时间不仅仅包含活动的直接管理者的时间，同样包含更多的负责审批采购及招聘员工的高级经理的时间。而那些高级管理人员如乔尼不够了解云计算，需要花时间了解方案的批准或拒绝申请。外包节省了直接管理的时间。

■ **降低成本**

选择外包的另一个普遍原因是降低成本。通过外包，组织可以获得临时服务。外包的另一个好处是可以获得规模经济效益。如果 25 个组织各自开发薪酬管理应用软件，那么当税法发生变动时，它们都不得不学习新的法律，调整软件来适应新的法律，检测变化并编写文件来说明这些变化。如果这 25 个组织将软件开发外包给同一个供应商，那么这个供应商将一次性做出所有调整，所需的成本将被这些组织分摊。

■ **降低风险**

选择外包的另一个原因是降低风险。首先，外包能控制财务风险。在典型的外包合同中，外包供应商同意以固定价格提供服务。例如，公司去云供应商那里外包其硬件时，这种情况就会发生。另一种控制金融风险的方法如詹姆斯的建议所示：延迟支付大部分的费用，直到工作完成或确保软件（或其他组件）是有效的。在第一种情况下，外包通过控制总支出降低风险；在第二种情况下，它确保在任务完成前支付很少的费用。

其次，外包可以降低保障产品质量过程中的风险，或避免拥有不合格产品所带来的风险。食品行业的企业知道如何达到一定的质量要求，它拥有专业技术。同样，专门提供网络服务的企业知道如何针对给定的工作提供服务。

需要注意的是，外包不能保证达到一定的质量水平或高于内部已有的质量水平。通常情况下，一家经验丰富的外包公司了解如何避免为每位员工提供有问题的食品或避免网站服务停机两天的事件发生。如果这种最低水平的质量得不到保证，企业雇用新的供应商比雇用内部员工更容易。

最后，组织选择外包信息系统来降低实施风险。雇用外部供应商可以降低选择错误的硬件或软件、使用错误的网络协议或错误地理解税法变化所带来的风险。外包的所有风险都取决于选择正确的供应商。一旦企业选择了供应商，风险管理就转移到了供应商的身上。

■ **国际外包**

PRIDE Systems 不是唯一选择使用印度的外包开发商的公司。许多总部设在美国的公司都选择了海外外包。例如，微软与戴尔已经将客户支持活动的大部分都外包给美国之外的公司。印度是一个受欢迎的选择，因为它有大量受过良好教育、会讲英语的人，其成本只有美国劳动力成本的 20% ～ 30%。中国和其他国家也是外包目的地。利用现代通信技术和支持互联网的服务数据库，可以在美国发起服务呼叫，在印度处理，然后传至新加坡，在英格兰由雇员敲定。客户只知道他被耽搁了一段时间。

国际外包特别有利于必须全天候运行的客户的支持服务，例如，沃尔玛的客户服务中心设在美国，业务经营却在哥斯达黎加、爱尔兰、苏格兰、德国、意大利、中国、日本和印度多地。例如，当美国夜幕降临，印度却是白天，其海关服务代表可以处理来电。当印度夜幕降临，爱尔兰和苏格兰的客户服务代表可以处理早上来自美国东海岸的电话。通过这种方式，公司不用要求员工上夜班就可以提供全天候的服务。

顺便说一下，如你在第 1 章学到的，保障你的工作的关键是要成为一个无法替代的人。有能力发现新技术的创新应用的人，不太可能因为海外员工而失去工作。

外包方案是什么？

组织已经发现多种方法来外包整个信息系统或其中一部分。根据信息系统的组成，图表 11－6 划分了主要的方案类别。

一些组织将电脑硬件的购买和运行进行外包。EDS 公司作为一个成功的硬件基础设施外包供应商已经营 30 多年。图表 11－6 展示了通过 IaaS 在云上外包计算机的另一种方案。

图表 11-6 IS/IT 外包方案

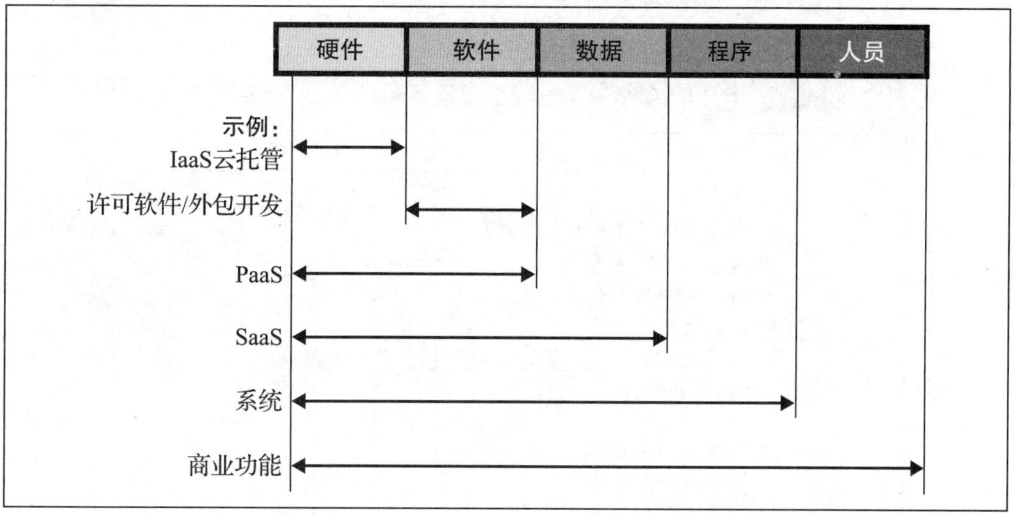

第 4 章和第 12 提到的购买授权的软件是一种外包形式。组织不是在内部开发软件，而是将它授权给另一个供应商。这种软件供应商在所有用户之间分摊软件维护成本，从而为所有的用户降低成本。另外一种外包形式是 PaaS，可以在平台上租赁还没安装操作系统的硬件设备，也可以租赁数据库管理系统，微软的 Azure 云平台就是这样一个 PaaS 提供者。

一些组织选择外包软件开发，这种外包可用于整个应用程序，如 PRIDE Systems 可以对授权软件进行定制，ERP 的实施就是这样做的。

另一个替代方案是 SaaS，其中硬件和操作系统及应用程序软件是租用的。Salesforce.com 是一个典型的提供 SaaS 的例子。

另一种可能的外包方式是外包整个应用。PeopleSoft（现在的甲骨文公司）通过外包整个薪酬管理来实现优秀的业绩。如图表 11-6 纵轴所示，在这种方式下，供应商提供硬件、软件、数据和一些程序。企业只需要提供员工和工作信息，薪酬管理外包供应商则负责余下的工作。

最后，一些组织选择将整体业务功能外包。多年来，许多企业将员工旅游交给旅行社代办。一些企业将办公设备的运行外包给供应商。最近，企业开始将更重要的职能交给外包公司。这类协议的内容要比外包信息系统宽泛得多，但信息系统是应用外包的主要构成部分。

外包的风险有哪些？

既然外包有那么多的好处和不同的方式，你会疑惑为什么仍有企业自行开发 IS/IT 功能。实际上，外包存在很大的风险，如图表 11-7 所示。

■ **失去控制**

外包的第一个风险是失去控制。对于 PRIDE Systems 公司来说，一旦詹姆斯和阿吉特签订了合同，至少要被阿吉特控制几周或几个月。如果他把 PRIDE Systems 视为一个优先项目，投入精力，并让他的员工都重视此项目，那么工作可以做得很好。如果他接手 PRIDE Systems 项目后获得了一个更大、获利更多的合同，可能出现开发进度和质量问题。贾里德和詹姆斯都没有办法控制结果。如果他们在项目结束时付费，也许不会亏钱，但会浪费时间。

图表 11－7 外包的风险

- 失去控制
  - —供应商处于主导地位
  - —难以掌控技术方向
  - —有潜在的智力资本损失
  - —产品修复的优先级掌控在供应商手中
  - —难以掌控供应商的管理、指导或身份识别变化
  - —CIO变得多余

- 长期成本高于收益
  - —单位成本始终很高
  - —为他人的管理失误买单
  - —外包供应商成为唯一的来源
  - —为你不知道的事情买单

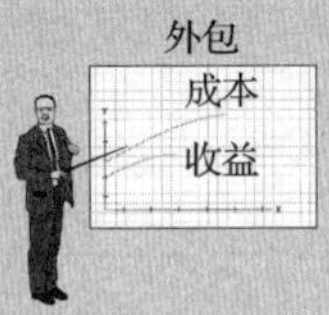

- 不易退出
  - —关键知识来源于供应商，而不是自己的员工
  - —更换供应商的成本高、风险大

面向服务的外包，即 IT 基础建设外包，将外包供应商放在了主导位置上。针对服务，每个外包供应商都有自己的方法和流程。而企业的组织和员工需要遵循这些流程。例如，一个硬件基础设施供应商会针对购买电脑、记录和解决电脑问题、提供电脑日常维修等工作制定标准和流程。一旦供应商开始负责这些工作，企业的员工必须服从。

当企业将自助餐厅外包时，员工只能选择供应商提供的菜品。类似地，当将电脑硬件和软件外包时，员工只能利用供应商提供的设备支持。而那些想要使用额外设备的员工的需求将难以得到满足。

除非合同需要，外包供应商选择自己想用的技术。如果供应商出于某些原因未选择一种重要的新技术，那么，雇用该外包公司的组织就不能从这种技术中获取利益。由于自己不能提供与竞争者相同的信息系统服务，组织会逐渐发现自己处于劣势。

另一种风险则是潜在的智力资本损失风险。企业需要向外包供应商的员工提供商业机密、方法或流程。作为正常运作的一部分，供应商会将员工转移到竞争组织，因此，企业会面临智力资本损失的风险。这种损失可能不是窃取导致的，而仅仅是因为外包供应商的员工从该企业学到一种新的更好的工作方法，然后将之运用到与对手的竞争中。

同样，所有软件都存在不足和问题。供应商会追踪那些缺陷，并根据优先级进行修复。当企业将一个系统外包给一个供应商时，它无法再对修复的优先级进行控制。控制权掌握在供应商手中。对组织来说，至关重要的修复在外包供应商看来可能处于

次优先级。

另外一个问题是外包供应商可能改变管理模式，采用一种不同的战略。当任何一种变化发生时，优先级将会发生变化，同时，曾表现良好的外包供应商在此之后可能不再称职。而此时选择其他的外包供应商很困难，需要的成本也很高。

最后一个风险是企业的 CIO 可能会变得多余。当用户需要一种重要的外包服务时，CIO 必须马上向外包供应商提出要求。此时，用户了解到直接与外包供应商进行沟通是很便捷的，CIO 很快就被排除在沟通链条外。在这种情况下，供应商会取代 CIO。然而，外包供应商的员工为不同的企业服务，他们会更加偏袒自己的公司。有的经理不会与团队的其他成员分享有关同一目标的信息。这种情况可能导致不正确的决策。

■ **长期成本高于收益**

外包最初带来的收益是巨大的，比如降低财务风险，减少用于管理的时间和精力，避免很多管理问题和人力资源问题等。（最有可能的是，外包供应商承诺非常多的好处。）外包可以好得令人难以置信。

实际上，外包带来的有些收益是难以实现的。例如，尽管控制成本确实会控制风险，但也会限制规模经济带来的收益。外包供应商获得收益。如果一个云供应商运行 20 000 台服务器和运行 2 000 台服务器的费用几乎一样，它就可以获得规模经济效益。如果 PRIDE Systems 在公司内部运行 20 000 台服务器，那么它将获得这些好处。但它不太可能需要那么多服务器，大多数情况下，规模经济效益的损失远大于云计算带来的好处。

此外，外包供应商可能随时改变它的价格策略。起初，组织根据报价从多家外包供应商中做出选择。然而，当获胜的供应商了解更多的组织业务，并与企业员工的关系更加密切时，其他公司很难在随后的合同竞争中获胜。因此，在几乎没有竞争压力的环境下，这个供应商便成为唯一的供应商，而它的合同价格也随之上涨。

另一个问题是，组织会发现自己在为另一家公司的错误管理买单。如果 PRIDE Systems 公司将其服务器外包，在很难知道供应商是否管理良好。PRIDE Systems 的投资者可能要为管理不善付出代价。更糟糕的是，PRIDE Systems 可能因此受损，如丢失数据。PRIDE Systems 要获得管理不善的信息太难了。

■ **不易退出**

还有一种外包风险涉及合同的最后履行阶段——不易退出。例如，外包供应商的员工获得了企业的重要知识。他们知道客户支持方面的服务需求、使用模式和将操作数据下载到数据库中的最佳流程。这将导致因知识的缺乏而很难将外包服务收回。

此外，因为供应商和企业的关系变得如此紧密，合同的终止将面临很大的风险。关闭员工自助餐厅数周来寻找新的食品供应商是不受欢迎的，但不影响员工的生存。但是关闭企业网络数周是不可能的，企业将难以生存。鉴于此，企业一定要谨慎选择供应商。事实上，选择外包供应商是一条单行道。

在 PRIDE Systems 公司，如果在初始的应用软件开发之后，团队决定更换外包供应商，可能非常困难。新的供应商不知道原来的软件供应商的开发代码。考虑另一个成本更低的供应商几乎是不可行的。

选择外包是一个很难做出的决定。事实上，什么是正确的决定可能不清楚，但时间和事件可能会迫使公司做出决定。

Q11-4 你在信息系统方面的权利和职责是什么？

作为信息系统的未来用户，你在与信息系统部门的关系中既有权利也有责任。图表 11-8 列出了你的权利和职责。

图表 11-8 用户在信息系统方面的权利和职责

你有如下权利：	你有如下职责：
—使用计算机硬件和程序，高效率地完成工作 —获取可靠的网络和互联网连接 —保证计算机环境的安全性 —保护电脑不受病毒、蠕虫和其他威胁的攻击 —提出新的系统功能和特性需求 —保证系统开发和维护的可靠性 —保证你提出的问题得到及时的关注 —保证你提出的问题能够被优先解决 —得到有效的培训	—学习基本的计算机技术 —学习你所使用的系统应用方面的标准技术和流程 —执行系统安全和备份程序 —保护你的计算机密码 —按照组织内部的规定使用计算机资源 —在未经授权的情况下不对计算机硬件进行更改 —按照要求安装计算机补丁和任何修正程序 —仔细思考新系统功能和特性方面的需求并给出周全的回复 —避免出现小的系统问题

你的权利

你有权获取所需的计算机资源来高效率地完成你的工作。你有权获取所需的计算机硬件和软件程序。如果你需要处理大量文件以进行数据挖掘应用，你有权使用大磁盘和高速处理器。然而，如果你仅仅接收邮件、访问公司的门户网站，则你的权限相对适中（将更强大的资源留给组织中需要的人）。

你有权访问可靠的网络，得到互联网服务。可靠意味着你能够在工作时间顺利地完成工作而不受到任何网络问题的干扰，不会陷入诸如“今天的网络能否正常运行”这样的困惑。在工作中，网络方面的问题极少发生。

你同样有权保证计算机环境的安全性。组织应该保护你的计算机和文件，让你甚至不需要考虑安全问题。在工作中，组织有时会要求你采取特定的措施来保护你的计算机和文件。但是上述要求应该很少见，只有在出现外部威胁时才会产生。

你有权参加业务需求方面的会议，提出你所需的新系统应用，以及现有系统需要做出的主要改进。你或你的部门可能会将相应的权利授予其他人，如果是这样，你有权通过代表提出你的想法。

你有开发和维护可靠系统的权利。尽管在许多开发项目中，计划的变动持续一两个月很常见，但是你应该保证计划的变动不超过 6 个月，否则有可能预示着系统开发不能顺利完成。

除此之外，你可以了解你在信息服务方面提出的问题、疑虑和投诉是否及时受到关注。你可以通过某种方法汇报工作中的问题，并且有权了解上述问题是否被 IS 部门关注。你有权在不干扰其他人正常工作的前提下，要求优先解决你的问题。

最后，你有权参加有效的培训，你需要理解培训的内容以保证能够正确地使用系统来完成特定的工作。组织应该提供规范的培训，便于你根据培训的时间表做出安排。

你的职责

你需要对 IS 部门和组织履行一定的责任。特别地，你需要学习基本的计算机技术，以及你所使用的系统应用方面的技术和流程。在系统的基本操作方面，你不应该依靠指南，同时应该避免在同一业务操作方面接受重复的培训。

你有义务按照系统安全方面的程序完成日常的业务。这很重要，因为你在操作方面的失误可能会给你的同事或者组织带来困扰。特别地，你需要保护自己的密码。安全操作不仅仅局限于保护你的计算机。鉴于组织内部系统的授权和认证，上述安全措施对于保护组织的计算机网络和数据库同样重要。

你有责任按照公司内部的规章制度来正确地使用计算机资源。许多公司允许员工使用邮箱给家人发送邮件，但只限于较紧急的事件，而不鼓励频繁地长时间地使用邮件联系。即便在工作中使用有声音的移动设备，你也需要了解上述政策并且在工作中严格遵守。

你同样需要知道，在未经授权的情况下，你不能对个人的计算机硬件进行修改或安装任何软件程序。其中一个原因是，你的 IS 部门将通过自动化的维护软件来升级你的计算机，而未经授权的硬件和软件可能会与上述程序发生冲突。除此之外，安装未经授权的硬件和程序可能会给你的计算机带来各种问题，需要由 IS 部门来解决。

在需要的时候，你有责任安装计算机补丁和任何修正程序，尤其是有关安全、备份和恢复方面的特定补丁。当被要求为新的和修改后的系统提出需求时，你需要仔细思考并给出周全的回复。如果你没有时间，你需要将上述任务委托给别人。

最后，你有责任以专业的方式对待信息系统专家。大家为同一家公司工作，都想要成功，职业精神和谦恭有礼会帮助你在各方面获得成功。其中一种专业的行为方式是学习基本的技巧，这样你就可以避免在日常工作中处理琐碎的问题。

本章的知识对你有何帮助?

现在你了解了信息系统部门的主要职责，理解了为什么该部门会实施标准和政策。你了解了信息系统的规划职能，以及它们如何与你的组织的其余部门相关联。你也知道了外包服务的原因、最常见最流行的外包方案以及外包风险。最后，基于信息系统部门提供的服务，你知道你的权利和责任是什么。

所有这些知识将有助于你更好地消费信息系统部门的服务。如果你在一家小公司工作，IS 支持很少或根本没有，你知道必须做的工作，以及外包工作的优势缺点和选择。如果你发现自己处于詹姆斯的位置，你知道外包软件开发的优缺点。最后，了解你的权利和责任将使你成为一个更有效率的商务人士，你要有合理的期望，知道可以从信息系统部门获得什么，同时知道信息系统部门对你的期望。

道德指南

隐私与生产率：BYOD 的困境？

我是贾斯汀，在运营部工作。我的老板要我去参与信息系统（IS）部门建立的委员会的会议。委员会的目的是确定我们公司的自带设备（BYOD）政策。好吧，这并不完全正确。信息系统部门将决定这一政策，但他们想在此之前听取活跃的移动用户的意见。

第一次会议令人大开眼界。我认为我们应讨论哪些设备可以使用、什么时候使用。我看到一些同事经常查看社交媒体、浏览网页或者朋友发送的信息。他们显然需要一些指导来确定什么是可接受的和什么是不可接受的。毫无疑问，需要解决这个问题。但是在我的团队里，我们使用智能手机做任何事情，它们真的让我们更有效率。我们不会放弃这种方式。

我认为会议将持续讨论如何限制这些设备来提高生产率。哦，我错了。IS 部门的人开始讨论安全问题。他们担心公司数据转移到新设备的安全，为防止数据泄露，他们想讨论配置个人设备的可能性。我很震惊。我以为他们想要保护公司的数据，我百分之百地同意。但老实说，我认为他们有点愤世嫉俗了。我所看到的是，人们可能有点消沉，但他们不是罪犯。

我越想越多，移动设备并不是新数据真正的安全威胁。20 年前，你可以将数据复制到 CD 上，并把它从办公室带走。之后，你可以使用 U 盘或拷贝在笔记本电脑上带回家，如果你想窃取数据，可将它复制到你的家用电脑上。现在，如果我们想要获取数据，可拷贝到移动设备上。

也许真正的威胁不是我带走的，而是我带进来的。IS 部门并不知道我的移动设备上有什么 app 应用程序。这也是他们想配置个人设备的原因。也许他们想确认我没使用应用程序窃取数据。或者他们想看到，我没有安装可能会破坏公司网络的恶意软件。但他们提到，他们也想添加 app 应用程序。

这让我感到紧张。我听说有公司安装键盘记录器，这个程序把所有用户的击键形成一个文件。IS 部门定期检查用户使用自己的设备做什么。什么可阻止他们查看我的个人信息、图片或与我说话的人？这听起来像一个很大的隐私问题。人们一点也不喜欢这样。

另外，我从委员会了解到有一个计划是安装一个程序，信息系统可使用该程序远程删除所有移动设备的程序。他们说需要这样做，以防我们的设备被盗。好的，我明白了。但如果有人犯错误怎么办？如果意外地格式化了我的设备怎么办？他们会把我的移动设备上的所有程序删除吗？

现在，我不知道该做什么。我告诉我的老板，如果我们的个人设备被禁止使用，工作效率和士气会下降。我还告诉他，如果 IS 部门在我们的设备上加载任何类型的监控软件，会引发全体抗议。老实说，我怀疑他们能否在个人设备上安装东西。最具才华的人可能会因此辞职。

但是从 IS 部门的角度看，他们不信任我在移动设备上安装的程序。他们也对带出公司大门的数据有一些合理的担忧。也许他们应该给我买部智能手机和电脑在工作中使用。他们的硬件使用成本会上升，但能够控制设备。我仍会带上我的移动设备去工作，但我会使用自己的而不是他们的无线网络。这就是我的老板要我加入这个委员会的原因吗？

讨论题

1. 考虑在员工的个人设备上安装监控软件的决定。

a. 从绝对命令原则视角来看，这个决定是道德的吗？

b. 从功利主义视角来看，这个决定是道德的吗？

c. IS 部门如何使用监控软件是不道德的？

d. 假如用户发现 IS 部门查看他们的个人短信或浏览历史，他们将有何反应？

2. IS 部门很担心员工盗窃数据，但员工担心 IS 部门使用监控软件侵犯了他们的隐私。

a. 你认为哪种情况更可能发生？

b. 对组织而言，你认为哪种情况会带来更多的伤害？为什么？

3. 你认为工作中使用移动设备拷贝数据或安装程序，哪个威胁更大？解释你的答案。

4. 一个组织为员工购买设备以监控员工的行为是否道德？从绝对命令原则和功利主义视角讨论。

指南

外包是愚人的金矿吗？

人们是在欺骗自己。仅仅向供应商支付固定费用，你所有的问题便迎刃而解，这似乎听起来不错。每个人都有自己所需要的电脑，而网络不会断线，同时，你不再忍受那些有关网络协议、https 和最新电脑病毒的会议。从此，你进入了信息系统的天堂。

除非事实并非如此。你从一个问题转向了另一个问题。考虑电脑基础设施的外包。外包供应商首先要做的第一件事情是什么？他将雇用所有为你工作的员工。还记得企业里那个懒散的不称职的网络经理吗？他成了外包企业中的一名员工。只有这次，他起到了作用。“企业不允许我那样做。”

所以，外包商通过雇用你原来的员工获得了基层员工。当然，外包商认为管理上有漏洞，如果哪个员工不胜任，就要他走人。你真正外包的是相当于内部 IT 的中层管理人员。但是，事实上没有办法知道，外包商所雇用的员工是否比你曾经拥有的员工更加出色。

此外，你是否认为企业存在官僚主义？每个供应商有其组织形态、流程、委员会、记录和其他管理工具。它们会告诉你，你需要根据标准蓝图去做事情。它们不得不这样说，因为如果它们允许每一家企业都存在差异，它们就没有优势，也没有利润可言。

所以，现在你是在为前雇员的服务支付奖金，而这些员工由外包供应商管理。外包供应商根据员工创造的利润对员工进行评估。多久以后它会使你的公司变得和其他企业一样？你真的想这么做吗？

假设你认识到了这一切并决定解决问题，那么你现在应该做什么？要解除外包合同？怎么做？所有关键知识全部存储在外包供应商的员工头脑中，而他们并不愿意为你工作。事实上，他们的劳务合同禁止他们这样做。所以，现在你必须独自处理现状，雇用员工来掌握企业职能并重新学习当初你应该学习的知识。

歇一歇吧。外包不过是愚人的金矿，会让你为远离责任而付出高昂的代价。这就好像是说：“我们不知道如何管理企业中重要的职能，所以你必须亲力亲为！”你不能为了逃避信息系统问题而雇用其他人来替你管理。你至少要了解自己的底线是什么。

讨论题

1. 当企业签订一份新的外包协议时，雇用组织现有的员工是件很正常的事情。这样对外包供应商有什么好处？对组织又有什么好处？

2. 假设你为外包供应商工作。当经理只关心自己在老板（外包供应商）面前的表现而不是自己的实际表现时，你是如何回应的？

3. 考虑下面这段话："我们不知道如何管理企业中重要的职能，所以你必须亲力亲为！"你是否同意这一观点？如果这是事实，一定是不好的吗？为什么？

4. 解释外包供应商是如何实现规模经济的，为何这对企业来说是难以实现的。这一现象可以证明外包是合适的吗？为什么？

5. 外包信息系统基础设施与外包企业自助餐厅在哪些方面是相似的？在哪些方面是不同的？就信息系统基础设施而言，你可以总结出哪些一般性的结论？

6. 指南假设外包协议是基于组织的计算机基础设施。外包软件开发，如PRIDE Systems所做的那样，承包商较少直接参与。解释问题2～5的答案有何不同。

7. 如果外包协议仅仅涉及PaaS资源，问题2～5的答案会有何不同？

本章回顾 ▶▶▶

在本章回顾中，通过回答本章的研究问题来检查你对观点和概念的理解。

Q11-1　信息系统部门的职能和组织结构是怎样的？

列举信息系统的五个主要职能部门。定义CIO，说明CIO的典型报告关系。指出IS部门的四个小组，并简要阐述每个小组的职能。定义CTO，说明CTO的典型报告关系。定义CSO和CISO，解释他们的职责的差异。

Q11-2　组织如何计划使用信息系统？

解释IS规划要与组织战略保持一致的重要性。解释为什么保持一致性是很困难的。描述CIO与其他行政人员的关系，说明CIO职责的优先级。解释这一任务的挑战。定义指导委员会，并说明CIO的角色。

Q11-3　外包的优缺点是什么？

定义外包。解释德鲁克提到的"你的后屋是别人的前屋"为何属于外包。总结管理优势、成本优势和风险外包。举例区分IaaS，PaaS和SaaS的外包差异。解释为什么国际外包可以是特别有利的。描述你的技能，这将保护你，不会令你的工作外包。总结了外包风险控制、长期成本和退出策略。

Q11-4　你在信息系统方面的权利和职责是什么？

用你自己的语言解释图表11-8中列出的每个用户的权利以及责任的含义。

本章的知识对你有何帮助？

说明本章的知识对于大公司的雇员有何帮助，对于小公司的雇员有何帮助。解释这些知识将如何帮助你在贾里德的职位上做好自己的工作。解释这些知识如何使你成为一个更高效的商务人士。

运用你的知识 ▶▶▶

1. 根据本章的内容，信息系统、产品和技术是不可延展的，它们难以改变。你认为除CIO

之外的高级主管会如何看待缺乏延展性？例如，你认为在公司合并中信息系统要如何应对？

2. 假设你代表一个投资者集团收购全国各地的医院，并将它们整合到统一的系统中。列出信息系统的五个潜在问题和风险。在这样的收购计划中，你认为相关风险和其他风险要怎样比较？

3. 当公司的发展方向迅速变化时，IS 会发生什么？IS 如何出现在其他部门？当公司战略频繁变化时，IS 会发生什么？你认为这样频繁的变化对 IS 而言比对其他业务功能而言是不是更大的问题？为什么？

协作练习

和你的团队一起建立协作信息系统，可以使用 Google Docs，SharePoint 或其他协作工具。不要记过程步骤和团队训练。现在，使用信息系统来回答下面的问题。

绿色计算（green computing）是带有环保意识的计算，包括三个主要组成部分：电源管理、虚拟化和电子废弃物管理。在这个练习中，我们关注电源。

你知道，电脑（以及相关的设备，如打印机）消耗电力，但负担一台计算机或打印机的电费是没问题的。鉴于美国的所有电脑和打印机都运行到晚上，且没有人在办公室里，绿色计算的支持者鼓励公司和员工在不使用设备时将之关上，以减少电力的消耗。

这个问题很重要吗？这只是对环保人士的让步以使计算机专业人士显得很有道德吗？组建一个团队，通过了解你所在校园的电脑使用情况来发表独到的见解。

1. 搜索互联网来确定典型的计算和办公设备的电力需求。考虑笔记本电脑、台式电脑、CRT 监控器、液晶显示器和打印机。在这个练习中，忽略服务器计算机。当你搜索时，要意识到瓦特是电力的测量单位。绿色计算运动要减少的是美国的电力消耗。

2. 估计在你的校园里使用的各种类型设备的数量。使用你的大学网站来确定学院、部门、教师、员工和学生的数量。对使用的电脑、复印机和其他类型设备的数量做假设。

3. 使用问题 1 ～ 2 中的数据，估计计算机及相关设备的总耗电量。

4. 屏保模式下与常规模式下计算机的耗电量相同。然而，在睡眠模式下计算机的耗电量要小得多，比方说，每小时 6 瓦特。回想在你的校园计算机的使用情况，估算设备在睡眠模式与屏保模式或使用模式下的时间。计算睡眠模式下节省的耗电量。

5. 由 IS 部门使用软件升级和打补丁的计算机不能进入睡眠模式，否则就无法升级。因此，一些大学禁止电脑采用睡眠模式（睡眠模式从来不用于服务器）。确定这一政策的成本。

6. 计算每月的电力成本，如果：

a. 所有用户的计算机全天运行。

b. 所有用户的计算机在工作时间运行，在休息时间采用睡眠模式。

c. 所有用户的计算机在非工作时间关机。

7. 给出问题 1 和问题 6 的答案，在下班时间电源管理是否为一个值得关注的问题？与办一所大学的其他成本相比，这个问题真的很重要吗？在小组中讨论这个问题并解释你的答案。

案例研究

应用程序 iAPP

让我们假设你有关于 iOS 应用程序的一个好主意。它是什么并不重要，它可能使大学生或你的父母生活更轻松，也可以跟踪医疗保健费用或你的祖父母的付款。不管它是什么，让我们假设这个想法很棒。

首先，这个想法的价值是什么？雷文·亚里卡（Raven Iachary）在 O'Reilly 的博客上写道，价值为零。[6]

亚卡里认为，专业的 iPhone 开发者不会拿股本或未来的收益来换取现金。有太多的支付现金的工作，实施效果要好，这对于每个商业项目都是如此，不只是对于 iOS 应用程序如此。

那么，你如何着手开发 iOS 应用程序呢？你有三个基本选择。你可以去找专业的开发商，它已开发一系列成功的项目，它将提供开发者、设计师和项目管理。成本取决于你的应用程序的要求，但根据 fueled.com 的管理者瑞安·马茨纳（Ryan Matzner）的说法，一款移动商务应用的成本约 15 万美元。[7]

如果这一费用太高了，你选择自己做一些工作，也许通过管理一个离岸开发人员来达到目的；或者选择减少你的要求。如果你选择前者，就是在冒险。

那么你的选择是什么呢？首先，尽可能多做工作。阅读第 12 章，了解系统开发生命周期的各个阶段。你可以自己确定有多少个阶段。除非你已经是一个熟练的面向对象的程序员，可以轻松地使用 Objective-C 或苹果的新语言 Swift 编程。你不能自己编码。然而，如果你设计用户界面并指定用户的使用方式，就可能降低开发成本。你也可以开发一个测试计划的架构，自己完成一些测试任务。

打个比方，如果你有 3 000 美元可用于投资，你可以将开发外包给美国的开发人员。如果你没有这笔钱，你有两个其他的选择：离岸外包或聘请学计算机科学的学生。Elance 是开发专家的信息交换中心；它列出了开发人员、他们的位置、主要成本和以前的客户的评级。[8]正如你所看到的，你可以聘请印度、俄罗斯、乌克兰、罗马尼亚和其他国家的开发人员。一个简单的应用程序的成本一般为 2 000 美元，其中不包括设计、制图和项目管理的成本，也不是你开发应用程序到最后出售时的成本。

雇用当地学计算机科学的学生怎么样？费用可能是合适的，远低于专业的开发人员，但这种方案存在问题。首先，好学生的要求高；其次，好学生仍然是学生，以学业为重，没有太多的时间投入到你的应用程序开发。很难相信一些学生会不负责任，但如果你有一个可信任的朋友，就可以做出这个选择。

另一个选择是分解任务。把你的好主意变成开发更小的应用程序。选择一个，便成功开发一个，而且一定要卖得便宜，比如 0.99 美元。将赚取的钱用于下一个应用程序，其售价会更高。

［问题］

1. 卓越的移动应用程序的特征是什么？至少描述五个促使你购买应用程序的特征。什么特征将使一个应用程序的开发更容易、成本更低？什么特征将使开发更困难、成本更高？

2. 访问 www.elance.com，确定五种潜在的外包供应商，你可以用来开发 iOS 应用程序。描述你将用什么标准选择这些供应商。

3. 解释你对谷歌收购摩托罗拉移动的想法，该收购对于 iOS 应用程序是个机会吗？理论上，这种收购使你认为在安卓还是 Windows 10 手机上开发应用程序更明智？

4. 在网上搜索“安卓开发者”和相关术语。开发一个安卓应用程序比开发一个 iOS 应用程序更容易、更便宜、更可取吗？

5. 假定你已决定开发一个 iOS 应用，开发一个简化的客户端浏览器应用程序将是一个更好的决定。解释你会如何证明。

6. 花一分钟准备你的经验总结，你可以用在工作面试中体现你的创新思维。把你的总结讲给你班上的其他人听。

注释

1. Often, the department we are calling the *IS department* is known in organizations as the *IT department*. That name is a misnomer, however, because the IT department manages systems as well as technology. If you hear the term *IT department* in industry, don't assume that the scope of that department is limited to technology.
2. Kristin Burnham, "Target Hires GM Exec as First CISO," *InformationWeek*, June 11, 2014, accessed May 11, 2015, *www.informationweek.com/strategic-cio/team-building-and-staffing/target-hires-gm-exec-as-first-ciso/d/d-id/1269600*.
3. PayScale Inc., "Salary Data & Career Research Center (United States)," *PayScale.com*, accessed May 12, 2015, *www.payscale.com/research/US/Country=United_States/Salary*.
4. U.S. Social Security Administration, "Measures of Central Tendency for Wage Data," *SSA.gov*, accessed May 12, 2015, *www.ssa.gov/oact/cola/central.html*.
5. DHI Group Inc., "Dice Tech Salary Survey," January 22, 2015, *Dice.com*, accessed May 12, 2015, *http://marketing.dice.com/pdf/Dice_TechSalarySurvey_2015.pdf*.
6. Raven Zachary, "Turning Ideas into iPhone Applications," *O'Reilly Media*, last modified November 21, 2008, *http://blogs.oreilly.com/iphone/2008/11/turning-ideas-into-application.html*.
7. Mary Hurd, "How Much Does It Cost to Develop an App?," *Fueled.com*, February 24, 2015, accessed June 27, 2015, *http://fueled.com/blog/how-much-does-it-cost-to-develop-an-app*.
8. "iPhone Development Experts Group," Elance, accessed June 27, 2015, *www.elance.com/groups/iPhone_Development_Experts/1115*.

第 12 章

信息系统开发

Information Systems Development

“感谢星期六早晨的到来。我刚打完网球，比赛时间比我想象的要长。无论怎样，原谅我的出现。”泽夫·弗里德曼环视四周。

“弗里德曼先生，你看起来很开心，你一定是赢了。”

米歇尔刚刚知道他是 PRIDE Systems 的所有者。

“和其他人一样叫我泽夫。是的，我们赢了。”

“好的，先生。”米歇尔的称呼仍有一点正式。

“贾里德，我知道你想支出一定的费用。今天你会告诉我为什么，对吗？”

“这就是我们来这里的原因，泽夫，我们给你提供几个可以考虑的选择，这是一份复印件，我会让詹姆斯给你介绍。”

“我已经迫不及待了。”泽夫的情绪是乐观的，但他的举止和睡眼惺忪的状态骗不了任何人。他们知道他将会指出错误或者准备欠佳的地方。

“好的，泽夫，你知道我们能够调整系统以支持对各种热度的比赛的关注。”詹姆斯开始时有点儿紧张。

“是的，我理解你的想法。”泽夫想让詹姆斯放松些，并且确实做到了。

“这是一个小组范围的讨论。不管怎样，我们能够做到，并且由于大家辛勤工作，我们获得成功。”詹姆斯在说话时环顾四周。

“不管怎么说，这是一个开始。”泽夫知道他们建立一个持续的流程还有很长的路要走。

“正如你所知，我们只在苹果和安卓设备上运行。我们已经成功忽略了 Surface 和 Windows 系统的电话。”

“是啊。我就是不理解微软，它已经丢掉了移动设备的开发机会。”

“此外，我们认为，如果开发 Xbox 就可以打开一个全新的市场。”

“Xbox？”

“是的，因为这些竞赛和游戏类似，我在地下室和其他 10 个人骑车，他们可能是现实中的人，但是为什么我们不推出用户界面并使用 Xbox 令其视觉效果更加令人振奋呢？”

“是的，但是看一下你给我的文档的第 3 页，现在有两种方法，一种是针对 Xbox 开发使用工具和技术。这样做会给我们带来三个代码库：苹果、安卓和 Xbox。”

“所以呢？”

“我们将在同一时间处理三个不同的项目，有大量的重复工作。”从声音和表达，泽夫可以明显感觉到詹姆斯不喜欢这种方法。

“嗯。”

“但是，如果我们使用另一种更加通用的技术，稍后我会给你介绍细节，叫作 html5 和 css3，就可以有很多通用的代码。不是全部，而是很多。”

“给我讲一下细节。我会让贾里德给我提供指导。你有预算吗？”

“如第 3 页所述，Xbox 的成本在 10 万～ 17.5 万美元。”

“很大的范围。”泽夫心存疑虑。

“如第 4 页所示，为再造所有 html5 的接口，还需要 22.5 万～ 30 万美元。”詹姆斯回到座位观察泽夫的反应。

“你想什么呢，贾里德？”泽夫看着贾里德。

“这是一个我们想要花多少钱来定位自己的未来的问题，泽夫。”贾里德了解泽夫的资金实力和决定。

“是的，是的。”泽夫陷入沉思。

“尼基，你的想法呢？”泽夫挪了下位置以便看着她的脸。

“Xbox 是一个大市场，这点毫无疑问。我们是第一批进入这个市场的。”

“你能销售它吗，米歇尔？”

“毫无疑问，销量将很大。这非常令人兴奋。人们期望游戏设备令人惊叹。”

泽夫安静地坐了一两分钟，然后回头看着人群，当他说话时，将每个人都看了一眼。

“不，我哪一个都不想做。我们还没准备好。我想做的是开发一个 Xbox 原型。用什么技术都行，你要以最快的速度完成。我想试一试……不用面面俱到，只要让我看到这个玩家指引将会如何奏效。贾里德，给我提供一个计划。詹姆斯，我希望你加入进来。还有什么问题吗？”

室内一片寂静，直到贾里德说：“谢谢，泽夫，我们会做好的。”

研究问题

Q12－1 什么是系统开发？

Q12－2 为什么系统开发存在困难和风险？

Q12－3 系统开发生命周期的五个阶段是什么？

Q12－4 如何完成系统定义？

Q12－5 在需求分析阶段用户的角色是什么？

Q12－6 如何设计五个组件？

Q12－7 如何实施信息系统？

Q12－8 系统维护的任务是什么？

Q12－9 系统开发生命周期存在哪些问题？

Q12－1 什么是系统开发？

系统开发（system development），有时也称系统分析和设计（system analysis and design），是创建和维护信息系统的过程。注意，这个过程关注的是信息系统，而不仅仅是电脑程序。开发信息系统涉及五个要素：硬件、软件、数据、流程和人员。开发一种计算机程序涉及软件程序，可能还涉及一些重点的数据和资料库。图表 12－1 表明，系统的开发比电脑程序的开发范围更广。

图表 12-1 系统开发与程序开发

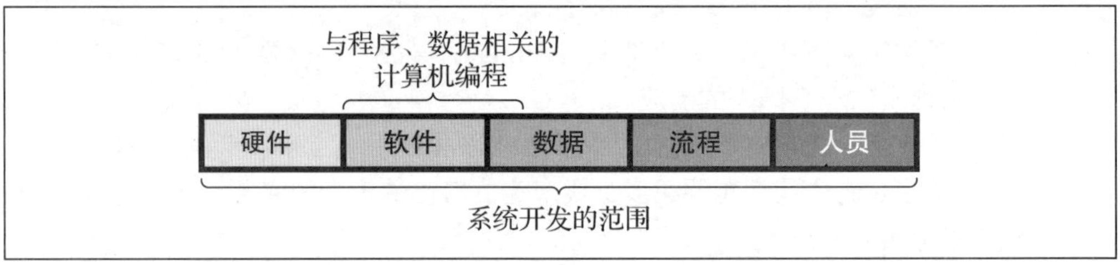

系统开发会涉及所有的五个要素，而不仅仅是编程或者技术专长。建立该系统的目标、启动项目及确定需求需要商业知识和管理技能。像建立计算机网络和编写电脑程序这样的任务需要技术技能，而其他任务需要的是非技术性的人际关系技能。创建数据模型需要了解用户并理解他们对本次商业活动的期望。设计程序（尤其是涉及团队行为时）则需要商业知识并了解团队的动态。开发工作的描述、人员的配备和培训都需要人力资源及相关的专业知识。

因此，不要认为系统开发是一项仅由程序员和硬件方面的专家承担的技术性任务。相反，它需要专业人士和有商业知识的非专业人士的团队合作。

在第4章，你已了解软件有三个来源：非定制、部分定制以及量身定制。尽管这三种资源都涉及软件，但仅有两种涉及信息系统。与软件不同，信息系统从来都不是非定制的，因为信息系统涉及公司的人员和流程，不论你如何获取计算机程序，都必须建立或者调整流程来适应业务和人员。

作为未来的企业管理者，你在信息系统开发中将扮演一个关键角色。为了完成部门目标，你需要确定信息系统中流程的有效性。你需要确保员工都接受了一定的培训，并且能够有效地应用信息系统。如果部门没有恰当的流程以及训练有素的员工，你必须采取改进措施。虽然你可能会把硬件、流程或数据问题转交给IT部门，但是不能把流程和员工问题转交给其他部门，这些是你的问题。衡量信息系统是否成功的最重要标准是用户可否使用他们的系统。

Q12-2 为什么系统开发存在困难和风险?

系统开发是有难度和风险的。很多项目最终没有完成。在那些已完成的项目中，有的超出预算200%甚至300%。还有一些项目虽然按照预算在计划期内完成，但是没有达到令人满意的目标。

知道系统开发的失败是如此戏剧性之后，你可能会感到惊讶。你也许认为，随着近年来电脑和系统的发展，目前一定有一套成功的系统开发方法。事实上，的确存在成功的系统开发方法，本章将讨论最主要的一种方法，然而，即使有能力的人采用了该方法或者其他已被认可的方法，失败的风险依然很高。

接下来，我们将围绕图表12-2中展示的系统开发五项艰巨任务展开讨论。

需求确定的难度

首先，需求是很难确定的。泽夫想开发一个有原型的Xbox项目，正如我们所知，这是一个好的起点。但是接下来呢？新的PRIDE系统应该实现Xbox平台的什么特点和功能？特别是如何让系统得以使用？屏幕展示应该是什么样的？竞争对手会有怎样的反应？

图表12-2 系统开发面临的主要挑战

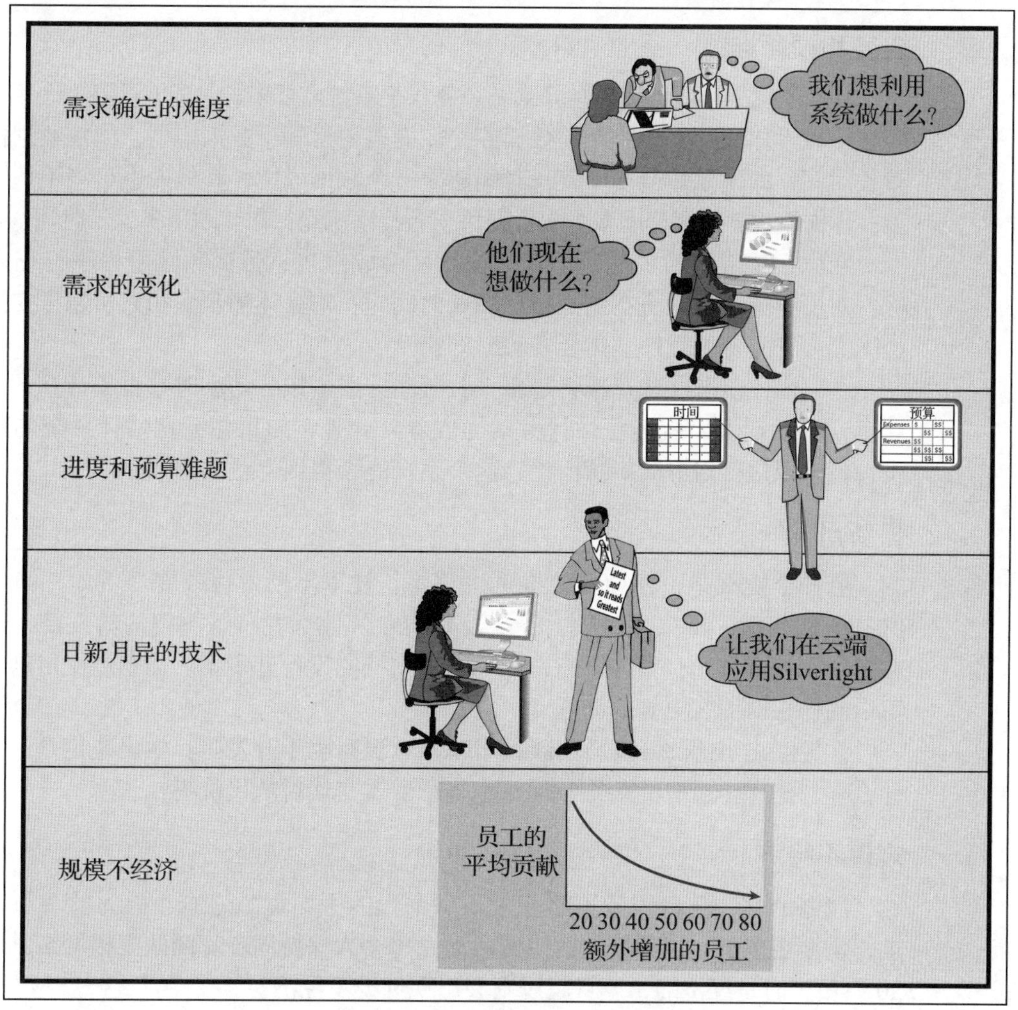

或者考虑实际问题。竞争者是如何开始的？它们如何进入市场？需要怎样的安全保障？用户忘记密码时系统如何反应？等等。

这些需求不仅很难描述，还很难识别。

任何一个有经验的系统分析师都知道，有很多没料想到的重要问题。可能需求在第一季度被描述，而到了年终汇报时没人想起来。一旦系统投入使用，任何遗漏的功能需求都会出现，对于用户和PRIDE Systems的员工来说令人挫败。信息系统开发流程的一个主要目的就是创造一个环境，在这个环境中既可以提问也可以得到答案。

需求的变化

由于系统开发的目标不断变化，确定需求将更加困难。随着系统的开发，需求不断改变，而且系统越大，项目时间越长，需求变化会越多。例如，在开发过程中，一个主要的健身俱乐部连锁机构拿着可获高利润的合同来找贾里德。但是这份合同需要对计划好的 Xbox 需求做一个重大改变。

当需求改变时，开发团队应该做些什么呢？是停止手中的工作，重新开发一个与新需求一致的系统？如果这样做，该系统的开发将断断续续，难以完成；还是在明知实施起来令人不满意且需要立刻采取补救措施的情况下，继续完成这个系统？

进度和预算难题

其他的挑战涉及进度和预算编制。建一个系统需要多长时间？这是一个不易回答的问题。假设你在开发一个新的数据库。你需要创建一个数据模型，创建数据模型需要多长时间？即使你知道要用多长时间建立一个数据模型，其他人也可能不认同你的模型。你需要重建数据模型多少次直到每个人都满意呢？你计划用多少工时呢？

考虑一下数据库的应用。建立框架、生成报告、咨询和应用程序将花多长时间呢？对所有这些方面进行测试将花多长时间呢？对具体的步骤和人员怎样安排？培训员工需要开发什么程序，需要多长时间？

进一步，所有这些花费将是多少？劳动力成本按劳动小时数直接计算；如果你不能确定劳动时间，就无法估计劳动力成本。此外，如果你无法估计系统的成本是多少，将难以进行财务分析从而确定这个系统能否得到合适的回报。

日新月异的技术

另一个挑战是，在项目的推进过程中，技术不断发生改变。例如，当你正开发 PRIDE 应用时，苹果、微软、谷歌及其商业伙伴都发布了热门的新设备，这些设备在图片和动画方面有很大改进，比你正在支持的设备好多了。你知道使用这些新设备可以制作相对而言更好的动画。

你想停止当前的开发转向新技术吗？它更有利于开发吗？做出决定是艰难的。为什么要构建一个过时的系统？但是你能承受改变项目的代价吗？

规模不经济

遗憾的是，随着团队不断变大，每个人的平均贡献递减。因为随着员工数量增加，需要更多的会议和其他的协调活动让每个人保持同步。团队规模增至某一水平即 20 名员工时是经济的，一旦超过则会出现规模不经济。

布鲁克斯法则（Brooks' Law）指出了一个相关的问题：增加更多的人去做一个延迟的项目，会使项目进一步延迟。[1] 该法则是对的，因为除了需要协调更多的员工外，还需要培训新人。能培训新人的恰恰是现有团队中的成员，这就迫使他们中断开发任务。培训新人的成本可能超过他们带来的贡献。

简言之，软件开发经理面临的问题是：如果为了保持团队的小规模而增加每名员工的工作量，将延迟项目，如果通过增加员工而缩短项目的开发时间，由于规模不经济，他们要增加 150 小时或 200 小时的劳动来完成 100 小时的工作任务。并且根据布鲁克斯法则，一旦项目延期，选择哪个方案都无济于事。

此外，计划可以被压缩到一定程度。一句流行的谚语是："九个女人不能一个月生出婴儿。"

真的前景黯淡吗

系统开发真的如所列的挑战那样看起来前景黯淡吗？是，也不是。前述所有挑战确实存在，并且是每一个开发项目必须克服的重大障碍。之前提到，一旦项目延迟和超出预算，就没有好的选择了。“我不得不自食其果。”一位为延迟的项目所困扰的经理说。

IT 行业已经有超过 50 年的开发信息系统的经验，这些年已提出了成功处理这些问题的方法。接下来，我们将考虑系统开发生命周期的经典的系统开发流程。

Q12-3　系统开发生命周期的五个阶段是什么？

系统开发生命周期（system development life cycle，SDLC）是用于开发信息系统的经典流程。IT 行业在“艰苦磨炼”中发展系统开发生命周期。许多早期的项目遭遇失败，企业和系统开发者通过详查这些失败的残局来确定是哪里出现了问题。20 世纪 70 年代，多数经验丰富的项目经理就成功地建立和维护信息系统需要执行的基本任务达成一致。这些基本任务被嵌入系统开发的各个阶段。

不同的作者和组织把这些任务分成不同数目的阶段。一些组织使用八阶段的流程，一些使用七阶段的流程，还有一些使用五阶段的流程。在本书中，我们使用五阶段的流程：（1）系统定义；（2）需求分析；（3）组件设计；（4）实施；（5）系统维护。

图表 12-3 显示了这些阶段之间的联系。当一个商业计划确定了一个新系统的需要时，开发就开始了。本书第 11 章介绍了信息系统规划过程。现在，如果管理层已作出决定，这个组织就可以通过构建一个新的信息系统来更好地实现它的目标。

图表 12-3　系统开发生命周期的阶段

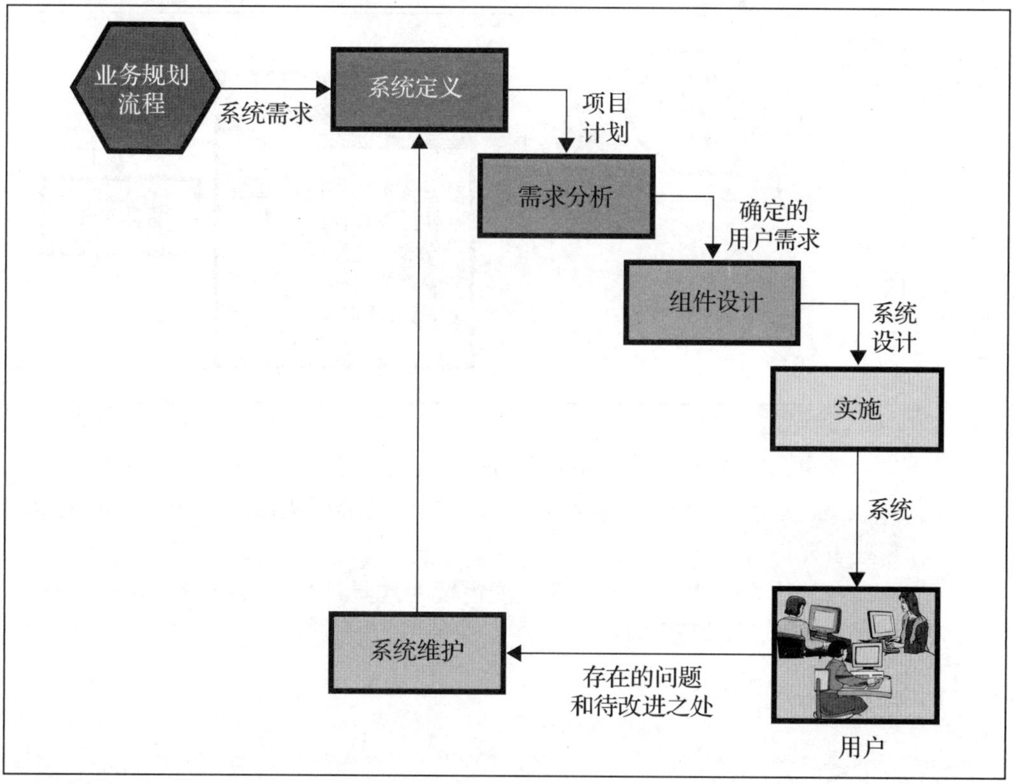

开发人员在系统开发生命周期的第一个阶段（系统定义），用系统需求的管理声明来定义新系统。由此产生的项目计划应用到第二个阶段（需求分析）。在这个阶段，开发者确定新系统的具体特点和性能。这个阶段输出一系列通过审核的用户需求，它们是设计系统组件的主要依据。在第四阶段，开发者实施、测试和安装新的系统。

经过一段时间，用户将发现漏洞、错误和存在的问题，也会提出新的需求。有关补丁和新需求的描述将纳入系统维护阶段。于是，实施阶段开始重复上述所有步骤，这就导致这个步骤被认为是循环的。

接下来，我们将更详细地讨论系统开发生命周期的每一个阶段。

Q12－4 如何完成系统定义？

应对新的系统需要，组织将指派一些员工（可能有兼职人员）来定义新的系统，评估它的可行性和计划这个项目。通常情况下，由信息系统部门的员工来领导初期团队（如果没有这样的部门，则可能是一个顾问），但初期团队的成员包括用户和信息系统专业人员。

定义系统目标和范围

如图表 12－4 所示，第一步是定义新系统的目标和范围。通过支持商业过程或者提高决策能力，信息系统有助于一个组织做出有竞争力的决策。在这一步，开发团队从这些角度来定义新系统的目标和目的。

图表 12－4 系统开发生命周期：系统定义阶段

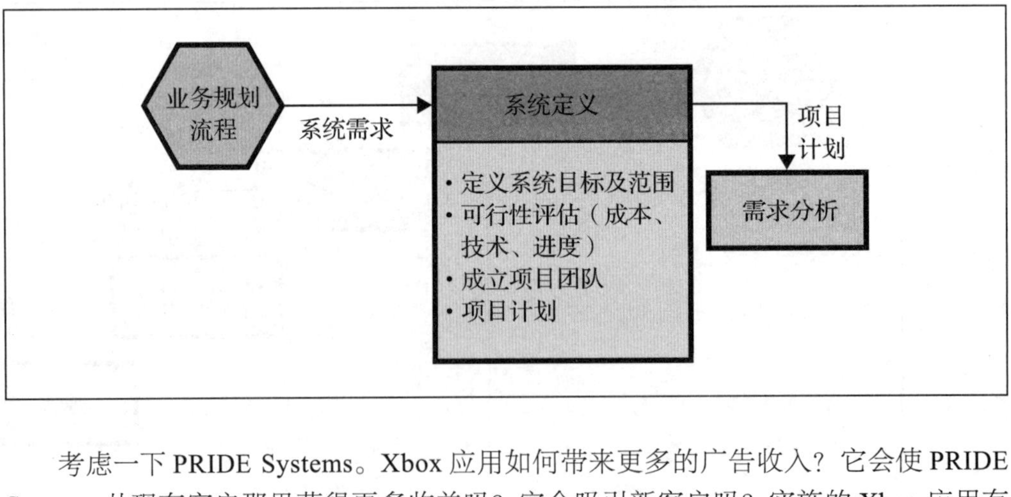

考虑一下 PRIDE Systems。Xbox 应用如何带来更多的广告收入？它会使 PRIDE Systems 从现有客户那里获得更多收益吗？它会吸引新客户吗？实施的 Xbox 应用有哪些主要特点？

在其他系统中，确定范围可能需要考虑具体的商业活动、用户、商业流程、车间，或者办公室以及工厂。

可行性评估

一旦我们定义了项目的目标和范围，下一步就是进行可行性评估，回答“这个项目是否有意义”这一问题。其目的是在形成项目开发团队和投入大量人力之前剔除明显不可行的项目。

可行性涉及四个方面：成本、时间规划、技术和组织。因为很难对信息系统开发项目做预算和时间规划，只能大概估算成本和时间，进行粗略的分析。分析的目的是尽快剔除明显不可行的项目。

成本可行性（cost feasibility）分析需要估算总成本，并将总成本与系统价值进行对比。对于 PRIDE 以及几乎所有的新系统来说，进行这种估计很难。显然，成本取决于项目的范围，但是，在明确需求之前，潜在成本的范围非常广。这就是泽夫想先开发 Xbox 原型的原因之一。并且，在用户使用之前，团队中没有人知道 Xbox 应用对于竞争战略的价值。

在这一点上，所有团队都可以做出估计。任何潜在的投资者都将对这些估计进行仔细审核，而且，泽夫试图从原型开始，进而获取开发整个系统的成本信息。团队并不需要知道精确的总成本，仅需要可用于和系统价值比较的成本范围。

与成本一样，**进度可行性**（schedule feasibility）也很难确定，因为很难度量建立系统所需的时间。然而，如果詹姆斯决定用不短于 6 个月的时间来开发原型，泽夫、贾里德以及团队其他成员可以决定他们能否接受这一最短用时安排。如果不能，他们就是在浪费时间和金钱，应该考虑做些别的事情。在项目的这一阶段，组织不应该完全依赖对成本或者进度的评估。评估的目的是简单地剔除任何明显不可行的项目。

技术可行性（technical feasibility）是指现有的信息技术能否满足新系统的需求。一个 Xbox 能否与任何协议兼容？是否有一种可行的方法将来自不同竞争者的数据加以整合，在不同场合准确地展示？这些可能不是问题，但是团队需要调查一下。

最后，**组织可行性**（organizational feasibility）是指新系统是否符合组织的习惯、文化、规章制度以及是否合法。

成立项目团队

如果项目被确定是可行的，下一步就是成立项目团队。这个团队通常既包括 IT 人员，也包括客户代表。项目经理和 IT 人员可以是公司内部成员，也可以是外聘人员。在第 11 章，我们已经描述获得 IT 人员的多种方式以及从外部获得 IT 人员的利弊。

一个开发团队的成员通常有经理（或大型项目经理）、业务分析师、系统分析师、程序员、软件测试人员以及用户。业务分析师致力于理解业务需求、策略和目标，并帮助业务实施系统来实现其竞争战略。系统分析师是既精通业务又懂技术的 IT 人员。

系统分析师与 IT 更为接近，并且比业务分析师更了解技术，尽管两者在职责上有大量重叠。两者的工作贯穿整个系统开发过程，并在推动项目实施的过程中至关重要。业务分析师更多地与经理、高管合作；系统分析师整合程序员、测试人员和客户的工作。根据项目的特点，团队可能还需要硬件专员和沟通专员、数据库设计人员和管理员以及其他 IT 专家。

团队的组成随着时间的推移而发生变化。在确定需求期间，团队中的业务、系统分析员占很大比重。在设计和实施阶段，程序员、测试人员和数据库设计人员的比重较大。在整合测试和谈判阶段，测试人员和商业用户则比较多。

在系统开发过程中，用户参与是很关键的。根据项目的规模和特点，用户可以全职或兼职的形式参与。有时用户成为定期开会的审查和监督委员会成员，尤其是在项目完成阶段和其他的里程碑阶段，用户以不同方式参与到项目中。在整个项目开发过程中，最重要的一点是让用户充分参与并拥有主导权。（参见本章末案例研究。）

项目团队成立后，首要任务是对项目进行规划。项目团队的成员详细说明要完成的任务，给人员分配任务，确定任务相关性，以及制定进度表。

Q12－5　在需求分析阶段用户的角色是什么？

需求分析阶段的首要任务是确定和记录新系统的特征和功能。对于大多数项目而言，在这个阶段需要采访许多用户并记录潜在的业务需求。界定业务需求的成本很高，也很困难。

确定需求

确定系统的需求是系统开发过程中最重要的阶段。如果需求出错，那么系统必然是错误的。如果能全面正确地确定需求，接下来的设计和实施将会变得更简单，成功的可能性也更大。

要确定的需求很多，例如网页的内容和版式、页面上的功能按钮、报告的结构和内容，抑或数据输入栏的区域和菜单选择。需求不仅包括提出什么，还包括提出的频率和所花的时间。一些需求还指明了要存储和处理的数据的数量。

如果你选修了一门有关系统分析和设计的课程，将花几周的时间学习确定需求的技术。这里我们只简要地总结这个过程。通常，系统分析师采访用户并用一些常用的方式记录结果。好的采访技巧至关重要。用户分不清哪些是他们想要的，哪些是他们需要的。用户倾向于将注意力放在接受采访时要完成的任务上。如果是在项目中期进行采访，季度末或者年末应完成的任务就会被用户忽视。有经验的系统分析师知道如何进行采访，以让这些容易遗忘的需要摆在大家的面前。

如图表 12－5 所示，需求可来源于已有系统，也可来源于新系统要满足的网页、表单、报告、问题、应用程序的特征和功能。安全是另一个重要需求。

图表 12－5　系统开发生命周期：需求分析阶段

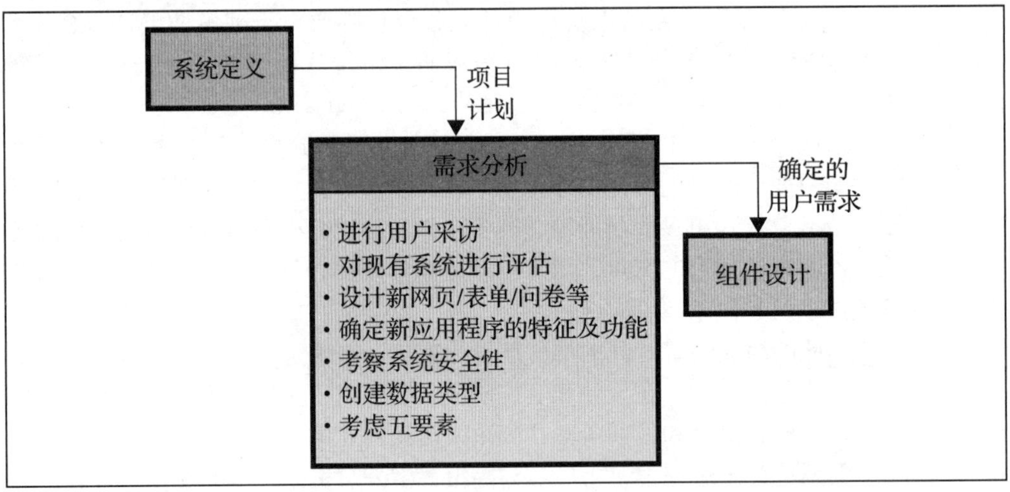

如果新系统包括一个新的数据库或者对现有的数据库做较大调整，那么开发团队要创建一个数据模型。正如你在第 5 章中学到的，模型必须能够反映出用户的商业愿景和业务活动。因此，这个数据模型是在用户访谈的基础上构建的，同时又必须被用户验证。

有时，需求的确定是如此关注软件和数据，以至于忽略了其他的组件。有经验的项目经理能够确保所有信息系统构成要素的需求都被考虑到，而不仅仅考虑软件和数据。提到硬件，这个团队或许会问：对硬件有特别的需求和限制吗？是否有一个组织标准用来衡量哪些硬件可用，哪些不可用？新系统必须使用现在的硬件吗？对通信、网络硬件或者云服务有什么要求？

同样，这个团队需要考虑流程和员工需求：会计部门是不是需要一个权责分离的流程？是否有只有特定部门或人员才能做的事情？是否有限制特定种类员工活动的政策要求或工会规章？这个系统是否需要与其他公司或组织的信息系统进行连接？简言之，确定需求时要考虑新系统的所有构成要素。

这些是在需求分析阶段必须提出和解答的几种问题的例子。

核对需求

一旦需求确定，用户必须在项目继续推进前核对和批准这些需求。对信息系统进行变更最简单、代价最小的时期是需求分析阶段。在这个阶段，改变一个需求仅仅是改变一个描述。在实施阶段，改变一个需求可能需要几周去重新完成应用组件和数据库结构。

原型的作用

由于需求很难确定，因此像 PRIDE Systems 的 Xbox 项目一样先建立一个工作原型是有益的。然而未来的系统用户通常难以理解，不会将需求表达与文字描述和草图联系起来，而原型提供了直接经验。通过原型，用户可以评估可用性，并且想起他们忘记提及的特征和功能。另外，原型提供评估系统的技术和组织可行性的依据，可以提供用来估计开发和运营成本的数据。

考虑到有用性，原型必须是有效的。表单、报告的实物模型虽然有帮助，但是不会产生描述过的那些优点。原型需要让用户体验使用系统来完成工作。

得到原型的费用很高。然而，这种花费是合理的，不仅因为原型可以对需求进行很好的阐述和完善，而且因为部分原型可以在业务系统中反复使用。云有助于在短期内以较低的费用租用硬件和存储设施，而不需要购买和安装。

遗憾的是，系统开发人员在创建原型时面临一个困境。原型的费用在开发的早期就产生了，有时甚至早于获取整个项目资金。“我们需要原型来获得资金，并且需要资金来帮助开发原型。”然而，对于这个困境，没有一个有效的解决办法，只能根据经验来解决。我们再次看到具备非常规解决问题能力的必要性。

Q12－6 如何设计五个组件？

五个组件都在下一阶段设计。通常，开发团队会根据每个组件设计多套备选方案，然后对照需求，评估每个备选方案，最终选择最优的方案。需求准确很重要，如果需求不全面或者不准确，那么会误导评估。图表12-6显示了适合信息系统的五个组件的设计任务。

图表 12-6 系统开发生命周期：组件设计阶段

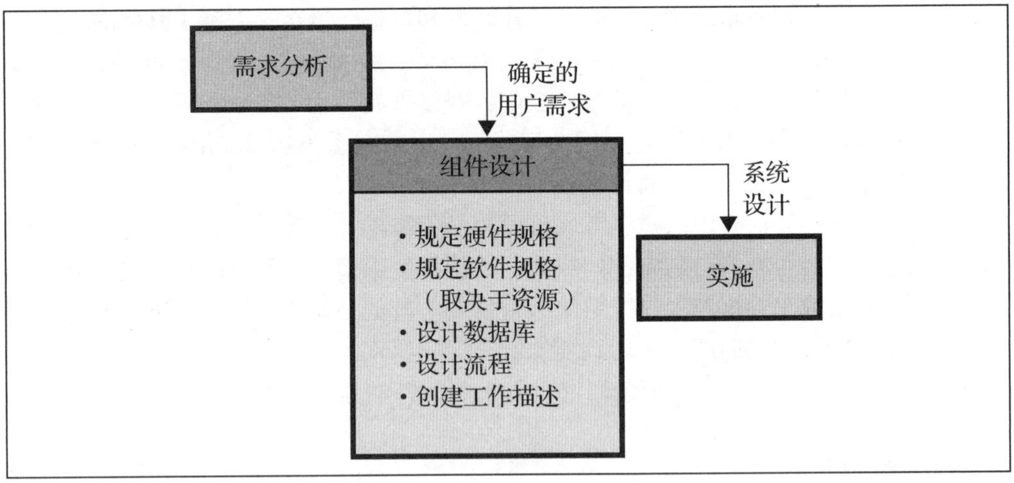

使用此知识为你的第一优先级工作服务

在一张照片中，一些狗正在开始一场1 049英里的比赛，它们有时会每天跑20小时。它们只有成功通过类似的比赛才能晋级，所以它们知道自己即将遭遇什么。但是显然，它们喜欢自己的工作。

这就是你的角色。你不是一个拉雪橇的人，但你在每周开始工作时候有这种感觉。你将生命中1/3的时间投入到工作中。工作将成为个人满意的最大来源，并且金钱、朋友、人际关系以及有趣的经历等方面将决定你的生活质量。所以从现在到毕业，去寻找并争取获得一份工作是你生活中第一优先级的事情。不要等待。

你将怎么去做？无论什么招聘人员碰巧来学校招人都去报名？那是一种方式，并且你希望你的竞争者选择这种方式。但是你自己呢？你能否找到一种方式，应用你在本章学到的知识去找一份工作？这值得你花20分钟思考这个问题，难道不是吗？

［问题］

1. 观察图表12-3，详细描述系统开发生命周期五个阶段的任务。以你找工作而不是系统开发为背景，解释系统开发生命周期的每一个活动。简要概括你在每一个阶段需要完成的任务。

2. 找工作是一个流程。跟所有流程一样，找工作的流程在质量上有差异。请从两个方面陈述流程和质量，并解释为何与找工作相关。

3. 描述你当前找工作的流程。使用第2章的任一业务流程建模标记法找到相似之处。

4. 检查你当前找工作的流程的质量。提出两种可以提高流程质量的方式。

5. 思考问题1～4的答案。解释这些答案如何告诉你怎样去获得一份好工作。

6. 从今晚开始！

硬件设计

对于硬件，开发团队确定所需要的硬件的规格和来源。它们可以购买硬件，租赁硬件，或者在云上租赁。（团队不能像构建一个CPU或者一个磁盘驱动那样设计硬件。)

在 PRIDE Systems 公司，数据存储在云端，甚至一些应用处理也是在云端完成。从这个意义上讲，硬件设计是有关云资源需求的问题。但是，PRIDE Systems 公司的设计人员也需要决定他们打算支持哪些设备。除了 Xbox，他们还需要支持什么游戏设备？这些决策涉及与软件的交互。如果 PRIDE Systems 公司使用瘦客户端应用，相对于必须为每一种设备都创建一个本地应用来说，项目可以提供更多的设备支持。

软件设计

软件设计取决于程序来源。对于现成的软件，团队必须根据需求确定候选产品并对它们进行评估。对于现成的但必须做一些更改的软件，组织需要确定要购买的产品以及要进行的修改。对于定制开发的程序，组织需要拿出编写程序代码的设计文件。

对于基于云的系统（例如 PRIDE），一个重要的设计决策是在何处处理应用程序。可以全在移动设备上实现，也可以全在云服务器上实现，或者两者相结合。而且，对于移动系统项目（比如 PRIDE），在这一阶段，团队将决定是选择瘦客户机还是本地应用。

数据库设计

如果开发人员正在构建一个数据库，那么在这个阶段，他们利用第 5 章所述的技术将数据模型转化为数据库设计。如果开发人员想要使用现成的程序，那么他们很少需要设计数据库，程序会自动处理数据库操作。

流程设计

商业信息系统的开发者和组织必须为用户和操作人员设计相应的流程。如图表 12 - 7 总结的，流程的开发需要考虑正常处理、备份以及故障恢复。通常是由系统分析人员和关键用户设计流程。

图表 12 - 7 流程设计

	用户	操作人员
正常处理	• 使用系统来完成企业任务的程序	• 用来开始、结束以及操作系统的程序
备份	• 用户用来备份数据和其他资源的程序	• 用来备份数据和其他资源的程序
故障恢复	• 系统崩溃时使用户能继续操作的程序 • 故障恢复后用来返回系统的程序	• 用来查找系统崩溃原因并进行修复的程序 • 恢复并重启系统的程序

职位描述创建

考虑到人员的因素，设计包括为用户和操作人员确定职位描述。有时新系统意味着新的职位。如果是这样，新职位的责任和义务就要按照组织的人力资源政策来定义。更常见的是，组织将新的责任和义务添加到现有的职位中。在这种情况下，开发人员就要在这个阶段定义新的责任和义务。有时，相关职位的描述很简单："贾森将负责系统的备份。"像流程那样，由系统分析人员和用户来确定职位描述和职能。

Q12－7 如何实施信息系统？

一旦完成设计，系统开发生命周期的下一个阶段就是实施。这个阶段的任务是创建、测试以及使客户转换到新的系统（见图表 12－8）。开发人员单独地开发各个组件。他们获得、安装并测试硬件；授权并安装非定制程序，在必要时改写程序和编写自定义程序；构建数据库并添加数据；记录、检查和测试流程，并创建培训程序。最后，组织雇用并培训所需的人员。

图表 12－8 系统开发生命周期：实施阶段

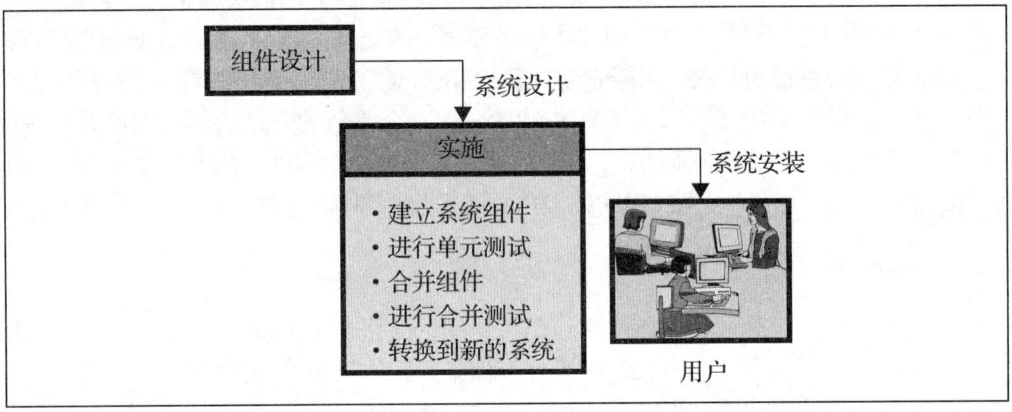

系统测试

开发人员构建和测试所有组件后，就需要将这些独立的组件整合在一起并测试系统。到目前为止，我们也许认为测试时不需要做什么。事实上，软件和系统测试是难度大、耗时且复杂的工作。开发人员需要设计和开发测试计划并记录测试结果，还需要制定一个计划去安排人员调整系统并核实调整是正确、完整的。

一个**测试计划**（test plan）包括用户在使用新系统时将采取的一系列步骤。测试计划不仅包括用户所采取的一般行动，还包括不正确的行动。一个全面的测试计划应该能使程序代码的每一行得到执行，并能使每一个错误信息显示出来。测试，再测试，重复测试将消耗大量的人力。一般开发人员可以通过编写能自动调用系统特征的程序来减少测试阶段的人力耗费。

如今很多 IT 专家都是测试专家。测试通常称为**产品安全保证**（product quality assurance，PQA），是一个很重要的环节。PQA 专员通常在用户的建议和帮助下制定测试计划，PQA 测试工程师自己参与测试，并指导用户参与测试活动。许多 PQA 专业人士自己就是编写自动测试程序的程序员。

除 IT 专家外，用户也是参与系统测试必不可少的人员。用户参与测试计划的制定和实施，是测试小组的成员，通常在 PQA 专员的指导下进行测试工作。对于系统是否可以投入使用，用户有最终的决策权。如果你被邀请担任测试人员，请认真承担起相应的责任。系统一旦投入运行，再进行修改就非常困难。对于你今后将要应用的系统来说，参与测试计划的制定和实施与进行测试本身都是重要（而且明智）的。如果开发团队作为旁观者，直到系统完成后才抱怨缺失或错误，是不专业、不明智且不公平的。

试用版测试（beta testing）是让未来的系统用户自己对系统进行测试的过程。像微软这样的软件开发商经常将产品的试用版交给用户自己去试验和测试，用户再将问题反馈给开发商。试用版测试是测试过程的最后一个阶段。通常，处于这个阶段的产品已经很完善，功能也很齐全，出现严重错误的概率很小。开发一个大型新信息系统的组织有时会像软件开发商那样使用试用版。

系统转换

一旦系统通过了测试，组织就会安装新的系统。**系统转换**（system conversion）就是将商业活动由旧系统向新系统转换的过程。

组织可通过以下四种方式之一进行系统转换：试点安装、分期安装、并行安装和投入安装。根据具体的情况，信息系统专家会推荐前三种方式中的一种。在大多数情况下，企业应该避免选用最后一种转换法。

试点安装（pilot installation）是指组织在业务中选择有限的部分来运行整个系统。试点安装的优点是，即使系统出现问题，也只会在有限的范围内。这样可以减少商业信息的曝光，同时可以保护开发这个信息系统的组织的声誉。

分期安装（phased installation）是指系统的安装是分阶段进行的。一旦一部分系统成功运行，组织将安装和测试系统的余下部分，直到整个系统都安装好。有些系统高度整合，无法分阶段安装，在这种情况下就要用到其他的技术。

并行安装（parallel installation）是指新系统和旧系统平行运行，直到新系统经测试完全可行。并行安装的成本很高，因为组织要承担两个系统的运行费用。如果运行两个系统，用户的工作时间将增加一倍。为了确定新系统的运行结果与旧系统的运行结果是否相符，有大量的工作要做。

一些组织认为并行安装可提供安全保障。它是用时最长、成本最高的安装方式，但是提供了一个新系统失败时能恢复到原状态的平台。

最后一种方式是**投入安装**（plunge installation）（有时称为直接安装），是指组织直接关闭旧系统并开启新系统。如果新系统失败，组织就会陷入困境：所有工作将无法开展，直到新系统调试好或旧系统重新安装。考虑到风险，组织应尽量避免采用这种转换方式，但新系统提供的是一个新的功能，而这个功能对于组织的运行影响甚微的情况除外。

图表 12 - 9 总结了在设计和实施阶段应完成的各个组件的工作，可以用来检测你对每个阶段的任务的掌握情况。

图表 12 - 9 五个组件的设计与实施

	硬件	软件	数据	流程	人员
设计	确定硬件规格	选择已有的程序 设计可选用的自定义程序	设计数据库以及相关结构	设计用户和业务流程	建立用户及操作人员工作手册
实施	获取、安装、测试软件	获得许可和安装已有的程序 写可选用的自定义程序 测试	设计数据库，录入数据，测试数据 集成测试和转换	形成文件程序，制定培训计划，审查和测试程序	雇用并培训工作人员
	集成测试与转换				

每个组件的单元测试

Q12-8 系统维护的任务是什么？

系统开发生命周期的最后一个阶段是维护。“维护”一词并不准确，因为在这个阶段既要修正系统使其正确地运行，又要让它适应需求的变化。

图表 12-10 显示了维护阶段的任务。首先，需要有一种手段来追踪失败原因[2]和增加要求从而满足新需求。对于小型系统，组织可以通过语言记录来达到目的。但是，随着系统规模的扩大，相应的任务会同步增加，从而使许多组织认为有必要开发一个追踪数据库。这个数据库会存储对每一个故障和每一次升级的描述，也会记录是谁报告问题，谁将修正或改进，工作的状态是怎样的，以及修正和改进是否已经通过发起人的测试和核实。

图表 12-10 系统开发生命周期：系统维护阶段

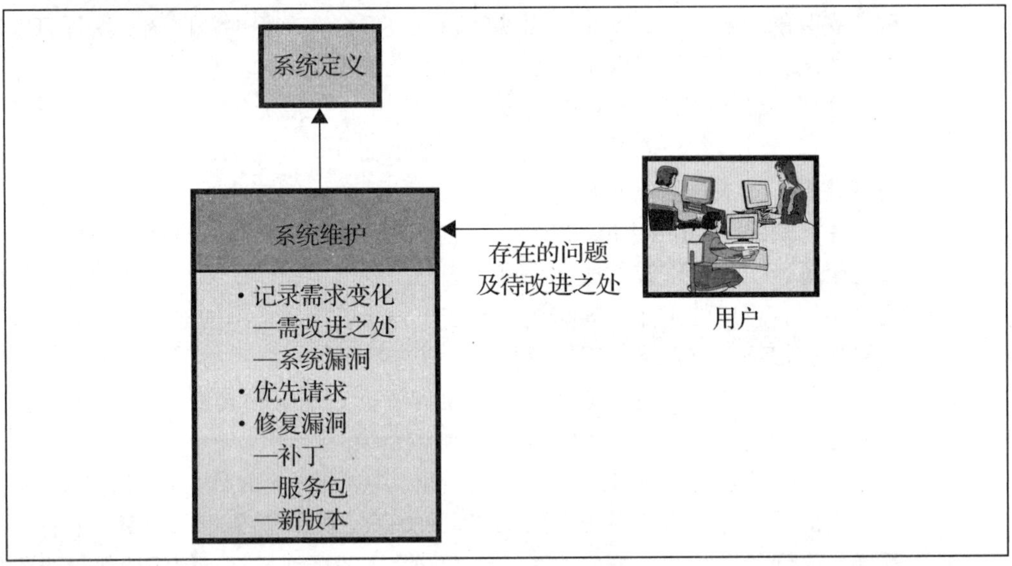

通常情况下，信息系统人员根据重要程度给系统问题确定优先次序，尽快修复高优先级的项目，而对于低优先级的项目，在时间和资源合适时再修复。

关于软件组件，软件开发团队将优先级高的故障集合起来，开发出一个能用于类似产品的**补丁**（patch）。软件开发商提供修复安全问题和其他关键问题的补丁，通常会将低优先级的问题修复打包成一个**服务包**（service packs）。用户使用这些服务包与使用补丁一样，除非这个服务包有成百上千的修复问题。

你也许感到惊讶：所有的商业软件产品都存在已知的问题。通常开发商测试其产品并修正最严重的问题，但是极少修正所有已知的问题。软件直到交付的时候还有缺陷是商业惯例，微软、苹果、谷歌、Adobe 等都有交付后仍有问题的产品。

因为升级是基于新需求所做的改进，所以开发人员通常会将升级需求与排除故障的需求区分开来。有关升级的决定往往涉及能够带来可接受的投资回报的商业决策。尽管小规模的升级可以做成一个服务包，但是重要的升级需求经常伴随着一种新产品的发布。

尽管一般情况下追踪失败原因和增加要求是相对于应用软件来说的，但是它们同样适用于其他组件，如硬件、数据库和升级等。在流程和人员这两个构成要素中也存在缺陷和新的需求，只是人员这一要素在这两个方面会更多地针对人的特点进行描述，但它们的本质是一样的。

如前所述，维护阶段是另一个系统开发生命周期循环的开始。决定升级一个系统也就是重新开始一个系统开发过程。即使是一个很小的故障的修复，也要经历系统开发生命周期的每一个阶段，如果是一个小的修正，只需一个人以一种简单的方式完成，但涉及各个阶段。

Q12－9 系统开发生命周期存在哪些问题？

尽管一些行业在系统开发生命周期方面取得了成功，但是就像这部分所讨论的，它仍然存在很多问题。

系统开发生命周期的瀑布式本质

系统开发生命周期存在问题的一个原因就在于其瀑布式开发的本质。就像瀑布一样，这个过程是按照一种连续、不重复的方式运作的。举例来说，开发团队完成了需求分析阶段，推进到设计阶段，接着到实施和维护阶段（回顾图表 12－3）。

遗憾的是，系统开发很少顺利进行，通常会折回并重复有些工作。如果你愿意，可以重新开始上一阶段的工作。通常，当设计工作开始时，团队会评估可选方案，发现一些不完全或者遗漏的需求描述，在这种情况下，尽管这个阶段已经结束，团队仍然要做更多有关需求的工作。在一些项目上，团队在需求分析和组件设计阶段反复很多次，这让项目看起来超出了可控的范围。

需求记录的难度

另一个问题是，很难用一种有效的方式将需求文档化，尤其在复杂的系统中。在波音公司负责一个软件项目的数据库部分时，我们一年投入了 70 人去完成需求陈述的工作。文件打印出来后，有 20 多册，堆起来足有 7 英尺高。

当我们进入设计阶段时，还没有人能真正掌握关于某个特定功能的所有需求。当我们试图去设计一项功能时，却发现还没有考虑隐藏在文档某处的一项需求。简言之，需求没有发挥作用。此外，在需求分析阶段，飞机业务继续推进，当我们进入设计阶段时，许多需求不完整并且有些已过时。项目花费大量的时间记录需求，这有时被认为陷入了**分析瘫痪**（analysis paralysis）。

进度和预算障碍

对于一个大规模的新系统来说，进度和预算密切相关。管理者总是试图慎重处理进度表和预算的需求问题，但是当你开发一个耗资数百万美元、历时多年的大项目时，工作时间的评估和完工日期是粗略的、模糊的。作为评估的来源，参与项目的员工对哪些事情会历时多久和实际的进度几乎一无所知。他们只知道总预算和时间表是在汇总每个人的情况的基础上得到的。许多大型项目的预算和时间表是不确定的。

实际上，软件社区已经做了很多工作来改进软件开发的预测工作。但对于有较长系统开发生命周期的大项目来说，要使任何一项技术都发挥理想的效用，还有很多工作要做。因此，为了通过一系列小的可管理的模块来开发系统，不同于系统开发生命周期的系统开发方法应运而生。快速应用程序开发、面向对象的开发和纯粹的程序设计就是其中三种方法。

本章的知识对你有何帮助?

在你的职业生涯中，可能 5 年之内，你将需要本章的知识以及相关的延伸知识。例如，在下一个 10 年中，年技术营销费用预计将增加 10 倍，从 2014 年的 120 亿美元增至 1 200 亿美元。[3] 如果出现这种增长，未来会开发无数的新系统用于营销和销售，这些新系统将需要人来管理。考虑到机器人、无人机、无人驾驶汽车和 3D 打印等技术的发展，制造或运营、金融或者会计领域的人们未来会参与系统开发工作吗？哪个领域存在机遇？它们又是如何得到资金的？当然，管理专业的毕业生未来将在制定系统开发策略和优先级以及项目管理上发挥强大的作用。

你们这一代有使用移动设备和应用程序的经验，比之前任何一代对计算机的了解更深。你不必再忍受没有良好设计的接口，因为你们已经使用了更好的。你会期望利用信息系统去帮助你工作，而且不必再忍受无效的系统。但是，如果想让你的意见被别人有效地理解，你需要了解系统开发的知识。你需要知道如何学习，本章的知识将指引你走上一条正确的学习道路并通过新的开发项目来帮助你制定合适的方法。

道德指南

预算与道德

当一个公司认为开发系统或者产品低于所要花费的费用时，才会采取买入的方式。比如，一个开发服务提供商决定建设信息系统，假设最初想投入 50 000 美元，当完成成本预算时却发现需要 75 000 美元。如果系统或者产品的合同强调的是时间和材料，则项目发起人最终得到系统需要支付 75 000 美元。如果实际成本已知，项目就无法继续了。但如果签订固定成本的合同，额外的开销将由开发者承担。如果签订的合同可以得到额外的商业机会，能弥补损失的 25 000 美元，供应商会选择后一种开发策略。

买入的方式通常有欺骗性。大多数人认为，基于时间和材料合同的买入方式，让客户承担所有成本是合适的。关于以固定价格合同买入的看法则有所不同。如果你知道将会有损失，为何还会签订这样的合同？是为了将智力资本销售到别处吗？是为了今后更便利吗？抑或是因为其他不道德的理由？

公司自主开发项目又如何呢？如果公司开发团队自主开发系统，那么道德方面会有变化吗？如果团队成员知道项目预算只有 50 000 美元，而他们认为这个项目的实际成本应该为 75 000 美元，应当启动项目吗？如果他们已经启动项目，在某个时候，高层管理者将不得不承认预算错误，只能承担损失来结束项目，或者再投入 25 000 美元继续项目。项目发起人可以各种理由来支持买入的方式。比如，“公司需要这个系统。如果管理层还没有意识并且没有适当的资金支持，那么我们会促使他们同意。”

当团队成员对于项目成本的意见不一致时，这些问题将更加棘手。假设一些人认为这个项目将花费 35 000 美元，而另一些人认为是 50 000 美元，还有一些人认为是 65 000 美元，那么项目发起人能简单地取平均值吗？或者他们应该描述估计的区间吗？

其他的买入方式更加巧妙。假设你是一名项目经理，刚接手一个可能改变你职业生涯的令人激动的项目。你每周工作6天，每天工作很长时间，非常忙碌。你的团队估计整个项目需要花费50 000美元，但你潜意识里认为，这个预算可能没有包括项目所有的成本。你本打算深入研究一下，但还有更多紧迫的事等你处理。不久，你发现你只有50 000美元的预算。你应该花时间去研究一下预算，但是你没有。这里有道德问题吗？

或者假设你将自己的困境告诉了更高层的管理者。你说："我认为可能有其他的花费，但是我们只有50 000美元，该怎么办？"假如高层管理者说："继续做吧。有些事你不清楚，而且如果需要，我们总能得到更多预算。"这时你如何回答？

你可以根据成本和时间做出买入的决定。如果营销部门说："我们需要新的产品去参加贸易展。"如果你知道不可能，会同意吗？如果营销部门说："如果我们到那时候没拿到新产品，就会取消这个项目。"假如不是不可能在规定时间内推出新产品，只是可能性很小，你又该如何回答？

讨论题

1. 分别从绝对命令原则和功利主义视角，评估在成本和材料项目中采取买入方式的道德规范。

2. 以成本和材料合同为基础的买入方式可能存在非法的情形吗？如果有，请说明。

3. 假设你从小道消息得知你的竞争对手在竞标中采用时间和材料合同，你打算修改问题1的答案吗？

4. 假设你是一个项目经理，正打算启动一个系统开发项目，以成本和材料合同为基础，你如何阻止管理层采用买入方式？

5. 你认为在什么情况下以固定成本签订合同是道德的？根据绝对命令原则和功利主义加以解释。这个策略有什么风险？

6. 解释自主开发的项目为何总是签订时间和材料合同。

7. 依据问题5的答案，从绝对命令原则和功利主义的角度，评估在自主开发项目上采取买入方式的道德规范。是否有某些情形使你改变道德的评估准则？如果有，请说明是何种情形并解释原因。

8. 假设你向高层管理者请教，他的回复会减弱你的道德责任感吗？假设你向高层管理者请教，却不打算接受他的建议。这将导致什么问题？

9. 解释买入方式如何进行成本和时间控制。

10. 在自主开发项目中，如果营销部门经理说在贸易展之前无法推出新产品，就应该取消整个项目。假设你不同意他的看法，因为你知道系统的价值与能否在贸易展之前完成无关。你该怎样回复这位部门经理才是道德的？

指南

写在最后的话

恭喜你！你已经完成了整本书的学习。掌握了这些知识，就能够有效地使用信息系统。稍加练习和思考，你会创造更多的价值。从创新的角度使用信息，往往会获得更吸引人的机会。你的导师已经尽了最大的努力，剩下的部分将由你去完成。

接下来做什么呢？在第1章中，我们曾经断言管理信息系统是如今的商务课程中最重要的一门。这个断言是基于几乎免费的数据传输和数据存储等创新性应用。到目前为止，你知道很多种商家或机构使用这种资源的方式，也使用依赖这些资源的信息系统。你也看到像 Falcon Security 这类公司如何应用信息系统解决问题，部署未来的竞争战略。通过 PRIDE Systems，你了解了移动技术和云技术在跨企业信息系统中的应用。

我们将如何应用这些知识呢？第1章指出，未来的商务模式将能够帮助你预测、评估，并将新兴信息技术应用到商业活动中。你学过如何实现它吗？你是否比学这门课程之前懂得更多了呢？开始时，你可能知道很多没有用到的相关术语的含义。虽然知识很重要，但更重要的是应用这些知识，使管理信息系统创造利润。

在第1章我们回顾了 RAND 公司要做的工作，以及罗伯特·莱克研究得出的21世纪职业工作者应具备的知识。这些资料指出，专业从业人员应能够创新技术的使用方法，且懂得如何"协作、抽象思维、系统思维、实践能力"。你了解这些行为吗？或者说，是否比刚开始学习时有进步？

总的来说，近几年工作环境有了改善，但对你而言适合的、完美的工作不一定好找。你需要利用自己的优势，本课程介绍的知识便是你的优势之一。看完本专栏内容后认真做一做后面的练习，答案会在你参加就业面试时发挥作用！

发现你真正想从事的职业，得到它并努力奋斗。在电影《格拉斯十二乐章》（Glass：A Portrait Of Philip In Twelve Parts）中，指挥家菲利普·格拉斯（Philip Glass）宣称他知道成功的秘诀，那便是"尽早起床，努力工作一整天"。这句话看起来显而易见、不值一提，却是至理名言。而且，如果你有幸找到自己真心热爱的工作，便不会觉得辛苦，反而会觉得很有趣。所以，应用你在这门课上学到的知识去找真心喜欢的工作吧！

讨论题

1. 回想你在课堂上学到了什么。围绕毕业之后想从事的职业写两段文字，描述所学知识将如何帮助你"预测评估并将新兴的信息技术应用到商务活动中"。

2. 写两段文字，描述你在课堂上学到的知识和经验将如何帮助你"协作、抽象思维、系统思维、实践能力"。同样要以你想要从事的工作为核心去写。

3. 结合问题1的答案，选取三四句用于面试中的自我介绍。

4. 结合问题2的答案，选取三四句用于面试中的自我介绍。

5. 与室友、同学或朋友模拟在面试中用到问题3或问题4的答案。

本章回顾

在本章回顾中，通过回答本章的研究问题来检查你对观点和概念的理解。

Q12-1 什么是系统开发？

给出系统开发的定义。解释系统开发与程序开发有什么不同。描述系统开发项目所需的专业技能。解释为什么泽夫需要本章的知识。

Q12-2 为什么系统开发存在困难和风险？

描述系统开发中的风险。总结以下方面存在的困难：需求确定的难度、需求的变化、进度和预算难题、日新月异的技术和规模不经济。

Q12－3 系统开发生命周期的五个阶段是什么?

指出系统开发生命周期的五个阶段并分别简要描述。

Q12－4 如何完成系统定义?

根据图表12－4所示的数据，解释你将如何描述系统定义任务。指出并描述可行性的四个方面。(提示：可行性的四种类型是：成本可行性、进度可行性、技术可行性以及组织可行性。)

Q12－5 在需求分析阶段用户的角色是什么?

总结需求分析阶段的任务。描述这一阶段用户的角色，并讨论如果用户没有参与或者用户没有认真对待会有什么后果。描述在分析需求方面用户扮演的角色。

Q12－6 如何设计五个组件?

总结一个信息系统的五个组件各自的设计活动。解释所要设计的六类程序。

Q12－7 如何实施信息系统?

指出系统实施的两个主要任务，总结系统测试过程。描述系统测试和软件测试的不同之处。分别解释五个组件的测试任务。指出系统转换的四种类型。描述每种方法，并举例说明在什么情况下，哪种方法更高效。

Q12－8 系统维护的任务是什么?

解释为什么说术语“维护”用词不准确。总结维护阶段的任务。

Q12－9 系统开发生命周期存在哪些问题?

解释为什么系统开发生命周期被认为是一种瀑布式模型，并描述为什么这一特征会带来问题。描述在试图用系统开发生命周期改进需求时出现的问题。总结系统开发生命周期带来的进度和预算障碍。

本章的知识对你有何帮助?

描述商业环境中的变化使得系统的开发知识对每一个商务人士而言都很重要。阐述这些变化将如何影响你今后的主要研究领域。

运用你的知识 ▶▶▶

1. 假设你是和贾里德一起工作的实习生，正参加本章章首提到的会议。贾里德请你帮忙一起研究这个项目。

a. 制定一个用系统开发生命周期完成该项目的计划。大体描述每一个阶段需要完成的工作。

b. 详细说明在系统定义阶段需要完成的任务。

c. 写一份备忘录给贾里德，阐述你认为应该如何研究可行性的四个方面。

2. 给出问题1的答案后，假设泽夫认为你令项目过于复杂，可能会使你的实习期延长。写一页纸的备忘录给泽夫，向他解释为什么遵循系统开发生命周期（SDLC）或类似的过程很重要。

3. 用谷歌或必应查询“什么是业务分析师?”。找到相关的链接并回答下列问题。

a. 业务分析师的首要工作责任是什么?

b. 业务分析师和系统分析师的区别是什么?

c. 业务分析师需要掌握什么知识?

d. 成功的业务分析师具有什么个人特点和专业技能?

e. 业务分析师这个职业吸引你吗? 陈述原因。

协作练习

和你的团队一起建立协作信息系统，可以使用 Google Docs，Share Point 或其他协作工具。不要忘记过程步骤和团队训练。现在，使用信息系统回答下面的问题。

威尔马·贝克（Wilma Baker）、杰里·巴克（Jerry Barker）、克里斯·比克尔（Chris Bickel）在 2015 年 6 月一个度假村业主和旅游业经营者会议中相遇。他们在等候时恰好坐在一起，互相介绍之后，三人对彼此的名字相近感觉很有趣，然后惊喜地发现他们的业务范围相似。威尔马·贝克住在新墨西哥州的圣达菲，将房屋与公寓租赁给游客。杰里·巴克住在不列颠哥伦比亚省的惠斯勒，将公寓租赁给滑雪者或其他前往惠斯勒黑梳山度假村的游客。克里斯·比克尔住在马萨诸塞州的查塔姆县，将房屋或公寓租赁给去科德角度假的游客。

三个人相约会后共进午餐。午餐时，他们倾诉了因难以争取新客户而产生的困惑，毕竟如今通过互联网可以获得大量旅游信息。除此之外，美元升值超过欧元，给北美旅游业带来了很大的冲击。

随着谈话的深入，他们开始设想是否有什么方法能联合大家的力量（比如建立联盟能否带来新的竞争优势）。他们决定翘掉明天的一场演讲，讨论建立联盟的方法，进一步讨论共享客户数据、开发联合预订服务系统、交换房屋信息列表等想法。

随着讨论的深入，他们发现对合并各自的业务并没有兴趣，每个人都想保持独立经营。他们还发现，大家都有些担心甚至多疑，想保护现有顾客的信息库不被窃取。但是，冲突并没有想象的那么大。巴克的业务大多与滑雪有关，冬季对他而言是旺季；比克尔的业务大多在科德角度假村，夏季最忙。贝克在夏季和秋季都很忙。他们的旺季并不冲突，因此不必担心向自己的顾客推销他人的产品会影响自己的业务。

接下来的问题是如何推进。由于他们想保护各自的客源，因此不想开发一个公共的客户数据库。最好的办法是共享房屋信息。这样，他们既能掌控自己的客源，也有机会利用他人的资源做生意。

他们讨论了几种可选方案：每个人开发各自的房屋信息数据库，三个人通过互联网共享这些数据；开发一个大家共用的中央房屋信息数据库；寻找其他的方法来共享房屋信息列表。

因为不知道贝克、巴克、比克尔的详细需求，我们无法给出一个具体的系统开发计划。总的来说，他们首先需要决定建立一个何种复杂程度的信息系统。思考下面两个可行性方案。

a. 构建一个以电子邮件为核心的简单信息系统。有了它，每个公司都可以通过邮件与他人共享房屋信息。每一个独立的公司能用邮件把房屋信息传递给客户。当客户订房时，预订请求就能通过邮件回传给房屋管理者。

b. 利用云构建一个复杂的系统，共享包括所有预订信息和房屋信息的数据库。因为订单跟踪是常见的商业任务，他们很有可能使用此功能实施现有的应用程序。

1. 利用给出的描述，定义项目的范围。

2. 考虑两种替代方案的可行性分析。

a. 命名并描述方案 a 可能使用的标准。

b. 命名并描述方案 b 可能使用的标准。

c. 不进行进一步调查，能否判断这两个替代方案技术上是否可行？为什么？

3. 考虑组织可行性。

a. 在跨企业系统的环境下，组织可行性意味着什么？

b. 列出你将用来评估替代方案的组织可行性的标准。如果你认为重要，区分两个替代方案的标准。

c. 替代方案 a 或 b 中的一个是否比另一个更具组织可行性？为什么？

4. 考虑进度可行性。

a. 列出你将用来评估替代方案的进度可行性的标准。如果你认为重要，区分两个替代方案的标准。

b. 替代方案 a 或 b 中的一个是否比另一个更具进度可行性？为什么？

5. 考虑成本可行性。

a. 列出方案 a 主要开发成本的来源。

b. 列出方案 a 主要运营成本的来源。

c. 列出方案 b 主要开发成本的来源。

d. 列出方案 b 主要运营成本的来源。

e. 哪个方案的开发成本可能更低？

f. 列出并描述可能使方案 a 运营成本更低的因素。

g. 列出并描述可能使方案 b 运营成本更低的因素。

6. 通过问题 5 给出问题 2 的答案，你认为哪个方案更可行？可以选择一个、两个或不选。说明你的答案。

7. 此时如果三个人中有一人问你“我再考虑考虑这个想法是否值得”，你会说什么？说明你的答案。如果没有更多的数据，你不能真实地评估，那么应用你的知识、经验和直觉来回答。

案例研究 ▶▶▶

我们什么时候学习？

1974 年，本书作者之一戴维·克伦克在科罗拉多大学任教，他参与了一次关于信息系统项目失败原因的调研。结果如何呢？失败的首要原因是创建和管理系统需求时缺少用户参与。

此后技术有了很大的提高。1974 年，电脑要占用很大的空间，微型电脑和个人电脑还没有发明出来，信息系统的发展也没有跟上，实际上，什么都没变。

思考第 7 章案例研究。俄勒冈州曾浪费超过 2.48 亿美元试图开发一个能够支持医保改革的信息系统。Maximus 是一个独立的咨询公司，被雇来监督质量。在项目启动之初，它曾经提醒过俄勒冈州的需求是不确定的、变动的、不一致的。但这些提醒并没有改变什么。为什么会这样？

为什么需求未被管理？

在 1974 年，管理者可能都是电脑盲，不知道如何管理需求。然而，每个在 Cover Oregon 工作的人都有一部手机，也可能有 iPad 或 Kindle，所以他们几乎都会使用电脑。如今，电脑的使用不再是问题。

需求管理问题是管理上的责任还是需求上的责任？在第 7 章的案例研究中，你了解到康涅狄格州的医疗保健项目 Access CT 取得了成功。这是因为项目由副州长（有政治野心）管理吗？俄勒冈州负责管理项目的不是副州长，但确实安排了专人。俄勒冈州管理问题的表象之一是信息系统用于某个机构（Cover Oregon），却由另外一个机构（Oregon Health Administration）开发。两个机构就需求产生争执。由于缺少高层次管理，而不仅仅是需求未被管理，两个机构吵了起来。

这可能是 Cover Oregon 项目失败的主要原因。但就没有别的原因了吗？即使在管理很好的组织中，有没有与需求相关的事件使需求变得难以管理？弗雷德·布鲁克斯（Fred Brooks）说软件是逻辑化的诗，这提供了一种视角，蕴含着纯粹的观点。如果两个政府机构想盖楼，但是就盖几层争吵不休，那么所有人都会看见它们之间的分歧。人们会看到一组承包商盖了一层楼，而另一组拆掉了它。

有部分问题是由于需求是纯理想化的所致。除此之外，还有什么问题呢？

我们如何得知需求是否完整？如果一栋建筑物的设计图中不包含任何电力系统设备，就是个明显的疏漏。软件和系统若缺少东西也是一样。比如，当客户忘了用户名或密码，而且没有保单号码的记录时，怎么办？为了应对这种情况，需要开发软件或程序，但是如果没人想要明确这个需求，就什么都不会做。当有这种需求的客户出现时，系统就会失败。

那么如何得知需求陈述的质量呢？类似“为这位客户选择合适的保险政策”这种陈述就是没用的。建立原型的原因之一就是去除不完整和缺失的需求。

评估可行性并做出权衡

我们从这个例子中可学到很多。所有州与联邦的医疗保健系统改革需要在 2013 年 10 月 1 日之前完成。因此，日程表是固定的，没有调整的余地。当资金不固定时，成本不会轻易改变。项目开始启动时州政府会提供一些资金，美国政府也会提供一些资金。这些财政拨款一旦定下来，就很难获得更多资金。不是不可能，但是很困难。

如果日程表是固定的，资金也基本固定，那么通过权衡可利用哪一个因素同时降低项目难度和项目风险？需求。将需求减少到可承受的最低限度并保证系统正常运行。取得一些成功后，再添加到项目中。这就是 Access CT 遵循的策略。

但是这个原则暴露了 Cover Oregon 的其他问题。它想满足所有需求，于是采取了一种“无错门”[4]的政策，不遗漏任何一个人和任何一个问题。Cover Oregon 应该为所有可能出现的问题提出解决方案。这样的政策传递了良好的政治信号，但是如果日程表是固定的，资金也几乎是固定的，那么这些目标该怎样完成呢？告诉你的室友你在两个学期之间有一个礼拜的时间，你没多少钱，但你还计划乘头等舱去非洲旅行两个月。这事儿可能吗？

软件和系统都是理想化的。拥有出众的能力，你的未来将很美好，但你要付出很多努力，冰冻三尺非一日之寒。当你为新的信息系统定义需求时，请记住这句话。

40 年后，这个例子还有重大意义吗？这取决于你和你的同窗。

[问题]

1. 解释为什么这个例子在 40 年后还可能有重大意义。列出三个可能使例子失去价值的发展因素。这将涉及什么？论证你的观点。

2. 阅读美国第一资讯公司（First Data）报告的执行摘要，网址是 www.oregon.gov/DAS/docs/co_assessment.pdf。应用你所学的系统开发生命周期知识，描述你认为 Cover Oregon 公司失败的三个主要原因。

3. 在第 7 章的案例研究中，三个供应商参与外部承包商竞争，但后来有两个退出。给出你认为它们这么做的三个理由。

4. 项目遇到了麻烦，但它仍然具有自己的生命。蒋英（Ying Kwong）是俄勒冈州行政服务部的技术分析员，他在 2013 年 5 月说过，Cover Oregon 项目组曾使他想起科幻电影《变形怪体》(The Blob) 中的一句话“你根本不知道怎样打败一个怪兽，因为没有标注它要害部位的解剖图”。[5] 你曾在 Cover Oregon 担任过高级管理者吗？如果问题变得突出，你会怎么做？

5. 在 2014 年 6 月的一项调查中，俄勒冈州的大多数人对州长基察伯（Kitzhaber）进行公投，但是在相同的调查中，48% 的人说会支持他的连任。[6] 布鲁斯 · 戈德堡（Bruce Goldberg）是 OHA 公司前任管理者、Cover Oregon 的现任管理者，在 2014 年 3 月 18 日被解雇，并于 5 月 15 日回到 OHA 公司。[7] 鉴于这些结果，你认为有人能承担失败的责任吗？谁能承担呢？

注释

1. Fred Brooks was a successful executive at IBM in the 1960s. After retiring from IBM, he wrote a classic book on IT project management called *The Mythical Man-Month*. Published by Addison-Wesley in 1975, the book is still pertinent today and should be read by every IT or IS project manager. It's an enjoyable book, too.
2. A *failure* is a difference between what the system does and what it is supposed to do. Sometimes, you will hear the term *bug* used instead of *failure*. As a future user, call failures *failures*—because that's what they are. Don't have a *bugs list*; have a *failures list*. Don't have an *unresolved bug*; have an *unresolved failure*. A few months of managing an organization that is coping with a serious failure will show you the importance of this difference in terms.
3. Ashu Garg, "MarTech and the Decade of the CMO," accessed July 11, 2015, *https://foundationcapital.com/assets/whitepapers/DotCMO_whitepaper.pdf*.
4. Maria L. La Ganga, "Oregon Dumps Its Broken Healthcare Exchange for Federal Website," *Los Angeles Times*, April 15, 2014, accessed June 14, 2014, *www.latimes.com/nation/politics/politicsnow/la-pn-oregon-drops-broken-healthcare-exchange-20140425-story.html*.
5. Nick Budnick, "Cover Oregon: Health Exchange Failure Predicted, but Tech Watchdogs' Warnings Fell on Deaf Ears," *The Oregonian*, January 18, 2014, accessed June 14, 2014, *www.oregonlive.com/health/index.ssf/2014/01/cover_oregon_health_exchange_f.html*.
6. Hillary Lake, "Exclusive Poll: Majority Holds Kitzhaber Accountable for Cover Oregon Failure," *KATU News*, June 11, 2014, accessed June 14, 2014, *www.katu.com/politics/Exclusive-poll-Majority-holds-Kitzhaber-accountable-for-Cover-Oregon-failure-262818611.html*.
7. Nick Budnick, "Long after Announced 'Resignation,' Ex-Cover Oregon Director Bruce Goldberg Draws $14,425 Monthly Salary," *The Oregonian*, May 21, 2014, accessed June 14, 2014, *www.oregonlive.com/politics/index.ssf/2014/05/long_after_publicized_resignat.html*.

Pearson

尊敬的老师：

您好！

为了确保您及时有效地获得培生整体教学资源，请您务必完整填写如下表格，加盖学院的公章后以电子扫描件等形式发我们，我们将会在2～3个工作日内为您处理。

请填写所需教辅的信息：

采用教材			□ 中文版 □ 英文版 □ 双语版
作　者		出版社	
版　次		ISBN	
课程时间	始于　　年　月　日	学生人数	
	止于　　年　月　日	学生年级	□ 专科　□ 本科 1/2 年级 □ 研究生　□ 本科 3/4 年级

请填写您的个人信息：

学　校			
院系/专业			
姓　名		职　称	□ 助教 □ 讲师 □ 副教授 □ 教授
通信地址/邮编			
手　机		电　话	
传　真			
official email（必填） （eg：×××@ruc. edu. cn）		email （eg：×××@163. com）	
是否愿意接受我们定期的新书讯息通知： □ 是 □ 否			

系/院主任：______________（签字）

（系 / 院办公室章）

____年____月____日

资源介绍：

——教材、常规教辅资源（PPT、教师手册、题库等）：请访问 www. pearson. com/us/higher-education。　（免费）

——MyLabs/Mastering 系列在线平台：适合老师和学生共同使用；访问需要 Access Code。　（付费）

地址：北京市东城区北三环东路 36 号环球贸易中心 D座 1208 室（100013）

Please send this form to：copub. hed@pearson. com

Website：www. pearson. com

教师教学服务说明

中国人民大学出版社工商管理分社以出版经典、高品质的工商管理、财务会计、统计、市场营销、人力资源管理、运营管理、物流管理、旅游管理等领域的各层次教材为宗旨。

为了更好地为一线教师服务，近年来工商管理分社着力建设了一批数字化、立体化的网络教学资源。教师可以通过以下方式获得免费下载教学资源的权限：

在中国人民大学出版社网站 www. crup. com. cn 进行注册，注册后进入“会员中心”，在左侧点击“我的教师认证”，填写相关信息，提交后等待审核。我们将在一个工作日内为您开通相关资源的下载权限。

如您急需教学资源或需要其他帮助，请在工作时间与我们联络：

中国人民大学出版社　工商管理分社

联系电话：010-62515735，82501048，62515782，62515987

电子邮箱：rdcbsjg@crup. com. cn

通讯地址：北京市海淀区中关村大街甲 59 号文化大厦 1501 室（100872）